Karl-Oswald Bauer, Andreas Kopka, Stefan Brindt
Pädagogische Professionalität und Lehrerarbeit

Eine Veröffentlichung des
Instituts für
Schulentwicklung
der Universität Dortmund

Karl-Oswald Bauer, Andreas Kopka, Stefan Brindt

Pädagogische Professionalität und Lehrerarbeit

Eine qualitativ empirische Studie über professionelles Handeln und Bewußtsein

Vorwort von
Hans-Günter Rolff

2. Auflage 1999

Juventa Verlag Weinheim und München

Die Autoren

Karl-Oswald Bauer, Jg. 1949, Dr. paed., Dipl.-Päd., Erziehungswissenschaftler, Schulentwicklungsforscher und -berater, pädagogischer Trainer, Leiter des Projekts „Lehrerprofessionalität", Mitherausgeber des Jahrbuchs der Schulentwicklung, ist Akademischer Oberrat am Institut für Schulentwicklungsforschung (IFS) der Universität Dortmund.

Andreas Kopka, Jg. 1961, Dipl.-Päd., wissenschaftlicher Mitarbeiter des Instituts für Schulentwicklungsforschung (IFS)der Universität Dortmund, Arbeitsschwerpunkte Personal- und Organisationsentwicklung, Projektmitarbeiter des Forschungsprojekts „Lehrerprofessionalität".

Stefan Brindt, Jg.1971, cand.paed. an der Universität Dortmund, Studienschwerpunkte Organisations- und Personalentwicklung, Berufliche Bildung und Weiterbildung, Mitarbeit im Forschungsprojekt „Lehrerprofessionalität".

Dieses Buch ist im Zusammenhang mit dem von der Deutschen Forschungsgemeinschaft (DFG) finanzierten Forschungsprojekt „Lehrerarbeit auf dem Weg zur pädagogischen Professionalität (AZ. Ba 749/ 4-2) entstanden. Außer den Autoren hat zur Entstehung dieses Buches Frau Dipl.-Päd. Shu-Jean Hwang beigetragen.

Die Deutsche Bibliothek - CIP-Einheitsaufnahme

Bauer, Karl-Oswald:
Pädagogische Professionalität und Lehrerarbeit : eine qualitativ
empirische Studie über professionelles Handeln und
Bewußtsein / Karl-Oswald Bauer ; Andreas Kopka ; Stefan
Brindt. Vorw. von Hans-Günter Rolff. - 2. Aufl. - Weinheim ; München:
:Juventa Verlag 1999
  (Eine Veröffentlichung des Instituts für Schulentwicklung
  der Universität Dortmund
  ISBN 3-7799-0887-5
NE: Kopka, Andreas:; Brindt, Stefan:

Das Werk einschließlich aller seiner Teile ist urheberrechtlich geschützt. Jede Verwertung außerhalb der engen Grenzen des Urheberrechtsgesetzes ist ohne Zustimmung des Verlags unzulässig und strafbar. Das gilt insbesondere für Vervielfältigungen, Übersetzungen, Mikroverfilmungen und die Einspeicherung und Verarbeitung in elektronischen Systemen.

© 1996 Juventa Verlag Weinheim und München
Umschlaggestaltung: Atelier Warminski, 63654 Büdingen
Umschlagabbildung: Ludwig Richter, Lehrer mit Buch und Stock,
Holzschnitt 1858
Printed in Germany

ISBN 3-7799-0887-5

Vorwort

Als Karl-Oswald Bauer vor mehr als fünf Jahren den ersten Forschungsantrag zur vorliegenden Studie bei der Deutschen Forschungsgemeinschaft stellte, war das Thema "Lehrerprofessionalität" noch ein Randthema. Unverhofft ist es inzwischen zu einem dominanten Thema der Bildungspolitik und der erziehungswissenschaftlichen Diskussion geworden.

Die Ergebnisse dieses Forschungsprojektes liegen nun in Form eines Buches vor. Das Buch stellt eine interessante und unverwechselbare Synthese von Theorieentwicklung, qualititativ empirischen Studien und Aufforderung zur berufsbiographischen Selbstreflexion dar. Es enthält feine, fast mikroskopische Detailstudien zur Lehrerarbeit, die es dem Leser ermöglichen, sich in die Arbeitssituation von Lehrerinnen und Lehrern hineinzuversetzen. Dabei verlieren sich die Autoren nicht etwa in Einzelheiten, sondern versuchen, getreu den Regeln der gegenstandsbezogenen Theoriebildung, aus der Datenanalyse Konzepte zu gewinnen, die Schritt für Schritt zu einer Theorie zusammengeführt werden. Über diesen wissenschaftlichen Ertrag hinaus leistet das Buch selbst einen Beitrag zur Professionalisierung pädagogischer Arbeit.

Die im Schlußkapitel enthaltenen Hinweise auf Entwicklungstendenzen und die Maßnahmevorschläge einschließlich eines Zukunftsmodells für die Lehrerbildung sind ein überzeugender Versuch, eine Zwischenbilanz der Bemühungen um eine verstärkte Professionalisierung der Lehrerarbeit zu ziehen.

Durch den Bezug auf Konzepte und Theorien der Organisations- und Personalentwicklung stellt die vorliegende Arbeit den Anschluß zur Professionalisierungsforschung in außerpädagogischen Feldern her, ohne den pädagogischen Kern der Lehrerarbeit zu vernachlässigen. Im Gegenteil, gerade die Besonderheiten pädagogischen Handelns stehen im Mittelpunkt der Frage nach Inhalt, Prozeß und Ziel der Professionalisierung eines Berufsstandes.

Mit dem Schlüsselbegriff des "professionellen Selbst", das unter günstigen Arbeitsbedingungen seine eigene Entwicklung betreiben kann, wird eine neue Kategorie in die Lehrerforschung eingeführt. Der Begriff des "professionellen Selbst" hält den Zugang zu psychologischen und sozialwissenschaftlichen Sichtweisen offen. Das Zentrum aber, von dem aus diese beiden Zugänge eröffnet werden, sind bildungstheoretisch reflektierte pädagogische Werte. Die Trias aus Pädagogik, Sozialwissenschaften und Psychologie erweist sich als berufswissenschaftliche Basis, von der aus Professionalisierung wirksam betrieben werden muß.

Methodologisch orientiert sich das Buch an Prinzipien der "grounded theory", die allerdings im Hinblick auf die besonderen Ziele erziehungswissenschaftlicher Arbeit neu formatiert wird. Auch damit betreten die Autoren Neuland. Ihr Methodenkapitel ist so geschrieben, daß der Benutzer des Buches sich Grundlagen, Verfahren und Instrumente qualitativ erziehungswissenschaftlicher Feldforschung aneignen kann. Es leistet also auch einen Beitrag zur praxisnahen Methodenausbildung und qualifiziert sich damit zum Lehrbuch für Studierende und Pädagogen in Weiterbildung.

Das vorliegende Buch wendet sich somit an Lehrerinnen und Lehrer, an Studierende in der Lehrerausbildung, an Studierende der Erziehungswissenschaften, an Lehrerbildner und an Bildungsplaner und Bildungsmanager, die ihre Bemühungen um eine Personalentwicklung für Pädagogen auf solide theoretische und empirische Füße stellen wollen.

Aus meiner Sicht hat das Buch gute Chancen, ein Standardwerk zum Thema "Pädagogische Professionalität der Lehrerarbeit" zu werden.

Dortmund, im Januar 1996

Prof. Dr. Hans-Günter Rolff

Inhalt

1 Lehrerprofessionalität und Lehrerforschung 9
1.1 Der Begriff der pädagogischen Professionalität 10
1.2 Mängel der professionsbezogenen Lehrerforschung 16
1.3 Fragen 26

2 Methoden 29
2.1 Ethnographie - Grounded Theory - Typologie 29
2.2 Untersuchte Fälle 35
2.3 Erhebungs- und Auswertungsmethoden 51
    2.3.1 Teilnehmende Beobachtung 58
    2.3.2 Interviews 76

3 Professionelles Handeln und professionelles Bewußtsein 95
3.1 Ein Modell professionellen pädagogischen Handelns 95
3.2 Arbeitsaufgaben und Handlungsrepertoire 111
    3.2.1 Soziale Struktur 117
    3.2.2 Interaktion 128
    3.2.3 Sprache und Kommunikation 137
    3.2.4 Gestaltung 142
    3.2.5 Hintergrundarbeit 154
3.3 Wissen und Handeln 161
3.4 Bewußtsein 178

4 Fallstudien zur Typologie des professionellen pädagogischen Handelns 187
4.1 Situationstypen 189
4.2 Handlungsmuster im situativen Kontext 192
    4.2.1 Störungen 193
    4.2.2 Übergänge 200
    4.2.3 Gespräche 207

4.2.4 *Kontrolle* 211
 4.2.5 *Anfänge* 217
 4.2.6 *Pausen* 222
 4.2.7 *Hintergrund* 225
4.3 Gelungenes Handeln als professionelles Handeln 228

5 Zusammenfassung und Schlußfolgerungen 233

5.1 Theorie der pädagogischen Professionalität 233
5.2 Konsequenzen für die Lehrerausbildung 236
5.3 Konsequenzen für die Lehrerfortbildung 242
5.4 Auf dem Weg zu einem professionellen Arbeitsplatz 245

6 Literatur 249

1 Lehrerprofessionalität und Lehrerforschung

"Nur durch eine erhöhte Praxis sollten die Wissenschaften auf die äußere Welt wirken: denn eigentlich sind sie alle esoterisch und können nur durch Verbessern irgendeines Tuns exoterisch werden. Alle übrige Teilnahme führt zu nichts."

(Johann Wolfang von Goethe, Wilhelm Meisters Wanderjahre)

Lehrerarbeit und Lehrerbildung sind in den letzten Jahren zu einem Thema geworden, über das öffentlich mit großem Interesse diskutiert wird. Wandlungsprozesse in den Bereichen Schule, Unterricht und Bildung erfordern auch eine Neuorientierung der Lehrerschaft. Daraus ergeben sich Einzelfragen wie beispielsweise:

- Welche Arbeitsaufgaben haben Lehrerinnen und Lehrer?
- Welche Kompetenzen brauchen Lehrerinnen und Lehrer?
- Wie soll Lehrerarbeit organisiert sein?
- Sollen Lehrer mehr zusammenarbeiten?
- Welche Formen der Leitung und Steuerung auf der Ebene der Einzelschule sind effektiv und pädagogisch angemessen? Wie sind Lehrpersonen an dieser Steuerung zu beteiligen?
- In welcher Form soll die Lehrerfortbildung gestaltet sein?
- Brauchen Lehrerinnen und Lehrer Supervision und professionelle Beratung?
- Sollen Lehrer an der Universität ausgebildet werden oder besser anderswo?
- Wer sollte Zugang zum Lehrerberuf haben?
- Sollten Lehrerinnen und Lehrer noch einen anderen Beruf gelernt haben?
- Ist es wirklich von Vorteil, wenn Lehrer als Beamte beschäftigt werden?
- Brauchen Lehrer und Lehrerinnen neue berufliche Leitbilder?

Dies sind nur einige Fragen aus dem Katalog, mit dem Eltern, Lehrer, Berufsverbände, Journalisten, Bildungspolitiker und nicht zuletzt auch Erziehungswissenschaftler sich beschäftigen, wenn sie sich das Thema Lehrerarbeit vornehmen.

Lehrerarbeit und Lehrerbildung sind offenbar in Bewegung geraten. Zunächst war viel von Krise und Überlastung die Rede, von falscher Ausbildung und fehlgesteuerter Selektion beim Zugang zu diesem Beruf. Erfreulicherweise ist an die Stelle von Lamentos und Feindbildern, von Pauschalierungen und Holzhammerlösungen inzwischen ein differenzierteres Verständnis der pädagogischen Berufe und der vor uns liegenden Entwicklungsaufgaben getreten. Die vorliegende Studie zur pädagogischen Professionalität möchte einen konstruktiven Beitrag zur Klärung folgender Fragen leisten:

- Welche Arbeitsaufgaben haben Lehrerinnen und Lehrer tatsächlich?
- Wie werden diese Arbeitsaufgaben wahrgenommen und bewältigt?
- Was macht Pädagogen handlungsfähig?
- Wodurch wird die Handlungsfähigkeit eingeschränkt oder blockiert?
- Welche Strukturen hat ein professionelles pädagogisches Bewußtsein?

In diesem ersten Kapitel versuchen wir, den Begriff der pädagogischen Professionalität zu klären, einen Überblick über Ergebnisse der Erforschung pädagogischer Professionalität zu geben und einige Mängel der bisherigen Forschung herauszuarbeiten. Das Kapitel schließt mit einer Reihe von Fragen, die für unsere qualitative empirische Studie Leitfunktion haben.

1.1 Der Begriff der pädagogischen Professionalität

Ein Ziel unserer Forschungsarbeit ist es, den Begriff der "pädagogischen Professionalität" zu klären und auszuschärfen. In einer früheren Arbeit (Bauer/Burkard 1992) haben wir drei Ansätze der Professionalisierungsforschung unterschieden:

- den kriterienbezogenen Ansatz (z.B. Schwänke 1988)
- den historischen Ansatz (Burrage/Torstendahl 1990, Tenorth 1987)
- den auf pädagogische Arbeitsaufgaben bezogenen Ansatz (Devaney/Sykes 1988, Lieberman 1990)

Kriterienbezogener Ansatz

Zum Kernbereich von Professionalität gehören die Kriterien Autonomie, Berufsethos, Reflexivität, Kooperation und wissenschaftliche Basis der Berufsausübung (Berufswissenschaft) sowie eine besondere Berufssprache.

Der kriterienbezogene Ansatz orientiert sich am Muster bestimmter, vollausgebildeter, modellhafter Professionen. Hierzu gehören vor allem die Ärzteschaft und die Juristen (vgl. zum folgenden ausführlicher Bauer/Burkard 1992).

Professionalität erfordert Autonomie, das heißt Entscheidungsspielräume über die eigenen Arbeitsbedingungen, über die Formen des Umgangs mit Klienten, über Maßnahmen und Empfehlungen. Autonomie braucht einen Gegenspieler, der dafür sorgt, daß Spielräume und Freiheiten nicht als Privilegien mißbraucht werden. Dieser Gegenspieler ist das Berufsethos. Der Fortfall äußerer Kontrollen muß durch Selbststeuerung kompensiert werden. Und Selbststeuerung beruht auf der Bindung an überpersönliche Werte, im Falle des Pädagogen etwa die Selbständigkeit und Mündigkeit des Heranwachsenden oder, noch allgemeiner, das Wohl des Klienten.

Reflexivität und Supervision kommen als weitere Merkmale einer modernen Profession in sozialen Aufgabenfeldern hinzu. Wissen, was man tut, deutlich wahrnehmen, wie man handelt, diese Stufen der Hinwendung zum eigenen Handeln sind keineswegs alltäglich und selbstverständlich. Sie setzen vielmehr eine besondere Haltung voraus, die durch die berufliche Sozialisation gefördert werden kann.

Kooperation als weiteres Merkmal von Professionalität bezieht sich zum einen auf die Ebene der interprofessionellen Zusammenarbeit. Dazu gehört die Kooperation mit Fachleuten aus den Bereichen Forschung, Beratung, psychosoziale Dienste usw. Zum anderen bezieht sich Kooperation auf die intraprofessionelle Zusammenarbeit mit Kollegen der eigenen Berufsgruppe. Was diese betrifft, zeigen empirische Untersuchungen immer wieder, daß die Zusammenarbeit meist auf die Ebene der Unterrichtsvorbereitung beschränkt bleibt. Gegenseitige Hospitationen und Team-teaching finden nur an wenigen Schulen statt (Bauer/Bussigel/Pardon/Rolff 1979, S. 113 ff., Schwänke 1988, S. 142, Roth 1994). Allerdings zeigt sich, daß dort, wo besondere Anstrengungen zur Verstärkung von Kooperation unternommen werden, sich das tatsächliche Kooperationsverhalten auch langfristig ändert (Altermann-Köster 1990, S. 110, Roth 1994).

Am umstrittensten von den genannten Kriterien dürfte bei Pädagogen der Bezug auf eine Berufswissenschaft sein, also die wissenschaftliche Basis der Berufsausübung. Während allgemein akzeptiert sein dürfte, daß Ärzte naturwissenschaftliche, insbesondere biologische und physiologische Grundkenntnisse brauchen, dürfte es für Pädagogen keinen vergleichbar unumstrittenen Bereich des Grundwissens geben.

Im Rahmen unseres empirischen Forschungsvorhabens ist dies eine der zentralen Fragen: Bestehen Verbindungen zwischen Handlungs- und Begründungswissen von Lehrerinnen und Lehrern und wissenschaftlichem Wissen sowie wissenschaftlichen Einstellungen und Sichtweisen? Welche Vorteile oder

Nachteile haben solche Verknüpfungen von Berufswissen und wissenschaftlichem Wissen?

Aufgrund der vorliegenden empirischen Studien läßt sich begründet vermuten: Aus der Perspektive des kriterienbezogenen Ansatzes erweist sich Lehrerarbeit in den Bereichen Kooperation, Berufswissenschaft und Berufssprache als defizitär.

Historischer Ansatz

Dieser Ansatz fragt vor allem nach den Strategien, mit denen eine Berufsgruppe Konkurrenten aus dem Feld schlägt oder verdrängt und sich einen Anspruch auf bestimmte Tätigkeiten und die damit verbundenen Vorrechte sichert.

Aus der Sicht des historischen Ansatzes betrachtet, sind erziehungswissenschaftlich gebildete Pädagogen "Spätkömmlinge", die mit Angehörigen anderer Berufsgruppen (Psychologen, Sozialwissenschaftler, Gymnasiallehrer) konkurrieren müssen. Lehrer, die ihren Anspruch auf Berufsausübung nicht aus einer erziehungswissenschaftlichen Bildung ableiten, können sich zwar auf Traditionen berufen, deren Glaubwürdigkeit ist aber ins Wanken geraten. Dies gilt insbesondere für die in Deutschland übliche Beamtenlaufbahn mit dem ersten und zweiten Staatsexamen als Zugangsvoraussetzung. Staatlicherseits definierte Professionen wie der deutsche Lehrerstand sind eine historische Besonderheit und in vielen anderen Ländern entweder erst gar nicht entstanden (USA, Kanada, Niederlande, Großbritannien) oder inzwischen durch flexiblere Formen der Rekrutierung abgelöst worden (Siegrist 1990).

Wir vermuten einen Zusammenhang zwischen der (unzureichenden) Lehrerprofessionalität und dem Status der Erziehungswissenschaft im Gesamtgefüge der Wissenschaften. Dieser Status läßt sich durch die Merkmale "neu, expansiv, noch wenig anerkannt" beschreiben (vgl. hierzu Krüger/Rauschenbach 1994). Bemerkenswert ist die Zunahme der Praxisorientierung des Faches und seiner Vertreter bei stagnierenden Werten in den Bereichen theoretisch-historische und empirische Orientierung (Baumert/Roeder 1994). Möglicherweise ist das Potential der Erziehungswissenschaft für die Lehrerbildung noch unerschlossen.

Auf Arbeitsaufgaben bezogener Ansatz

Grundlage dieses Ansatzes sind empirische Studien, in denen vorrangig folgende Fragen untersucht werden:

- Welche Arbeitsaufgaben haben die Angehörigen einer Berufsgruppe?
- Wie werden diese Arbeitsaufgaben bewältigt?
- Welche Fähigkeiten sind dazu erforderlich?
- Wie werden diese Fähigkeiten erworben und verbessert?

Eine herausragende Forschungsrichtung, die sich mit der Bewältigung eines bestimmten Typs von Arbeitsaufgaben befaßt, ist der "Expertenansatz" (Bromme 1992). Der Expertenansatz fragt nach Wissensstrukturen, durch die sich Experten von Laien, erfahrene Mitglieder einer Berufsgruppe von Anfängern unterscheiden, oder er fragt nach Spitzenleistungen, die wiederholt erbracht werden.

Eine zentrale Arbeitsaufgabe, die Lehrerinnen und Lehrer bewältigen müssen, ist die Herstellung und Aufrechterhaltung einer Struktur, einer Ordnung für die aufgabenbezogenen Interaktionen in Lerngruppen. Diese Aufgabe wird als Unterrichtsführung oder "classroom management" bezeichnet (Doyle 1986). Weitere Aufgaben sind die Entwicklung des Stoffes und die Strukturierung der Unterrichtszeit (Bromme 1992, S. 77 ff.).

Im folgenden entwickeln wir einen Begriff der pädagogischen Professionalität, der Elemente des kriterienbezogenen Ansatzes, der auf Arbeitsaufgaben bezogenen Forschung und des Expertenmodells miteinander verbindet. Methodisch gehen wir so vor, daß wir erfahrene Lehrerinnen und Lehrer, die ihre Arbeitsaufgaben gut bewältigen, mit Lehrerinnen und Lehrern vergleichen, die weniger erfolgreich im Umgang mit Arbeitsaufgaben sind.

Bevor wir ein Ergebnis unserer Arbeit, eine vorläufige Definition von pädagogischer Professionalität darstellen, müssen wir zwei Begriffe klären, die in unsere Definition als wesentliche Komponenten Eingang finden.

Das pädagogische Handlungsrepertoire

Damit sind Handlungsmuster gemeint, die auf hoch verdichteten Wissensbeständen basieren, also während der Handlungsausführung nicht vollständig ins Bewußtsein gelangen. Die Handlungsabfolgen sind geübt und wirken auf den Betrachter gekonnt.

Das Handlungsrepertoire ist individuell und führt zu einem persönlichen Stil. Pädagogen, die sehr expressiv vor der Lerngruppe auftreten, verfügen über ein gestisches und mimisches Ausdrucksrepertoire, mit dem sie die Aufmerksamkeit der Lernenden wecken und aufrechterhalten können. Andere haben ein ausgefeiltes Repertoire im Umgang mit wechselnden sozialen Situationen und Unterrichtsformen entwickelt. Und eine dritte Gruppe gestaltet die physikalische Umgebung der Lerngruppe zu einer anregenden und zugleich die Konzentration fördernden Lernumwelt. Die wichtigsten Dimensionen des Handlungsrepertoires werden in den folgenden Kapiteln noch beschrieben und durch Fallbeispiele belegt.

Das professionelle Selbst

Das professionelle Selbst ist den übrigen Komponenten der Professionalität übergeordnet. Es hat eine strukturierende und integrierende Funktion, ohne die jede noch so differenzierte Teilkompetenz methodischer oder technischer Art aufgesetzt wirken würde. Was ist dieses berufliche Selbst? Wie arbeitet es? Welche Aufgaben nimmt es wahr? Wie entsteht es?

Zur Beantwortung dieser Fragen haben wir Theorien des Selbst aus den Bereichen Kybernetik (Vester 1986), Neurowissenschaften (Edelman 1995) und Psychologie (Csikzentmihalyi 1995) herangezogen.

Neurowissenschaftlich betrachtet, ist das Selbst eine Funktion des höheren Bewußtseins. Höheres Bewußtsein entsteht, wenn im Zentralnervensystem aktuelle Informationen mit Gedächtnisinhalten verknüpft und unter emotionaler Beteiligung bewertet werden. Wahrscheinlich ist das höhere Bewußtsein aus dem primären Bewußtsein hervorgegangen. Das primäre Bewußtsein steuert die Aufmerksamkeit, indem es einlaufende Informationen mit Zielen und Handlungsentwürfen verknüpft und durch vergleichende Bewertung Auswahlentscheidungen trifft. Vereinfacht gesagt: "Wir sind, was wir beachten" (Csikzentmihalyi 1995, S.284).

Ein professionelles Bewußtsein ist demzufolge die integrierende und auswählende Instanz, die die Aufmerksamkeit eines Pädagogen so steuert, daß Informationen verarbeitet und Handlungsmuster ausgewählt werden, die im Hinblick auf pädagogische Ziele relevant sind. Es ist sinnvoll, zwischen einem primären und einem höheren professionellen Bewußtsein und unterscheiden.

Das primäre professionelle Bewußtsein entsteht aus der pädagogischen Interaktion und begleitet die Aufgabenerfüllung. Das höhere professionelle Bewußtsein entsteht durch die Verarbeitung von Erinnerungen. Es setzt Reflexion voraus und ist in hohem Maße sprachgebunden. Ein professionelles Selbst entsteht aus dem höheren professionellen Bewußtsein. Wenn diese Annahmen zutreffen, ergeben sich einige weitreichende praktische und forschungsmethodische Konsequenzen.

Forschungsmethodisch ergibt sich die Konsequenz, daß das professionelle Selbst, da es Teil des Bewußtseins ist, der Reflexion zugänglich ist und beispielsweise durch Interviews, die Auswertung von Tagebuchmaterial usw. erforscht werden kann.

Praktisch ergibt sich die Konsequenz, daß die Entwicklung des professionellen Selbst durch das Individuum kontrolliert und höchstwahrscheinlich durch Maßnahmen der Fortbildung gefördert werden kann.

Die vorrangige Aufgabe des professionellen Selbst besteht - der Theorie zufolge - darin, Wichtiges von Unwichtigem zu unterscheiden. Dies setzt eine klare interne pädagogische Zielorientierung voraus. Und es setzt voraus, daß einlaufende Hinweise und Informationen im Hinblick auf pädagogische Handlungsmöglichkeiten wirksam kategorisiert werden können. Nach diesem Exkurs folgt nun unsere Definition pädagogischer Professionalität:

Pädagogisch professionell handelt eine Person, die gezielt ein berufliches Selbst aufbaut, das sich an berufstypischen Werten orientiert, sich eines umfassenden pädagogischen Handlungsrepertoires zur Bewältigung von Arbeitsaufgaben sicher ist, sich mit sich und anderen Angehörigen der Berufsgruppe Pädagogen in einer nicht-alltäglichen Berufssprache verständigt, ihre Handlungen unter Bezug auf eine Berufswissenschaft begründen kann und persönlich die Verantwortung für Handlungsfolgen in ihrem Einflußbereich übernimmt.

Die nachstehende Abbildung 1.1 soll die Komponenten unserer Definition verdeutlichen und eine erste Andeutung der Komplexität möglicher Beziehungen zwischen dem professionellen Selbst und den Bereichen, in denen es agiert und lernt, liefern.

Abbildung 1.1: Komponenten pädagogischer Professionalität

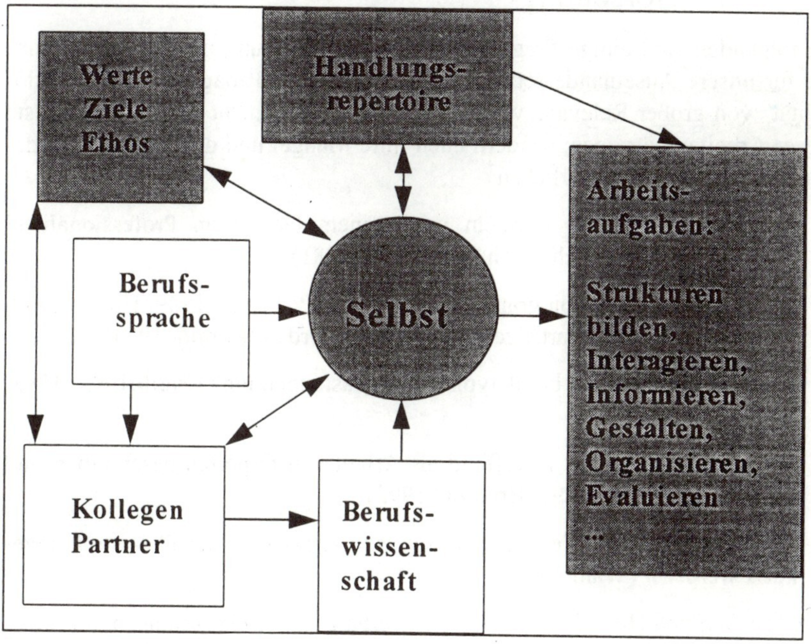

[Diagramm: Werte/Ziele/Ethos, Handlungsrepertoire, Berufssprache, Selbst, Arbeitsaufgaben: Strukturen bilden, Interagieren, Informieren, Gestalten, Organisieren, Evaluieren ..., Kollegen Partner, Berufswissenschaft]

Bei den Richtungspfeilen in Abbildung 1.1 haben wir versucht, eine Hauptrichtung anzugeben. Auch bei einseitig gerichteten Pfeilen kann eine Rückkoppelung bestehen. Hervorgehoben werden in der Grafik aber nicht die Rückkoppelungsbeziehungen, sondern die Richtung der Aktivität. Nur wo die Aktivitäten in etwa gleicher Intensität in beide Richtungen weisen, haben wir Doppelpfeile verwendet.

Die grau unterlegten Komponenten sind interne Bereiche oder Dimensionen, die weißen Komponenten extern und Teil der Umgebungskultur von Lehrerinnen und Lehrern.

Das Handlungsrepertoire kann direkt, ohne Kontrolle des Selbst, zur Bewältigung von Arbeitsaufgaben abgerufen werden. In diesem Fall handelt es sich um Automatismen, die dem Selbst unmittelbar nicht oder nicht mehr zugänglich sind, wohl aber bewußt gemacht werden können und dann - unter günstigen Rahmenbedingungen - auch kontrolliert werden können.

Wir haben in diese Definition die wichtigsten Komponenten des oben aus der Literatur entnommenen Professionsbegriffs einbezogen. Neu an unserer Definition ist die besondere Bedeutung eines beruflichen Selbst, das im Zentrum steht und die übrigen Komponenten organisiert. Neu ist auch die Hervorhebung des pädagogischen Handlungsrepertoires.

1.2 Mängel der professionsbezogenen Lehrerforschung

Im folgenden sind einige Fragestellungen und Forschungsarbeiten aufgeführt, die für unsere Auseinandersetzung mit dem Thema "Pädagogische Professionalität" von großer Relevanz waren. Wir werden hier nicht nur die Verdienste dieser Arbeiten würdigen, sondern auch ihre Mängel und die damit verbundenen offenen Fragen hervorheben.

- Leidet pädagogisches Handeln unter einem Defizit an Professionalität? (Koring 1989 im Anschluß an Oevermann 1981)
- Wie verlaufen Berufsbiographien von Lehrern? (Flaake 1989, Hirsch 1990, Huberman 1992, Terhart/Czerwenka/Ehrich/Jordan/Schmidt 1994)
- Wie gehen Lehrer mit berufstypischen Belastungen um? (Barth 1992, 1993, Rudow 1994)
- Läßt sich Lehrerarbeit zutreffend als Arbeit von Experten beschreiben und analysieren? (Wahl 1991, Bromme 1992)
- Wie kann der weite Weg vom Wissen zum Handeln in der Pädagogik abgekürzt werden ? (Wahl 1991)

Die Arbeiten von Huberman (1992) und Terhart u.a. (1994) scheinen vor allem zu belegen, daß Lehrerinnen und Lehrer ihre Handlungskompetenz durch persönliche Erfahrungsprozesse erwerben, die Huberman als "Basteln und Ausprobieren" charakterisiert, während Terhart u.a. feststellen:

> "Es zeigt sich, daß sich die meisten Lehrkräfte darüber einig sind, daß mit wissenschaftlichem Wissen für die konkrete Praxis wenig auszurichten ist." (Terhart u.a. 1994, S. 205)

Bei pädagogischen Entscheidungen orientieren sich Lehrkräfte ihren Angaben zufolge vor allem an ihren eigenen beruflichen Erfahrungen, nur 15 % orientieren sich an Erinnerungen aus der zweiten Ausbildungsphase, nur 6 % an Erinnerungen an das Studium. (Terhart u.a. 1994, S. 196)

Größere Diskrepanzen zwischen tatsächlichem Handeln und persönlich erwünschtem Handeln werden nur bei einer Kategorie angegeben, nämlich bei überraschendem Desinteresse der Schüler (Terhart u.a. 1994, S. 202). Terhart u.a. resümieren:

> "Anhand dieser Ergebnisse muß einer reflexiven Handlungstheorie für den Bereich unserer Population eine klare Einschränkung auferlegt werden. Kognitive Reflexionen finden offensichtlich gar nicht im Bereich des wissenschaftlichen Wissens, aber auch kaum im quasi-technologischen Verhaltensbereich statt. Handeln wird am beruflichen Wissen orientiert, das in Interaktionen erfahren wird und sich eher in einstellungsbezogenen Grundsätzen als in konkreten Verhaltensmustern niederschlägt." (Terhart u.a. 1994, S. 200)

Diese Ergebnisse haben dazu beigetragen, daß im deutschsprachigen Raum die Möglichkeiten einer pädagogisch-wissenschaftlichen Lehrerbildung eher negativ gesehen werden. Dem ist aber entgegenzuhalten:

Es bleibt unklar, wie die Befragten ihre eigenen beruflichen Erfahrungen verarbeiten. Vielleicht geschieht dies aber unter Bezug auf wissenschaftliche, philosophische, psychologische oder sozialtechnologische Kategorien. Bezüglich der Frage, wie pädagogische Kompetenz erworben und vermittelt werden kann, kommen die Autoren zu dem Schluß:

> "Bei der Frage, wie pädagogische Kompetenz übermittelt werden kann, wird neben den Formen der subjektiven Erfahrungssammlung noch die kollegiale Erfahrung im Gespräch und evtl. auch in der Übung betont. Aber auch hier sind wieder weniger professionelle als vielmehr alltägliche Vermittlungsformen - nach Meinung der Befragten - überlegen." (Terhart u.a. 1994, S. 230)

Diese Aussage stützt sich unter anderem auf folgende Antwort der Befragten (N= 514):

> "Es wäre hilfreich, wenn Lehrer bzw. Lehrerinnen in fest etablierten Gruppen (pädagogische Konferenz, Supervision, Fachgespräch) immer wieder über ihr Tun reflektieren und ihr Handeln verbessern können." (Terhart u.a. 1994, S. 266, Fragebogenitem 47)

Immerhin gut 70 % der Befragten haben dieser Aussage zugestimmt (Terhart u.a. 1994, S. 204). Läßt sich daraus folgern, daß alltägliche Vermittlungsformen aus Sicht der Befragten professionellen Formen überlegen seien? Sind pädagogische Konferenzen, Supervision und Fachgespräch "alltägliche Vermittlungsformen"? Gehören sie nicht vielmehr zu den im engeren Sinn professionellen Vermittlungsformen?

Die in der Studie aufgebaute Opposition zwischen Lernen durch Handeln und pädagogischer Theorie, zwischen alltäglichen und professionellen Vermittlungsformen erweist sich möglicherweise als ein Forschungsartefakt. Es entsteht dadurch, daß "Professionalität" und "Professionalisierung" so operationalisiert werden, daß damit ein Teil der professionellen Formen der Entwicklung im Beruf aus der operationalen Definition ausgeschlossen wird, während ein anderer Teil - die Verwissenschaftlichung - aus seinem Handlungskontext gelöst wird. Wenn Supervision als "nicht-professionell" definiert wird, ist es klar, daß Lehrer, die Supervision befürworten, als wenig professionell orientiert eingestuft werden.

Und wenn "Lesen von Fachliteratur" und "Wissen über Pädagogik" isoliert abgefragt werden, ohne daß eine Bezug zu spezifischen Handlungskontexten und Problemen besteht, ist es nicht erstaunlich, daß Lehrer die Bedeutung dieser Formen der Wissensübermittlung gering einschätzen.

Studien zum "reflektierten Praktiker" scheinen zu belegen, daß es stark von der Art der Ausbildung abhängt, ob Pädagogen lernen, ihre eigene Praxis bewußt wahrzunehmen und zu reflektieren (Schön 1987, Korthagen/Wubbels 1995). Möglicherweise spiegeln sich in den Ergebnissen der Studie von Terhart u.a. bestimmte Eigenarten und Mängel der deutschen Lehrerbildung wider, die von den Lehrerinnen und Lehrern auch gesehen werden.

Gleichfalls bleibt ungeklärt, ob und wie es "durch Erfahrung" zu einer beruflichen Weiterentwicklung kommt. Was veranlaßt Pädagogen, nicht auf der Stelle zu treten, sondern sich persönlich weiterzuentwickeln und auch ihren Unterricht immer wieder zu verbessern? Terhart u.a. verweisen auch auf die mangelnde Technologisierbarkeit des pädagogischen Handelns als eine mögliche Ursache für die geringe Relevanz erziehungswissenschaftlichen Wissens aus der Sicht von Lehrern.

In diesem Zusammenhang nehmen wir die Frage nach dem "Technologiedefizit" der Erziehung (Luhmann/Schorr 1979) erneut auf. Statt aber die Frage zu wiederholen, ob pädagogisches Handeln in der Organisation Schule technologisierbar sei, stellen wir eine entgegengesetzte Frage:

Läßt sich pädagogisches Handeln in der Organisation Schule enttechnologisieren?

Wissenschaftstheoretisch betrachtet, ist eine Technologie die theoretisch begründete Ableitung einer Maßnahme, die eingesetzt wird, um ein Ziel zu erreichen (ausführlich dazu bereits Prim/Tilmann 1973). Von derartigen Maßnahmen wird in der Lehrerarbeit nicht nur ausnahmsweise, sondern ständig Gebrauch gemacht. Wenn im Fremdsprachenunterricht ein Lehrbuch eingesetzt wird, handelt es sich um eine Maßnahme, die mit dem Ziel erfolgt, daß die Schüler englische Grammatik lernen, und zwar besser, als ohne das Lehrbuch. Auch wenn die einzelne Lehrerin über die Auswahl einer solchen Technik (Einsatz des Lehrbuchs in bestimmten Unterrichtsphasen) nicht nachdenkt, ist doch prinzipiell eine theoretische Begründung für die Verwendung des Lehrbuchs, die allgemeine Gesetze mit besonderen Randbedingungen verknüpft, logisch und empirisch möglich.

Lehrerinnen und Lehrer machen von einer Vielzahl von Techniken Gebrauch, wobei das Spektrum von der Verwendung einfacher Visualisierungshilfen (Overheadprojektor, vorbereitete Folien) bis zu komplexen Sozialtechnologien (projektförmige Kleingruppenarbeit zum Beispiel) reicht. Hierzu kommen neuerdings Entspannungs- und Konzentrationsübungen, die mit den Schülern eingeübt werden.

Gewiß wäre es unzutreffend, Lehrerhandeln auf die Anwendung von Technologien, also auf instrumentelles Handeln, zu reduzieren. Aber es wäre ebenso falsch, Lehrerhandeln auf Kommunikation und Interaktion zu reduzieren, die ganz ohne Techniken und ausgefeilte Methoden, ohne Hilfsmittel und Rezepte auskommt.

Lehrerarbeit hat eine technische Dimension. Und diese technische Dimension herauszuarbeiten, ist deswegen wichtig, weil Methoden und Techniken objektiviert und losgelöst von der Person ihres Erzeugers und Anwenders betrachtet, verglichen, bewertet und durch Aus- und Fortbildung verbreitet werden können. Technologische Fähigkeiten, das heißt die Kompetenz, unter Bezug auf allgemeine Gesetzmäßigkeiten zwischen mindestens zwei Maßnahmen eine Auswahl zu treffen und die gewählte Maßnahme gekonnt, mit der jeweiligen Technik durch Übung vertraut, einzusetzen, gehören zu einer vollentwickelten Lehrerprofessionalität ebenso wie die zu Recht herausgearbeiteten Deutungskompetenzen (Koring 1989).

Von erziehungswissenschaftlicher Seite ist gegenüber "Rezeptologien" überwiegend zur Abstinenz aufgerufen worden. Aber ist diese Norm nicht selber ein Rezept (Diederich 1991)? Wird hier nicht aus dem Nicht-Können ein Nicht-Dürfen abgeleitet (Luhmann/Schorr 1979)?

Rezeptwissen und technologisches Wissen allein machen nicht handlungskompetent. Zur Handlungskompetenz gehören Wissensformen und motorische Abläufe, die offenbar nur durch Übung und Praxis erworben werden können. Der Weg vom Wissen zum Handeln ist weit (Wahl 1991). Ausgehend vom Wissen lassen sich handlungssteuernde Strukturen pädagogischer Experten aber offenbar positiv verändern. Dazu gehören auch, wie Wahl (1993) in seinen Fortbildungsprojekten und Versuchen mit der beruflichen Erstausbildung von Pädagogen belegt hat, Methoden und Techniken wie der "Doppeldecker" oder die "Didaktische Weiche" (ausführlicher hierzu Kapitel 3.2).

In den letzten Jahren ist nicht nur von Lehrerseite, sondern auch von wissenschaftlicher Seite verstärkt auf bestimmte Risiken, die mit dem Lehrerberuf verbunden seien, hingewiesen worden. Leitbegriff ist in diesem Zusammenhang das "Burnout-Syndrom".

Zum Lehrerburnout und zur Arbeitsbelastung von Lehrerinnen und Lehrern gibt es aus Deutschland nur wenige aktuelle Studien. Hier sind besonders die Arbeiten von Barth (1992, 1993) und Rudow (1994) hervorzuheben.

Unter Burnout wird im Rahmen dieser Studien ein Syndrom verstanden, das aus drei Komponenten besteht: Depersonalisation, emotionale Erschöpfung und reduzierte Leistungsfähigkeit.

Eine im Vergleich zu anderen Berufen besonders auffällige Burnoutrate könnte als Hinweis auf eine ungenügende Berufsvorbereitung oder auf Defizite bei der professionellen Bewältigung von Anforderungs- und Streßsituationen betrachtet werden. Bevor wir diese Frage diskutieren, sind einige Bemerkungen zur Phänomenologie des Burnoutsyndroms angebracht.

Oft verläuft der Berufseinstieg zunächst vielversprechend. Mitarbeiter fühlen sich unentbehrlich, leisten freiwillig unbezahlte Mehrarbeit, leben ganz für ihre Klienten - als Lehrer eben für ihre Schüler. Es folgt eine Phase der Desillusionierung. Pädagogen gehen auf Distanz zu ihren Klienten, benutzen Stereotypen zur Klassifizierung und rufen angesichts von Widerständen nach Sanktionen. In der nächsten Phase treten dann Depression und heftige Aggressionen auf, die sich manchmal gegen das System, manchmal auch gegen einzelne Interaktionspartner richten. Aggressionen richten sich in vielen Fällen auch gegen das Selbst und äußern sich in psychosomatioschen Beschwerden oder selbstschädlichen Handlungen.

Begleiterscheinungen und Ausdrucksformen der Depression sind Humorlosigkeit, reduzierte Selbstachtung, Bitterkeit, ein Gefühl von Leere, Ohnmachtsgefühle und schließlich Apathie.

Die emotionale Erschöpfung geht einher mit einem Abbau der kognitiven Leistungsfähigkeit, die sich in Ungenauigkeit, Desorganisation, Unfähigkeit zu klaren Anweisungen und Gedächtnisschwäche manifestiert. Motivation und Kreativität gehen verloren. Die betroffene Person entwickelt keine arbeitsbezogenen Phantasien mehr und verhält sich unflexibel. In schweren Fällen kommt es zu einer Verflachung des emotionalen Lebens. Informelle soziale Kontakte werden reduziert, einst sorgsam gepflegte Interessengebiete einfach aufgegeben.

Die betroffenen Menschen geraten in einen Teufelskreis sich selbst verstärkender negativ erlebter Erfahrungen. Begleiterscheinungen dieses Prozesses sind psychosomatische Reaktionen wie Immunschwäche, Schlafstörungen, Atembeschwerden, Muskelverspannungen, Rückenschmerzen, nervöse Tics, Magen-Darm-Geschwüre und zunehmende Abhängigkeit von Alkohol, Kaffee, Nikotin. Im Endstadium treten Hoffnungslosigkeit, ein Gefühl der Sinnlosigkeit, Selbstmordabsichten und Verzweiflung (Burisch 1994) auf.

Die Entwicklung eines Burnout-Syndroms ist gewiß kein Automatismus. Möglicherweise gibt es auch alternative Möglichkeiten für das Selbst, seine Enttäuschungen und den Verlust seiner beruflichen Werte zu verarbeiten. Unserer Ansicht nach ist eine solche Lösung, die nicht mit dem Burnoutsyndrom einhergeht, der beruflich erworbene Zynismus. Zyniker sind häufig arbeitsfähig und kommen mit beruflichen Anforderungen zurecht. Ihre Aggression äußert sich darin, daß sie berufliche Werte, die sie ursprünglich verehrt und dann aufgegeben haben, nun bei anderen bekämpfen. Sie wirken motivationsdämpfend auf ihre Umgebung, wobei es ihnen selbst vergleichsweise gut gehen kann.

Burnout ist - phänomenologisch und epidemiologisch betrachtet - offenbar mehr als eine einfache Verstimmung oder der gelegentlich auftretende Überdruß an Arbeitsaufgaben.

Nach etwas strengeren empirischen Kriterien ausgebrannt dürften Barth (1992) zufolge etwa 25 % der deutschen Lehrerinnen und Lehrer sein. Vergleichswerte aus den Vereinigten Staaten von Nordamerika liegen zwischen 12 und 20 % (Farber 1991).

Terhart (1994) hat festgestellt, daß im mittleren Alter - zwischen 40 und 45 Jahren - 67 % der befragten Lehrerinnen und Lehrer (N = 499) sich vorstellen können, vorzeitig in den Ruhestand zu gehen. Über die Hälfte der Befragten wäre bereit, den Beruf zu wechseln, 21 % würden dabei sogar ein geringeres Gehalt in Kauf nehmen. (Terhart 1994, S, 141). Weitere 21 % würden dann wechseln, wenn die Tätigkeit mit geringerer psychischer Belastung verbunden wäre.

Welche Bedingungen machen einen Burnout-Prozeß wahrscheinlich? Sind dies eher äußere Belastungsfaktoren wie Unterrichtsverpflichtung, Größe der Lerngruppen, Heterogenität der Lerngruppen, Vielfalt der zusätzlichen Aufgaben? Oder sind es eher interne Faktoren wie Streßverarbeitungsformen, persönliche Arbeitsorganisation, unrealistische Anfangserwartungen?

Präzise Antworten auf diese Fragen gibt es wohl nicht. Nach unserer Durchsicht durch die Literatur halten wir immerhin folgende Aussagen für belegt: Burnout ist stärker von der Art und Weise, wie jemand seine Arbeit auffaßt und wie er Arbeitsaufgaben angeht, abhängig als von objektiven Belastungsfaktoren. Besonders burnout-gefährdet sind Pädagogen, die sich in komplexen sozialen Situationen unsicher fühlen und Schwierigkeiten haben, soziale Strukturen durch entsprechendes Management in ihren Lerngruppen hervorzurufen. Besonders gefährdet sind auch Pädagogen, die Problemen eher auszuweichen versuchen, statt ihre Bewältigung durch aktives Handeln anzustreben. Folgerichtig wird zur Burnout-Prophylaxe auch vorgeschlagen, Pädagogen in der Erstausbildung und in der beruflichen Fortbildung professionelle Streßbewältigungsmethoden zu vermitteln, beispielsweise Entspannungstechniken, kognitive Methoden und Selbstsicherheitstraining (Rudow 1994).

Im Rahmen unserer Studie ist von besonderem Interesse, welche persönlichen Formen des Umgangs mit Belastung und Beanspruchung Lehrerinnen und Lehrer gefunden haben, wo Lehrerinnen und Lehrer selbst für sich Hauptgefahrenquellen sehen (professionelle "Schwächen") und in welchem Zusammenhang Beanspruchung und Burnout mit der Arbeitsorganisation, in der Pädagogen tätig sind, stehen.

Die meisten der von uns begleiteten Lehrerinnen und Lehrer sind offenbar nicht burnout-gefährdet. Können sie uns etwas darüber sagen, wie es ihnen gelungen ist, die Freude an ihrem Beruf und eine erfolgszuversichtliche Haltung zu bewahren?

Unser Hauptkritikpunkt an der professionsbezogenen Lehrerforschung im deutschsprachigen Raum lautet: Die meisten Forschungen sind am status quo orientiert. Entwicklungen wie beispielsweise Programme zur Selbstorganisation von Schulen, Innovationen zur Verstärkung sozialer Aktivitäten unter den Lernenden, neue Unterrichtsformen und didaktische Modelle, werden kaum berücksichtigt. Wahls Arbeiten stellen hier eine Ausnahme dar.

Im übrigen sind wir auf Arbeiten aus dem angelsächsischen Sprachraum verwiesen, wenn wir mehr über Tendenzen einer Professionalisierung der Lehrerschaft erfahren wollen. Lieberman (1988, S. 6) charakterisiert die Entwicklung zum Lehrer als einen Prozeß, in dem persönlicher Lernstil, individuelle Technik, Experiment und personbezogene Bewertung zusammenwirken. Sie stellt die Frage, ob Professionalisierung, wie bisher, einigen wenigen vorbehalten bleiben soll, oder ob möglichst viele Lehrer sich professionell entwickeln sollen. Der Status quo wird als unbefriedigend dargestellt, die Formen des Lernens als ungeeignet, um Schüler mit den kognitiven und motivationalen Voraussetzungen auszustatten, die sie auf dem Weg ins dritte Jahrtausend brauchen. Die (professionellen) Lehrerinnen und Lehrer der Zukunft werden die Aufgabe haben,

- Lernenden dabei zu helfen, schwach strukturierte Probleme zu bearbeiten

- Lernende dabei zu unterstützen, ihren eigenen Lernprozeß zu moderieren und zu organisieren

- situationsspezifisches Lernen in sozialen Situationen zu ermöglichen

- Aufgaben zu stellen, die komplexe Fähigkeiten vermitteln (Devaney/Sykes 1988, S. 19)

Lieberman, Devaney/Sykes, Darling-Hammond und viele andere nordamerikanische und kanadische Professionalisierungsforscher entwickeln ein Zukunftsbild des Teacher Professionalism, das sich an Zielen und Aufgaben orientiert. Ihr Professionsbegriff beruht auf der Annahme, daß Lehrerinnen und Lehrer nicht nur ihre persönliche Berufserfahrung zur Lösung der beschriebenen neuen Aufgaben der Schule heranziehen, sondern auch auf Wissensbestände zugreifen, die von der gesamten Profession als kulturelle Gemeinschaft erarbeitet werden. Zu dieser professionellen Gesamtkultur gehören selbstverständlich auch die empirischen Wissenschaften, die sich mit Bildung und Erziehung befassen. Kollektive Selbstregulation und Orientierung am Wohl des individuellen Klienten, das übrigens nicht mit den Wünschen des Klienten identisch sein muß, sind Kernbestandteile dieser Sichtweise von Professionalität. Ausgehend von ihrer Zielvorstellung entwickeln die genannten Autoren auch Überlegungen zur Zielverwirklichung, die sich wie folgt - verkürzt - zusammenfassen lassen:

Die Kompetenzen von Lehrerinnen und Lehrern müssen durch höhere Anforderungen in der Ausbildung, verbesserte Auswahl, Überprüfung und Bewertung und durch eine entsprechende Zertifizierung nachhaltig verbessert werden. Im Bereich der Aus- und Fortbildung wird also eine stärkere Straffung, Regulierung und Evaluation angestrebt. Im Gegenzug dazu erhalten die Mitglieder der Profession eine größere Freiheit in der Wahl ihrer Mittel und Methoden bei der Ausübung des Berufs. Hier erfolgt also eine Deregulierung (Darling-Hammond 1990, S. 33). Kompetenz wird nach dem Kriterium der Wirksamkeit des Handelns beurteilt, nicht nach dem Grad der Konformität mit Regeln der jeweiligen Ausbildungskultur.

Im deutschsprachigen Raum stößt das Kriterium der Wirksamkeit pädagogischen Handelns oft auf Mißbilligung, weil es der Komplexität und Unklarheit pädagogischer Ziele nicht angemessen sei. Aber wie anders, als durch "peer reviews" der Praxis von Lehrern, lassen sich professionelle Maßstäbe durchsetzen und aufrechterhalten? Wenn externe Kontrollen wegfallen, müssen Formen der internen Kontrolle an ihre Stelle treten, die sich in einem weiteren, komplexeren Sinn am Kriterium der Wirksamkeit des Handelns orientieren.

Insbesondere die Vorbereitung auf das berufliche Handeln und die Einführung in die Berufstätigkeit bedürfen einer sorgfältigen Kontrolle. Mit einem derartigen Konzept von Professionalisierung ist die Vorstellung unvereinbar, daß Lehren und Erziehen erst bei der Arbeit, womöglich ohne spezielle Vorbereitung auf die Lehrertätigkeit, gelernt würden.

Welches könnten nun die Wissensbestände sein, die Pädagogen nicht erst während ihrer Arbeit erlernen, sondern sich wenigstens zum Teil vor Eintritt in den Beruf angeeignet haben müßten?

Shulman (1987) zählt unter anderem folgende Bereiche auf:

- inhaltliches Wissen
- allgemeines pädagogisches Wissen, classroom mangagement, Organisation
- Curriculumwissen, Techniken und Werkzeuge
- pädagogisches Inhaltswissen, bezogen auf Lerngebiete
- Wissen über Typen von Lernenden
- Wissen über pädagogische Kontexte und ihre Wirkungen, Kleingruppenarbeit, Teamarbeit in der Schule, kommunale Kulturen, Finanzquellen ...
- Kenntnis pädagogischer Ziele und Werte, historische und philosophische Hintergründe

Zu einer professionellen Einführungsphase in die Berufsarbeit gehören die kontinuierliche Supervision, die Evaluation durch erfahrene und kompetente Kollegen und die Zusammenarbeit von Ausbildungsschulen mit Universitäten bzw. Lehrerbildungseinrichtungen (vgl. hierzu auch Kapitel 5).

Es ist denkwürdig, daß an dieser Stelle, bei den Reformvorschlägen zur Lehrerbildung und Berufseinführung, die Vorstellungen von Expertenkommissionen in der Bundesrepublik Deutschland (exemplarisch: Jäger/Behrens 1994) mit den Vorstellungen amerikanischer Erziehungswissenschaftler durchaus konvergieren.

In unserer Definition pädagogischer Professionalität ist ein Hinweis auf die mögliche Bedeutung der Entwicklung eines beruflichen Selbst enthalten. Über dieses professionelle Selbst ist aus den deutschen Studien zur Lehrerarbeit wenig zu erfahren. Im englischsprachigen Raum dagegen haben wir Hinweise auf eine große Zahl von Forschungs- und Entwicklungsprojekten bekommen. Zu nennen sind hier die Stichwörter "professional growth", "professional development", "teacher development", "professional improvement", "professional learning" (Hargreaves/Fullan 1993). Etliche dieser Entwicklungsprojekte orientieren sich am Modell des "reflektierenden Praktikers" (Schön 1990), das wir im folgenden kurz vorstellen und diskutieren wollen.

Oberg/Underwood (1993) berichten über ein von einer kanadischen Universität organisiertes Programm zur professionellen Selbst-Entwicklung von Lehrerinnen und Lehrern, bei dem die Reflexion der eigenen beruflichen Erfahrungen im Mittelpunkt steht.

Mit den uns geläufigen Kategorien Lehrerfortbildung, Lehrerweiterbildung ist dieses Programm kaum zutreffend zu beschreiben.

Der Bericht über das Projekt ist in Dialogform geschrieben. Einer der Dialogpartner ist die Seminarleiterin, der andere ist eine teilnehmende Lehrerin. Der Kurs beginnt damit, daß die Teilnehmerinnen aufgefordert werden, über ihre Praxis zu schreiben. Eine der Teilnehmerinnen schreibt:

"Ich bemerkte mein eigenes Bedürfnis nach Integration, danach, die Stränge meiner Existenz zu einem Seil zusammenzudrehen ..." (Oberg/Underwood 1993, S. 169, übers. von Bauer/Brindt/Kopka).

Für unsere These von der Entwicklung eines professionellen Selbst durch Bewußtseinsprozesse ist folgende Stelle besonders aufschlußreich:

"Als ich anfing, Zusammenhänge zwischen der 'Theorie', die ich las, und den Ereignissen, die mir tagtäglich im Klassenraum begegnen, zu sehen ...., begann ich auch, die 'Schwäche' der möglichen Verbindungen zu erfahren. Ich fing an, nach Möglichkeiten zu suchen, die Verbindungen zu vertiefen. Ich war nicht länger bloß Lehrerin, ich war eine Lehrerin-Lernende geworden." (Oberg/Underwood 1993, S. 169, übers. von Bauer/Brindt//Kopka)

Nach dem Ende des Kurses geht der Dialog zwischen Lehrerin und Universitätslehrerin in eine neue, zweite Phase. Dabei werden bestimmte Themen gepflegt: Beziehung, Verantwortung und Reflexion. Es kommt zu einer Klärung der wichtigsten Aufgaben einer Lehrerin: einen Raum für Erfahrungen, Entscheidungen und Lernen zu schaffen und in diesem Raum den Ton anzugeben.

In dieser Studie wird von den lernenden Lehrenden immer wieder auf die Ähnlichkeit zwischen den Fragestellungen und Erfahrungen der Hochschullehrerin und der Schullehrern hingewiesen. Diese Ähnlichkeit ist die Grundlage für einen wechselseitig konstruktiven Dialog, der vermutlich zu einer besseren Integration des beruflichen Selbst beiträgt. Angesichts der in der deutschsprachigen Literatur immer wieder unterstellten Differenz zwischen Lehr-Lern-Situationen an der Schule und in der Hochschule ist der Hinweis auf Ähnlichkeiten höchst bemerkenswert. Wir vermuten, daß hier ein Schlüssel für das Verständnis pädagogischer Professionalität und ihrer zentralen Probleme liegt: in den Formen wissenschaftlicher Bildung und im Selbstverständnis von Lehrenden an Hochschulen. Studien wie die hier ausführlicher referierte zeigen, daß Universitätskurse von größtem Nutzen für die pädagogische Entwicklung von Lehrerinnen und Lehrern sein können, wenn sie von Lehrenden durchgeführt werden, die an ihrer eigenen pädagogischen Professionalität arbeiten. Dies geht über herkömmliche Hochschuldidaktik weit hinaus.

Studien wie die eben beschriebene lassen sich forschungsmethodisch als entwicklungsorientierte qualitative Handlungsforschung fassen. Zu diesem Typus von Untersuchungen gehört auch die Arbeit von Thiessen (1993), auf die wir als nächste eingehen. Auch hier werden, ähnlich wie übrigens in unserer eigenen qualitativen Feldstudie, Forschung und Entwicklung miteinander verknüpft. Professionalisierung wird erforscht, indem zugleich versucht wird, sie aktiv zu betreiben. Dieser in Deutschland in der Erziehungswissenschaft seltene Forschungstypus ist wohl am besten geeignet, die Schwächen einer kriterienorientierten letztlich akademisch bleibenden Professionalisierungsforschung zu vermeiden.

Classroom-based Teacher Development (CBTD) macht den Klassenraum, also den Ort, wo Lehrer und Schüler zusammentreffen, zum Ort, von dem aus die professionelle Entwicklung ausgeht (Thiessen 1993). Lehrer sind selbst diejenigen, die ihre eigene Professionalisierung steuern. Sie können allein, in kollegialen Teams oder mit Lernenden zusammen arbeiten. Lehrer und Schüler werden zu Vertragspartnern, die nicht nur über Lernbedingungen für Schüler verhandeln, sondern auch über Lernmöglichkeiten für den Lehrer oder die Lehrerin.

1.3 Fragen

Eine unserer Ausgangsfragen lautet: Welche Arbeitsaufgaben haben Lehrerinnen und Lehrer?

In der ersten Untersuchungsphasen wurden auf der Grundlage umfangreichen Beobachtungsmaterials fünf Schlüsselkategorien enwickelt, die wir für geeignet halten, Dimensionen der Arbeitsaufgaben von Lehrerinnen und Lehrern abzubilden (vgl. Bauer/Kopka 1994):

- Soziale Strukturbildung
- Interaktion
- Kommunikation/Information
- Gestaltung
- Hintergrundarbeit

Diese Schlüsselkategorien bezeichnen Felder von Arbeitsaufgaben und Handlungsrepertoires, die erkennbar werden, wenn Erziehen, Unterrichten, Beraten, Betreuen und Schule entwickeln als Tätigkeiten betrachtet werden, in denen immer wieder bestimmte Grundmuster der Problembearbeitung zum Ausdruck kommen.

Sind diese Schlüsselkategorien tatsächlich geeignet, Arbeitsaufgaben und Handlungsrepertoire von Lehrerinnen und Lehrern zutreffend zu erfassen? Sind die Schlüsselkategorien gleichrangig? Wie sind die Aufgabengebiete miteinander vernetzt?

Aus der Diskussion der Forschungsliteratur und aus unseren ethnographischen Beobachtungen in der ersten Projektphase ergibt sich im Zusammenhang mit dem von uns vorgeschlagenen Begriff der pädagogischen Professionalität eine Reihe weiterer Fragen:

1. Bereich: Erziehungswissenschaft, Methoden, Techniken

- Welche Bezüge bestehen zwischen Lehrerhandeln und erziehungswissenschaftlicher Theorie, Forschung und Ausbildung?
- Ist die Erziehungswissenschaft für die Lehrerarbeit tatsächlich bedeutungslos oder ist sie für Lehrerinnen und Lehrer eine geeignete Berufswissenschaft?
- Gibt es Methoden und Arbeitsformen in der Lehrertätigkeit, die durch wissenschaftliche Bildung gefördert werden?
- Welche Rolle spielt überhaupt der Einsatz von Methoden und Techniken bei der Bewältigung alltäglicher Probleme der Lehrerarbeit?

2. Bereich: Kooperation

- In welcher Form arbeiten Lehrerinnen und Lehrer mit Berufskollegen innerhalb und außerhalb ihrer Schule zusammen?
- Welche Möglichkeiten der Zusammenarbeit zwischen Praktikern und Universität sehen Lehrerinnen und Lehrer?
- Welche Formen der Zusammenarbeit sind bereits realisiert?
- Sind beispielsweise Tandems aus Lehrern und Wissenschaftlern eine geeignete Arbeitsform, um die Weiterentwicklung von pädagogischen Repertoires und pädagogischen Organisationsformen zu fördern?

3. Bereich: Feedback, Evaluation, Erfolgskontrolle

- Beklagen sich Lehrerinnen und Lehrer über unzureichendes Feedback?
- Welche Formen des Feedbacks und der Evaluation der eigenen Arbeit werden von Lehrerinnen und Lehrern akzeptiert und praktiziert?
- Welche Hinweise erhalten Lehrerinnen und Lehrer von den Lernenden, aus denen sie Rückschlüsse auf pädagogischen Erfolg ziehen?
- Wie stellen Lehrerinnen und Lehrer eigene berufliche Stärken und Schwächen dar?

4. Bereich: Berufsethos

- Welche berufsethischen Werte betonen Lehrerinnen und Lehrer?
- Betrachten es Lehrerinnen und Lehrer als eine ihrer Aufgaben, Schüler zu erziehen?
- Welche ethischen Bezüge lassen sich aus Arbeitshandlungen herleiten?

5. Bereich: Entwicklung eines professionellen Selbst:

- Läßt sich die professionelle Entwicklung als Prozeß der internen Organisation eines beruflichen Selbst beschreiben?
- Wie ist es Lehrerinnen und Lehrern gelungen, eine Balance zwischen Beanspruchung und persönlicher Leistungsfähigkeit herzustellen?
- Welche Bedeutung hat die Reflexion für die persönliche berufliche Weiterentwicklung?
- In welcher Sprache wird die Entwicklung des beruflichen Selbst dargestellt?

- Welche Bedingungen fördern die Entwicklung eines reichhaltigen pädagogischen Handlungsrepertoires?
- Wie entsteht professionelles Selbstbewußtsein?

Bevor wir uns im dritten und vierten Kapitel der Beantwortung dieser Fragen widmen, gehen wir im folgenden zweiten Kapitel ausführlich auf die von uns speziell für das Forschungsprojekt "Lehrerprofessionalität" entwickelten Methoden der qualitativen Feldforschung ein.

2 Methoden

Die Wahl der von uns verwendeten Forschungsmethoden hat sich an zwei Zielen zu orientieren.

Erstens versuchen wir, ein realistisches Bild der Lehrerarbeit, ihrer Risiken und der mit ihr verbundenen Beanspruchungen zu zeichnen. Diesen Aufgaben, Risiken und Beanspruchungen stellen wir das Potential gegenüber, über das Pädagogen verfügen, um ihren berufsbedingten Herausforderungen zu begegnen. Zweitens versuchen wir, eine Theorie der Lehrerprofessionalität zu entwerfen, die von den tatsächlichen Arbeitsaufgaben und beruflichen Handlungsmustern ausgeht. Diese Theorie soll konstruktiv sein, das heißt, sie soll Ansatzpunkte für wirksame Interventionen auffinden helfen.

Um diese beiden Ziele zu erreichen, kombinieren wir Forschungsmethoden, die aus unterschiedlichen Traditionen stammen. Für die realistische Beschreibung setzen wir ethnographische Verfahren ein, für den Aufbau einer Theorie orientieren wir uns an der Methodologie der Grounded Theory. Um schließlich Ordnung in die Vielfalt individueller Stile zu bringen, versuchen wir in Teilbereichen auch typologisch vorzugehen.

Die eigentümliche Kombination von Methoden, die wir in diesem Kapitel recht ausführlich darstellen, ist im Laufe des Forschungsprozesses zustandegekommen. Sie war nicht vorab festgelegt.

Wir hoffen, daß die ausführliche Darstellung der Methodik unserer Studie zur Nachahmung reizt. Ausführliche Darstellungen der Details in qualitativen Forschungsprozessen sind leider noch recht selten, so daß Anfänger oft das Gefühl bekommen, alles sei beliebig und offen. Aber in der Praxis ist es doch so, daß auch qualitative Forschung ihre technische und methodische Seite hat, so daß bestimmte Arbeitsschritte durchaus standardisierbar sind.

2.1 Ethnographie - Grounded Theory - Typologie

Das Bild, das die erziehungswissenschaftliche Forschung von Lehrern, Schulen, professionellen Kompetenzen und Wertvorstellungen entwirft, läuft Gefahr, seinen Gegenstand aus einer methodisch bedingt verzerrten Perspektive darzustellen.

Orientieren wir uns an quantitativen empirischen Studien, gehen wir das Risiko ein, den Kennwerten der zentralen Tendenz aufzusitzen. Das Ergebnis ist ein abstrakter, farbloser Durchschnittslehrer, den es so gar nicht gibt. Orientieren wir uns nur an Einzelfällen, besteht die Gefahr, daß Verknüpfungen, die zwischen Handlungsträgern und Organisationen bestehen, unbeachtet bleiben.

Die Hinwendung zu ethnographischen Verfahren (Girtler 1988, Spradley 1979, 1980, Woods 1986), die bedingen, daß ein großer Teil der für die Forschung aufgewendeten Zeit im Forschungsfeld verbracht wird, hat immerhin zur Folge, daß die Forschenden eine besondere Vertrautheit mit dem Gegenstand entwickeln. Diese Vertrautheit mit Kategorien, Perspektiven, Werten und Gewohnheiten der "Eingeborenen" stellt ein Gegengewicht zur akademischen Perspektive auf den Lehrerberuf dar. Es geht aber nicht darum, dieses Gegengewicht an die Stelle der Außenperspektive zu setzen. Vielmehr sollte der Versuch gemacht werden, beide Perspektiven im Wechsel einzunehmen.

Die Erfassung ethnographischer Daten und deren Analyse berücksichtigt vier Dimensionen, und zwar

- Akteure, Handlungsbeteiligte
- Situationen, Situationstypen
- Handlungen, Handlungsmuster
- kulturelle Artefakte, Symbole, Gegenstände

Von der Beschreibung der Akteure, Situationen, Handlungen und Gegenstände ausgehend wird versucht, Muster oder Typen zu finden. Dieser Vorgehensweise liegt die theoretische und methodologische Überlegung zugrunde, daß Handlungen in ihrem natürlichen Kontext nicht nur subjektabhängig, sondern immer auch Ausdruck kultureller Regeln, Normen, Methoden und Techniken sind.

Beispiel:
Herr Schiller hat sich einen eigenen Moderatorenkoffer zusammengestellt, der viele Materialien enthält, die aus der Erwachsenenbildung bekannt sind (Kartenabfrage-Technik). Neben Filzschreibern (farbig und in verschiedenen Größen) enthält der Koffer auch Klebepunkte, mit deren Hilfe Bewertungen und Zuordnungen visualisiert werden können.

Damit bei Gruppen- oder Partnerarbeit nicht immer dieselben Schüler zusammenarbeiten, hat er verschiedene Kartensätze zusammengestellt, bei denen immer einige Karten zusammengehören. Beispiele für Karten, die bei der Bildung von Zweiergruppen eingesetzt werden, sind: Hänsel - Gretel, Dick - Doof, Pommes - Rot/Weiß, Leuthäuser - Schnarrenberger usw.
(Memo Schiller 150694)

In diesem Fall steht das kulturelle Artefakt - der Moderatorenkoffer - im Mittelpunkt. Die Beschreibung seines Inhalts verweist aber auch auf Verwendungsformen und Handlungsbeteiligte, zum Beispiel Lernende, die in Paaren zusammenarbeiten. Der Moderatorenkoffer kann auch als symbolischer Ausdruck einer professionellen Kultur (Metaplan, Erwachsenenbildung) interpretiert werden.

Moderator, Moderatorenrolle, Moderatorenkoffer, Visualisierung und Kartenabfrage sind Begriffe, die auf ein kulturelles Muster und auf einen bestimmten pädagogischen Handlungstyp verweisen. Die ethnographische Analyse arbeitet sich also zu typologischen Darstellungen vor und versucht, in verdichteter Form abzubilden, was in einer Handlungsfolge an kulturellen Wissensbeständen und Überlieferungen enthalten ist. Diese Überlieferungen sind - bei aller individuellen Unterschiedlichkeit der Performanz durch den einzelnen Akteur - objektiv und können vom einzelnen Subjekt losgelöst betrachtet werden. Cskizentmihalyi (1995) hat für diese sich reproduzierenden Muster die Bezeichnung "Meme" vorgeschlagen. Dieses Wort erinnert an griechisch "Mimesis" = "Nachahmung" und verweist darauf, daß kulturelle Muster gespeichert und überliefert (reproduziert) werden. Die einfachste Form der Überlieferung ist die mündliche Weitergabe. Dadurch wird das Mem von der Person abgelöst. Wirksam werden Meme allerdings wohl nur dann, wenn sie in Handlungszusammenhängen gelernt werden. Praxisprobleme entstehen möglicherweise dadurch, daß versucht wird, Meme direkt aus Medien, Büchern, Ratgebern, Videofilmen usw. zu übernehmen (kopieren), statt sie sich in Handlungszusammenhängen rekonstruktiv zu erarbeiten.

Kösel spricht von didaktischen "Morphemen", d.h. Gestaltbildungen (Kösel 1993). Ergebnisse der ethnographischen Analyse sind außer verdichteten Beschreibungen (Geertz 1987) Typologien und Darstellungen von Memen und der Vernetzung von Memen untereinander.

Geradezu entgegengesetzt ist die Vorgehensweise bei der Analyse nach den Regeln der Grounded Theory (Strauss 1991, Glaser 1978). Hier werden nicht die kulturellen Regeln und Muster des Feldes beschrieben und sozusagen angefärbt, also sichtbar gemacht, sondern es wird versucht, eine neue Struktur von außen her zu konstruieren, die allerdings den Daten angemessen sein soll. Von ganz entscheidender Bedeutung ist dabei die geistige Arbeit der Forschenden, die sich grob an folgender Schrittfolge orientiert:

- Erfassen der qualitativen Daten (z.B. Beobachtungsprotokoll)

- Offenes Kodieren (An den Rand des Beobachtungsprotokolls oder Interviewtranskripts werden Konzepte und Kategorien geschrieben)

- Suche nach Schlüsselkategorien (Nach Häufigkeit und Bedeutung werden bestimmte Kategorien ausgewählt, die möglichst viele andere Kategorien miteinander verknüpfen)

- Theoretical Sampling (Es werden Fälle, Personen, Gruppen, Situationen, Handlungen ausgewählt, die systematisch miteinander verglichen werden)

- Vergleichen

- Axiales Kodieren (Die Daten werden um einige Schlüsselkategorien herum noch einmal kodiert)
- Reflektieren, Memos schreiben (Die Ergebnisse der gedanklichen Auseinandersetzung mit den Daten werden zu Papier gebracht)
- Integrieren (Es wird versucht, die Kodes und theoretischen Überlegungen zu organisieren und eine komplexe Theorie zu formulieren, die den Gegenstandsbereich auf neue und besonders effektive Weise zugänglich macht).

Die Vorgehensweise ist allerdings nicht linear, sondern zyklisch. Nach dem offenen Kodieren werden erneut Daten gesammelt, nach dem Schreiben von Memos folgt wieder eine Phase des offenen Kodierens usw.

Beispiel:
Im Beobachtungsprotokoll wird ausführlich beschrieben, wie Frau Flüster, eine Hauptschullehrerin, mimisch, gestisch und durch den Einsatz ihrer Stimme vor der Lerngruppe agiert. Durch offenes Kodieren werden die Kategorien lebendige Mimik, Bewegung im Raum, Herantreten an einzelne Schüler, Blickkontakt, Körperkontakt gebildet. Es entsteht die Schlüsselkategorie Körpersprache, Mimik, Gestik.

Im Rahmen des theoretical sampling (theoriegeleitete Auswahl von Vergleichssituationen, Vergleichspersonen, Vergleichsgruppen usw.) wird gefragt, ob Frau Flüster sich in verschiedenen Lerngruppen (Jahrgangsstufe 5, Jahrgangsstufe 8) im Hinblick auf diese Schlüsselkategorie gleich oder unterschiedlich verhält. Dies führt zum Konzept der Lerngruppenabhängigkeit der Interaktionsformen. Es entsteht folgendes Memo:

Die Lerngruppe der Jahrgangsstufe 5 ist mit großer Begeisterung und Aufmerksamkeit bei der Sache. Frau Flüster setzt hier sehr wirkungsvoll ihre Mimik und Gestik ein. Sie nimmt Blickkontakt zu einzelnen Schülern auf, bewegt sich frei im Raum, ahmt Geräusche - z. B. von Tieren - nach, führt Bewegungen vor, für die die Kinder das passende englische Wort suchen müssen. In der Lerngruppe der Jahrgangsstufe 8 dagegen wirkt Frau Flüster wesentlich verhaltener. Hier fehlen die spielerischen Elemente. Sie spricht laut und deutlich, klar artikuliert und korrekt betonend, aber ohne die emotionalen Auf- und Abschwünge, die sie wir in der jüngeren Lerngruppe beobachtet haben. Die Jugendlichen sitzen auf ihren Plätzen und machen oft einen unaufmerksamen, desinteressierten Eindruck.

Dies führt zu folgenden Fragen:

Läßt sich eine ähnliche Lerngruppenabhängigkeit der Interaktionsformen auch bei anderen Lehrerinnen und Lehrern beobachten?

Hat dies etwas mit dem Konzept der "altersangemessenen Lern- und Interaktionsformen" zu tun?

Sind die Handlungsbeteiligten mit der Situation zufrieden? (Memo Flüster 210395)

Wir werden im folgenden weitere ausführliche Beispiele geben (vgl. hierzu Kapitel 2.2, 2.3).

Auf qualitative Daten gründende Theorien (grounded theory) sollen den Vorzug haben, besonders effektiv zu sein. Das hängt einerseits mit der Nähe der theoretischen Konzepte zu den Beschreibungsdaten zusammen, andererseits damit, daß die Forschergruppe immer wieder von neuem Entscheidungen über ihre Vorgehensweise trifft, um den Forschungsprozeß im Hinblick auf die Forschungsziele zu optimieren. In unserem Fall haben wir die beteiligten Lehrerinnen und Lehrer nach Möglichkeit einbezogen.

Beispiel:
Der Beobachter schildert in einem längeren Gespräch mit Frau Flüster seine Eindrücke aus der achten Jahrgangsstufe. Gemeinsam überlegen Beobachter und Lehrerin, wie hier mehr Bewegung hineinkommen könnte, beispielsweise durch Rollenspiele wie in der fünften Klasse, durch veränderte Sitzordnung oder dadurch, daß Aufgaben gestellt werden, die den Schülern mehr Aktivität abverlangen. Frau Flüster entscheidet sich schließlich:

"Also, ich werde einmal versuchen, ob ich so anfangen kann, daß die Schüler beim Lesen mit verteilten Rollen aufstehen."
(Gedächtnisprotokoll Flüster 221194)

Diese Absprachen sind der Auftakt zu einer weiteren von uns eingesetzen Methode, mit der wir versuchen, einzelne Hypothesen zu überprüfen. Wir nennen diese Versuche, durch Tandembildung kleine Schritte einer wünschenswerten Veränderung herbeizuführen, "Feldexperimente". In diesen Feldexperimenten zeigt sich, ob unser Konzept der Entwicklung pädagogischer Professionalität handlungsrelevant ist und ob wir Arbeitsaufgaben und Kompetenzen von Lehrerinnen und Lehrern richtig erfaßt haben. Natürlich geben wir keine Rezepte, ermutigen aber die beteiligten Praktiker, in kleinen Schritten zu erproben, was sie bereits in anderen Situationen versucht haben oder sich an Wissen und Fertigkeiten neu angeeignet haben.

Die Mitglieder der Forschungsgruppe arbeiten selbst pädagogisch, das heißt, sie führen Lehrveranstaltungen an der Universität durch, leiten Seminare und Fortbildungsveranstaltungen. Es liegt also nahe, daß Mitglieder der Forschungsgruppe auch ihrerseits Experimente mit pädagogischen Handlungsformen und Methoden durchführen, die sie im Feld entdeckt haben. Die eigene pädagogische Professionalität und ihre Weiterentwicklung wurde im Laufe der Projektarbeit ein wichtiges Thema. Hiermit hängt aufs engste die Frage nach der Ähnlichkeit zwischen Lehr-Lern-Situationen an der Universität und Lehr-Lern-Situationen im Klassenraum von Schulen zusammen. Ausgehend von dieser Frage läßt sich auch ein neues Verständnis der Theorie-Praxis-Problematik einer professionellen universitären Lehrerbildung gewinnen. Wir werden hierauf im fünften Kapitel noch ausführlich zu sprechen kommen.

Im Hinblick auf die Gütekriterien qualitativer Forschung versuchen wir, folgenden Anforderungen gerecht zu werden (vgl. Ackermann/Rosenbusch 1995):

1. Verfahrensdokumentation
Unsere Vorgehensweise wird zumindest exemplarisch ausführlich dokumentiert. Dies geschieht in diesem Kapitel, aber auch im Zusammenhang mit der Ergebnisdarstellung.

2. Regelgeleitetheit
Datenerhebung und Datenanalyse folgen bestimmten Regeln, die in der Projektgruppe entwickelt und mehrfach modifiziert wurden. Diese Regeln werden dargestellt und ihre Anwendung durch Fallbeispiele belegt.

3. Nähe zum Gegenstand
Durch Einbeziehung ethnographischer Protokolle und längerer Interviewausschnitte versuchen wir, möglichst authentische Fallschilderungen mit Fallanalysen und theorieorientierter Arbeit zu verbinden.

4. Kommunikative Validierung
In vielen Fällen diskutieren Forscherinnen und Forscher und Untersuchungspersonen die Auswertungsergebnisse. Änderungsvorschläge der Interviewpartner und der beobachteten Personen werden dokumentiert.

5. Feldexperimente
Muster und Grundformen professionellen Handelns werden praktisch erprobt, die Ergebnisse in Beobachtungsprotokollen festgehalten. Beispielsweise werden zur sozialen Strukturbildung in heterogenen Lerngruppen Methoden des sozialen Lernens eingesetzt.

6. Triangulation
Zur Überprüfung der Ergebnisaussagen werden weitere Datenquellen, Theoriebezüge, Methoden herangezogen, die unabhängig von der zunächst gewählten Methode sind. Hierzu gehören vor allem die Befunde empirisch-analytisch ausgerichteter Forschungsprojekte, aber auch qualitative Daten, die vom Forschungsteam mit anderen Methoden als denen der teilnehmenden Beobachtung und des qualitativen Interviews aufgefunden werden.

In der nachstehenden Abbildung 2.1 sind die sechs Komponenten der Validitätskontrolle und -sicherung noch einmal übersichtlich dargestellt. Zu jeder Komponente lassen sich aus der Projektarbeit zahlreiche Beispiele und Techniken nennen. Besonderen Wert haben wir auf die Entwicklung von Regeln für die einzelnen Phasen und Schritte des Forschungsprozesses gelegt (Beobachtungsregeln, Beobachtungsprotokollbögen, Interviewregeln, Transkriptionsregeln, Auswertungsregeln ...). Hervorzuheben sind auch die kommunikative Validierung der Interviews und eines Teils der Beobachtungen sowie die Prozeßdokumentation durch Methodenmemos und Berichte.

Abbildung 2.1: Komponenten der Validierung

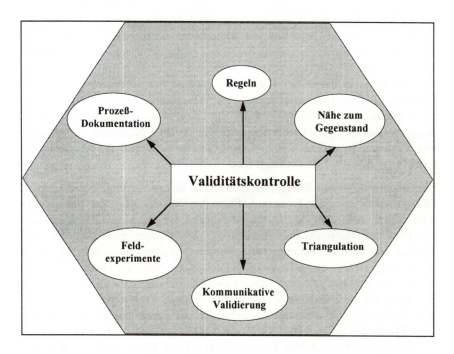

2.2 Untersuchte Fälle

Das qualitative empirische Forschungsprojekt "Lehrerarbeit auf dem Weg zur pädagogischen Professionalität" wurde im Zeitraum von März 1991 bis November 1995 durchgeführt. Während des gesamten Verlaufs konnten 30 Lehrpersonen von uns begleitet werden. Dabei wurden die betreffenden Lehrerinnen und Lehrer von den Forschenden nicht als reine Datenlieferanten (Untersuchungsobjekte) gesehen, sondern als Untersuchungssubjekte. Das heißt, daß sie als Experten und Interaktionspartner verstanden werden. Aus diesem Grund wurde die Gesamtheit der von uns begleiteten Lehrpersonen auch nicht als Stichprobe, die eine bestimmte Grundgesamtheit im Sinne des quantitativ empirischen Ansatzes repräsentiert, angesehen, sondern als Einzelfälle im Sinne einer erklärenden Kasuistik behandelt.

Fallstudien führten lange Zeit ein Schattendasein, da oft die Methode über den Gegenstand der Untersuchung dominierte und es dadurch zu einer Überinterpretation des Wertes quantitativer Methoden kam. Die Einzelfallstudie ist keine konkrete Forschungsmethode an sich, "vielmehr ist die Einzelfallstudie als elementarer Baustein einer jeden qualitativen Studie anzusehen." (Lamnek 1989, S.17)

Im Mittelpunkt der Fallstudien stehen meist Personen, es kann sich aber auch um soziale Systeme wie Kulturen, Organisationen oder Gruppen handeln. Sie werden als typische Fälle ausgewählt, die einleuchtende Beispiele darstellen.

Ort der Durchführung von Fallstudien ist das Feld, ein natürlicher Bereich der Gesellschaft, der, im Gegensatz zum Experiment, nicht speziell für die Untersuchung erstellt wurde. In unserer Studie waren die Arbeitsplätze der Lehrerinnen und Lehrer das Untersuchungsfeld. Dabei wählten wir bewußt nicht nur die Klassenräume, in denen der Unterricht stattfand, sondern auch die anderen Räume, in denen Lehrpersonen handeln, wie beispielsweise Lehrerzimmer, Pausenräume, Seminarräume, in denen die Lehrerinnen und Lehrer an Fortbildungsveranstaltungen teilnehmen, sowie die privaten häuslichen Arbeitszimmer, in denen Unterricht vor- bzw. nachbereitet wird, also die "Hintergrundarbeit" (vgl. Kapitel 3.2.5) erledigt wird.

Ein Fall ist eine soziale Einheit, die eine eigene Strukturiertheit ausgebildet hat. Fallgrenzen zu erkennen ist auch Aufgabe der Untersuchung. Die Fallauswahl wird nach theoretischer Bedeutsamkeit getroffen und nicht dem Zufall überlassen. Für die Fallauswahl sind umfangreiche Vorinformationen nötig. So wurden von uns Veröffentlichungen zum Thema "Lehrerprofessionalität" (Terhart 1991, Dewe 1992) herangezogen, die in der ersten Phase der Untersuchung als theoretisch-wissenschaftlicher Rahmen dienten. Bei der Auswahl von Fällen ist es wichtig für die Entwicklung einer neuen Theorie, Vergleichsgruppen zu finden, die die Unterschiede und Ähnlichkeiten der Daten deutlich sichtbar machen. Durch den permanenten Vergleich von Unterschieden und Ähnlichkeiten entwickelt der Forscher neue Kategorien, er erkennt Eigenschaften und Wechselbeziehungen. "Vereinfacht gesagt: Man muß nach Unterschieden in anscheinend ähnlichen Fällen und nach Ähnlichkeiten in anscheinend verschiedenen Fällen suchen." (Stenhouse 1982, S.35)

Vorteil der Fallstudien ist neben der ganzheitlichen Sicht meist ein tieferes Verstehen als bei quantitativ angelegten Untersuchungen, die breitere Informationen mit nur wenig Tiefgang erzeugen. Gerade dieser Tiefgang der Informationen ist ein Hauptziel unserer Untersuchung, da aus ganz konkreten Informationen auch ganz konkrete praktikable Handlungen abgeleitet werden können.

Für die Durchführung von Fallstudien ist eine prinzipielle Offenheit vonnöten. Der Untersucher sollte in der Lage sein, mit jeder möglichen Methode an den Forschungsgegenstand heranzutreten, um eine möglichst geringe Wahrnehmungsverfälschung durch seine bevorzugte Herangehensweise zu erreichen. Eine ständige Dokumentation (Memos zu methodischen Aspekten, zu inhaltlichen Hypothesen, spekulative und Ergebnis-Memos etc.) des Untersuchungsfeldes gibt ihm die Möglichkeit, konstruktiv die eigene Herangehensweise an den Momentanzustand anzupassen, um so eine Weiterentwicklung bzw. Revidierung der Leitideen zu erreichen. Sie dient außerdem dazu, die einzelnen Fälle zu kodieren. Diese Dokumentationen werden von uns mit Hilfe von Grafiken und Abbildungen visuell unterstützt, komplexe Sachverhalte und Zusammenhänge werden veranschaulicht und zusammengefaßt, was bei der Theoriefindung hilfreich ist.

Aus jeder Datenerhebung können neue weiterführende Richtlinien für die weitere Datenerhebung entstehen. Das Datensampling ist erst dann beendet, wenn die Theorie gesättigt ist, sie also verallgemeinbar ist und sich neue Ergebnisse unter diese Theorie fassen lassen.

Abbildung 2.2: Beispiel für das Ineinandergreifen von Datenerhebung und Datenauswertung einer Fallstudie

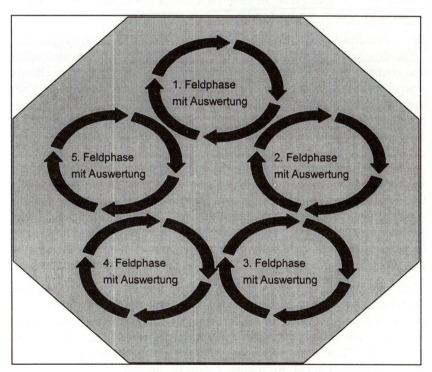

Ziel ist es, typische Handlungsmuster zu erkennen und sie als extrem, ideal oder durchschnittlich zu identifizieren. Ziel ist nicht die Rekonstruktion individueller Handlungsmuster, sondern das Herausarbeiten typischer Handlungsmuster. Handlungen werden zwar individuell fixiert, sie sind jedoch nicht einmalig, vielmehr manifestieren sich in ihnen generelle Strukturen, wie z.B. Beziehungen und Wechselwirkungen zwischen den Einzelfaktoren eines Ganzen.

Datenerhebung und Datenauswertung sind keine getrennten Schritte unserer Untersuchung, sondern greifen ineinander. Unmittelbar nach der ersten Datenerhebung wurde mit der Auswertung begonnen und es wurden erste Hypothesen entwickelt, die durch die anschließende Erhebungen überprüft werden.

Der Untersuchungsablauf ist weitgehend offenzuhalten, da Hypothesen, Kategorien und Modelle aus dem Datenmaterial heraus entwickelt werden. Die theoretische Strukturierung des Forschungsgegenstandes bildet sich durch die Forschungssubjekte heraus. Das theoretische Vorwissen des Forschers darf nicht dazu verleiten, schon im Vorfeld feststehende Hypothesen zu bilden, vielmehr muß der Forscher nach Glaser und Strauss in der Lage sein, sein Wissen hinten anzustellen, es nahezu zu ignorieren. Nach Glaser und Strauss soll eine Theorie Entdeckungen und Einsichten vermitteln, was zwangsläufig eine nur deduktive Forschung ausschließt. Fallstudien müssen weiter gehen als bis zur reinen Rekonstruktion von Kommunikationsinhalten. Sie müssen interpretierend und typisierend sein. Sie beinhalten immer sowohl den beschreibenden als auch den analysierenden Aspekt.

Bei Fallstudien kann differenziert werden zwischen Fallrekonstruktion oder Fallanalyse und Fallbeschreibung. Die Fallbeschreibung steht für sich selber und zeichnet die Geschichte eines Falles auf. Die Fallanalyse steht im Dienste einer Theorieentwicklung; sie dient der Bearbeitung und Interpretation eines sozialwissenschaftlichen Problems. Der Unterschied zwischen Fallbeschreibung und Fallanalyse liegt darin, daß die Fallbeschreibung um Authenzität bemüht ist, um Glaubwürdigkeit und Anschaulichkeit. Bei der Fallanalyse geht es darum, Kategorien bzw. Gesetzmäßigkeiten zu entdecken oder zu konstruieren. Mit Hilfe dieser Vorgehensweise werden bei unserer vergleichenden Fallstudie von einem Forscherteam eine ganze Reihe von Fällen an unterschiedlichen Orten zu unterschiedlichen Zeiten untersucht. Hierbei ist es wichtig, daß die Ansätze der einzelnen Forscher übereinstimmen. Diese Übereinstimmung wird von uns dadurch erreicht, daß wir regelmäßige (einmal wöchentlich) Besprechungen durchführen, die der Darstellung der einzelnen Ansätze dienen und so jedem Forscher die gesamte Bandbreite der Gedanken zugänglich wird.

Wenn mehrere Forscher im Feld sind, kann es trotzdem vonnöten sein, daß Fragestellungen vorgegeben werden, um eine Richtschnur zu legen. Dies sollte sich jedoch auf ein Minimum beschränken, da andernfalls der Individualität jedes einzelnen Falles nicht mehr Genüge geleistet werden kann. Das von uns in der ersten Phase verwendete vorgegebene Beobachtungsprotokoll diente in diesem Sinne auch nur als Richtschnur für die Feldforscher.

Die Gesamtheit der begleiteten Lehrpersonen bestand - zufällig, da das Geschlecht nicht bei der Auswahl der Interaktionspartner entscheidend war - aus jeweils genau der Hälfte Männer und Frauen.

Das Ausmaß, die Intensität und die Qualität der jeweiligen Begleitung variierten zwischen den verschiedenen Untersuchungssubjekten sehr stark und läßt sich wie folgt auf einem Kontinuum zwischen einfacher und einmaliger Beobachtung auf der einen Seite und intensiver Zusammenarbeit in Form eines Tandems auf der anderen Seite beschreiben. Die Zusammenarbeit oder auch Feldkontakte lassen sich alle auf diesem Kontiuum anordnen.

Abbildung 2.3: Intensität der Zusammenarbeit

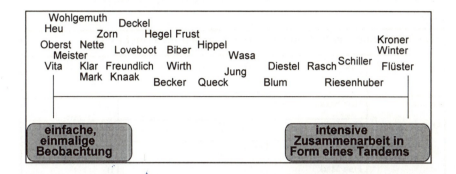

Bei den aufgelisteten Namen der Interaktionspartner handelt es sich ausschließlich um Pseudonyme der von uns begleiteten Lehrerinnen und Lehrer.

Die Qualität der Zusammenarbeit war davon abhängig, wieviel neue Informationen durch die jeweilige Begleitung gewonnen werden konnten und wie fruchtbar die gegenseitige Zusammenarbeit sowohl für die Forscherseite, als auch für die Seite der Lehrenden gesehen wurde.

Die untersuchten Lehrerinnen und Lehrer unterrichteten an 9 verschiedenen Schulen im östlichen Ruhrgebiet, die sich folgendermaßen zusammensetzten:

5 Gymnasien

3 Hauptschulen

1 Gesamtschule

Die Forschergruppe bestand aus zwei Wissenschaftlern sowie zwei studentischen Hilfskräften, die in der zweiten Projektphase wechselten.

Um die Anonymität der Untersuchungspersonen zu wahren, werden von uns in der folgenden tabellarischen Aufstellung der Begleitungen und der Feldarbeit nur die von uns verwendeten Pseudonyme der betreffenden Lehrerinnen und Lehrer sowie der Schulen aufgelistet. Diese Pseudonyme wurden von uns bei den verschiedenen Beobachtungsprotokollen, bei den erstellten Memos und bei den Interviewtranskripten verwendet. Auch an anderen Stellen im vorliegenden Bericht, bei diversen Veröffentlichungen von Zwischenergebnissen, bei den Fallanalysen und den exemplarischen Fallbeschreibungen wird auf die jeweiligen Pseudonyme zurückgegriffen.

In der folgenden Tabelle werden die Feldkontakte primär quanitativ erfaßt. Mit anderen Worten: Es ist aufgeführt, welche Lehrerinnen und Lehrer aus welcher

Schule wie häufig von welchem Mitglied des Forscherteams im Feld begleitet wurden. Nur in der letzten Spalte, in der die Art der Begleitung festgehalten wurde, ist die Qualität und Intensität der Begleitung kurz angerissen.

Tabelle 2.1: Arbeitsbericht über die durchgeführte Feldarbeit

Häufigkeit und Art der ausgeführte Feldarbeit im Projekt P33			
Pseudonym Schule	Pseudonym Lehrer	Dauer der Begleitung	Art der Begleitung
Goethe-Gymnasium	Herr Becker	10 (BA)	B, I
	Herr Jung	17 (FL), 6 (BA)	B,I
	Frau Knaak	3 (FL)	B
	Frau Mark	3 (FL)	B
Thomas-Gymnasium	Herr Klar	5 (BA)	B, I
	Frau Freundlich	5 (BA)	B, I
Hardenberg-Gymnasium	Frau Wasa	4 (KP), 12 (OS)	B, P
	Herr Hippel	2 (KP),13 (OS),2 (BK)	B, P, FB
	Herr Schiller	1 (BA), 3 (KP), 20 (OS), 2 (BK)	B, I, T, FB, G, V
	Herr Queck	1 (BA), 5 (KP), 4 (OS), 3 (BK)	B, P, FB
	Frau Frust	3 (KP), 12 (OS)	B, FB
	Herr Biber	9 (OS), 2 (BK)	B, FB
	Herr Heu	1 (BK)	B
Humboldt-Gymnasium	Herr Wirth	8 (OS), 1(BK)	B, I
Gymnasium Ruhr-Stadt	Herr Loveboat	5 (HG)	B
Arthur Schopenhauer Gymnasium	Frau Hegel	5 (BR)	B, I, P, T
Hauptschule Phönix	Frau Rasch	11 (BR)	B, P, I,T,G

Pseudonym Schule	Pseudonym Lehrer	Dauer der Begleitung	Art der Begleitung
Günter Grass Gesamtschule	Herr Kroner	1 (BA), 8 (KP), 29 (FO), 1(HG)	B, I, F, T, P, G
	Frau Riesenhuber	24 (BA), 3 (HG),	B, I, T
	Herr Distel	12 (FO)	B, I
	Frau Deckel	3 (BA)	B, I
	Frau Blum	2 (BA), 9 (FO)	B, I, T
	Herr Zorn	4 (FO)	B
	Frau Wohlgemuth	2 (KP)	B, P, F
Hauptschule An der Schloß-Allee	Frau Nette	1 (OS), 3 (BK)	B
	Herr Meister	2 (BK)	B
	Herr Oberst	1 (BK)	B
	Frau Vita	1 (HG)	B
	Frau Flüster	2 (BK), 36 (HG), 1(BA), 5 (BA)	B, I, T,G
Hauptschule Glück Auf	Frau Winter	22 (KP)	B, I, P, T,G,V

Legende:
- In der 1. Spalte sind die Pseudonyme der beteiligten Schulen notiert.
- In der 2. Spalte sind die Pseudonyme der begleiteten Lehrer/Lehrerinnen notiert.
- In der 3. Spalte ist die jeweilige Dauer der Begleitung in Beobachtungstagen angegeben. Die Kürzel in Klammern stehen für den jeweiligen Begleiter aus dem Forscherteam.
- In der 4. Spalte ist die Art der Begleitung näher aufgeschlüsselt:

I = Interview,

B = teilnehmende Beobachtung,

P = intensive nicht vorbereitete Gespräche,

F = Feldfotos,

V = Videoaufzeichnungen,

T = Interviewtranskripte,

G = Gedächtnisprotokolle von Interviews und

FB = Feedbackrunden.

Die angegebenen Beobachtungstage, die in der dritten Spalte *Dauer der Begleitung* aufgelistet sind, wurden teilweise nur rein rechnerisch ermittelt und zusammengesetzt. In einigen Fällen, vor allen Dingen zu Beginn der Untersuchung, wurden einige Lehrerinnen und Lehrer nur stundenweise begleitet. In diesen Fällen sind die jeweiligen Beobachtungsstunden zu Beobachtungstagen aufaddiert worden.

In der Spalte 4 *Art der Begleitung* ist die jeweilige Form und Qualität der Begleitung differenzierter dargestellt, indem die jeweils verwendeten Methoden der qualitativen Sozialforschung aufgelistet sind. So wurden die Erkenntnisse, die vornehmlich durch die teilnehmenden Beobachtungen gewonnen wurden, zusätzlich durch weitere Methoden der qualitativen Sozialforschung ergänzt, die der Validierung dienen und bestimmte Ergebnisse der teilnehmenden Beobachtungen stützen oder widerlegen, um so ein abgerundeteres Bild zu erlangen.

Da wir uns dem qualitativen Forschungsparadigma verpflichtet fühlen, wurden alle Beobachtungen in Form einer teilnehmenden Beobachtung ("B" in der vierten Spalte) durchgeführt, um so das alltägliche Verhalten im Beobachtungsfeld so wenig wie möglich zu stören und keine künstlichen Beobachtungssituationen zu schaffen (vgl. Kapitel 2.3.1). Das Prinzip der Minimierung von Interventionen gilt nicht für die Feldexperimente.

Die Interviews ("I" in der vierten Spalte) wurden in Form von Leitfadeninterviews geführt, um so auf der einen Seite die Kommunikation auf bestimmte Themen/Fragen zu lenken und zu fokussieren, die sich durch die Beobachtungen ergaben und auf der anderen Seite die Kommunikationssituation möglichst natürlich und offen zu belassen (vgl. Kapitel 2.3.2).

Von acht durchgeführten und aufgezeichneten Interviews wurden wörtliche Transkripte ("T" in der vierten Spalte) erstellt, die von den Forschern getrennt ausgewertet und in mehreren Gruppendiskussionen ausgetauscht und analysiert wurden. Abschließend wurden die Ergebnisse noch einmal mit den betroffenen Lehrerinnen und Lehrern im Sinne einer kommunikativen Validierung diskutiert (vgl. Kapitel 2.3.2).

Bei der Durchführung von drei Interviews wurde aus verschiedenen Gründen auf eine auditive Aufzeichnung verzichtet. Statt dessen werden Gedächtnisprotokolle ("G" in der vierten Spalte) für eine weitere Bearbeitung angefertigt.

Bei den mit "P" gekennzeichneten Gesprächen handelt es sich um intensivere und gezieltere Pausengespräche, die über Verständigungsfragen sowie informelle Kommunikation, die bei allen Beobachtungen stattfand, hinausgehen. Bei diesen Gesprächen handelte es sich im Gegensatz zu den Interviews jedoch nicht um vorbereitete Gespräche, in denen ein Leitfaden benutzt wurde, ihr Zustandekommen war spontan und zufällig aus der Situation bedingt.

In zwei Fällen wurden ethnographische Feldfotos/Fotodokumentationen ("F" in der vierten Spalte) erstellt, die die Ergebnisse der Beobachtungen und der Interviews in visueller Form unterstützen und dokumentieren sollten. Für die Analyse und Interpretation der erstellten Reportageserien und Einzelbilder hätten noch geeignete Methoden und Verfahren entwickelt werden müssen, da die vorhandenen Verfahren (vgl. Wagner 1979) für unsere Zwecke nur als Anregung dienen konnten. Dabei läßt sich die Aufteilung des Klassenraums in Zonen und Arbeitsbereiche gut bildlich darstellen. Bei der Umsetzung und Weiterverarbeitung (Fotokopieren, Einscannen in Textverarbeitungsprogramme) traten jedoch Schwierigkeiten auf, die uns dazu zwangen, auf einen weiteren Einsatz von Feldfotos zu verzichten.

Mit einigen Lehrern wurden explizite Feedbackgespräche ("FB" in der vierten Spalte) zu eigens dafür anberaumten Terminen geführt. Hierbei handelte es sich um eine Feedbackkonferenz, zu der alle beteiligten Lehrerinnen und Lehrer einer Schule eingeladen wurden und die Möglichkeit erhielten, mit dem gesamten Forschungsteam zu diskutieren. Es wurde kein einseitiges Feedback im Sinne einer Einweg-Kommunikation von den Forschern an die betroffenen Lehrpersonen gegeben, sondern im Sinne einer Zweiweg-Kommunikation wurde in Form von Gruppendiskussionen ein gegenseitiger Informationsaustausch initiiert. Dabei konnten Probleme im gegenseitigen Umgang gelöst, Vorbehalte beseitigt und noch bestehende inhaltliche Fragen beantwortet werden. Das Forscherteam erhielt noch einmal die Möglichkeit, über den Sinn und die Forschungsintention zu berichten, und die Lehrerinnen und Lehrer konnten Fragen stellen. Des weiteren wurden erste Ergebnisse vorgestellt und diskutiert und über eine weitere Zusammenarbeit beraten.

Die Resultate der Feedback-Runden mit beteiligten Lehrerinnen und Lehrern blieben jedoch deutlich hinter unseren Erwartungen zurück. Ein Vergleich der beiden Durchführungsvarianten zeigte, daß die schulbezogene der institutsbezogenen Variante vorzuziehen ist, da sie eine größere Wirksamkeit aufwies. Bei der institutsbezogenen Variante haben wir alle Lehrer einer Untersuchungsphase ins Institut eingeladen, um unsere Ergebnisse dort zur Diskussion zu stellen. Bei der schulbezogenen Variante sind wir in die jeweilige Schule gegangen und haben alle dort am Projekt beteiligten Lehrer eingeladen, nach einem Kurzvortrag des Projektteams über Ergebnisse zu diskutieren und uns Arbeitsvorschläge für die nächste Forschungsphase zu machen. Wir hatten den Eindruck, daß die Treffen unter Zeitdruck stattfanden und eher als lästige Pflicht empfunden wurden. Sorgfältige Protokolle des Sitzungsverlaufs und des Verhaltens der Teilnehmer lieferten uns interessantes Material zu den Themen "Lehrer als Lernende" und "Lehrer und Wissenschaftler", aber weniger konkrete Hinweise zur Brauchbarkeit unserer Konzepte und Modellentwürfe.

In der zweiten Projektphase wurde von uns mit dem Medium Video experimentiert. Bei zwei Lehrpersonen wurden Videofilme ("V" in der vierten Spalte) erstellt. Dabei sollten die Videoaufzeichnungen die normalen Beobachtungen unterstützen (vgl. Kapitel 2.3.1).

Wie zu ersehen ist, bedienten wir uns einer Methodentriangulation aus verschiedenen etablierten, erprobten und neuen, experimentellen Methoden der qualitativen Sozialforschung, um so Untersuchungsfehler einzudämmen bzw. zu vermeiden und zusätzlich die verschiedenen Vorteile der einzelnen Techniken zu nutzen. Im Laufe des Forschungsprozesses zeigte sich, daß die verschiedenen Methoden sich für unterschiedliche Situationen, Fragestellungen oder Untersuchungen unterschiedlich gut eigneten, sich jedoch gegenseitig unterstützten.

Während des Forschungsprojekts wurden in der ersten Projektphase 248 Beobachtungstage realisiert. In der zweiten Projektphase wurden an 102 Tagen Beobachtungen durchgeführt. Werden alle Begleitungen aufsummiert, ergeben sich aus beiden Projektphasen insgesamt (248 + 102) 350 reine Beobachtungstage.

Darüber hinaus wurden in einer Vorstudie mit 4 Lehrern aus Berlin Interviews und Fachgespräche geführt.

Wenn im folgenden auch meist nur von Beobachtern und Beobachtungen gesprochen wird, muß noch einmal ausdrücklich betont werden, daß neben der reinen Beobachtung immer auch noch andere Methoden der Datengewinnung ihre Anwendung fanden. Die Reduzierung im Text auf Beobachtung dient ausschließlich der besseren Lesbarkeit des Textes.

Da das jeweilige Lehrerverhalten im Mittelpunkt des Forschungsinteresses stand, wurden die betreffenden Lehrpersonen als Fälle gesehen und über den Tag hinweg durch Beobachter begleitet und nur in begründeten Einzelfällen die betreffenden unterrichteten Klassen. Dieser Fall konnte dann eintreten, wenn extreme Verhaltensweisen der betreffenden Lehrer oder Schüler, sowohl im positiven wie auch im negativen Sinne, beobachtet werden konnten, oder wenn sich in bestimmten Situationen extreme Emotionen und Gefühle auf seiten der Schüler entwickelten und die Atmosphäre im Klassenraum den Beobachtern deutlich entweder positiv oder negativ auffiel. In diesen Fällen wurde dann auch manchmal die Klasse und nicht die betreffende Lehrperson weiter begleitet, um so beobachten zu können, wie sich eine bestimmte Atmosphäre oder spezielle Entwicklungen und Handlungen im Laufe des Schultags in einer Klasse weiterentwickelten. Auch konnte auf diese Weise einfach einen Vergleich mit anderen Kollegen ermöglicht werden.

Schwerpunkt der Untersuchung und damit die größte Anzahl der Begleitungen lag im Bereich der Unterrichtsbeobachtungen, da dies der Aufgabenbereich der Lehrerinnen und Lehrer ist, der die meiste Arbeitszeit des Tages bindet. Neben dem Unterrichten gehören jedoch auch noch die Vorbereitung und Reflexion, die Weiterentwicklung der Schule als Organisation, die Zusammenarbeit und Kooperation mit Kollegen im Sinne einer Teamentwicklung, ein Projektmanagement, Betreuung von Referendaren im Sinne von Coaching, Supervision und die Zusammenarbeit und Beratung von Eltern zu den Aufgabengebieten, die mit dem Lehrberuf - zumindest programmatisch - verbunden sind. Aus diesem Grund wurden einzelne Lehrerinnen und Lehrer auch außerhalb des Unterrichts begleitet oder beobachtet, so daß ein weiterer Forschungsschwerpunkt auf außerunterrichtlichen Aktivitäten lag. Einzelne Lehrerinnen und Lehrer wurden von den Forschenden:

- auf Konferenzen (Lehrer-, Klassen-, pädagogischen Konferenzen),
- bei Pausen (Erholungspausen, Vorbereitungspausen, Pausenaufsicht),
- bei Beprechungen mit Kollegen, Eltern, Schülern,
- bei Fortbildungsveranstaltungen,
- bei Beratungsgesprächen,
- bei außerunterrichtlichen Schulaktivitäten wie Exkursionen, Schulfesten und Schulfeiern und Klassenfeten sowie
- bei einzelnen Freizeitaktivitäten begleitet.

Der häusliche Arbeitsplatz der Lehrerinnen und Lehrer wurde, ebenso wie der Arbeitsplatz in der Schule, als Beobachtungsraum interpretiert. Die Beobachtungen fanden außer in den Klassenräumen der Schüler auch in den verschiedenen Lehrerzimmern oder bei Lehrern mit organisatorischen Führungsaufgaben in deren Dienst- und Arbeitszimmern statt.

Im Verlauf des Forschungsalltags erwies es sich als effektiver und effizienter, nicht mehrere Fälle (Lehrer) am selben Tag zu begleiten, sondern, wenn eben möglich, nur jeweils einen Lehrer auf seinem Weg durch verschiedene Klassen zu beobachten und dieses kontinuierlich über einen Zeitraum von mehreren Wochen hinweg. Das Wandern von Person zu Person am selben Vormittag hat sich nicht bewährt. Es trägt allenfalls dazu bei, eine Schule näher kennenzulernen und bessere Auswahlkriterien für die Fallauswahl zu gewinnen.

In der ersten Projektphase ergaben sich so zwei Beobachterteams von zwei teilnehmenden Beobachtern, die jeweils an einer Schule arbeiteten und ausgewählte Lehrerinnen und Lehrer begleiteten, wobei sich, wie schon ausgeführt, die Intensität und der Ausprägungsgrad der Teilnahme der verschiedenen Forscher deutlich voneinander unterschied. Der Ausprägungsgrad der Teilnahme war aber auch immer von Situationen der Beobachtung abhängig und differierte dementsprechend stark (Genaueres zu diesem Thema unter Kapitel 2.3.1).

In der zweiten Projektphase arbeiteten die Forscher primär nicht mehr in Teams an den verschiedenen Schulen, sondern als Einzelpersonen, um so die Intensität der Begleitung zu erhöhen, sowie die Möglichkeit der Tandembildung zwischen Forscher und Lehrperson zu fördern. Aus diesem Grund erhielt die Bedeutung der wöchentlichen Teambesprechungen im Forscherteam einen immer

45

höheren Stellenwert, um Ergebnisse und Erfahrungen auszutauschen und aufgetretene Probleme im Team zu diskutieren und zu lösen.

Bei dem von uns benutzten Sampling gingen wir von dem Theoretical Sampling in Anlehnung an die *Grounded Theory* von Strauss (1991) aus (vgl. Kapitel 2.1).

Bei der Forschungsarbeit nach der *Grounded Theory* haben das untersuchte Feld und die darin gewonnenen Daten immer den Vorrang vor den theoretischen Vorannahmen und vorformulierten Forschungshypothesen, wie sie bei Forschungsvorhaben, die nach dem quantitativen Paradigma angelegt sind, im Mittelpunkt stehen. Die untersuchten Subjekte oder sozialen Systeme bestimmen die Strukturierung der Untersuchung und des Sampling. Vorannahmen sind vorhanden und müssen im Vorfeld bewußt gemacht werden.

Das *Theoretical Sampling* wird sukzessive und prozessual durch Erkenntnisse und Entscheidungen, die durch neue Erfahrungen während des Forschungsprozesses gewonnen werden, ständig weiterentwickelt.

Auch in unserem Forschungsprojekt stand kein ausgearbeitetes, detailliertes und ausformuliertes Untersuchungsdesign mit einem Stichprobenplan, der mit vorgegebenen Zellenbesetzungen arbeitet, am Anfang, sondern unser Sampling wurde mit der Zeit immer weiter entwickelt und differenziert.

Die folgende Abbildung stellt das von uns benutzte Theoretical Sampling in Form eines einfachen Koordinatensystems dar:

Abbildung 2.4: Theoretical Sampling

Theoretical Sampling:		
Handlungsrepertoire	**Bedingungen:**	
	Schwierigkeitsgrad der Schüler/Population	
	niedrig	hoch
reichhaltig	Queck Schiller Klar Becker Wirth Wasa Biber Loveboat 1	Kroner Rasch(5*) Winter Wohlgemuth Flüster (5*) 2 Nette
beschränkt	Frust, Jung Hippel, Freundlich 3	Deckel Meister Riesenhuber Blum Distel Zorn Flüster (9*) Heu Rasch (9*) Oberst Vita 4

Legende: Die beiden mit einem Stern gekennzeichneten Lehrkräfte wurden von uns zweimal in das Sampling aufgenommen, da ihr Handlungsrepertoire abhängig von der Jahrgangsstufe der Schüler einmal als angemessen und reichhaltig und das andere Mal als beschränkt angesehen werden mußte.

Feld 1: Der Schwierigkeitsgrad der Situation, in der gehandelt werden muß, ist eher niedrig. Bei den Schülern handelt es sich um Kinder/Jugendliche aus der Schule gegenüber positiv eingestellten, unproblematischen Populationen, die sich eher normenkonform und kooperativ verhalten. Die Lehrerinnen und Lehrer unterrichten durchweg in Gymnasien. Das Handlungsrepertoire der betreffenden Lehrer kann als reichhaltig bezeichnet werden. Sie verhalten sich professionell und meistern ihren Unterricht.

Feld 2: Die Lehrerinnen und Lehrer in diesem Feld verfügen über ein breites Handlungsrepertoire, auf das sie zurückgreifen können. Die Situation, in der sich der Unterricht vollzieht, ist eher schwierig, dennoch kann ihr Auftreten und ihr Verhalten als professionell bezeichnet werden. Bei den Schulen handelt es sich nicht um bestimmte Eliteeinrichtungen, die Schüler kommen aus heterogenen Bevölkerungsgruppen. Die Anzahl an schwierigen Einzelfällen und Problemfällen im Bereich der Motivation und der Disziplin liegt deutlich höher. Viele Schüler kommen aus Arbeitslosen- oder Sozialhilfeempfängerfamilien. Das soziale Ansehen des Stadtteils, in dem sich die betreffende Schule befindet, ist eher niedrig.

Feld 3: Die Lehrer in diesem Feld zeichnen sich dadurch aus, daß sie nur über ein beschränktes Handlungsrepertoire verfügen und Schüler aus homogenen, der Schule gegenüber eher positiv eingestellten Populationen unterrichten. Ihr Verhalten im Unterricht wird als eher stereotyp und monoton angesehen. Sie experimentieren wenig und unterrichten fast nur in klassischen Frontalunterricht. Lehrerinnen und Lehrer dieses Typs sind schneller durch die Unterrichtssituation überfordert.

Feld 4: Bei Lehrern in diesem Feld handelt es sich um eine Problemgruppe. Auf der einen Seite verfügen sie nur über ein eingeschränktes Handlungsrepertoire, müssen jedoch auf der anderen Seite unter schwierigen Voraussetzungen unterrichten. Die Anforderungen, die an sie gestellt werden, sind sehr hoch, und sie werden mit vielen Schwierigkeiten konfrontiert. Die Schülerpopulation ist der Institution Schule gegenüber eher ablehnend eingestellt. Viele Schüler kommen auch hier aus Familien mit eingeschränkten finanziellen Möglichkeiten und einem niedrigeren Bildungsniveau. Das Sozialprestige des Stadtteils, in dem die jeweilige Schule liegt, ist eher niedrig, und die Freizeitmöglichkeiten, die den Schülern und Jugendlichen zur Verfügung stehen, sind eher unattraktiv. Lehrkräfte dieses Feldes sind in besonderer Weise auf Hilfe angewiesen. Bei ihnen besteht am ehesten die Gefahr, daß sie an berufsbedingten Störungen wie z.B. Burnout (vgl. auch Kapitel 1) erkranken.

Beim *Theoretical Sampling* steht nicht eine Zufallsstichprobe, die möglichst repräsentativ eine Grundgesamtheit widerspiegeln soll, im Mittelpunkt, sondern eine gezielte, theoretisch begründete Auswahl an Fällen. Während zu Beginn noch einzelne Lehrkräfte ungezielt und eher zufällig angesprochen wurden, entwickelte sich im folgenden ein dynamischer Prozeß nach dem Schneeballprinzip, und es kam zu einer immer weiteren Teilnahme von Lehrerinnen und Lehrern einer Schule an der Untersuchung, wobei die beteiligten Lehrpersonen meist als Multiplikatoren oder "*Gatekeeper*" dienten und Kolleginnnen und Kollegen zur Mitarbeit ermutigten oder motivierten.

Abbildung 2.5 : Graphische Darstellung unseres Theoretical Sampling

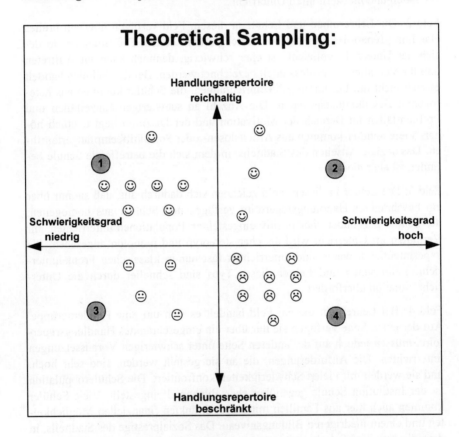

Die Abbildung 2.5 stellt einen weiteren Versuch dar, die von uns begleiteten Lehrer hinsichtlich zweier Dimensionen zu unterscheiden. Die Dimension Handlungsrepertoire wurde als Kontinuum zwischen einem sehr ausgeprägten, differenzierten und entwickelten Handlungsrepertoire auf der einen Seite und einem reduzierten, schwach ausgeprägten und beschränkten Handlungsrepertoire auf der anderen Seite visualisiert. Der Schwierigkeitsgrad der Situation, in der von den betreffenden Lehrerinnen und Lehrern gehandelt werden muß, wurde als Kontinuum mit den Polen niedrig und hoch dargestellt und wird dahingehend operationalisiert, ob die zu unterrichtenden Schüler aus einer Population stammen, die der Institution Schule eher ablehnend oder eher annehmend gegenüber steht. Die Zuordnung der Lehrerinnen und Lehrer erfolgte subjektiv durch die jeweiligen Beobachter im Anschluß an die Untersuchungen und wurde im Forscherteam diskutiert. Wir konnten für alle vier Bereiche Untersuchungspersonen gewinnen, wobei die Zellen naturgemäß quantitativ unterschiedlich besetzt sind. So wurden von uns in der ersten Projektphase zehn Lehrer begleitet, deren Handlungsrepertoire als eher reichhaltig bezeichnet werden konnte. Von diesen Lehrern mußten drei unter größeren Schwierigkeiten arbeiten. Kritischer muß die Situation der neun Lehrer, deren Handlungsrepertoire als eher beschränkt angesehen wird, betrachtet werden, und die gleichzeitig zusätzlich unter extremen Schwierigkeiten zu arbeiten haben. Bei ihnen kann es über einen längeren Zeitraum hinweg zu einer Fehlbeanspruchung kommen, die wiederum längerfristig zu arbeitsbedingten Störungen wie Burnout führen kann.

In der zweiten Projekphase wurden in erster Linie bestehende Kontakte weitergepflegt und die Zusammenarbeit intensiviert. So wurden auch zwischenzeitlich beendete Kontakte wieder aufgenommen, und die betreffenden Lehrerinnen und Lehrer wurden in völlig anderen Arbeitssituationen und in neuen Klassen begleitet. Darüber hinaus wurden jedoch fünf neue Kontakte zu Lehrerinnen und Lehrern, die noch nicht mit den Projektmitarbeitern zusammengearbeitet hatten, geknüpft, aus denen sich intensive tandemartige Begleitungen entwickelten.

Bei der Einordnung der begleiteten Lehrerinnen und Lehrer in unser Theoretical Sampling ergaben sich in der zweiten Projektphase einige Probleme. So wurde eine Lehrkraft, deren Handlungsrepertoire in der ersten Projektphase als eher beschränkt bewertet wurde, in der zweiten Projektphase durch einen anderen Projektmitarbeiter deutlich erfolgreicher angesehen. Das Handlungsrepertoire wurde als reichhaltig und das Verhalten als professionell bewertet. Besagte Lehrkraft hatte in einer Situation, deren Schwierigkeitsgrad als hoch angesehen wurde, nur wenig Probleme mit ihrer Klasse und meisterte ihren Unterricht gut. Aus dieser Diskrepanz ergab sich die Frage, ob sich bei den Lehrerinnen und Lehrern vielleicht ein lerngruppenspezifisches Handlungsrepertoire entwickelt.

Eine intensive Analyse des vorliegenden Datenmaterials ergab, daß bei mindestens einer weiteren Lehrkraft die Qualität des Handlungsrepertoires nach den zu unterrichtenden Altersstufen unterschieden werden mußte. Beide Lehrkräfte weisen, was das Unterrichten in den unteren Altersklassen betrifft, ein eher reichhaltiges Handlungsrepertoire auf, während ihre Handlungsmöglichkeiten in den höheren Jahrgangsstufen eingeschränkt erscheinen. Es spricht einiges dafür, daß das didaktisch relevante Handeln alters- und lerngruppenabhängig ist und sich ein angemessenes Handlungsrepertoire in den verschiedenen Altersstufen unterscheidet. Auch konnten Unterschiede in den verschiedenen Schultypen beobachtet werden. Während die meisten begleiteten Lehrerinnen und Lehrer in den Gymnasien besser mit den älteren Schülern arbeiten konnten und auch nach eigenen Aussagen lieber in den höheren Stufen unterrichteten, wurde in den Hauptschulen eine gegensätzliche Entwicklung festgestellt. Viele Lehrerinnen und Lehrer haben ein reichhaltigeres Handlungsrepertoire, wenn es um das Unterrichten in den unteren Klassen geht und meistern den Unterricht bei den jüngeren Schülern noch gut. Probleme treten erst in den höheren Klassen auf, in denen andere Handlungskomponenten notwendig sind.

Es folgt ein weiterer Versuch, unser theoretical Sampling zu visualisieren:

Abbildung 2.6: Theoretical Sampling der zweiten Projektphase

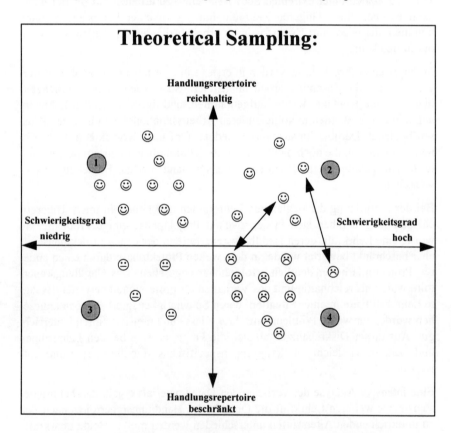

In den nächsten zwei Unterkapiteln wollen wir die beiden in unserer empirischen Studie am häufigsten genutzten Erhebungs- und Auswertungsmethoden - die teilnehmende Beobachtung und das Interview - näher beschreiben.

2.3 Erhebungs- und Auswertungsmethoden

In dem durchgeführten Forschungsprojekt *Lehrerarbeit auf dem Weg zur pädagogischen Professionalität* wurden die qualitativen Daten mit Hilfe von Instrumenten und Verfahren, die im Forschungsprozeß entwickelt und sich in der Forschungspraxis bewährt haben, erhoben. Während des Forschungsprozesses wurden die von uns angewandten Verfahren im Zuge unserer Arbeit permanent auf ihre Nützlichkeit hin überprüft, modifiziert und neuen Untersuchungssituationen gegenüber angepaßt. Bei diesem Entwicklungsprozeß der Instrumente wurden von uns Hinweise und Anregungen von seiten der Lehrerinnen und Lehrer aufgegriffen. Auf diese Weise wurden die verschiedensten Instrumente der qualitativen Datenerhebung genutzt sowie mit einer Reihe von unterstützenden Medien experimentiert. Der Einsatz und die Überarbeitung der Instrumente gestaltete sich als kontinuierlicher Prozeß, wodurch es zu einer ständigen qualitativen Weiterentwicklung und Differenzierung des Instrumentariums kam.

Im einzelnen wurden von uns:

- die verschiedensten Formen der teilnehmenden Beobachtung eingesetzt, wobei es zu einer ständigen Überarbeitung und Weiterentwicklung des Beobachtungsleitfadens (Vgl. Kapitel 2.3.1) kam,
- themenzentrierte Leitfadeninterviews mit narrativen Elementen (vgl. Kapitel 2.3.2) geführt,
- themenzentrierte, nicht vorbereitete (Pausen-) Gespräche geführt,
- Feedbackrunden organisiert, bei denen in Form von Gruppendiskussionen und mit Hilfe von Moderations- und Präsentationstechniken den betroffenen Lehrern Ergebnisse rückgekoppelt wurden,
- Feldexperimente mit den betroffenen Lehrerinnen und Lehrern, bzw. von den durch uns ermutigten Lehrpersonen durchgeführt,
- Feldfotos erstellt und Skizzen des Settings angefertigt,
- sowie Video-Aufzeichnungen von Unterrichtssituationen und außerschulischen Arbeitsplätzen erstellt.

Zwischen den einzelnen Feldphasen wurden die Beobachtungsinstrumente permanent in Teamsitzungen gemeinsam kritisch reflektiert und ergänzt.

Als Hauptinstrument der Datengewinnung kristallisierte sich beim Forschungsprojekt der Leitfaden für die teilnehmende Beobachtung pädagogischen Handelns von Lehrerinnen und Lehrern heraus.

Das Instrument entstand mit dem Ziel, Lehrerinnen und Lehrer einen ganzen Schultag lang zu begleiten und zu beobachten. Es wurde während des gesamten Projekts überarbeitet und lag so in qualitativ immer höherwertigen Versionen vor.

Aus den ersten Feldkontakten ergaben sich Beobachtungsprotokolle, in denen verschiedene Aspekte festgehalten wurden (Schule, Klasse, Ambiente), die zukünftig gezielte Dimensionen der teilnehmenden Beobachtung sein sollten.

Während der Beobachtung der Lehrerinnen und Lehrer sollte das Interesse und die Wahrnehmung der Beobachter im besonderen auf das konkrete pädagogische Handeln der Lehrpersonen fokussiert werden. Es wurden Kategorien entwickelt, mit deren Hilfe überprüft werden sollte, ob es ein Repertoire professionellen pädagogischen Handelns gibt und ob sich dieses Handlungsrepertoire bei verschiedenen, unterschiedlich erfolgreichen Lehrerinnen und Lehrern voneinander unterscheidet.

Es folgt eine Auflistung der einzelnen Dimensionen und ihrer Funktionen im Rahmen unserer qualitativen Beobachtung im Forschungsprojekt.

Abbildung 2.7: Dimensionen der Beobachtung

1 Setting/Ambiente: *Dimensionen des Raums*	Welchen Eindruck hinterläßt die Schule auf den Beobachter? Wie gestaltet die Lehrperson ihr Lernumfeld? Der Beobachter fertigt hier eine Skizze der jeweiligen räumlichen Gegebenheiten an, um so auch strukturelle, räumliche Veränderungen aufzeigen zu können.
2 Person und Rolle	
2.1 Personenbeschreibung:	Welches Erscheinungsbild zeigt die Lehrperson (Kleidung, Persönlichkeit)? Was für ein Bild geben die Schüler ab? Wie sieht sich der Beobachter? Der Beobachter erstellt eine genaue Personenbeschreibung und notiert unter anderem Kleidung und Gesamteindruck.
2.2 Wertestruktur	Wie äußert sich der Interaktionspartner zu Wahrheitskriterien, Geschmack und Moral? Welche Werte vertritt die Lehrperson vor ihren Schülern? Inwieweit bringt die Lehrperson ihre persönlichen Vorstellungen zu Wissenschaft und Moral in den Unterricht mit ein?
2.3 Selbstverständnis und Arbeitsaufgaben	Wie definiert die Lehrperson ihren Arbeitsauftrag? Wie sieht sie sich in ihrer Rolle als Pädagoge? Wie ist ihr Selbstbewußtsein als Lehrkraft?
3 Handlungen während des Unterrichts	

3.1 Themen/Inhalte/ Ablauf/Phasen:	Hier wird der Unterrichtsablauf notiert. Der Zeitrahmen für einzelne Unterrichtsphasen wird erfaßt. Themen und Inhalte des Unterrichts werden skizziert. Unterrichtsformen und Sozialformen werden festgehalten
3.2 Regeln:	Gibt es sogenannte Eingangsrituale zu Unterrichtsbeginn bzw. Abschlußrituale zum Ende einer Stunde? Werden Verhaltensregeln im Umgang miteinander geschaffen? Wenn ja, wie werden sie aufrechterhalten? Wie geht die Lehrperson mit Situationen um, die die Regeln durchbrechen oder vom alltäglichen Unterrichtsgeschehen abweichen?
4 Zusammenarbeit Lehrer -Schüler	
4.1 Lehrer-Schüler-Verhältnis:	Welche Werturteile (Lob, Kritik) gibt die Lehrperson über die Schüler und wie reagieren diese darauf?
4.2 Arbeitsklima in der Lerngruppe	Was für ein Arbeitsklima herrscht in der Lerngruppe? Gibt es Angst und Spannungen?
4.3 Aufmerksamkeit der Lernenden	Wie wird die Aufmerksamkeit der Lernenden aufrechterhalten?
5 Handlungen außerhalb des Unterrichts	Was passiert in den Pausen und Übergängen? Werden Aufsichtfunktionen übernommen? Mit welchen Personen und zu welchem Zweck wird Kontakt aufgenommen? Gibt es Kooperation unter Kollegen?
6 Gesamteindruck	Hier reflektiert der Beobachter den unmittelbar zurückliegenden Beobachtungszeitraum und zeichnet ein erstes stimmiges Bild seiner Eindrücke. Eigene Stimmung und Beobachtungsvorgaben werden festgehalten. Tendenzen und notwendige Veränderungen der eigenen Vorgehensweisen können festgehalten werden, um später in der Projektsitzung zur Sprache zu kommen.
7 Akzent der Beobachtungsvorgaben	Auf welchen Beobachtungsvorgaben oder Dimensionen eines Handlungsrepertoires lag der Akzent?

Diese Dimensionen waren die Grundlage unseres Instruments für die teilnehmende Beobachtung, das in Kapitel 2.3.1 näher beschrieben und vollständig abgedruckt ist.

Im Laufe der ersten Projektphase wurden, ergänzend zu dem Leitfaden für die teilnehmende Beobachtung pädagogischen Handelns auf Anregung von Lehrerinnen und Lehrern verschiedener Schulen zwei weitere Beobachtungshilfen erstellt. Beispielsweise merkte eine Gruppe von Lehrerinnen und Lehrer eines Gymnasiums einer Kleinstadt im Ruhrgebiet an, daß der Forschungsschwerpunkt zu sehr auf den Unterricht eines Lehrers fixiert sei. Da der Beruf des Lehrers jedoch ein *fulltime-job*, der mit Schulschluß nicht beendet ist, sei und nicht, wie in den Medien immer wieder polemisch behauptet, der "bestbezahlte Halbtagsjob", sollte dieser Aspekt ausdrücklich berücksichtigt werden. Aus diesem Grunde wurde das Formblatt zur Langzeitbeobachtung entwickelt. Jeweils für ein Schulhalbjahr konzipiert, sollen Lehrerinnen und Lehrer selbst Protokoll darüber führen, wie der Lehreralltag aussieht. Wichtigste Tätigkeiten und Arbeitsschwerpunkte werden jeweils für eine Schulwoche aufgeschrieben und gegebenenfalls dementsprechend kommentiert.

Abbildung 2.8: Formblatt zur Langzeitbeobachtung

Kalenderwoche	wichtigste Tätigkeiten Arbeitsschwerpunkte	Bewertung Kommentar/Probleme
36. Woche 31.8.92 bis 6.9.92		
37. Woche 7.9.92 bis 13.9.92		
38. Woche 14.9.92 bis 20.9.92		
39. Woche 21.9.92 bis 27.9.92		

Mit Hilfe dieses Formblattes konnten Phasen besonderer Belastung wie z.B. Abitur- (Vorbereitungphase, Klausurphase, Phase der Zeugniserstellung etc.) ermittelt werden, was durch zeitlich begrenzte Unterrichtsbegleitung allein nicht so einfach möglich gewesen wäre.

Das Formblatt zur Ermittlung von Lehrerarbeit am Nachmittag sollte einer expliziten und verfeinerten Erfassung der außerschulischen Tätigkeiten, die mit dem Lehrerberuf verbunden sind, dienen. So wird nachdrücklich zwischen *Uhrzeit, Intention, beteiligten Personen* und *Hilfsmitteln* differenziert. Lehrerinnen und Lehrer tragen hier selbständig ohne den Begleiter für eine Woche die täglich anfallenden Arbeiten ein, die von ihnen außerhalb der an der Schule verbrachten Zeit zu erledigen sind. Bei dem Einsatz dieses Instruments handelt es sich also um eine Selbstbeobachtung der betroffenen Lehrerinnen und Lehrer, als Resultat eines Feedback-Meetings zwischen den Forschern und den begleiteten Lehrerinnen und Lehrern unterschiedlicher Schultypen, auf dem einige Lehrpersonen einer Gesamtschule einer Großstadt im Ruhrgebiet den Wunsch äußerten, die außerschulische Belastung näher aufzuschlüsseln.

Abbildung 2.9: Formblatt zur Ermittlung von Lehrerarbeit am Nachmittag

Bitte für eine Woche (einschließlich Wochenende, beginnend mit Montag).
Lfd.Nr.:_____Datum:_____Name des Ausfüllenden:_____

Uhrzeit von....bis....	Tätigkeit	Intention	beteiligte Person	Hilfsmittel	Kommentar

Beide Formblätter wurden vor allen Dingen in der ersten Projektphase an verschiedenen Schulen erprobt und eingesetzt, da in der zweiten Projektphase die Intensität und die Dauer der einzelnene Begleitungen zunahm und überwiegend mit anderen Methoden gearbeitet wurde.

Völlig neu wurde der Beobachtungsbogen *Bewegung der Lehrperson im Raum* entwickelt, mit dessen Hilfe Bewegungsstudien der Lehrerinnen und Lehrer während des Unterrichts durchgeführt werden können. So besteht nach unserer Auffassung ein großer Unterschied darin, ob eine Lehrkraft nur frontal vor der Klasse steht, oder aber den gesamten ihr zur Verfügung stehenden Platz ausnutzt und so Bewegung und Abwechslung in den Klassenraum bringt. Dabei ist natürlich von großem Interesse, ob sich Lehrpersonen in bestimmten Phasen des Unterrichts bzw. bei bestimmten Organisationsformen des Unterrichts mehr oder anders bewegen als in anderen Phasen.

Abbildung 2.10: Beobachtungsbogen Bewegung der Lehrperson im Raum

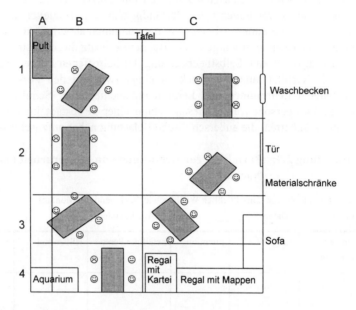

Protokollbogen Bewegung der Lehrperson im Raum

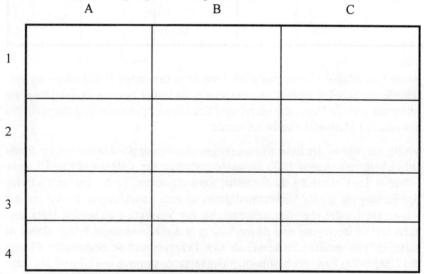

Der Beobachtungsbogen zur Bewegung des Lehrers im Raum stellt die Abbildung eines Klassenraumes dar. Auf diese Klassenraumabbildung ist ein grafisches Gitternetz gelegt, das den Raum in 12 Felder einteilt, die mit Hilfe von

Koordinaten kenntlich gemacht werden. In einer dazugehörigen Tabelle, dem Protokollbogen zur Bewegung des Lehrers im Raum, soll nun die jeweilige *Aufenthaltshäufigkeit* und *-dauer* des Lehrers in einem Feld notiert werden, um so einen Bewegungsprofil oder Bewegungsdiagramm des Lehrers im Unterricht zu erhalten. Nach einem vorgegebenen Beobachtungszeitraum (z. B. alle fünf Minuten) wird nun der Standort des Lehrers registriert.

Weiterhin können zur graphischen Veranschaulichung *Bewegungslinien* in den Beobachtungsbogen zur Bewegung des Lehrers im Raum eintragen werden, die dann eine Ergänzung zum Protokollbogen darstellen.

Das Formblatt kann z.B. noch um die jeweilige Tätigkeit des Lehrers zu einem bestimmten Zeitpunkt an dem jeweiligen Standort ergänzt werden. Dabei könnten dann die von uns entwickelten fünf Dimensionen des Handlungsrepertoires (vgl. Kapitel 3) helfen. Das beobachtete Verhalten der Lehrerinnen und Lehrer kann so auf diesem Abstraktionsniveau einer der fünf Dimensionen zugeordnet werden.

Mit Hilfe des Protokollbogens *Bewegung des Lehrers im Raum* können vor allem zwei unterschiedliche und voneinander unabhängige Ziele verfolgt werden.

Auf der einen Seite kann der Bogen als Feedback-Instrument eingesetzt werden, mit dessen Hilfe wir den betroffenen Lehrerinnen und Lehrern oftmals überraschende Informationen über deren eigenes Bewegungsverhalten während des Unterrichts geben konnten.

Auf der anderen Seite ermöglicht der Bewegungsbogen die Untersuchung von Zusammenhängen zwischen Setting, Lehrer-Schüler-Interaktion und Arbeitstätigkeiten, durch systematisches Vergleichen zwischen verschiedenen Lehrern und verschiedenen Unterrichtsformen sowie zwischen verschiedenen Unterrichtssituationen eines Lehrers. Dabei kann eine Kombination mit dokumentierender Reportage-Fotografie oder dem Einsatz von Videoaufzeichnungen sinnvoll sein.

Verschlüsseln personenbezogener Daten

Allen am Forschungsprojekt *Lehrerarbeit auf dem Weg zur pädagogischen Professionalität* beteiligten Interaktionspartnern wurde von uns vollständige Anonymität zugesichert. Lehrerinnen und Lehrer sowie die Schulen, in denen sie unterrichten, wurden von uns verschlüsselt, so daß eine Identifizierung von Personen und Einzelschulen nicht möglich ist. Schon bei der Arbeit mit Memos im Gesamtteam wurden nur noch Pseudonyme verwendet. Städte und Ortsteile, in denen sich die Einzelschulen befinden, wurden ebenso mit Pseudonymen belegt wie Schülerinnen und Schüler, die namentlich in den Memos aufgeführt sind. In diesem Zusammenhang haben wir an einigen Stellen absichtlich Beschreibungsmerkmale geändert, um detektivische Leserinnen und Leser irrezuführen, um so alle Betroffenen (Lehrpersonen, Schüler, Eltern und die Einzelschule als Ganzes) zu schützen.

Auch in den Fällen, in denen Lehrerinnen und Lehrer uns ausdrücklich ihr Einverständnis für eine Namensnennung gegeben haben, bleiben wir dem Prinzip treu, grundsätzlich keine Namen zu nennen und die Bestimmung der Identität der Akteure zu verhindern. Alle Informanten und am Forschungsprojekt direkt Beteiligten, selbstverständlich auch Schülerinnen und Schüler, müssen die Gewähr haben, daß eine Zuordnung von Aussagen in Forschungsberichten und Veröffentlichungen zu bestimmten Personen oder Schulen nicht möglich ist. Aus diesem Grund werden wir auch dann auf die Darstellung der familiären Situation, der Beziehungen und Kooperation in den jeweiligen Kollegien sowie seltener Vorlieben und Hobbies der Interaktionspartner verzichten, wenn unserer Meinung nach die Gefahr besteht, daß durch diese Aussagen eine Identifizierung des Interaktionspartners möglich ist. Das gilt auch für die Fälle, von denen wir überzeugt sind, daß diese Eigenschaften und Verhaltensweisen für das professionelle Selbstverständnis von Bedeutung sind.

Wird Professionalität von Lehrerinnen und Lehrern nicht nur als Fassade gesehen, die dem Individuum als Schutz dient und hinter der es sich verstecken kann, so muß sich jeder Pädagoge immer wieder die Frage stellen, in welchem Ausmaß und in welcher Form Schüler und andere Lernende an persönlichen Problemen und individuellen, eigenen Entwicklungen teilhaben sollen. In den Fallberichten und Fallbeschreibungen, in denen wir auf diesen Bereich des professionellen Selbst eingehen, werden wir die Fälle soweit abwandeln und verfremden, daß die Identität der beteiligten Personen nicht bestimmbar ist.

2.3.1 Teilnehmende Beobachtung

> "Beobachten bedeutet eine aktive und intensive Auseinandersetzung des Beobachtenden mit der Beobachtungssituation und den Interaktionspartnern." (Martin/Wawrinowski 1993, S.9)

Ein Vorteil qualitativer Methodologie gegenüber der quantitativen ist es, Wissen aus erster Hand über die betreffende empirische soziale Welt zu gewinnen. Dabei geht der Forscher nicht nur nah an die Daten heran, er befindet sich im Regelfall auch als Handelnder im Untersuchungsfeld und ist so selbst ein Element des zu untersuchenden Systems.

Bei der Feldforschung geht es darum, durch Teilnahme an den alltäglichen Lebenszusammenhängen der Interaktionspartner Handlungen und Handlungszusammenhänge zu verstehen.

Eine der wichtigsten Methoden in diesem Zusammenhang ist die teilnehmende Beobachtung. Teilnahme als Interaktion hat immer etwas mit Kommunikation, also auch mit verbalem und nonverbalem Austausch zu tun. Aus diesem Grunde sind auch alle Formen der Kommunikation wie Interviews oder Gespräche, die während der Teilnahme geführt werden, außerordentlich wichtig und müssen sorgfältig behandelt und registriert werden. Bei der qualitativen Feldforschung und damit auch bei der teilnehmenden Beobachtung geht es nicht um die Überprüfung von vorab aufgestellten Hypothesen, sondern um das Entdekken und Herausarbeiten von Handlungsmustern oder strukturellen Zusammenhängen.

Im Lexikon der Psycholologie von Arnold u. a. wird Beobachtung als "die planmäßige auf eine Veränderung des Beobachtungsgegenstandes gerichtete Betrachtung mit dem Ziel, neue Kenntnisse zu gewinnen", bezeichnet (Arnold 1971, S. 263)

Beobachtung wird oft als die ursprünglichste Datenerhebungstechnik in der empirischen Sozialforschung bezeichnet. Um die Methode der Beobachtung zu verstehen, müssen zunächst einige Grundlagen der menschlichen Wahrnehmung geklärt werden.

Unsere Sinneszellen sind "sämtlich 'blind' für die Qualität der Reize und sprechen lediglich auf deren Quantitäten an." (von Förster 1985, S.44)

Dieser Vorgang wird auch als das Prinzip der undifferenzierten Codierung bezeichnet. "In den Erregungszuständen einer Nervenzelle ist nicht die physikalische Natur der Erregungsursache codiert. Codiert wird lediglich die Intensität dieser Erregungsursache, also ein 'wieviel', aber nicht ein 'was'." (von Förster 1985, S.42)

Die menschliche Wahrnehmung ist immer selektiv, das heißt, sie ist abhängig von eigenen Gefühlen und Emotionen, von eigenen Absichten und Einstellungen, aber auch von Dispositionen, die im Wahrnehmungsgegenstand liegen, wie Art, Intensität, Dauer, Wiederholung, Auffälligkeit und Häufigkeit.

"Es existiert weder ein Abbild von einer Welt, die unabhängig von dem ist, was wir tun, noch wird willkürlich und blind etwas konstruiert. Vielmehr verfügt der Mensch mit seinem Nervensystem über ein Instrument, dessen einzige Aufgabe es ist, Ordnung zu erzeugen, jede Art von Regelhaftigkeiten, wenn sie sich nur bewähren." (Varela 1982, S.84)

Problematisch ist nach Varela nur, daß wir oftmals vergessen, was wir bewußt oder unbewußt unternommen haben, um die Welt so zu sehen, wie wir sie sehen.

Watzlawick (1985) spricht von der "wirklichkeitsschaffenden Macht eines bestimmten Glaubens an das So-Sein der Dinge; eines Glaubens, der genausogut ein Aberglauben wie eine streng wissenschaftliche, aus objektiver Beobachtung abgeleitete Theorie sein kann."

Neben der Wirklichkeit, die durch die Sinnesorgane aufgenommen wird, existiert noch eine weitere in Form von Sinn- und Bedeutungszuschreibung. Watzlawick (1995) unterscheidet eine Wirklichkeit erster und zweiter Ordnung.

"Die Wirklichkeit erster Ordnung wäre also die direkte Wahrnehmung, die Wirklichkeit zweiter Ordnung ist dann eben die Zuschreibung von Bedeutung, Sinn und Wert. Und es gibt keine objektive Klarlegung oder Festlegung der Richtigkeit dieser Zuschreibung. Aber wir alle haben die merkwürdige Idee, daß die Art und Weise, wie wir die Welt sehen, die Welt in ihrem objektiven So-Sein widerspiegelt. " (Watzlawick 1995, S.54)

Wahrnehmung ist neben der Abhängigkeit von individuellen persönlichkeitsbezogenen Filtern aber auch von einer Reihe von Umgebungsvariablen abhängig.

"Wenn wir uns allerdings die Einzelvorgänge bei der Filterwirkung unserer Wahrnehmung vergegenwärtigen, wird beängstigend klar, in welch hohem Maße unsere Wahrnehmung von vornherein und ohne jede kritische Kontrolle subjektiv ist." (Köck 1990, S.20)

Eine Möglichkeit, seine subjektive Wahrnehmung gezielt einzusetzen, ist es, sich ständig eigener Wahrnehmungsfilter bewußt zu sein, seine Wahrnehmungsvoraussetzungen permanent zu hinterfragen und zusätzliche Informationen von außen und von Dritten zuzulassen.

Filter, die sich im Subjekt befinden und die sich auf die Wahrnehmung auswirken, sind:

1. die Sinnesrezeptoren, deren Sensibilität geschult werden kann und muß,

2. die Bedürfnisse und Emotionen, die nur bestimmte Reize zu Empfindungen werden lassen und deren Wirkung man sich bewußt machen sollte und

3. die Apperzeption, als bewußte Zu- oder Abwendung zum Reizgegenstand. Physikalische Reize werden nicht isoliert wahrgenommen, sondern in eine durch Erfahrung erworbene Apperzeptionsmasse eingegliedert. Dabei werden die Inhalte ausgewählt, die als sinnvoll interpretiert werden. Durch die eigenen, individuell verfügbaren Aufnahmestrategien wird der Reiz auf eine persönliche Weise verarbeitet.

Da die der Beobachtung zugrunde liegende Wahrnehmung immer selektiv ist und eine Reihe von Wahrnehmungsfiltern durchläuft, kann es keine objektive Beobachtung geben.

Köck ist der Meinung, daß die Güte der Beobachtung mit der Bereitschaft des Beobachters zur ständigen Verbesserung und Korrektur seines Beobachterverhaltens steigt.

"Wahrnehmen ist notwendige Voraussetzung jeder sinnvollen menschlichen Tätigkeit. Geht unbeabsichtigtes Wahrnehmen in zielgerichtetes, theoriegeleitetes, d.h. untersuchendes, zergliederndes und zusammenfügendes Handeln über, wird es zum Beobachten. Es wird dann von persönlichkeitsspezifischen Erwartungen, Interessen, Stimmungen, Vorerfahrungen und Vor-Urteilen motiviert und strukturiert." (Martin/Wawrinowski 1993, S.32)

Pallasch (1992) unterscheidet Beobachtung und Wahrnehmung nach dem Ergebnis. Während eine Beobachtung für ihn neutral, objektiv und quantitativ faßbar ist, zeichnet sich eine Wahrnehmung durch Subjektivität und schon beinhaltete Wertung aus. Es stellt sich jedoch die Frage, was genau mit neutral, objektiv und quantitativ faßbar gemeint ist, da bei der qualitativen Sozialforschung der Forscher ja gerade nicht neutral und objektiv, sondern sich seiner Subjektivität bewußt in das Feld geht. Die Beobachtung als solche und die angefertigten Beobachtungsprotokolle sollten dann natürlich exakt erfolgen. Eigene Meinungen und Empfindungen sowie Interpretationen und Bewertungen müssen kenntlich gemacht werden.

Wir differenzieren Beobachtung und Wahrnehmung dahingehend, daß bei der Beobachtung etwas aktiv und nicht beiläufig ins Zentrum der eigenen Aufmerksamkeit gerückt und so zum Beobachtungsobjekt wird. Bei Personenbeobachtungen oder der teilnehmenden Beobachtung sprechen wir von Interaktionspartnern, da der Beobachtete nicht zum reinen Datenlieferanten oder Beobachtungsobjekt reduziert wird, sondern als ganze Person mit seinen Emotionen in den jeweiligen Interaktionsprozeß der Beobachtung einbezogen wird.

Bortz (1984) geht davon aus, daß "Beobachtung so gut wie nie einer realitätsgetreuen Abbildung des zu Beobachtenden entspricht. Beobachten heißt gleichzeitig, Entscheidungen darüber zu treffen, was ins Zentrum der Aufmerksamkeit rücken soll und wie das Beobachtete zu interpretieren bzw. zu deuten ist. Dies zu erkennen und die Subjektivität der Beobachtung soweit wie möglich einzuschränken oder zu kontrollieren ist Aufgabe einer grundlagenorientierten Erforschung der systematischen Beobachtung."

Bei ethnographischen Verfahren wie der teilnehmenden Beobachtung kommt es zu einem Vergleich von und zur Suche nach Gesetzmäßigkeiten.

Zugang zum Feld:
Erfolg oder Mißerfolg einer Beobachtungsstudie hängen entscheidend von dem ersten Zugang zum Feld ab. Schon in diesem Moment muß der Forscher versuchen, Vertrauen aufzubauen. Nützlich ist in diesem Zusammenhang, den Interaktionspartnern gegenüber offen zu sein und weitestgehend mit offenen Karten zu spielen. So kann es von Vorteil sein, den zu Untersuchenden auskunftsbereit gegenüberzutreten und ihnen auch die Ziele der Untersuchung zu erklären, denn nur wenn man selber offen ist, kann man von den Interaktionspartnern Offenheit erwarten. Mißlingt der erste Einstieg oder Kontakt zum Feld, entstehen oft Vorbehalte oder Mißtrauen, die im Verlauf der Studie nur noch schwer abgebaut werden können.

In unserem eigenen Forschungsprojekt haben wir sämtliche 46 im regionalen Umfeld unseres Instituts befindlichen Sekundarschulen angeschrieben und um Zusammenarbeit gebeten. In dem Anschreiben wurden kurz Verlauf und Ziele des Projekts skizziert sowie die beabsichtigten methodischen Verfahren der Datengewinnung beschrieben. Zwei Wochen nach dem Anschreiben wurde bei den betreffenden Schulleitern telefonisch nachgefragt, ob das Forschungsvorhaben im eigenen Kollegium auf Interesse gestoßen ist.

> "Die ersten Anrufe ähneln sich: Wenn das Schreiben nicht in den Mühlen des Schulalltags zermahlen wurde, können uns die Schulleiter leider keine Kollegen vermitteln, bekunden aber persönliches Interesse an dem Vorhaben und wünschen uns viel Erfolg bei den weiteren Bemühungen."
> (Memo 0791)

Eine Zusammenarbeit von Schulen und Wissenschaft ist noch immer nicht das Normale und Alltägliche und so erhoffen sich vor allem Schulen und Lehrpersonen, deren eigenen Ressourcen und Kompetenzen erschöpft sind, Hilfen oder neue Erkenntnisse durch die Wissenschaft. Es muß jedoch deutlich gemacht werden, daß es auch ganz andere Situationen oder Gründe für eine Teilnahme am Forschungsprojekt gab. Auch überaus erfolgreiche Lehrerinnen und Lehrer, die als Meister ihres Faches angesehen werden können, beteiligten sich an der Untersuchung.

> "Schule ist ein öffentlicher Ort und darf sich deshalb nicht vor anderen öffentlichen Institutionen verschließen. Auch müssen gegenseitige Erwartungen und Ansprüche ausgetauscht werden". (Beobachtung Kroner 080393)

Schon aus Gründen des Austausches von Erwartungen sollte sich die Schule nicht vor der Universität verschließen. Weiterhin kann ein Feedback von außen der eigenen Weiterentwicklung dienen und helfen, eigene Fehler oder blinde Flecken aufzudecken. Aus diesem Grunde können Lehrpersonen immer von einer externen Begleitung profitieren.

Oftmals bestehen gerade zu Beginn falsche oder zu hohe Erwartungen auf seiten der beteiligten Lehrerinnen und Lehrer, die sich dann in Ablehnung und Desinteresse äußern können.

> "Die Forschergruppe wird von einer Schule, an der etliche Kolleginnen und Kollegen Interesse an dem Projekt geäußert hatten, in eine reguläre Lehrerkonferenz eingeladen, um den Hintergrund des Projekts dem gesamten Kollegium vorzustellen. Ein Projektmitarbeiter erläutert Ausgangspunkte und den wissenschaftlichen Ansatz des Projekts in einem kurzen Vortrag. Ein kleinerer Teil der Lehrerinnen und Lehrer folgt den Ausführungen mit offensichtlichem Interesse, ein größerer Teil zeigt mehr oder weniger deutliche Zeichen von Ablehnung und Langeweile, die sich nur unwesentlich von üblichen Schülerreaktionen in vergleichbaren Unterrichtssituationen unterscheiden: abwesender Blick, Gespräche mit dem Nachbarn, Korrigieren von Heften. Eine Diskussion über die Inhalte des Vortrags kommt nicht zustande, es werden kaum Nachfragen gestellt, auch kaum Kritik geäußert. Die Forschergruppe wird daraufhin von der Schulleitung hinausgebeten, damit die Konferenz fortgeführt werden kann." (Memo 0791)

Der Einstieg in die Beobachtung fällt besonders Anfängern der teilnehmenden Beobachtung schwer, da jeweils die eigene Rolle, der Ausprägungsgrad oder die Dimension der Teilnahme individuell geklärt werden muß.

"Das Spektrum reicht von der unverfänglichen Zuschauerrolle bis zur Doppelrolle des eingreifenden Teilnehmers und Forschers." (Legewie 1991 S.191)

Der Autor spricht in diesem Zusammenhang von einem Hin- und Herpendeln zwischen Teilnehmer- und Beobachter- bzw. Forscherrolle. In diesem Zusammenhang wird auch von einer möglichen Gefahr gesprochen, die als "Going Native" bezeichnet wird. Hiermit ist die einseitige Identifikation mit der Teilnehmerrolle im Feld gemeint. Die Beobachterrolle wird in diesem Fall aufgegeben, und es kommt zu einem Distanzverlust. Der Autor sagt, daß die qualitative Feldforschung "Bilder hoher Auflösung " des Feldes liefert.

Es folgt eine kurze Beschreibung eines mißglückten Feldzugangs, bei dem eine Reihe von vermeidbaren Anfängerfehlern gemacht wurden.

Meine erste teilnehmende Beobachtung soll heute stattfinden. Auf meiner Suche nach meinem Interaktionspartner in der Schule komme ich zu dem Lehrerzimmer. Die Tür des Lehrerzimmers ist verschlossen, und auf mein Klopfen erhalte ich keine Reaktion. Also suche ich das Sekretariat auf und frage nach Herrn Schiller, dem Lehrer, den ich begleiten soll. Nach einiger Zeit nennen mir die Sekretärinnen den Klassenraum des Lehrers, teilen mir jedoch gleichzeitig mit, daß ich als Fremder den Raum bestimmt nicht auf Anhieb finden werde. Ein anderer Lehrer, der sich als Konrektor der Schule entpuppt, betritt das Sekretariat. Nachdem ich mich vorgestellt habe und er "Universität" gehört hat, ist er sofort bereit, mir besagten Klassenraum zu zeigen, weist aber darauf hin, daß ich noch warten müsse, bis die erste Stunde beendet sei und die Fünf-Minuten-Pause beginne. Mein Kollege stellt mich vor und verkündet Herrn Schiller, daß ich jetzt auch zum Beobachten käme. Herr Schiller macht einen etwas überraschten Eindruck, zögert kurz und gibt dann sein Einverständnis, obwohl er nicht weiß, warum er plötzlich von zwei Beobachtern begleitet wird. Ich solle mich in die hinteren Bänke setzen und zunächst einmal die folgende Stunde beobachten.

An meinem nächsten Tag an der Schule versuche ich, andere Lehrer zu finden, die ich begleiten kann. So überrede ich schließlich auch einen anderen Lehrer, den wir am ersten Tag kurz auf dem Flur getroffen hatten. Insgesamt macht sich in dieser Anfangsphase eine gewisse Unsicherheit und Unzufriedenheit auf beiden Seiten breit. Die betroffenen Lehrer verhalten sich mir gegenüber eher reserviert und distanziert. (Gedächtnisprotokoll 301192)

Im Unterschied zu diesem mißglückten Feldzugang soll nun ein gelungener beschrieben werden.

Erstes Treffen mit Herrn Kroner:

Ich erreiche die Schule in der Mittagszeit. Dieser Termin wurde von mir eine Woche zuvor telefonisch mit dem Lehrer, den ich begleiten soll, abgesprochen. Bei diesem ersten Treffen wollen wir gegenseitig unsere Interessen und Erwartungen besprechen und dann entscheiden, ob eine längere teilnehmende Beobachtungsphase folgen soll. Die Telefonnummer des Lehrers habe ich von einem Mitarbeiter erhalten, der diesen Lehrer schon einige Zeit begleitet und sich nun einem anderen Lehrer zugewandt hat. Mein Mitarbeiter hat Herrn Kroner schon im Vorfeld informiert und seine generelle Bereitschaft zu einer weiteren Zusammenarbeit erhalten.

Ich erreiche Herrn Kroner wie abgesprochen in seinem Büro und wir besprechen bei einer Tasse Kaffee das mögliche weitere Vorgehen. Nach dem Gespräch führt mich Herr Kroner in der Schule herum und zeigt mir intensiver den Klassenraum mit den darin vorhandenen Materialien seiner Klasse und im Vergleich dazu den einer anderen Klasse. Im Anschluß an die Führung werden die ersten Beobachtungstermine festgelegt, und wir verlassen beide gemeinsam die Schule. (Beobachtung Kroner 0293)

Vergleicht man die beiden Fallbeispiele für einen konkreten Feldzugang, ergeben sich einige deutliche Unterschiede. So konnten die folgenden Maßnahmen den Zugang zum Feld im zweiten Beispiel entscheidend erleichtern:

- Es bestanden schon durch Mitarbeiter Kontakte zum Interaktionspartner. Es wurde schon im Vorfeld eine generelle Bereitschaft zur Zusammenarbeit auf Seiten des Lehrers erfragt, was den Zugang zum Feld sehr erleichterte.
- Vor dem ersten persönlichen Kontakt wurde eine telefonische Terminabsprache getroffen.
- Bei einem ersten persönlichen Treffen wurden gegenseitige Bedürfnisse und Erwartungen diskutiert.
- Die Räumlichkeiten des zukünftigen Beobachtungsfeldes wurden vorab inspiziert.

Die Wirkung von amtlichen oder offiziellen Empfehlungsschreiben ist ambivalent, mal erleichtern sie den Zugang zum Feld, mal erschweren sie ihn und vereiteln so jedes Vertrauen, weil man hierarchisch höheren Stellen (den Vorgesetzten) zugeordnet wird und so den Anschein erweckt, ein weiteres Kontrollorgan zu sein. Die Entscheidung für und wider hängt vom Einzelfall ab.

Kontaktpersonen, zu denen man (informelle) Beziehungen aufbaut, können den Zugang zum Feld erheblich verbessern, da so eher Mißtrauen anderer abgebaut werden kann. Entscheidend hierbei ist jedoch die soziale Stellung der Kontaktperson im Feld.

Informelle Kontakte und Beziehungen zum Feld sind die erfolgversprechendsten Voraussetzungen, ins Feld zu gelangen. Auf diese Weise können auch Vorabinformationen erlangt werden.

Bei der qualitativen Forschung ist der Beobachtete - wie oben schon gesagt - nicht nur Objekt und Datenlieferant, sondern er wird als Partner angesehen. Dies kann auf seiten der Beobachter schnell zu Rollenkonflikten führen.

Beobachtungsschulung
Um Verzerrungen innerhalb der Beobachtung zu reduzieren, müssen den Beteiligten die Prozesse der Wahrnehmung transparent gemacht werden. Beispielsweise sollte dem Beobachter klar sein, daß Wahrnehmung als ein kognitiver Konstruktionsprozeß des Gehirns verstanden werden muß und nicht nur als eine Aufnahme von Außenreizen durch die Sinnesorgane. Dies kann durch eine Beobachterschulung erreicht werden. Dabei verstehen wir unter Beobachterschulung einen langandauernden - meist jahrelangen - Prozeß der Aneignung von Fähigkeiten durch Erfahrungen, der eher in Form von Coaching oder Supervision, als durch ausgesprochenes Training, wie in der quantitativen Methodologie, durchgeführt wird.

Ziel der Beobachterschulung ist nach Pallasch (1992), die unstrukturierte Wahrnehmung der Teilnehmer in gezielte Beobachtung zu transformieren. Dies lernt der Teilnehmer, indem er seine Aufmerksamkeit nur auf einen ganz bestimmten Ausschnitt der Wirklichkeit lenkt, der bewußt und gezielt ausgewählt und mit Hilfe von Kriterien oder Verhaltensdimensionen beobachtet wird.

Bei der unstandardisierten, aber systematischen Beobachtung sind Forscher und Beobachter meist identisch und nicht wie bei der standardisierten Beobachtung deutlich von einander getrennt. Es können aber auch Beobachtungsteams arbeiten, sofern die jeweilige Feldsituation dies zuläßt. Diese Art der Beobachtung dient der Theorieentwicklung und nicht einer Hypothesenprüfung vorab formulierter Hypothesen.

Mögliche Fehler, die beim Beobachten auftreten können, sind beispielsweise Reaktivitätseffekte. Das bedeutet, daß man durch die Beobachtung genau das, was man beobachten oder messen möchte, beeinflußt und verändert. Um diese Reaktivität weitestgehend zu vermeiden, wurden im Laufe der Zeit sogenannte nichtreaktive bzw. wenig reaktive Verfahren entwickelt. Dabei wird nicht das Verhalten direkt, sondern nur Spuren des betreffenden interessierenden Verhaltens beobachtet. Der oft zitierte Hawthorne-Effekt (Roethlisberger/Dickson 1939, Rice 1982, Weinert 1987, Greif 1993) ist beispielsweise einer der bekanntesten Reaktivitätseffekte. Er besagt, daß schon alleine die Anwesenheit von Forschern und das Wissen, Bestandteil eines Forschungsprojektes zu sein, das Verhalten der Betroffenen verändert. Reaktivitätseffekte, also z.B. das Konformitätsverhalten der Interaktionspartner bezüglich der sozialen Erwünschtheit, können im Regelfall als sehr kurzzeitige Variablen angesehen werden. Bei Studien mit mehreren Beobachtern und bei der Unterstützung der Beobachtung durch den Einsatz von audiovisuellen Medien können diese Effekte noch größer sein. Neben der Reaktivität ist vor allem der Halo-Effekt zu nennen. Er geht auf Thorndike (1920) zurück und bezeichnet den Vorgang, mehrere Merkmale einer Person in Abhängigkeit von einem Pauschalurteil zu sehen. Reaktivitätseffekte können aber auch beabsichtigt sein und gezielt herbeigeführt werden, um als interessante Datenquelle genutzt zu werden.

Verschiedene Arten der Beobachtung

Es folgt eine Abbildung, die die verschiedenen Arten der Beobachtung darstellt. (Hierbei handelt es sich um eine rein theoretische Trennung, die in der Praxis der Beobachtung nicht eingehalten werden kann). Die grau markierten Flächen stellen die von uns bevorzugte Art der Beobachtung dar.

Abbildung 2.11: Die verschiedenen Arten und Ausprägungsformen der Beobachtung

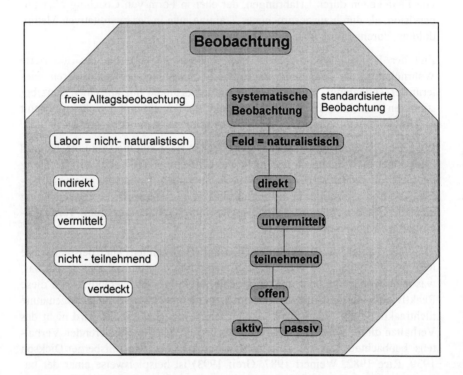

Direkte und indirekte Beobachtung

Während sich die direkte Beobachtung, wie der Name schon sagt, direkt auf das zu untersuchende Merkmal oder Ereignis richtet, wird bei der indirekten Beobachtung die Aufmerksamkeit auf Auswirkungen oder Spuren gelenkt. Es wird kein konkretes Verhalten beobachtet, sondern es wird aus bestimmten Ergebnissen erschlossen. Das Verfahren der indirekten Beobachtung wird im Bereich der empirischen Sozialforschung eher selten angewendet.

Standardisierte Beobachtung

Bei der standardisierten Beobachtung handelt es sich ebenfalls um einen Grenzfall der Beobachtung, über den wir nicht differenzierter berichten. Sie wird eher der quantitativen Forschung zugerechnet.

Bei der standardisierten Beobachtung ist immer ein Beobachtungsplan zu erstellen. Er hat zu beinhalten, was zu beobachten ist, was wesentlich ist, wann und wo die Beobachtung stattfindet und wie das Beobachtete zu protokollieren ist. Auf diese Weise soll Beobachtung theoretisch nachvollziehbar und überprüfbar sein.

Das Beobachtungsprotokoll bei der standardisierten Form sollte eine möglichst umfassende Dokumentation von realen Ergebnisabläufen darstellen, die für die Problemstellung relevant sind. Auf Interpretationen sollte möglichst verzichtet werden. Wo sie nicht zu vermeiden sind, sollten sie kenntlich gemacht werden. Interpretation und Deskription müssen deutlich voneinander getrennt werden.

Halbstandardisierte Beobachtungen beinhalten meist schon eine konkretere Fragestellung. Das Schema enthält meist offene Kategorien, auf die der Beobachter zu achten hat.

Vermittelte Beobachtung
Man kann zwischen vermittelter und unvermittelter Beobachtung unterscheiden. Vermittelte Beobachtung liegt beim Einsatz audiovisueller Medien vor. Vorteil der vermittelten Beobachtung ist ihre unbegrenzte Wiederholbarkeit, die jedoch durch eine stärkere Veränderung des natürlichen Felds und durch eine stärkere Reaktivität erkauft wird. So ist der Nachteil von audiovisuell unterstützter Beobachtung, daß Personen sich meist anders verhalten, wenn sie wissen, daß sie gefilmt werden.

Verdeckte und offene Beobachtung
Es gibt auch die Möglichkeit, verdeckt oder heimlich zu beobachten. Bei dieser Art von Beobachtung treten aber zwangsläufig ethische Probleme auf. Neben diesen ethischen Gründen gibt es auch noch weitere Gründe, weswegen auf diese Art der Beobachtung eher verzichtet werden sollte.

Reaktanzprobleme, die bei fast jeder Beobachtung zumindest zu Beginn auftreten, werden natürlich noch verstärkt, wenn beispielsweise eine verdeckte Beobachtung erkannt und aufgedeckt wird. In diesen Fällen kann die Studie im Regelfall nur noch abgebrochen werden, da der Verlust an Vertrauen auf seiten der Beobachteten nicht mehr beseitigt werden kann. Verdeckte Beobachtungen sollten bei qualitativen Studien nicht angewendet werden, da sie den Absichten der qualitativen Forschung zuwider laufen.

Teilnehmende Beobachtung
Teilnehmende Beobachtung bedeutet, daß der Beobachter selber Teil des zu beobachtenden Geschehens ist und er seine Beobachtung nicht als Außenstehender macht.

Beim Einstieg in das Feld stellt sich die Frage, welche Rolle der Forscher im Feld übernimmt. Seine Rolle kann von einer scheinbar passiven Zuschauerrolle bis hin zur Doppelrolle des aktiv eingreifenden Teilnehmers und Forschers gehen.

"Da die teilnehmende Beobachtung ein Hin- und Herpendeln zwischen Teilnehmer- und Beobachter- bzw. Forscherrolle erfordert, sollte die einzunehmende Rolle hierfür den Handlungsspielraum liefern." (Legewie 1991, S. 191)

Es gibt ganz klar bestimmte Forschungsvorhaben oder Situationen, wo nur mit der teilnehmenden Beobachtung gearbeitet werden kann, wo sie die einzige methodische Variante darstellt, um zu aussagekräftigen Informationen zu gelangen.

Ein Problem der teilnehmenden Beobachtung ist es, einerseits in das Feld integriert zu werden - als Voraussetzung, um überhaupt an Informationen zu kommen - und anderseits den normalen Ablauf des Geschehens nicht unabsichtlich durch eigene Aktivitäten negativ zu verändern. In unserer Form von teilnehmender Beobachtung wurde jedoch ausdrücklich die Möglichkeit von Feldexperimenten und damit die Beeinflussung des Felds als Bestandteil des Forschungsprozesses beabsichtigt. Zu Beginn des Forschungsprojekts konnte die teilnehmende Beobachtung als eher passiv beschrieben werden. Es ergaben sich dann aber immer mehr Anlässe, in Handlungszusammenhänge hineinzugehen und Erfahrungen mit der Lehrerrolle und der Bewältigung von Arbeitsaufgaben zu machen. Allerdings wurden Lehrer und Schüler immer wieder darauf hingewiesen, daß der Schulforscher eine dritte Instanz sei - weder Lehrer noch Schüler. Der Schulforscher zeigte Interesse an den Handlungsbeteiligten und ihrem Tun, blieb aber zugleich auf Distanz.

"Eine häufig beschriebene Gefahr in der Doppelrolle des Forschers, die allerdings besonders in späteren Stadien auftritt, ist die einseitige Identifikation mit der Teilnehmerrolle im Feld ('going native')." (Lamnek 1989, S. 192)

Das Instrument der qualitativen Forschung ist das Erkenntnisvermögen der beteiligten Menschen, also der Beobachter, der Forscher, der Dialogpartner bzw. der Beobachteten.

Qualitativ forschen heißt in diesem Fall also, mit Menschen so umzugehen, daß man gemeinsam mit ihnen etwas entdecken kann. Eine Standardisierung würde hier nur einengen oder verhindern.

Jede teilnehmende Beobachtung ist, wie schon gesagt, immer subjektiv. Diese Subjektivität darf nicht verteufelt werden, sondern muß als wichtiges Erkenntnismittel angesehen werden. Wer seine subjektiven Stellungnahmen ehrlich aufzeigt und anderen mitteilt, handelt so letztlich als verantwortungsvoller Wissenschaftler und objektiviert so sein Verhalten.

Aktiv und passiv teilnehmende Beobachtung
Die teilnehmende Beobachtung kann weiterhin nach dem Grad der Teilnahme zwischen aktiver und passiver Teilnahme unterschieden werden.

Beide Formen der Beobachtung haben Vor- und Nachteile: Jeder Beobachter muß für sich abwägen und seinen bevorzugten Stil finden.

Bei der aktiv teilnehmenden Beobachtung kann der Beobachter nicht gleichzeitig beobachten und protokollieren; aus diesem Grunde muß nach Abschluß der eigentlichen Beobachtungsstudien ein Gedächtnisprotokoll erstellt werden. Dieses Gedächtnisprotokoll beinhaltet natürlich immer auch bestimmte Gedächtnislücken oder subjektive Fehlinterpretationen.

Bei der passiv teilnehmenden Beobachtung wird der Forscher eher nur in seiner Beobachterrolle akzeptiert und nicht in seiner Teilnehmerrolle im Feld. Der Zugang zum Feld gestaltet sich problematischer, da das Vertrauen meist geringer und schwerer aufzubauen ist. Das eigentliche Beobachten, das Sammeln der Daten und das Protokollieren ist aber meist gründlicher, vollständiger, detaillierter und einfacher, da sich der Beobachter auf seine Beobachterrolle konzentrieren kann und keine zusätzliche Rolle im Feld spielt.

Bei der aktiven Teilnahme ist die Akzeptanz als Teilnehmer im Feld größer und man gelangt so eher an sensiblere Daten. Der Zugang zum Feld verläuft ungestörter. Die Atmosphäre ist vertrauter und meist ehrlicher (natürlicher). Problematisch ist aber das oben schon beschriebene *going native* und die Tatsache, daß nur reine Gedächtnisprotokolle verfaßt werden können, die immer mit einem Datenverlust durch Vergessen oder einer Datenreduktion verbunden sind, da bei aktiver Teilnahme kein direktes Notieren im Feld möglich ist.

Beobachtungsprotokolle
Bei den Protokollen muß vorab geregelt sein, was auf jeden Fall protokolliert wird, wann protokolliert wird und wie protokolliert wird. Dabei sollte jedoch immer sichergestellt sein, daß die Beobachtungsprotokolle flexibel genutzt werden können und sollen, um so auf unvorhergesehene Ereignisse angemessen reagieren zu können.

Beim Protokollieren können zwei Probleme auftreten:
Es werden im Laufe der Zeit Informationen vergessen, so daß bei Gedächtnisprotokollen ein Informationsverlust zu verzeichnen ist. Weiterhin kann man sich an Vertrautes oder emotional Bedeutsames besser erinnern als an andere Geschehnisse, deren Einfluß darunter leidet (selektive Verzerrung). Am meisten wird in den ersten ein bis zwei Stunden nach der Beobachtung vergessen. Die Vergessenskurve nimmt dann immer weiter ab. Das bedeutet, daß man möglichst sofort nach der Beobachtung protokollieren sollte.

Man muß also abwägen, ob die Situation zu sehr durch das kurze, stichpunktartige Protokollieren gestört wird oder ob man einen Informationsverlust durch das normale Vergessen akzeptiert.

Eine Möglichkeit, die Zeitspanne zwischen Beobachtung und Protokollierung möglichst kurz zu halten, ist die, verbale Protokolle mit Hilfe von Rekordern oder Diktiergeräten zu erstellen, die dann erst später transkribiert werden.

Da die Qualität der gesamten Beobachtungsstudie von der Qualität der Beobachtungsprotokolle abhängig ist, müssen diese sehr sorgfältig erstellt werden. Es muß damit gerechnet werden, daß für die Erstellung der Protokolle wesentlich mehr Zeit veranschlagt werden muß als für die eigentliche Beobachtung. Als Faustregel kann gesagt werden, daß für eine Beobachtung von einer Stunde Dauer zwei bis drei Stunden Protokollierungszeit benötigt werden.

Bei dem Aufbau der Protokolle ist nicht auf deren perfekte Formulierung zu achten, sie sollten nur möglichst vollständig sein. Maschinengeschriebene Protokolle sind handgeschriebenen Protokollen vorzuziehen; das gilt besonders dann, wenn in Teams gearbeitet wird, da handgeschriebene Protokolle meist nur von den Verfassern gelesen werden können.

Mit Textverarbeitungssystemen erstellte Protokolle bieten Vorteile bei der weiteren Verarbeitung, da sie beliebig oft ausgedruckt werden können und auch einzelne Textpassagen willkürlich im Gesamttext hin und her geschoben werden können, was für die weitere Textanalyse nützlich sein kann.

Ein starres und vorgeschriebenes Beobachtungsschema ist für eine Beobachtung, mit der man rein quantitative Ergebnisse erzielen will, unerläßlich, würde aber bei einer qualitativ angelegten Studie nur hinderlich wirken, da es die Aufmerksamkeit der Beobachter zu sehr einschränkt und so die Möglichkeit, neue Erkenntnisse zu gewinnen, behindert. So wurde der von uns benutzte Leitfaden für die teilnehmende Beobachtung flexibel eingesetzt und ständig unseren Anforderungen entsprechend weiterentwickelt.

Auf den folgenden Seiten ist die letzte Version des von uns genutzten und in vielen Unterrichtsstunden der zweiten Projektphase bewährten Leitfaden für die teilnehmende Beobachtung vollständig abgebildet.

Institut für Schulentwicklungsforschung
Universität Dortmund, 44221 Dortmund
Telefon (0231) 755-5509/5511
Telefax (0231) 755-5517

Projekt: Lehrerarbeit auf dem Weg zur pädagogischen Professionalität
Dr. Karl-Oswald Bauer/Dipl. Päd. Andreas Kopka

Leitfaden für die Teilnehmende Beobachtung

Team:	Schule:
Nummer:	Lehrer:
Datum:	
Uhrzeit:	

Klassen:
Fächer:

1. Setting/Ambiente
Gebäude/Eingangsbereich/Lehrerzimmer/Klassenzimmer mit Gesamteindruck

2. Personen und Rollen

2.1 Personenbeschreibung
(Lehrperson, Schüler, Beobachter)

2.2 Wertestruktur
(Äußerungen zu Wahrheitskriterien/Wissenschaft, Geschmack/Ästhetik, Moral)

2.3 Selbstverständnis und Arbeitsaufgaben
(Äußerungen zum Selbstverständnis, Rolle, Aufgaben)

3. Handlungen während des Unterrichts

Unterrichtsformen		Freie Arbeit	3
Lehrgangsorientierter Unterricht (überwiegend Frontalunterricht, Lehrbuch- und Lehrerdominanz)	1	Wochenplanarbeit (Vorstellen der Aufgaben am Wochenbeginn, Schüler entscheiden über Einzelheiten)	4
Projektförmiger Unterricht	2	Sonstiges	5
Sozialformen:		Partnerarbeit	C
Gesamte Lerngruppe	A	Einzelarbeit	D
Kleingruppen	B	Sonstiges	E

3.1 Themen/Inhalte/Ablauf/Phasen

3.2 Regeln
(Unterrichtsbeginn, Eingangsrituale, Verhaltensregeln im Umgang miteinander, wie werden Regeln aufrechterhalten? Situationen, in der Regeln durchbrochen werden und Reaktionen darauf.)

4. Zusammenarbeit Lehrer-Schüler

4.1 Beziehung zwischen Lehrperson und Schülern

4.2 Arbeitsklima in der Lerngruppe

4.3 Aufmerksamkeit der Lernenden - Wie wird sie aufrecht erhalten?

5. Handlungen außerhalb des Unterrichts

(auf Fluren, als Aufsichtsperson, in Konferenzen, im Lehrerzimmer, in der Pause, usw. /mit welchen Personen?, zu welchem Zweck?)

6. Gesamteindruck

(zu Unterricht, Schule, Personen, eigene Stimmung, Beobachtungsvorgaben)

7. Auf welchen Beobachtungsvorgaben lag der Akzent?

Strukturbildung	1		Interaktion	3
Kommunikation/ Feedback	2		Gestaltung	4

Hintergrundarbeit	5		Diagnosekompetenz	6

Die teilnehmende Beobachtung im Rahmen der qualitativen Feldforschung
Vor dem oben detailliert ausgeführten theoretischen Hintergrund kann die teilnehmende Beobachtung auf einem Kontinuum von totaler Standardisierung über Systematisierung bis hin zu völliger Unstrukturiertheit eingestuft werden.

Dabei muß man sich deutlich vor Augen halten, daß das Gegenteil von festgelegter geschlossener Fragestellung nicht Beliebigkeit und Willkür ist, sondern die Erweiterung der Interaktionsmöglichkeit, da sowohl Fragen als auch Antworten nicht eingeschränkt sind.

Es geht um die Menschen im Feld, wie sie handeln und um die Interaktionen zwischen ihnen; daraus sollen anschließend Regeln und Handlungsmuster herauskristallisiert und zu allgemeinen Handlungsmodellen weiterentwickelt werden. Das Instrument der qualitativen teilnehmenden Beobachtung ist das Erkenntnisvermögen der beteiligten Menschen im Feld. Dabei geht es darum, etwas gemeinsam zu entdecken.

Die teilnehmende Beobachtung kann als die wirksamste Methode immer dann bezeichnet werden, wenn der Forscher nur bedingte Erfahrungen innerhalb des betreffenden Felds machen konnte, um auf diesem Wege Hypothesen zu bilden, aber auch neue Forschungsbereiche oder Fragen, die (noch) nicht in der Literatur behandelt wurden und über die es noch zu wenig Informationen gibt, anzugehen. Nur mit Hilfe der qualitativen teilnehmenden Beobachtung können neue Erkenntnisse gewonnen werden, die eventuell außerhalb des eigenen, manchmal eher begrenzten Wissenschaftshorizontes liegen. Der subjektive Beobachter wird bei der Methode der qualitativen teilnehmenden Beobachtung nicht problematisiert und als unerwünschte Forschungsbedingung abgetan, sondern er ist geradezu erwünscht. Bewußte subjektive Meinungen, Zusammenfassungen und Schlußfolgerungen sollen getroffen, gleichzeitig aber immer kenntlich gemacht werden.

Durch ausdrückliches Zugeben subjektiver Momente der Beobachtung und das Kenntlichmachen wird eine Form von Objektivierung erreicht. Objektivieren heißt, daß die subjektiven Momente dem Leser zum Beispiel durch Sprache zugänglich gemacht werden. Der Leser kann sich mit der Subjektivität des Beobachters auseinandersetzen und dieser seine eigene Meinung entgegensetzen. Er kann Meinungen und Interpretationen in Frage stellen, belegen, nachvollziehen oder verstehen. Kurz, er kann die Ergebnisse verifizieren oder falsifizieren.

Distanzierung vom und Identifikation mit dem Feld sind Vorgänge, die gleichzeitig während der Beobachtung im Beobachter eine Rolle spielen. Hier gilt es, eine Balance zu finden. Zu distanziertes Verhalten des Beobachters wird Mißtrauen und Verschlossenheit auf seiten der Beobachteten hervorrufen und somit den erhofften Informationsgewinn deutlich schmälern, zu geringe Distanz wird aber ebenfalls die Informationsmenge negativ beeinflussen, da verstärkt Probleme der Selektivität und des *going native* auftreten und nicht mehr beobachtet werden kann.

Je weniger systematisch eine Beobachtung geplant ist und je undetaillierter ein Beobachtungsschema ist - bis hin zu dessen völligem Fehlen - , desto zwingender ist die Doppelrolle von Forscher und Beobachter. Diese weitgehend unsystematische Beobachtung, wie sie z.B. von Girtler propagiert wird, stößt auf das Vorurteil, daß durch fehlende Systematisierung und fehlendes Schema die Ergebnisse nicht überprüfbar seien. Sie hat aber nach Aussage ihrer Befürworter den Vorteil, daß durch größere Offenheit und Breite offenbar schneller neue Erkenntnisse gesammelt werden können und die Perspektive gewechselt werden kann. So werden Sackgassen und Denkblockaden umgangen und grundlegendes Wissen über das Feld kann erworben werden.

Vor und Nachteile der verschiedenen Beobachtungsformen müssen für jede Beobachtungsstudie neu diskutiert werden.

Zusammenfassend kann man sagen: Beobachtung kann auf verschiedene Arten verlaufen: der Beobachter nimmt voll am Geschehen teil und hat eine eigene, zusätzliche Rolle zur Rolle des Beobachters im Feld zu spielen, - er nähert sich der Teilnahme an und führt so die Rolle des Forschers ins Feld hinein, bleibt aber ständig als Beobachter erkennbar - er reduziert seine Teilnahme im Feld auf ein Minimum, er gibt sich im Feld nicht als Beobachter zu erkennen und agiert so unerkannt mit. Wichtig bei der Beobachtung eines Falles ist auch die Art des Protokollierens und des Festhaltens von Notizen (sofort, wortgetreu, aus dem Gedächtnis heraus etc.). Der Forscher muß in der Lage sein, auch in Situationen, in denen ihm ein Mitschreiben nicht möglich ist, gute Gedächtnisprotokolle zu liefern. Unterstützen lassen sich Gedächtnisprotokolle zum Beispiel durch Fotografien, Videoaufzeichnungen oder Tonbandmitschnitte.

Fallstudien erfordern eine sehr hohe Aufmerksamkeit und Detailtreue (Genauigkeit) vom Beobachter. Daraus resultiert, daß der Beobachter nur einen Fall zu einer Zeit beobachten sollte. Ein weiterer Aspekt ist, daß die einzelnen Fälle häufig eine lange Zeit in Anspruch nehmen. Grenzen der teilnehmenden Beobachtung werden zumeist von der Organisation des Einzelfalls vorgegeben. Dies bedeutet, daß Beobachtung allein für ein sinnorientiertes Verständnis nicht ausreicht.

Hier läßt sich dann die Methode der verdichteten Feldarbeit anwenden; der Schwerpunkt verlagert sich dabei, nach einem längeren Beobachtungszeitraum, auf die Durchführung von Interviews, die aufgezeichnet und transkribiert werden. Diese sollen Eindrücke des Beobachters verstärken und der gezielteren detaillierteren Information des Forschers dienen. Beobachtung und Interview ergänzen sich so. Auf der einen Seite kann die Beobachtung zu weiteren gezielten Interviewfragen anregen, auf der anderen Seite kann das Interview neue Aspekte aufwerfen, denen in der Beobachtung nachgegangen wird.

Konkrete Verhaltensregeln für eine teilnehmende Beobachtung:
1. Machen Sie während der Beobachtung kurze Notizen oder Skizzen, falls dies nicht zu sehr den natürlichen Ablauf stört.

2. Fertigen Sie möglichst schnell nach der Beobachtung ein ausführliches Gedächtnisprotokoll an. Kalkulieren Sie dafür den dreifachen Zeitaufwand als für die eigentliche Beobachtung ein.

3. Trennen Sie deutlich zwischen Beschreibung, Beurteilung und persönlichem Kommentar.

4. Fertigen Sie ein Tonbandprotokoll an, wenn sie nicht in der Lage sind, direkt ein Gedächtnisprotokoll zu erstellen.

5. Beschreiben Sie detailliert Einzelheiten und fertigen Sie (zu Beginn) keine Zusammenfassungen an.

6. Beschreiben Sie genau die Personen, die Sie beobachteten und mit denen Sie in Interaktion standen. Wie sahen sie aus? Was hatten sie an? usw.

7. Versuchen Sie, Gespräche, die sie geführt haben, zu rekonstruieren und werten Sie ihre Notizen über (charakteristische) Schlüsselbegriffe und bedeutsame Redewendungen der Gesprächspartner aus. Machen Sie auch hier kenntlich, wann es sich um Rekonstruktion und wann es sich um Interpretation handelt.

8. Beschreiben Sie ihre eigenen Handlungen im Feld. Wie sahen Sie aus? (Ausehen und Kleidung) Wie wirkten Sie auf die Beteiligten? Wie ging es Ihnen (eigene Befindlichkeit)? Fühlten Sie sich an etwas erinnert? Welche Gefühlsbeziehungen hatten Sie zu den verschiedenen Personen im Feld?

9. Erstellen Sie zur besseren Beschreibung des räumlichen Settings eine Skizze.

10. Haben Sie versucht, mehr zu erfahren ? Welche Methoden und Techniken haben Sie dabei verwendet? Wie sind Sie dabei vorgegangen? Eher intuitiv? Verlassen Sie sich auf Ihr Gefühl oder denken Sie eher reflexiv?

11. Gab oder gibt es ethische, moralische oder sittliche Probleme?

12. Gab es Vorurteile, festgefügte Meinungen oder Glaubenssätze, mit denen Sie ins Feld gingen und die dort in Frage gestellt oder demontiert wurden? Waren Sie persönlich (emotional) betroffen, irritiert, erstaunt oder gar verärgert oder belustigt? Wie haben Sie sich dann verhalten?

13. Lassen sich bestehende ältere Forschungsfragen (besser, einfacher, plausibler) beantworten? Wurden Irrwege oder Fehlinterpretationen der Vergangenheit aufgezeigt? Gibt es Irritationen, Ungenauigkeiten oder Irrtümer in älteren Beobachtungsprotokollen?

14. Orientieren Sie sich an dem Beobachtungsbogen. Beantworten Sie flexibel bestimmte Leitfragen, die im Beobachtungsbogen schriftlich fixiert sind.

2.3.2 Interviews

Das Interview als Methode der Datenerhebung wird sowohl in der quantitativen als auch in der qualitativen Forschung eingesetzt. Dabei ist das quantitative Interview durch den standardisierten Interviewleitfaden gekennzeichnet, d.h. jedem Befragten werden die gleichen Fragen mit gleicher Akzentuierung gestellt. Die Befragten haben nicht die Möglichkeit, sich im Verlauf des Interviews über Aspekte und Themen außerhalb des Interviewleitfaden zu äußern, die sie für relevant halten. In unserem qualitativen Forschungsprojekt haben wir qualitative Interviews als weitere Forschungsmethode eingesetzt, zur Ergänzung unserer teilnehmenden Beobachtung. Da Fragen, die durch die Beobachtung angeregt wurden, aufgrund der angespannten alltäglichen Arbeitssituation nicht ausreichend besprochen werden konnten, haben wir die Lehrer zum Interview gebeten, um in Ruhe ein Gespräch führen zu können. Außerdem bietet das qualitative Interview die Möglichkeit, mehr über das eigene berufliche Selbstbewußtsein von Lehrerinnen und Lehrern zu erfahren und Bereiche zu erforschen, die sich allein durch Beobachtung nicht erschließen lassen.

Quantitative und qualitative Interviews in ihren diversen Formen werden häufig sowohl in der pädagogischen Forschung als auch in anderen sozialwissenschaftlichen Feldern angewendet. Um die unterschiedlichen Interviewarten zu verdeutlichen, haben wir eine Abbildung erstellt:

Abbildung 2.12: Überblick über Interviewformen

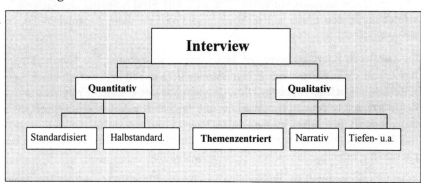

Im Unterschied zu den quantitativen Forschungsmethoden weist das qualitative Interview folgende weitere methodologische Merkmale auf (vgl. Lamnek 1989, S. 60 ff).

- Prinzip der Interaktion: Qualitative Interviews geben den Befragten die Möglichkeit, den Verlauf des Interviews inhaltlich mitzugestalten. Die Aufgabe des Interviewers besteht darin, den Vorgang so zu steuern, daß der rote Faden nicht verloren geht.

- Prinzip der Relevanzsysteme der Befragten: Es gibt keine fest vorgeplante Struktur von seiten des Forschers, sondern eine Wirklichkeitsdefinition des Befragten.

- Prinzip der Kommunikation: Es gilt das kommunikative Regelsystem des Interviewpartners, an dem der Interviewer sich orientieren soll.

- Prinzip der Offenheit: Das Interview ist für unerwartete Informationen zugänglich.

- Prinzip der Flexibilität: Im Interview reagiert der Interviewer flexibel auf die Bedürfnisse der Befragten.

- Prinzip der Prozeßhaftigkeit: Das qualitative Interview ermittelt bevorzugt Deutungs- und Handlungsmuster der Befragten, die sich im Verlaufe des Interviews entwickeln.

- Prinzip der datenbasierten Theorie: Das qualitative Interview dient vorrangig der Entwicklung, aber auch der Prüfung von Theorie.

Das qualitative Interview kann wiederum in narratives Interview, themenzentriertes Interview sowie Tiefeninterview und weitere Verfahren unterteilt werden. Das narrative Interview ist ein von Schütze in den 70er Jahren entwickeltes sozialwissenschaftliches Erhebungsverfahren. Im narrativen Interview wird der Interviewpartner nicht mit standardisierten Fragen konfrontiert, sondern zum freien Erzählen animiert (Mayring 1993, S. 50). Der Grundgedanke des narrativen Interviews ist, durch freies Erzählenlassen von Geschichten zu subjektiven Bedeutungsstrukturen zu gelangen. Die Strukturierung des Gesprächs erfolgt durch den universellen Ablaufplan von Erzählungen, welcher das Interview unterstüzt.

Im narrativen Interview wird der Interviewpartner gebeten, die Geschichte eines Zeitabschnitts oder eines Ereignisses, an dem er beteiligt war, in einer Stegreiferzählung wiederzugeben. Diese Wiedergabe der erlebten Ereignisse durch den Befragten bildet den Hauptteil des Interviews. Die Aufgabe der Interviewer besteht darin, den Interviewvorgang zu steuern und den Befragten zu bewegen, die Abfolge der Ereignisse als eine zusammenhängende Geschichte unter Berücksichtigung aller relevanten Aspekte zu erzählen.

Wichtig und wertvoll für das qualitative narrative Interview sind die spontanen Erzählungen des Befragten, die sogenannten Stegreifgeschichten, die nicht durch Vorbereitung oder eine standardisierte Version vorgeprägt oder vorgeplant sind. Die Erzähltheorie des qualitativen narrativen Interviews geht von der Grundannahme aus, daß Menschen im Alltag bereits über die Kompetenz verfügen, eine Erzählung so zu gestalten, daß sie vom Zuhörer verstanden und in ihrem Aufbau nachvollzogen werden kann. Die Erzählung enthält nach Mayring sechs Teile, die für eine Datenerhebung überaus ergiebig sein können (Mayring 1993, S. 50-51):

- Abstrakt als einführender Überblicksteil

- Orientierung als Schilderung, worum es geht

- Komplikation

- Evaluation als Einschätzung des Geschehens

- Auflösung

- Schlußbetrachtungen

Das Tiefeninterview kann als eine Spezialform des qualitativen Interviews betrachtet werden, in dem der Forscher mehr auf der Suche nach solchen Bedeutungsstrukturen ist, die dem Befragten möglicherweise nicht bewußt sind. Solche Art von Interview wird häufig für psychoanalytische und therapeutische Zwecke angewendet.

In unserem Projekt haben wir keine narrativen Interviews oder Tiefeninterviews eingesetzt. Stattdessen haben wir einige der beobachteten Lehrer zu einem Interview gebeten, dem ein vorbereiteter Leitfaden zugrunde lag. Obwohl in dieser Form des Interviews zum Teil auch narrative Elemente enthalten sind, entspricht diese Vorgehensweise dem Konzept des themenzentrierten Interviews.

Zum themenzentrierten Interview gehören alle Interviewformen der offenen und halbstrukturierten Befragung. Das Interview läßt den Interviewpartner möglichst frei zu Wort kommen, um einem offenen Gespräch nahezukommen. Es ist aber zentriert auf bestimmte Themen, die den Forscher interessieren. Die Themenstellung wird vom Interviewer bereits vorher erarbeitet, durch Analyse der bereits erfolgten Beobachtungen, und in einem Interviewleitfaden zusammengestellt. Im Verlauf des Gesprächs werden die Themen dann vom Forscher eingeführt und angesprochen.

Die Grundgedanken des themenzentrierten Interviews können in zwei Kernaussagen zusammengefaßt werden (vgl. Mayring 1993, S. 46):

- Mit Themenzentrierung ist hier gemeint, daß an Themen mit Bezug auf das Berufsfeld von Lehrern angesetzt werden soll, deren wesentlichen Aspekte der Forscher sich bereits vor der Interviewphase erarbeitet hat.
- Personen- und Gegenstandsorientierung des Verfahrens: Die konkrete Gestaltung des Interviews muß auf den bestimmten Lehrer oder den spezifischen Gegenstand, z.B. Thema, Problem bezogen sein und schließt schon aus diesem Grund die Übernahme vorhandener Instrumente aus.

Der Ablauf eines qualitativen themenzentrierten Interview untergliedert sich in fünf Schritte. Am Anfang steht in der Regel eine Fallanalyse. Daraus werden die zentralen Aspekte für den Interviewleitfaden zusammengestellt. Er enthält die einzelnen Thematiken des Gesprächs in einer plausiblen Reihenfolge. Dann erst beginnt die eigentliche Interviewphase.

Das Gespräch besteht im wesentlichen aus Leitfadenfragen und Ad-hoc-Fragen (vgl. Mayring 1993, S. 48). Leitfadenfragen basieren auf denjenigen Themenaspekten, die als wesentlichste Fragestellungen im Interviewleitfaden festgehalten sind. Darüber hinaus wird man im Interview immer wieder auf Aspekte stoßen, die im Leitfaden nicht vorgesehen sind. Der Interviewer wird spontan Ad-hoc-Fragen formulieren, wenn sie im Rahmen der Thematik oder für die Einhaltung des Gesprächsfadens bedeutsam sind.

Schließlich muß das Material festgehalten und dokumentiert werden. Für die Beliebtheit des Interviews in der qualitativen Forschung ist auch von großer Bedeutung, daß der gesprochene Text und sogar der ganze Interviewablauf aufgezeichnet und beliebig reproduziert werden können (z.B. auf Videoband oder Tonbandkassette); das ist ein Vorteil, den andere Methoden, wie z.B. die teilnehmende Beobachtung nicht aufzuweisen haben. Wobei immer darauf hingewiesen werden sollte, daß die aufgezeichneten realen Stimmen oder Bilder Auschnitte einer konstruierten Wirklichkeit sind. Im Interview ist durch die Lenkung des Gesprächs durch den Interviewer und die Präsenz des Aufnahmegerätes eine künstliche Situation geschaffen, wie sie im Alltagsleben so nicht vorkommt. Ein großer Vorteil ist es aber, daß der transkribierte Text etwas Greifbares ist, auf das der Forscher sich stützen kann.

Der Ablauf eines themenzentrierten Interviews wird mit der folgenden Abbildung als Modell dargestellt, um die Arbeitsschritte und deren Reihenfolge zu verdeutlichen.

Abbildung 2.13: Ablaufmodell des themenzentrierten Interviews

Die Interviews, die im Projekt durchgeführt wurden, definieren wir als Experteninterviews, wobei in dieser Form des Interviews der Befragte (Lehrer) als Experte (pädagogischer Profi) verstanden wird, der über Fachwissen verfügt, seine berufliche Arbeit reflektiert und eine berufsspezifische Sprache gebraucht. Solche Interviews dienen der deskriptiven Erfassung von konkreten Wissensbeständen und Vorstellungen der Befragten. In der Methodenkombination von Beobachtung und Interview dient das Interview einerseits als eine Methode des Nachfragens, bei der die Beteiligten sich Zeit nehmen, über bestimmte Ereignisse zu sprechen. Andererseits bekommen die Forscher Informationen darüber, ob es sich bei den beobachteten Ereignissen um Einzel- oder Regelfälle handelt, also über die Validität der Beobachtungsergebnisse.

Kommunikative Validierung ist ein wichtiger Arbeitsschritt in der qualitativen Forschung. Es handelt sich dabei um die Rückkoppelung unserer Interpretationen an die Aussagen des Interviewpartners: Aussagen werden vom Forscher selektiv wahrgenommen und subjektiv interpretiert. Um Mißverständnisse und Verständigungsfehler zu vermeiden, bieten wir den Lehrern ein Feedbackgespräch an, um einzelne Aspekte unserer Auswertung zu besprechen und möglicherweise auch zu korrigieren und zu ergänzen. Durch diese Vorgehensweise wird die Validität (Gültigkeit) unserer Ergebnisse erhöht.

Wie weiter oben bereits genannt, gliedert sich das Arbeitsverfahren bei der Durchführung eines Interviews in fünf Phasen: Fallanalyse, Konstruktion des Interviewleitfaden, Interviewdurchführung, Auswertung sowie Kommunikative Validierung/Feedback. Außer der Phase der Interviewdurchführung und der Kommunikativen Validierung/ Feedback mit dem Interviewten, werden die anderen Arbeitsschritte in der Projektgruppe in allen Details besprochen und gemeinsam erarbeitet. Die einzelnen Phasen werden im folgenden näher erläutert.

Phase 1: Fallanalyse
Um ein tiefes und personspezifisches Interview zu gestalten, ist eine vorherige sorgfältige Auswertung der bereits erhobenen Daten, in unserem Fall insbesondere der Beobachtungsprotokolle, ganz unerläßlich. Darüber hinaus sind die bereits verfaßten Memos eine sinnvolle Unterstützung für einen Erkenntnisgewinn über den Interviewpartner.

Phase 2: Konstruktion des Interviewleitfadens
Im Interviewleitfaden müssen alle Themen aufgeführt sein, die den Forscher interessieren. Um ein tiefes und breites Interview zu erlangen, haben wir für den Leitfaden einen Kompromiß zwischen vorgegebenen Fragen und dem Erzählenlassen konzipiert. Der Leitfaden ist nur eine Orientierung, d.h. wir erstellen einen Leitfaden mit bestimmten Schwerpunkten, gehen aber auf Äußerungen der Befragten flexibel ein. Es ist durchaus möglich, daß freie Erzählungen zusätzliche Informationen oder neue Sichtweisen hervorrufen. Nur muß der Interviewer dafür sorgen, daß der rote Faden nicht verloren geht und wesentliche Informationen gewonnen werden.

Als allgemeine Faustregel für die Erstellung des Interviewleitfadens gilt, gleich am Anfang eine lockere und allgemeine Frage als Warming-up einzuplanen. In den meisten Fällen wurden z.B. "Berufswahlkriterien" als Einstiegsthema im Interview verwendet. Die eigene Berufswahl ist etwas Persönliches und gleichzeitig Allgemeines - dadurch wird der Interviewpartner nicht gleich mit abstrakten Begriffen und komplizierten Fragen konfrontiert, wie z.B.: "Was halten Sie von der Erziehungswissenschaft?" oder "Können Sie von Ihrer Idealvorstellung von Unterricht erzählen?". Stattdessen kann der Interviewpartner sich zunächst die Zeit nehmen und eine kleine Geschichte über sich erzählen, denn dies ermöglicht ein behutsames Sich-Einfühlen in die Lebenswelt des Befragten und trägt zum Abbau der beiderseitigen Anfangsspannung sowie zu einem offenen Kommunikationsklima bei.

Die Beantwortung der folgenden Fragen kann bei der Erstellung des Leitfadens sehr hilfreich sein:

- Wie sieht die berufliche Entwicklung des einzelnen Lehrers aus ?
- Welche Besonderheiten sind bei dem Lehrer auffällig, in Hinsicht auf die pädagogischen Handlungen?
- Wo liegen die Stärken und Schwächen im Handlungsrepertoire des Interviewpartners in bezug auf seine Professionalität?
- Wie stehen Lehrerinnen/Lehrer zu ihrem Beruf? Wie beurteilen sie die allgemeine Zufriedenheit mit dem Beruf?
- Zeigt der Lehrer Anzeichen eines Burnout-Syndroms? Wo liegen die Belastungen?

Auf der Grundlage dieser Fragen haben wir für einen Einzelfall folgende Themenbereiche in einem Interviewleitfaden berücksichtigt:

Berufsbiographie
Eine allgemeine Information über Berufswahl und berufliche Entwicklung ist ein guter Einstieg in eine Erzählung und eine wichtige Grundlage für das weitere Gespräch. Berufswahl und -biographie hängen eng mit der Arbeitsmotivation zusammen. Durch die Möglichkeit, darüber zu sprechen, ist der Interviewpartner in eine Situation versetzt, die es ihm ermöglicht, über die Grundhaltung zum Beruf nachzudenken und zu reflektieren. Außerdem gehen wir davon aus, daß es in den Berufsjahren Wendepunkte oder Schlüsselerlebnisse gibt, die die Einstellung und möglicherweise auch das Verhalten des Lehrers ändern. Es kann auch Situationen geben, die den Lehrer tagtäglich prägen und beeinflussen. Solchen Ereignissen sollte man Aufmerksamkeit schenken, um die Entwicklungstendenz des Interviewpartners besser zu verstehen.

Idealvorstellung vom Unterricht und die Realität
Idealvorstellung vs. Realität ist der Grundgedanke für die Gegenüberstellung von Soll- und Ist-Situation, um die Diskrepanz zwischen Vorstellungen und Tatsachen des Berufsalltags des Lehrers zu thematisieren. Wie sieht das pädagogische Selbstkonzept des Lehrers aus? Welche Bedingungen sind für einen guten Unterricht notwendig? Wie werden sie geschaffen oder aufrechterhalten? Wo sind die Hindernisse?

Erziehungswissenschaft
Es ist wertvoll, den Lehrer (als Pädagogen) über die Bedeutung der Erziehungswissenschaft für die Praxis zu befragen. Ob der Lehrer sich im beruflichen Alltag auf Theorie und Wissenschaft stützt und ob er deren Anwendung zur Bewältigung der Arbeitsaufgabe für sinnvoll hält, ist ein brisantes Thema, weil nämlich eine Neuorientierung der Lehrerausbildung und die Qualität des Studiums vieldiskutierte Themen geworden sind. Die Überzeugung und Hal-

tung des Lehrers in bezug auf Wissenschaft liefert wichtige Informationen für Überlegungen über eine Neugestaltung des Verhältnisses von Erziehungswissenschaft und Lehrerausbildung.

Disziplinschwierigkeiten
Disziplinschwierigkeiten bezeichnen ein Dauerthema im Zusammenhang mit Problemen des Lehrerberufs. Ihre Bewältigung gilt als Voraussetzung für den Erfolg einer Unterrichtsstunde. Durch die Beobachtung von Lehrpersonen mit unterschiedlichen Handlungsstrategien haben wir sehr unterschiedliche Umgangsformen mit Disziplinschwierigkeiten und Konflikten erfassen können. Zu diesem Thema kann der Interviewpartner alles, was zu dieser Problematik zählt, ansprechen: Erfahrungen, Strategien, Schwierigkeiten etc.

Selbstbildabfrage
Wie das Selbstbild aussieht, das jeder Lehrer für sich schafft und aufrechterhält, ist eine interessante Frage. Sie kann über eine Phantasiereise oder als Alternative mit speziellen Fragestellungen und Erzählen über sich selbst beantwortet werden. Bei der Anwendung einer Phantasiereise sollte der Interviewer sich vorher mit den möglichen Techniken befassen, so daß er z.B. den Interviewpartner bittet, die Augen zu schließen oder zurücklehnen und zu entspannen. Dabei sollte ein positives Gefühl hergestellt werden, damit der Interviewpartner sich im Interview wohl und produktiv fühlt. Freude zu haben, kann ein schönes Nebenprodukt beim Interview sein, welches durch kleine Übungen oder Techniken erreicht werden kann.

Berufliche Belastung
Angesichts der zunehmenden berufsbedingten Störungen unter Lehrern ist das Thematisieren beruflicher Belastungen äußerst sinnvoll. Wodurch fühlen sich die Lehrer belastet und was können sie unternehmen, um die Belastung zu reduzieren?

Meinungen über Schule und andere Beteiligte in der Schule
Wichtig sind natürlich auch die anderen Beteiligten im schulischen Alltag, wie Kollegen, Mitglieder der Schulleitung und Schüler, die auf das Berufsfeld von Lehrern Einfluß haben. Kritik und Meinungen über Schule als ein generelles Bildungsinstitut oder spezifisch über die eigene Schule und die anderen Bezugspersonen sind erwünscht.

Menschenbild
Äußerungen über das Menschenbild liefern Informationen über die Grundhaltung des Lehrers, die sein pädagogisches Handeln entscheidend beeinflußt.

Zukunftsperspektive
Lehrer entwickeln sich weiter in ihrem Beruf. Manche Lehrer sind sich bewußt über die Möglichkeiten des eigenen Berufs und planen gewisse Änderungen

und zu erreichende Ziele. Zum Schluß wird die Aufmerksamkeit auf die Zukunft gerichtet: kurzfristige Ziele, größter berufsbezogener Wunsch und größter privater Wunsch. Dadurch können wir Daten über die Entwicklungstendenz des einzelnen Lehrers bekommen. Ist eine Weiterbildung vorgesehen? Was muß geändert werden, und wie wird der Lehrer vorgehen?

In Stichwörter gefaßt, könnte der Interviewleitfaden so aussehen:

- Berufswahlkriterien
- Besondere Ereignisse mit prägender Wirkung in der Berufslaufbahn
- Idealvorstellung von Unterricht
- Realität
- Disziplinschwierigkeiten
- Selbstbild
- Berufliche Belastung
- Kritik an dieser Schule
- Menschenbild
- Ziele im Beruf für die nächsten Jahre
- Größter berufsbezogener Wunsch
- Größter privater Wunsch

Die einzelnen Themen werden nicht zusammenhanglos erstellt, sondern mit einer Struktur und Reihenfolge konstruiert. Die Themen enthalten beispielsweise drei zeitliche Abschnitte, die miteinander verbunden sind: die Vergangenheit (Berufswahl, Idealvorstellung, besondere Ereignisse), die Gegenwart (Realität) und die Zukunftperspektiven (Ziele im Beruf und im Privatleben). In dieser Konstruktion ist ein Wandlungsprozeß deutlich zu sehen, den der Lehrer miterlebt und auch mitgestaltet hat. Was hat sich geändert? Welche Faktoren spielen dabei eine Rolle? Es sind wichtige Fragen für einen professionellen Lehrer, wie er seine Aufgabe unter veränderten Bedingungen bewältigt und sich dabei weiter entwickelt.

Aus den erfragten Inhalten ergeben sich nicht nur Informationen unter dem Gesichtspunkt der Professionalität des Lehrerberufs, sondern auch über andere relevante Faktoren, Bedingungen, Berufsbiographie, die möglichen Probleme und Belastungen, die Grundhaltung und Arbeitsmotivation des einzelnen Lehrers. Dabei handelt es sich um Faktoren, die zum Professionalisierungsprozeß beitragen oder ihn verhindern.

Ein Beispiel für die Erstellung eines Interviewleitfadens:

Frau Flüster

Frau Flüster unterrichtet als Englischlehrerin in einer Hauptschule, in der 5. bis zur 10. Klasse, in einem Stadtteil mit heterogenen Einwohnern. Sie verfügt in ihrem Handlungsrepertoire über viel Bewegungen, Spiele, schauspielerisches Vormachen und auch über nonverbale Komponenten wie Mimik und Gestik, was nicht bei jedem Lehrer zu beobachten ist. Außerdem war sie im Unterricht ständig gefordert, Störungen (fehlende Konzentration der Schüler, Mogelei bei Klassenarbeiten, gesunkene Lernmotivation, Vernachlässigung der Hausarbeit sowie Konflikte unter den Schülern etc.) zu unterbinden und aufzuheben, um den Unterricht laufen lassen zu können. Im Interviewleitfaden haben wir außer den allgemeinen Fragen noch didaktische Aspekte berücksichtigt.

Die Fragen nach Mimik, Gestik, Spiel, Bewegung und Schauspielerischem werden unter den Gesichtspunkt Selbstbild geordnet, weil sie zum persönlichen Stil der Lehrerin gehören. Sanktionen und Kontrolle fassen wir unter den Punkt Disziplinschwierigkeiten. Obwohl sie keine offensichtlichen Probleme damit hat, möchten wir trotzdem ihre Meinung zu diesem Thema erfahren. Die Stichwörter des Interviewleitfadens bei Frau Flüster sehen demnach folgendermaßen aus:

- Berufswahl
- Idealvorstellung von Unterricht
- Realität und Belastung
- Vorbereitung, Planung
- Die Bedeutung der Erziehungswissenschaft für die Praxis
- Besondere Ereignisse mit prägender Wirkung in der Berufslaufbahn
- Disziplinschwierigkeiten, Sanktionen, Kontrolle
- Kritik an der Schule
- Selbstbild: Stärke und Schwäche
- Didaktische Entwicklung: Mimik, Gestik, Bewegung, Schauspiel, Ironie
- Ziel im Beruf für die nächsten Jahre
- Größter berufsbezogener und privater Wunsch

Vor dem Interview sind noch einige Kleinigkeiten zu beachten, die für ein gelungenes Interview von Belang sind. Der Interviewer sollte über Sinn, Zweck, und vor allem über Vertraulichkeit und Anonymität des Interviews aufklären, damit Ungewißheit aufgehoben wird und der Interviewpartner frei sprechen kann. Außerdem sollte der Interviewer sich mit dem Aufnahmegerät vertraut machen und das Instrument vorher nochmals überprüfen. Hier werden einige Pannen aufgelistet, die erfahrungsmäßig auftreten können:

- Aufnahmegerät nimmt nicht auf
- Batterie oder Akku ist leer
- Lehrkassetten/ Unterlagen vergessen
- Mikrofon verdeckt

Phase 3: Durchführung des Interviews

Das qualitative Interview wird, im Gegensatz zum standardisierten Verfahren, von der sozialen Kompetenz des Interviewers beeinflußt, da er die Atmosphäre in der Kommunikation mit den Befragten maßgeblich mitgestaltet. Dabei sind Erfahrungen und Selbstreflexion des Interviewers wichtig. Der Interviewer muß z.B. in der Lage sein, eine lockere Atmosphäre zu schaffen und den Interviewpartner frei reden zu lassen. Gefühle und Emotionen von seiten des Interviewpartners werden vom Interviewer beachtet und angemessen aufgefangen.

Für die Schaffung einer angenehmen und ungestörten Atmosphäre im Interview sollte der Interviewer z.B. auf das Setting achten. Normalerweise sollte ein Interview möglichst in einem kleinen und privaten Raum stattfinden, wie in der eigenen Wohnung oder im Arbeitszimmer, in dem der Interviewpartner sich nicht fremd und unsicher fühlt. Es ist ratsam, daß der Interviewer nicht gleich inhaltliche Fragen stellt, wenn er den Interviewpartner empfängt oder umgekehrt der Interviewpartner ihn empfängt, statt dessen kann man z.B. Getränke anbieten und Warm-up-Fragenstellen, damit eine lockere Atmosphäre entsteht und Anfangsspannungen und Unsicherheiten abgebaut werden.

Ungünstig wäre es, daß z.B. ein Interview in einem hallenmäßigen Raum oder in einem öffentlichen Ort wie im Café oder in einer Kneipe durchgeführt wird, wo der Interviewpartner sich vielleicht durch die Raumgröße unsicher fühlt oder durch die Anwesenheit der anderen Menschen gestört wird. Ein Interview am Arbeitsplatz, z.B. in der Schule, durchzuführen, ist nicht unproblematisch. Manchen Lehrern ist es lieber, nicht an ihrem Arbeitsplatz über ihren Beruf zu sprechen. Auf jeden Fall ist es wichtig, Rücksicht auf die Wünsche und Bedürfnisse des Interviewpartners zu nehmen.

Ein weiterer Vorschlag für die Durchführung des Interview ist eine Reflexion des Interviewers während der Interviewdurchführung auf der Metaebene, um so Rückfragen stellen zu können. Der Interviewer sollte z.B. nach Abschluß eines Themas Schlüsse aus den Aussagen ziehen und Kategorien bilden, was auch Feedback und Bestätigung für den Interviewpartner bedeutet. Eine solche Methode ist hilfreich für die spätere Auswertung, wenn das Interview stark narrativ gestaltet ist. Um den Interviewpartner ungestört erzählen zu lassen, kann sich der Interviewer bei Unklarheiten stichwortartige Notizen machen, um zum Schluß Rückfragen zu stellen. Wichtig ist, daß die Fragen nicht verloren gehen.

Hier werden Beispiele gezeigt, um zu demonstrieren, wie der Interviewer seinen Interviewleitfaden im Gespräch umsetzt und formuliert:

- Berufswahlkriterien und den Einstieg
  Zuerst möchte ich gerne wissen: Wie bist du eigentlich Lehrerin geworden? Hattest du einige Kriterien für deine Berufswahl?
- Idealvorstellung vom Unterricht
  Hast du vielleicht eine Idealvorstellung vom Unterricht? Wie sieht die aus?
- Berufliche Belastung
  Ich merke, daß du in deinem Unterricht immer im Mittelpunkt stehst. Das heißt, ich habe den Eindruck, du hast ständig alles unter Kontrolle. Ist das sehr anstrengend, oder fällt es dir leicht, immer ganz da zu sein?
- Bedeutung der Erziehungswissenschaft
  Kommen wir zur Erziehungswissenschaft, die du im Studium erworben hast und hinterher im Beruf anwendest. Was bedeutet die Erziehungswissenschaft für deine *Praxis*? Kannst du da einen Zusammenhang finden? Ist sie nützlich für dich oder eher im Gegenteil?
  Hast du vielleicht auch Erwartungen an die Erziehungswissenschaft oder zum Beispiel an pädagogische Institutionen wie Institute und Universitäten? Welche Erwartungen und vielleicht auch Wünsche hast du in diese Richtung?
- Didaktische Entwicklung und Ansätze
  In deinem Unterricht sind häufig Spiele, Bewegungen zu sehen, besonders bei den Kleineren und das läuft auch ganz prima. Woher hast du die Idee und Anregungen? Hast du früher auch immer viel Bewegung und Spiele mit den Kindern gemacht?
  Du hast einigen Eigenschaften wie Mimik, Gestik, Körpersprache sowie pantomimisches Vormachen und schauspielerisches Verhalten. Hast du vielleicht Theater gespielt oder solche Sachen gelernt? Wirst du die Spiele oder deine Körperbewegung vorher zu Hause planen oder üben?
  Das habe ich auch gemerkt, daß du im Unterricht sehr laut und deutlich sprichst und manchmal auch sehr langsam. Hast du das bewußt gemacht?
- Besondere Ereignisse mit prägender Wirkung in der Berufslaufbahn
  Gibt es in deiner Berufslaufbahn Ereignisse, die eine prägende Wirkung auf deinen Berufsbereich hat?
- Disziplinschwierigkeiten
  Das Thema: Disziplinschwierigkeiten. Das hat du eigentlich nicht. Aber wie denkst du über die Schwierigkeiten deiner Kollegen?
  Ich finde es interessant, daß du einige Sanktionsmaßnahmen als *Strategie* anwendest. Zum Beispiel: Bedrohung mit "Schränkezählen", ist nicht et-

was *Ernsthaftes*, aber funktioniert recht gut.
Also du überprüfst auch sehr viel: Anwesenheit, Hausaufgaben und auch bei Einzelarbeit. Du hältst sie wahrscheinlich für sehr wichtig, nicht?

- Selbstbild
Ich habe gedacht, vielleicht kannst du über deine jetzige berufliche Situation erzählen; deine Arbeitshaltung und Arbeitsmotivation.
Kannst du über deine Stärken und Schwächen berichten? Im beruflichen Bereich?

- Menschenbild
Ich habe den Eindruck, daß deine Arbeitssituation und berufliche Entwicklung sehr stark mit deiner Persönlichkeit zusammenhängen. Bist du immer so gewesen? Oder zum Beispiel dein Menschenbild - hat sich das schon mal geändert?

- Zukunftperspektiven
Zum Schluß möchte ich dich nach deinen persönlichen Zielen im Beruf fragen. Was ist deine größter berufsbezogener Wunsch in den nächsten Jahren? Ist da irgend etwas, was du erreichen möchtest?
Und was ist dein größter privater Wunsch?

Phase 4: Dokumentation und Auswertung des Interviews
Das Transkript
Nach dem Interview sollte man sofort die Kassetten daraufhin überprüfen, ob das Interview vollständig aufgenommen wurde, und dann eine Sicherheitskopie anfertigen. Erste Voraussetzung jeder wissenschaftlichen Auswertung eines Interviews ist ein sorgfältiges Transkript der Tonbandkassetten. Das Tondokument sollte wörtlich abgetippt und in eine lesbare Form gebracht werden. Nicht nur das Gesprochene wird transkribiert, sondern nach vorher vereinbarten Regeln auch die nonverbalen Teile des Gesprächs wie kürzere und längere Pausen, Lachen, Unterbrechungen sowie Betonung einzelner Wörter, um sie auch in Schriftsprache umzusetzen. Diese Elemente werden ins Transkript aufgenommen und visualisiert, weil sie für die Interpretation von Bedeutung sein können.

Abbildung 2.14: Legende eines Transkriptes

LEGENDE	
Text	wörtliche Rede Interviewer
Text	wörtliche Rede Frau Winter
_	kurzes Zögern
(p)	Pause
WortTEIL	Betonung
+	gleichzeitiges Sprechen
[Wort]	Transkriptionsvorschlag
[...]	Text konnte nicht transkribiert werden

Der Text sollte mit einem großzügigen Seitenrand (ca. 7 cm breit) auf der rechten Seite getippt werden, damit man beim Lesen Bemerkungen genau an der passenden Stelle aufschreiben kann. Die Numerierung der Zeilen ist hilfreich bei der Suche bestimmter Aussagen. Der Text wird vom Interviewer sorgfältig durchgelesen, um Tipp- und Hörfehler zu verbessern und schließlich Unklarheiten, Unstimmigkeiten zu entdecken und zu beheben. Auf der folgenden Seite haben wir als Beispiel eine Seite eines Transkripts abgebildet:

Ausschnitt aus einem Transkript

Und du hast selbst hinterher gelernt, oder hast du versucht, mit der Stimme umzugehen.

Ja, irgendwann - Ich kann mich gar nicht daran erinnern, daß ich das wissentlich gemacht hätte, aber ich schätze, daß ich - (p) daß die Notwendigkeit da war, und dann habe ich es ausprobiert, und dann klappte es plötzlich besser. Ich habe auch nicht mehr diese Halsprobleme, diese Halsschmerzen, die ich früher hatte.

Das habe ich auch gemerkt, daß du eigentlich sehr laut und sehr deutlich sprichst. Also manchmal auch langsam, gerade bei der fünften, am Anfang. Daß du sehr deutlich und laut, etwas tief, aber laut und deutlich. Und langsam. Das ist eigentlich nicht sehr gewöhnlich im Unterricht, daß man es bewußt so macht.

Ja, aber *das* setzte ich ganz bewußt ein. Wenn ich also die Kinder bitte, auch wenn ich deutsch mit ihnen spreche, und wenn ich irgendwelche disziplinischen Sachen mit ihnen durchspreche. Oder wenn ich ihnen sagen, daß es jetzt ganz wichtig, daß sie still sind, *dann* spreche ich ganz betont. Pointiert. Langsam. Und mache auch Pausen an der richtigen Stelle. Und guck dann in die Runde. (p) Das ist dann schon - Ja, ich schätze, das ist auch was Theatralisches. Ich guck *den* an und guck *den* an, und wenn dann jemand nicht aufpaßt, dann kriegt er einen Schubs von der Seite: "Sie guckt!"

Bildung von Schlüsselkategorien
Die Qualitative Inhaltsanalyse umfaßt Strukturieren und Fokussierung des Interviewinhalts. Bei dieser Auswertungstechnik sind folgende Kriterien zu beachten:

- Was sagt der Befragte zu den einzelnen Themenkomplexen?
- Wie intensiv werden sie ausgeführt und besprochen?
- Werden Aspekte angesprochen, die nicht vorgesehen waren?
- Wo wird wenig oder ausweichend geantwortet?
- Was ist das Lieblingsthema des Befragten?

Die Aussagen werden von den Forschern getrennt analysiert und anschließend Kategorien gebildet. Die Kategorien sollen wieder zu Schlüsselkategorien geordnet werden. Es sollten ca. 10 bis 12 Schlüsselkategorien pro Interview gebildet werden, die nicht mehr als eine Seite umfassen, damit man den Überblick nicht verliert. Unterkategorien sollen möglichst kurz und verdichtet sein, man kann auch bestimmte Ausdrücke oder Begriffe direkt vom Text übernehmen. Es folgt ein Beispiel aus dem Interview mit Frau Flüster über ihre gewandelte Idealvorstellung vom Unterricht und die abgebildeten Schlüsselkategorien:

"Eigenständigkeit. Damals waren so die Nachwirkung der 68er, mit Emanzipation und Diskutierfreudigkeit und Kommunikation der Kinder und so, und uns lag die Emanzipation der Kinder am Herzen, und daß sie diskutieren lernten, und sich behaupten lernten. Und damals an der Hauptschule *konnte* man noch solche Ziele verfolgen, weil damals noch sehr viele Kinder zur Hauptschule gingen, die sehr begabt waren, deren Eltern sich einfach nicht *getraut* haben, ihr Kinder zum Gymnasium zu schicken, weil das noch ein Statussymbol war damals. Im Lauf der Zeit mußte ich immer weiter davon abgehen, weil viele Kinder gar nicht in der *Lage* waren, sich sprachlich so zu äußern, wie es eigentlich nötig ist. Heute konzentriere ich mich mehr darauf, daß die sozialen Ziele erreicht werden. Auch erzieherische Dinge, die eben zu Hause nicht mehr geleistet werden können. Heute hat eben diese pädagogische Arbeit unheimlich zugenommen." (Interview Flüster 160195)

Die Auswertung dieser Themenkomplexe sieht so aus:

Unterricht / Aufgabe der Schule	- **Früher:** - Emanzipation, Diskutierfreudigkeit - Wissensvermittlung, Erziehung durch Eltern - **Heute:** - Schülerpopulation hat sich geändert - soziale Fähigkeit der Kinder - Wissensvermittlung und Erziehung in der Schule - **Wandel der Bedingungen**

Der Aussage ist deutlich zu entnehmen, wie sich die Unterrichtsziele von Frau Flüster änderten. Relevante Bedingungen haben sich im Lauf der Zeit geändert: die Schülerpopulation, die Kinder und die Aufgaben der Schule. Früher wurde die Erziehungsarbeit in der Familie geleistet und die Wissensvermittlung in der Schule, während heute oft beide Aufgaben bei der Schule liegen. Als Schlüsselkategorie für diese Aussage haben wir *Aufgabe der Schule/Wandel der Bedingungen* für den schulischen Unterricht gebildet. Diese verdoppelte Aufgabe der Schule als eine Konsequenz gesellschaftlicher Entwicklung fordert die Lehrer heraus, ihre Zielvorstellung von Unterricht mit zu verändern. Solche Aussagen sind ergiebig für die Datenerhebung, weil nicht nur Fakten, sondern auch gewisse Hintergründe und Glaubenssätze des Interviewpartner mit angesprochen werden.

Um das Auswertungsverfahren zu verdeutlichen, werden einige Interviewausschnitte und die ausgewerteten, verdichteten Schlüsselkategorien vom Interview Frau Flüster als Beispiele skizziert:

"Bewegungsdrang, ja, das muß man berücksichtigen, obwohl das *immer* zu Unruhe führt. Ich weiß ganz genau, daß Unruhe auch sehr konstruktiv sein kann. Ich weiß das, daß die Kinder in dem Alter unheimlich gerne sich bewegen, daß die gerne sich noch produzieren. In dem Alter spielen sie noch ganz gerne vor, es geht so schnell zurück. Und eigentlich sollte man die Zeit nutzen." (Interview Flüster 160195)

Kinder/ Schüler	-Bedürfnis nach Selbstdarstellung der Kinder -**Phasentheorie** der Jugend.

Kinder ist der Begriff von Frau Flüster für Schüler, den wir bei der Kategoriebildung direkt als Oberbegriff genommen haben. Im Interview äußert sich die Interviewpartnerin deutlich über das differenzierte Bewegungsbedürfnis von höheren und niedrigen Jahrgängen, entwickelt also eine Art *Phasentheorie*. Der Bewegungsdrang der Kinder, den viele Lehrer vielleicht als Störung betrachten, ist aus der Sicht der Interviewparterin etwas Konstruktives, daß man auch im Unterricht unterstützend einsetzen kann.

"Ich habe meine Stimme ruiniert die ersten Jahre. Meine Stimme hat sich dann überschlagen und das ist dann sehr schrill. Wahrscheinlich wäre das nicht passiert, wenn ich das richtig gelernt hätte, zu atmen und meine Stimme effektiver einzusetzen. Wenn ich ihnen sage, daß es jetzt ganz wichtig ist, daß sie still sind, *dann* spreche ich ganz betont, pointiert, langsam. Und mache auch Pause an der richtigen Stelle und guck dann in die Runde. Ich schätze, das ist auch was Theatralisches." (Interview Flüster 160195)

Körper- biographie	-Stimme Anfang: ruiniert zu laut, zu schrill Jetzt: betont, pointiert, langsam sprechen, Pause machen Variation: Blickkontakt Konsequenz: **Stimmbildung** ist wichtig

Es ist auffällig, daß die Lehrerin im Unterricht sehr laut und betont spricht. Geschädigte Stimmbänder, Heiserkeit und Halsschmerzen sind typische berufsbedingte Krankheiten von Lehrern. Frau Flüster hat ihre Stimme zuerst ruiniert und hat dann erst gelernt, richtig zu atmen und zu sprechen. Blickkontakt, Mimik, sowie Gestik werden als Variationen zur Stimme von der Lehrerin ganz bewußt im Unterricht eingesetzt. Darüber hinaus wird als Konsequenz die Wichtigkeit der Stimmbildung in der Lehrerausbildung resümiert. Diese berufsbedingte körperliche Veränderung haben wir als Körperbiographie bezeichnet.

"Früher habe ich ganz *massive* Probleme mit der Disziplin gehabt. Aber das Problem habe ich seit zehn Jahren nicht mehr. Kinder haben sich geändert, sind nicht mehr so aggressiv, so aufmüpfig wie früher, und ich habe mir eine nettere Art zugelegt, um etwas zu bitten, persönliche Bitte und nicht ein Von-Lehrer-zu-Schüler-Befehl - dann machen sie eigentlich alles, was man ihnen sagt." (Interview Flüster 100295)

Disziplin-probleme	**Früher**: massiv **Jetzt**: nimmt ab; Kinder sind freundlicher geworden persönliches Bitten statt Befehlen

Schüler persönlich um etwas zu bitten statt einfach anzuordnen, ist ein Element eines neuen Führungsstils, den die Lehrerin entwickelt und eingeführt hat. Seitdem beobachtet sie eine Abnahme von Disziplinproblemen. Aus der Sicht der Lehrerin liegt die Veränderung nicht nur in ihrer Führungsart, sondern auch bei den Schülern. Die Aussage "Kinder sind freundlicher als früher." ist aber insofern außergewöhnlich, als in der öffentlichen Diskussion z.Zt. ein ganz anderes Bild vorherscht, nach dem Gewalt und Aggression in der Schule sehr zugenommen hätten. An dieser Stelle ist dann eine genaue Rückfrage notwendig.

Die qualitative Auswertung der Daten ist ein selektives Verfahren. Um Einseitigkeit und Abweichung oder sogar Vorurteile zu vermeiden, werden die Interviews von allen Projektmitarbeitern getrennt gelesen und unabhängig voneinander Schlüsselkategorien gebildet. Die verschiedenen Schlüsselkategorien werden dann von allen diskutiert. Anschließend wird eine integrierte Fassung aller Schlüsselkategorien erstellt, welcher der Diskussion standgehalten haben.

Die Beispiele sind nur ein Teil der gesamten Interviewauswertung. Um einen Überblick über das Auswertungsergebnis zu vermitteln, wird auf der nächsten Seite eine Abbildung gezeigt.

Abbildung 2.15: Integrierte Schlüsselkategorien

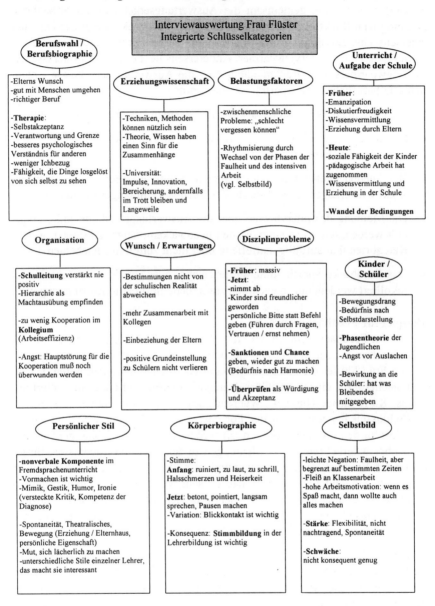

Phase 5: Kommunikative Validierung und Feedback

Die kommunikative Validierung ist ein wichtiger Schritt im Hinblick auf die Gültigkeit der erhobenen Daten. Es handelt sich um eine Überprüfung des Gesagten, Gemeinten und Verstandenen der Interviewinhalte. Es kommt manchmal vor, daß der Textinhalt mißverstanden wird. Um solche Fehler und vernachlässigte Aspekte zu vermeiden, bieten wir den Interviewpartnern ein Feedbackgespräch an, um gemeinsam die Auswertungsergebnisse zu reflektieren und mögliche Rückfragen zu stellen. Durch das Feedback erlangt der Forscher einerseits eine Bestätigung und Ergänzungen zu den Ergebnissen seiner Auswertung durch den Interviewpartner. Andererseits liegt es auch im Interesse des Interviewpartners, eine Rückmeldung über die Auswertungsergebnisse - nämlich sein berufliches Selbstporträt - zu bekommen.

Einige Vorschläge für ein Feedbackgespräch werden kurz zusammengefaßt:

- Die Kategorien sollen visualisiert werden und möglichst auf einer Seite überschaubar dargestellt werden.

- Der Feedbackgeber muß darauf achten, Schlüsselkategorien nicht zu abstrakt wiederzugeben, weil sie für den Feedbackempfänger fremd sind.

- Die Meinung des Interviewten über die Auswertungsmethode sollte eingeholt werden, d.h. es ist sinnvoll, den Feedbackempfänger zu fragen, welche Kategorien ihm auffällig, zutreffend oder nicht zutreffend erscheinen.

- Das Feedbackgespräch sollte aufgezeichnet oder aus dem Gedächtnis protokolliert werden, um so eventuell zusätzliche Informationen zu erlangen.

Beispiel für Feedbackgespräch:
Für das Feedbackgespräch bei Frau Flüster hat die Forscherin die Schlüsselkategorien wieder in drei Dimensionen geteilt: "I, my job, and the future". Um Frau Flüster die einzelnen Kategorien anschaulich vorzuführen, hat die Forscherin die einzelne Schlüsselkategorie vorher auf ein Blatt kopiert und als Karte ausgeschnitten. Während des Gesprächs wurden die Karten (Schlüsselkategorien) von der Forscherin und z.T. auch von Frau Flüster selbst zu den drei Dimensionen zugeordnet und auf ein Plakat geklebt. Nebenbei äußerte Frau Flüster Meinungen zu den Interviewergebnissen. Ihr gesamter Eindruck zu der Auswertung war, daß sie ihr sehr zutreffend erschien. Sie fand zum Beispiel, daß sie sehr wenig über die Zukunft gesprochen hatte und alle Aspekte hierzu tatsächlich in dem Satz: "positive Grundeinstellung zu Schülern nicht verlieren" (Schlüsselkategorie "Wunsch/ Erwartungen") eingeschlossen werden können.

Nachdem die Forscherin mit Frau Flüster Meinungen über das Interviewergebnis ausgetauscht hatte, wurden noch einige Rückfragen an Frau Flüster gestellt, zum Beispiel über ihre Maßnahmen zum Streßabbau, in welcher Hinsicht sie meint, "Kinder sind nicht mehr so aggressiv wie früher" sowie was sie kurzfristig noch konkret ändern möchte etc.. Das Verfahren kommunikativer Validierung und die Äußerung zu den Rückfragen wurden in einem schriftlichen Gedächtnisprotokoll festgehalten und dokumentiert.

3 Professionelles Handeln und professionelles Bewußtsein

Gelungenes Handeln in pädagogischen Situationen ist kein Ergebnis des Zufalls, sondern die direkte Folge pädagogischer Professionalität. Im Zentrum unseres Modells professionellen pädagogischen Handelns steht das professionelle Selbst, das sich nur durch ein reichhaltiges, der Situation angemessenes Handlungsrepertoire verbunden mit einem professionellen Bewußtsein herausbilden kann. Was gehört nun im einzelnen zu einem reichhaltigen Handlungsrepertoire? Wie und worin unterscheiden sich Lehrerinnen und Lehrer mit einem reichhaltigen Handlungsrepertoire von Kollegen mit einem eher reduzierten Repertoire? Wie entwickelt sich ein solches Handlungsrepertoire? Und wie entsteht ein professionelles Bewußtsein? Gibt es einen Zusammenhang zwischen professionellem Wissen und professionellem Handeln von Lehrerinnen und Lehrern? Oder hat das in der ersten und zweiten Ausbildungsphase erworbene theoretische Wissen - wie einige Praktiker kritisieren - keinerlei Praxisrelevanz für das spätere Handeln im Unterricht?

Im folgenden Kernkapitel unserer empirischen Untersuchung wollen wir mit Hilfe einer Reihe von Fallbeispielen den komplexen Zusammenhang von professionellem Handeln und pädagogischem Wissen ein wenig erhellen und die verschiedenen Dimensionen und Facetten eines entwickelten professionellen pädagogischen Handlungsrepertoires aufzeigen. Dabei ist unser Ziel, darzustellen, wie Lehrerinnen und Lehrer zu einem professionellen Selbst kommen. Unter professionellem Selbst verstehen wir eine Hierarchie von Zielen und Werten, die das Individuum entwickelt hat, um Unwichtiges von Wichtigem zu trennen, eigene Stärken und Schwächen zu kennen und in Situationen entscheidungsfähig zu sein.

3.1 Ein Modell professionellen pädagogischen Handelns

Im Rahmen des empirischen Forschungsprojekts *Lehrerarbeit auf dem Weg zur pädagogischen Professionalität* stellten wir die von uns beobachteten Komponenten pädagogischer Handlungszusammenhänge in graphischer Form dar, um Gesetzmäßigkeiten zu erkennen. So entstand während des Forschungsprozesses ein Modell *professionellen pädagogischen Handelns*, das von uns ständig weiterentwickelt und dem Erkenntnisstand entsprechend aktualisiert wurde. Dieses Modell sollte helfen, die qualitativen Daten, die in der Feldarbeit, den teilnehmenden Beobachtungen und den Interviews gewonnen wurden, zu strukturieren und auszuwerten. Strauss (1991) nennt diese Form von Abbildungen integrative Graphiken und betont deren Wert für den Forschungsprozeß. Sie helfen, daß die kumulative Analyse bei den Forschern klar und geordnet bleibt.

Das entstandene Strukturmodell verknüpft bestimmte (von uns untersuchte) Komponenten professioneller Lehrerarbeit.

Abbildung 3.1: Dritte Arbeitsversion des Modells professionellen pädagogischen Handelns

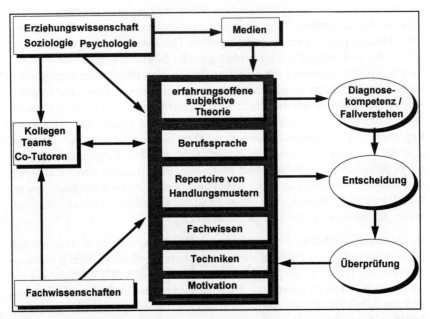

Während des gesamten Forschungsprozesses wurde unser Modell beständig und integrativ weiterentwickelt, so daß inhaltlich immer die letzten vorherigen Versionen enthalten waren, darüber hinaus jedoch zusätzliche Informationen und Erkenntnisse aufgenommen wurden. Letztlich entsteht ein abschließendes integratives Diagramm (Strauß 1991), das der Komplexität des Forschungszusammenhangs gerecht wird und die Arbeit eines Forschungsprojekts zusammenfaßt.

Pädagogische Professionalität im Lehrberuf ist möglich, jedoch erst in Ansätzen realisiert. Pädagogisch professionelle Lehrerinnen und Lehrer nutzen bei der Bewältigung der an sie gerichteten Aufgaben bestimmte, im folgenden näher beschriebene Methoden und Techniken vor dem Hintergrund eigenen erfahrungsoffenen subjektiven Berufswissens, auf das in Kapitel 3.3 noch näher eingegangen wird.

Abbildung 3.2: Abschließende Version des Modells professionellen pädagogischen Handelns

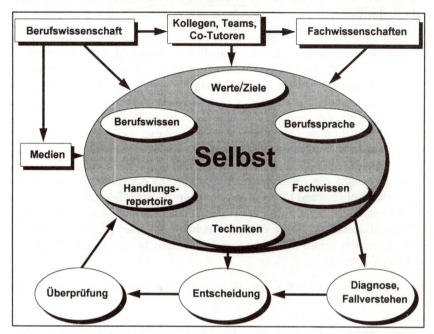

Pädagogisch professionelle Lehrkräfte weisen ein spezifisches Fachwissen auf und nutzen eine eigene Berufssprache. Dabei orientieren sie sich an bestimmten, akzeptierten und handlungsbestimmenden Werten und Zielen und bilden so ein professionelles pädagogisches Selbst.

Ziele beeinflussen Art, Richtung, Intensität und Ausdauer von Verhalten. In der Institution Schule fehlen jedoch oft die Gesamtziele, oder sie sind nicht eindeutig, für alle Betroffenen nachvollziehbar, formuliert. Ob gemeinschaftliche Ziele von einzelnen Betroffenen verfolgt und mit welcher Ausdauer diese verfolgt werden, hängt in starkem Maße von dem Grad der Zielbindung der jeweiligen Person ab und von seiner individuellen Prioritätensetzung.

> "Optimaler Unterricht würde bedeuten, daß er in der Binnenstruktur, nach innen her, durchaus gewaltfreien Charakter hat, daß der durch meine Vorbereitung, durch meine Vorarbeit, halt eben auch von der Kommunikationsstruktur durchaus reversiblen Charakter hat, das ist auch klar, und daß die Ziele, die ich ja zunächst mal in der Planung vorgebe, auch von den Schülern als sinnvolle akzeptiert werden." (Interview Kroner 160993)

Ziele sind im Kopf vorweggenommene zukünftige Handlungsergebnisse, die jeweilige Zielerreichung muß jedoch zukünftig überprüft werden. Ziele bieten eine Anreizfunktion, stimulieren zu Handlungen.

Durch eine konkrete Zielsetzung ist man besser motiviert, auch Unangenehmes, jedoch Wichtiges schneller anzugehen. Zielsetzung impliziert Zielklärung und Zielformulierung. Um angemessen handeln zu können, muß man eine spezifische Zielorientierung besitzen.

"Gelingender Unterricht setzt einfach voraus beim Lehrer oder bei der Lehrerin, daß gelingender Unterricht gewollt wird. Weißt du, ich muß dann auch voraussetzen, für mich selbst, daß ich jetzt nicht irgendwie Unterricht abhalten will, sondern daß ich den dann tatsächlich auch auf ein positives Ende hin gestalten will. Das ist jetzt so ganz leicht gesagt, hört sich auch ziemlich locker an, hat aber eine ganze Menge Konsequenzen. Ich kann z.B. in so einen Unterricht nicht reingehen mit der Perspektive, daß die Schüler, die ich da unterrichte, im Grunde genommen nur nach Defizitdaten bewertet werden können. Das würde ja bestenfalls bedeuten, daß ich auf einer Defizitleiter im Grunde genommen nur eine Abmilderung des Ist-Zustandes in Richtung als Soll-Zustand hinbekomme, sondern für mich bedeutet das, schlicht und einfach zu sagen, ich geh bei den Schülern erst einmal von dem Nullzustand aus und versuche dann daraus halt eben einen Zustand zu entwickeln, der von beiden Seiten dann auch als positiv bewertet wird." (Interview Kroner 160993)

Bei der Formulierung von Zielen ist zwischen positiven und negativen Zielen zu unterscheiden. Negative Zielformulierung zeichnet sich dadurch aus, daß man etwas vermeiden oder verändern will. Ein gegebener Zustand wird als suboptimal erkannt und so wird seine Beseitigung als unbestimmtes Ziel definiert. Negative Formulierungen haben häufig unerwünschte Nebenwirkungen. Bei der positiven Zielformulierung will man etwas (bewußt) erreichen und wendet sich diesem Ziel willentlich zu. Positive Zielformulierungen sind negativen zu bevorzugen.

Dörner (1989) unterscheidet weiterhin zwischen Anstrebungs- und Vermeidungszielen, zwischen allgemeinen und spezifischen, zwischen klaren und unklaren, zwischen impliziten und expliziten und zwischen einfachen und mehrfachen Zielen.

In Regelfall muß man meistens mehrere Ziele gleichzeitig verfolgen. Diese verschiedenen Ziele sind untereinander vernetzt und nicht unabhängig voneinander. Es kann, wie Dörner sagt, dazu kommen, daß die verschiedenen Teilziele in einem "kontradiktatorischen Verhältnis" zueinander stehen. Man muß abwägen, welches Ziel man als erstes verfolgt und welchem man evtl. gar nicht mehr nachgeht. Auch muß man entscheiden, in welchem Ausmaß und mit welcher Intensität man jedes einzelne Ziel verfolgt.

Dörner (1989) stellt fest, daß Handlungsträger oft keine "Dekomposition des Komplexziels durchführen. Die Nichtaufteilung eines Komplexzieles in Teilziele aber führt fast notwendigerweise zu einem Verhalten, welches man Reparaturdienstverhalten nennen könnte."

Komplexziele sind Ziele wie beispielsweise eine gute Schule, ein gemütliches Klassenzimmer, eine schülerfreundliche Bibliothek. Sie beinhalten eine Vielzahl von Sachverhalten und Komponenten. Was bedeutet es nun aber im einzelnen, einen gemütlichen Klassenraum zu schaffen? Für wen soll er gemütlich sein? Komplexziele müssen in ihre konkreten Komponenten zerlegt werden, und es muß allen Betroffenen klar sein, was mit dem Ziel im einzelnen gemeint ist. Ansonsten kommt es schnell, wie Dörner in seinen Lohhausenexperimenten zeigen konnte, zu einem Durchwursteln, einem Reparaturverhalten und nicht zu angemessenem Lösungsverhalten.

Auch kann eine mangelnde Zielkonkretisierung zu einem blinden Methodismus führen. Dabei werden überkommene Problemlösestrategien praktiziert, die nicht mehr zeitgemäß erscheinen und mit denen man das Problem nicht lösen kann. Die Betroffenen halten jedoch weiterhin an ihren - in der Vergangenheit auch meist erfolgreichen - Strategien der Problemlösung fest und werden sich in der Folge immer weiter von einer angemessenen Problemlösung entfernen.

Individuelle Zielsetzungen gepaart mit zusätzlichen Informationen über Handlungsstrategien sowie Feedback über die Zielerreichung sind notwendig, um eine intrinsische Motivation aufrecht zu erhalten. So können Erfolgserlebnisse und Glücksgefühle (Csikszentmihalyi 1992) in der Lehrerarbeit gefördert werden, was wiederum eine Möglichkeit, arbeitsbedingten psychischen Störungen zu begegnen, bedeuten kann.

Weiterhin verfügen pädagogisch professionelle Lehrerinnen und Lehrer über ein mehr oder weniger differenziertes Handlungsrepertoire, das nachfolgend detaillierter und eingehender diskutiert wird.

Im Handlungszusammenhang des pädagogischen Alltags werden so, unterstützt durch eine entwickelte Diagnosekompetenz und die Fähigkeit zum Fallverstehen, Entscheidungen - oftmals blitzschnell - getroffen. Im Optimalfall unterliegen diese Entscheidungen auch einer Überprüfung. Das Ergebnis der Überprüfung wirkt auf das Berufswissen und das Handlungsrepertoire zurück - beispielsweise im Sinne einer Modifikation oder einer Bestätigung.

Im Verlauf der Berufsbiographie von Lehrerinnen und Lehrern werden solche Handlungssituationen vielfach durchlaufen, und es kann sich auf diese Weise ein differenziertes Handlungs- und Diagnoserepertoire entwickeln. Lehrerinnen und Lehrer werden so zu erfahrenen Professionellen.

Die Berufswissenschaften wie Erziehungswissenschaft, Soziologie, Psychologie, die Kollegen, die Teams und Co-Tutoren und die an den Universitäten ansässigen Fachwissenschaften fördern als externe Faktoren die Herausbildung eines forschenden, erfahrungsoffenen Habitus und so die Entwicklung des pädagogisch professionellen Selbst und wurden in unser Strukturmodell mit aufgenommen.

Berufswissenschaften, die nicht nur als Bestand mehr oder weniger gut geprüfter Theorien gesehen werden sollen, sondern gerade ein Feld für Entwicklung und Experimente darstellen, befinden sich in einer Art "Anregungsbeziehung" zum professionellen pädagogischen Selbst (vgl. Bauer 1992).

"Ja, ich denke Reformpädagogik sind mehr so Bausteine, die mir in der pädagogischen Praxis auch inhaltlich begegnet sind. Dann begegnet mir die Petersen-Schule oder die Odenwald-Schule. Dann denke ich, warum tun wir uns eigentlich so unendlich schwer, die Gedanken, die vor so langer Zeit entwickelt worden sind, in die Praxis umzusetzen. Das heißt, ich hol mir Anregungen, ja auch Bestätigungen, daß eigentlich andere Leute so was ähnliches empfunden und gedacht haben, und vielleicht damals die Möglichkeit hatten, das umzusetzen. Ja, dann freue ich mich eigentlich, daß das meinen Gefühlen entspricht und das ich auch irgendwie das Gefühl habe, das ist ein Weg und der ist sogar praktikabel." (Interview Schiller 050494)

Kooperation unter Kollegen findet oftmals nur in Form eines formal organisierten Zusammenwirkens statt. Das heißt, die äußere Organisation der Schule bewirkt ein Zusammenführen der Arbeitstätigkeiten von Lehrerinnen und Lehrern. Jahrgangsstufenlehrer oder Lehrpersonen bestimmter Fachdisziplinen organisieren beispielsweise den Stundenplan und treffen inhaltliche Absprachen. Deutlich seltener ist der Fall, daß Lehrer pädagogisch unmittelbar zusammenarbeiten - etwa im Unterricht, bei der Entwicklung von Lehrmitteln oder bei der Verwirklichung von Schulprojekten.

"Und wir sind wirklich ein sehr, sehr nettes und auch ein engagiertes, noch relativ junges Kollegium. So Durchschnittsalter 40 ist ja noch verhältnismäßig jung. Wir haben auch, ich weiß in den ersten Jahren, als ich hier war, wollten wir gerne Teams einführen, d.h. also pro Jahrgang, sowie auch bei uns im 8. Jahrgang, wo wir uns regelmäßig treffen, seit der 5. Klasse die Klassenlehrer, was auch eine sehr gute Entlastungsfunktion hat, ne, da kann man auch vieles so persönlich im Gespräch dann an so einem gemütlichen Abend, dann auch schon mal aufarbeiten, und das ist eine Sache, die hier bei uns so ein bißchen mehr privater ist, aber die eigentlich, denke ich mir, wichtig wäre für alle." (Interview Riesenhuber 40793)

Wir konnten während unserer Beobachtungen drei Formen der Kooperation zwischen Lehrerinnen und Lehrern registrieren.

- Kooperation in Form von Konferenzen

- Kooperation in Form von Tandem- oder Paarbildung von zwei Lehrerinnen oder Lehrern

- Kooperation in Form von Fortbildungen

In Konferenzen sollte eine enge Kooperation unter den Kollegen gewährleistet sein. So müßten sich beispielsweise bei Lehrerkonferenzen anläßlich von Disziplinproblemen die Kollegen auf einen gemeinsamen Erziehungsstil und auf eine gemeinsame Linie verständigen, wenn wirklich Problemlösungen gefunden werden sollen.

"...da denk ich, gibt es bei Teambildung einen Konsens und wenn man einen teamorientierten Konsens hat, kann man auch gemeinsam handeln, auch relativ effektiv." (Interview Schiller 050494)

Die Realität sieht jedoch anders aus. Die von uns begleiteten Lehrerkollegien sind zumindest noch weit davon entfernt, einen gemeinsamen Stil gefunden zu haben.

"Es ist so viel Zusatzarbeit, die ist gar nicht zu leisten, wenn ich auch noch mit den Kollegen kooperieren will. Wenn ich den Stil, den ich meinetwegen im Unterricht mit meiner Klasse entwickle, wo ich nur Fachlehrerin bin, noch an die anderen Kollegen weitergebe, das hieße doch, daß ich mich persönlich mit ihnen ständig auch auseinandersetze. Wo nehmen wir die Zeit her? Und in diesen Konferenzen, die uns ja angeboten werden, können wir wirklich nur ein bißchen da Kontakt pflegen, ein bißchen Austausch." (Interview Hegel 040595)

Aus diesem Grund werden Konferenzen von den Betroffenen oft als wenig nützlich, als lästig, als Ritual, als Farce erlebt.

"Diese Konferenzen sind wie ein großes Theater. Sie erinnern mich irgendwie an Mickey Mouse". (Beobachtung Winter 151194)

Ein professioneller Umgang mit dem Arbeitsfeld Konferenzen, *meetings* würde jedoch mehr Handlungsmöglichkeiten erschließen.

Als Tandem oder Paar gemeinsam den Unterricht vorbereiten und durchführen ist eine Form der Kooperation, die durch die formale Organisation kaum unterstützt wird, jedoch von den beteiligten Lehrerinnen und Lehrern besonders hervorgehoben wird. Sie sei hilfreich bei der Weiterentwicklung der eigenen Kompetenzen und bei der Bewältigung alltäglicher Arbeitsaufgaben und aus diesem Grund wünschens- und empfehlenswert. In einigen Fällen gelang es uns, ein Tandem von Forscher und Lehrperson zu bilden. Außer diesen Fällen konnten wir nur ein Lehrertandem beobachten, das gemeinsam den Unterricht plante und durchführte.

"Also idealer stelle ich mir vor, wenn man häufig auch Team-Teaching macht. Also wenn zwei Lehrer in einer Klasse sind, die sich auch gegenseitig mal was sagen oder gemeinsam was erarbeiten oder sonst was, also was bei uns an der Schule überhaupt nicht läuft. Jetzt nicht nur Kooperation, daß man versucht, gemeinsame Unterrichtsreihen zu haben. Sondern auch wirklich zusammen in einer Klasse zu sein." (Interview Winter 090595)

"Ich habe das zusammen mit einem Kollegen in einer Art Kleinteam gemacht. Das ist eben auch ein Kollege, der Pädagogik unterrichtet, wo wir auch Konsens haben und uns sehr gut verständigen können darüber und dann klappt das auch. Das ist sozusagen das kleinste Team..." (Interview Schiller 050494)

Eine weitere Form der Kooperation ist die Fortbildung. So betonten die von uns begleiteten Lehrerinnen und Lehrer immer wieder den individuellen Nutzen dieser Form von Kooperation. Aus diesem Grund begleiteten wir in der zweiten Projektphase Lehrerinnen bei diesen Veranstaltungen.

"Ja, die Lehrerfortbildung ist für mich sehr wichtig, insbesondere auch momentan die klassenbezogene Veranstaltung, wo man sich konkret mit anderen austauschen kann, die in den gleichen Zusammenhängen arbeiten." (Interview Rasch 230395)

Auf Fortbildungsveranstaltungen steht neben der Wissensvermittlung immer auch die Beziehungsebene im Vordergrund. Es kommt zu einem direkten Austausch zwischen betroffenen Kollegen.

"Und dann war ich also völlig fertig mit den Nerven und war total froh, daß irgendwas angeboten wird, wo ich Leute treffe, die genau *die* Probleme haben, die ich auch habe. Und ich bin da also auch bisher wirklich immer sehr gerne und mit Begeisterung hingegangen, habe da auch eine ganze Menge von abgebracht, nicht?" (Interview Winter 090595)

Zu den externen Faktoren, die zu einem pädagogisch professionellen Selbst führen, gehören weiterhin die Medien, aus denen Lehrerinnen und Lehrer bestimmte Informationen, Bilder und Vorstellungen beziehen, die für ihr berufliches Handeln relevant sind. Diese externen Faktoren sind immer untereinander vernetzt zu betrachten.

Es muß deutlich gesagt werden, daß unser Strukturmodell *professionellen pädagogischen Handelns* nicht ein Abbild der Realität, sondern eine idealtypische Darstellung einer möglichen und wünschenswerten berufsbiographischen Entwicklung von Lehrerinnen und Lehrern darstellt. So ist das Modell auf einige wenige Komponenten pädagogischer Professionalität reduziert.

Kritiker können dagegenhalten, daß das Modell zu mechanistisch erscheint, daß es zu sehr vereinfache und jenseits der Realität zu viele idealtypische Elemente und Wunschdenken enthalte. Dennoch halten wir an dem Modell fest und bewerten es als eine wichtige heuristische Hilfe bei der Beobachtung tatsächlichen Lehrerverhaltens und bei der Suche nach Ansatzpunkten für eine professionelle Weiterentwicklung der Lehrerarbeit.

Die konkreten Handlungssituationen, in denen Lehrerinnen und Lehrer sich täglich verhalten und behaupten müssen, werden neben den eigenen Handlungskompetenzen immer auch durch Rahmen- oder Umweltbedingungen mitbestimmt. Bei jeder professionellen pädagogischen Arbeit, ob es sich nun um Kooperationsformen wie Tandemarbeit, um Konferenzen, um die Arbeit im Unterricht oder auch um Arbeiten außerhalb des Unterrichts handelt, müssen Handlungskompetenzen auf seiten der Lehrerinnen und Lehrer mit den Organisationsbedingungen auf seiten der Schule korrespondieren. Dabei ist von entscheidender Bedeutung, daß beide Komponenten sich nur im alltäglichen Handeln der Lehrerinnen und Lehrer verwirklichen und sich in den Handlungsvollzügen fortlaufend ändern.

Abbildung 3.3: Entwicklung von Arbeitsorganisation und Kompetenzen durch professionelles Handeln

Organisationsstrukturen der Schule und professionelles Selbst werden durch (professionelles) Handeln erzeugt und aufrechterhalten. Handeln von Lehrerinnen und Lehrern vollzieht sich natürlich nicht nur im Unterricht und in der Organisation Schule. Es kann auch darin bestehen, an einem Training teilzunehmen, eine Fortbildung durchzuführen oder einen Kurs für Entspannungstechniken zu besuchen. Auch die Zusammenarbeit mit Angehörigen anderer Professionen, wie Ärzten im Bereich der Gesundheitsförderung oder Mitarbeitern einer Universität (Erziehungswissenschaftlern, Diplompädagogen, Psychologen und Sozialwissenschaftlern oder Fachdidaktikern), ist diesem Handlungsbereich zuzurechnen, der immer Konsequenzen für das Individuum und die Organisation zugleich hat. Ein zweiter, auch methodologisch wichtiger Grundgedanke ist die Einführung von nicht-linearen, zyklischen, vernetzten Prozessen in das Modell der pädagogischen Professionalität.

Neben der Entwicklung eines professionellen Selbst durch professionelles Handeln kann es aber auf der anderen Seite bei einer Überforderung und mißlungenem Handeln auch zu einem Zyklus der Selbstdemontage kommen, der in Burnout enden kann. Hurrelmann/Nordlohne (1993) sprechen in diesem Zusammenhang von einer möglichen Gesundheitsbeeinträchtigung durch die Schule. Im folgenden werden wir kurz auf arbeitsbedingte Störungen im Lehrerberuf am Beispiel des Burnouts eingehen.

Der Begriff des Burnout-Syndroms wurde von dem amerikanischen Psychoanalytiker H. J. Freudenberger (1974) geprägt und bezeichnet eine zynische, negative Grundhaltung der betroffenen Personen. Barth definiert Burnout wie folgt:

> "Unter 'Burnout' versteht man ein Syndrom, zusammengesetzt aus emotionaler Erschöpfung, Dehumanisierung und verminderter persönlicher Befriedigung bei der Arbeit." (Barth 1990, S.333).

Mit Dehumanisierung oder auch Depersonalisation ist eine negative und zynische Grundhaltung gegenüber den Kollegen, verbunden mit negativen Gefühlen gegenüber den Schülern, gemeint. Menschen werden teilweise als Dinge oder Elemente benannt. Es herrscht eine abgestumpfte und gefühllose Empfindung gegenüber den Kontaktpersonen im Berufsfeld vor. Bei Lehrergesprächen während der Pausen wird von der "Russenmafia in der 8c" gesprochen oder andere Kollegen lassen sich zu Aussprüchen hinreißen, wie "die 10b könnt ich heute an die Tafel klatschen." Meist bestehen daneben auch Schuldgefühle und es kommt zu einer Meidung von Unannehmlichkeiten, die mit der eigenen Arbeit verbunden sind, sowie zu einer Reduzierung der eigenen Arbeit auf das Notwendigste.

Emotionale Erschöpfung ist ein Gefühl, emotional ausgelaugt und erschöpft zu sein und resultiert aus dem Umgang mit anderen Menschen.

Reduzierte Leistungsfähigkeit hat immer etwas mit Kompetenzverlust und subjektiver Handlungsfähigkeit zu tun. Die Erfolgsaussichten der eigenen Arbeit werden als nicht sehr hoch angesehen und die eigene Wirksamkeit wird negativ beurteilt.

Im Endstadium des Burnout können erhöhte Werte aller drei Dimensionen registriert werden.

Barth (1990) berichtet, daß ungefähr 50% der Berufsanfänger in den USA innerhalb der ersten 5 Jahre die Schule verlassen und eine andere Berufskarriere beginnen und 30% der Befragten den Beruf wechseln wollen. Da in Deutschland der Großteil der Lehrer verbeamtet ist, können nicht so extreme Zahlen von Berufsabbrechern und Berufsaussteigern registriert werden wie in den USA. Nach Barth (1992) sind ca. 25% der deutschen Lehrerinnen und Lehrer ausgebrannt. Sie befinden sich im Endstadium des Burnouts. In den Medien finden sich jedoch immer mehr Publikationen, die von wesentlich extremeren Zahlen ausgehen. So verlassen in Hamburg 45 Prozent der Lehrer vor Erreichen der Altersgrenze die Schule (Spiegel, 24/93). Präzise Zahlen über das rein quantitative Ausmaß ausgebrannter und ausgelaugter Lehrer liegen jedoch für den deutschsprachigen Raum noch nicht vor. Eine sorgfältige Statistik über Burnout wird noch nirgendwo geführt.

Nach Durchsicht der verschiedenen Veröffentlichungen und nach eigenen Erfahrungen in unserem empirischen Forschungsprojekt, gestützt durch Expertengespräche und qualitative Interviews, kommen wir zu der Einschätzung, daß ca. 15 bis 20% der in Deutschland unterrichtenden Lehrerinnen und Lehrer mehr oder weniger ausgebrannt sind.

Bei einem Ländervergleich zeigt sich, daß deutsche Lehrer besonders durch reduzierte Leistungsfähigkeit betroffen zu sein scheinen. (44% in Deutschland und nur 33% in den USA). Bei amerikanischen Lehrern konnte jedoch deutlich häufiger die Dimension Depersonalisation verzeichnet werden (8% der deutschen und 33% der amerikanischen Stichprobe). Ein direkter Vergleich der Länder ist jedoch nur bedingt zulässig, da die jeweils bestehenden Schulsysteme doch sehr unterschiedlich sind

In der Literatur zum Burnout können eine Vielzahl von Entstehungsursachen gefunden werden. Fest steht, daß Burnout multidimensional bedingt ist, daß neben personellen Faktoren auch eine Reihe von Faktoren mitentscheidend sind, die außerhalb der betroffenen Person liegen. Da verschiedene Personen verschiedene Situationen unterschiedlich erleben, haben diese äußeren Faktoren auch bei jedem Betroffenen andere Auswirkungen.

Burnout ist kein Phänomen, das plötzlich und unvorbereitet aus heiterem Himmel auftritt, sondern ein längerer Prozeß als Folge einer ganzen Kette von Erlebnissen und Fehlbeanspruchungen, wie Frustrationen, mißlungenen Handlungszusammenhängen, ausbleibenden Belohnungen und fehlenden Feedbacks. Dieser Prozeß läßt sich nach Meinung von Burisch (1994) jedoch auch jederzeit durch innere oder äußere Veränderungen stoppen.

Barth (1990) konnte keine Korrelationen zwischen objektiven Arbeitsplatzmerkmalen und Burnout feststellen. Dieses Ergebnis scheint auf die besondere Bedeutung subjektiver Bewertung der Betroffenen hinzuweisen.

"Rein objektive Arbeitsplatzmerkmale wie z.B. die Klassenstufe, das Alter der Schüler oder die Schulart, sind relativ bedeutungslos für den Burnout-Prozeß." (Barth 1992, S. 229)

"Insgesamt würde ich aber sagen, daß Schule eigentlich gar nicht grundsätzlich Streßfaktor ist, also zumindestens in meinem Fall kann ich sagen, mir passiert's immer wieder, daß ich durch die Schule gehe, und merke ich summe, und wenn mir das bewußt wird so, ach daß ich mir sag, ach heut ist auch ein schöner Tag, ja, schöne Erlebnisse mit Schülern, schöne Stunden gehabt. Und das hat mich eigentlich immer begleitet, und zeigt mir auch, daß Schule im Grunde genommen, - wenn man mal von einzelnen Tagen absieht, die besonders anstrengend sind - , aber eigentlich gar nicht so unbewältigbar ist." (Interview Riesenhuber 140793)

Eine Differenzierung des Gesamtscores Burnout nach dem Geschlecht ergab keine nennenswerten Ergebnisse, mit der Ausnahme, daß Depersonalisierung bei Lehrern häufiger vorkam als bei Lehrerinnen. Männer neigen stärker zur Depersonalisierung. Außerdem konnten keine Zusammenhänge zwischen Burnout und anderen demographischen Merkmalen der Stichprobe festgestellt werden.

In einer asiatischen Untersuchung zum Burnout-Syndrom (Wang 1990) unterschieden sich Lehrerinnen von ihren männlichen Kollegen durch eine durchschnittlich größere emotionale Erschöpfung. Bezogen auf die Depersonalisation konnten keine nennenswerten Unterschiede festgestellt werden.

Die allgemeine Arbeitszufriedenheit ist die wichtigste, jedoch nicht die einzige situative Variable für das Entstehen von Burnout und im besonderen für die Dimension der reduzierten Leistungsfähigkeit. Entscheidender als einzelne Variablen sind die Wechselwirkungen und Interaktionen zwischen den Variablen. Sie können eher das Auftreten von Burnout erklären. Beispielsweise werden ganz bestimmte Persönlichkeitsmerkmale in einer bestimmten Situation mit einer höheren Wahrscheinlichkeit zu Burnout führen als andere.

"Bei einer hohen Belastung sind Personen, die nicht nein sagen können, besonders vom Ausbrennen betroffen und auch besonders in ihrer Leistungsfähigkeit reduziert." (Barth 1992, S. 208)

Huberman (1992) ermittelte, daß Teilzeitlehrer zufriedener mit ihrem Beruf sind als Vollzeitlehrer. Diese Teilzeitlehrer sind entweder in ihrer Familie besonders engagiert oder gehen noch Nebenbeschäftigungen nach. Er hält diesen Befund für alarmierend. Seiner Ansicht stimmt etwas mit den Arbeitsbedingungen nicht, wenn Teilzeitbeschäftigte sich wohler fühlen als Vollzeitbeschäftigte. Auch in unserem Sampling konnten wir einige Lehrerinnen und Lehrer mit reduzierter Stundenzahl begleiten, die mit ihrer Reduzierung sehr zufrieden waren und sich so in einer bevorzugten Situation beschrieben.

"Ich selbst habe nur 24 Stunden statt 27 Stunden Unterricht, weil 27 Stunden mich überfordern würden. Meine Kollegin läßt sich für die volle Stundenzahl bezahlen, fehlt aber die Hälfte der Zeit wegen Krankheit. Ich finde das ungerecht." (Interview Flüster 221194)

Sie ist nach eigenen Worten, in einer "privilegierten Situation", da sie nur mit einer reduzierten Stundenzahl unterrichten muß. Im Zweifelsfall, sollte ihr die Situation in der Hauptschule gar nicht mehr entgegenkommen, ist sie in der Lage, die Schule zu verlassen. Völlig anders dagegen ist die Situation einiger anderer alleinerziehender Kolleginnen, die mit voller Unterrichtszahl, sprich 28 Stunden, unterrichten müssen. Sie sind durch die Doppelbelastung von Beruf und Mutter wesentlich stärker beansprucht. Sie müssen die volle Stundenleistung erbringen und sind letztlich in der Situation, daß sie den Beruf nicht wechseln können und so auch bei Überlastung oder bei Ungerechtigkeiten von Kollegen und Schulleitung diese akzeptieren müssen. (Beobachtung Winter 1194)

Das Alter der Lehrer hat keinen Einfluß auf Burnout. Im Zusammenhang mit Streß gibt es jedoch einen Einfluß dergestalt, daß jüngere Lehrpersonen (unter 39 Jahren) bei hohem Streß stärker betroffen sind als die Älteren (über 39 Jahren). Die Gruppe der Jüngeren neigte bei Streß dazu, zu dehumanisieren und fühlte sich ebenfalls in ihrer Leistungsfähigkeit reduziert. Auch spielt das Verhältnis zu Kollegen bei älteren Lehrern keine Rolle. Bei jüngeren Lehrern sind die, die mit ihren Kollegen zufrieden sind, weniger von Burnout gefährdet als ihre unzufriedenen Kollegen.

Mit Hilfe einer schrittweisen multiplen Regressionsanalyse konnte Barth die Arbeitszufriedenheit, die Unzufriedenheit mit der Belastung und die Fehlschlags- bzw. Kritikangst als die entscheidenden Prädiktoren für das Entstehen von Burnout identifizieren. Diese drei Variablen erklären 54% der Varianz auf. Die subjektiv wahrgenommene Belastung und die Arbeitsunzufriedenheit sind die entscheidenden Ursachen für Burnout, verbunden mit der sozialen Unsicherheit. Ein sozial unsicherer Lehrer wird die Situation, in der er sich befindet, mit großer Wahrscheinlichkeit negativer beurteilen als ein sozial sicherer Kollege.

Daß sozial unsichere Lehrer während ihrer Berufbiographie mit großer Wahrscheinlichkeit mit scheinbar unlösbaren Problemen konfrontiert werden, wurde auch von den Lehrerinnen und Lehrern, die sich an unserer Untersuchung beteiligten, bestätigt.

"Ich denke, alle Leute, die wenig Persönlichkeit haben oder wenig Durchsetzungsvermögen haben, die haben auch Probleme, in Klassen zu gehen. Und manche von denen stehen dann da eben nicht und zittern, sondern versuchen sich vorher, ein bißchen Alkohol reinzutun, damit sie selbstsicherer sind. Und von allen Schulen, die ich persönlich kenne, habe ich bisher immer nur gehört, daß mindestens eine Leiche im Keller liegt." (Interview Winter 090595)

Aus der Perspektive der Professionalisierungsforschung ist es wichtig, daß das Handlungsrepertoire der Betroffenen, mit dem sie künftig streßbelastete Situationen erfolgreich bestehen können, erweitert wird, da Burnout immer mit einer Einschränkung des eigenen pädagogischen Handlungsrepertoires verbunden ist

"Die emotionale Stabilität und die Aneignung adäquater Handlungsmuster sind entscheidende Bedingungen der pädagogischen Handlungskompetenz, die in einer Wechselwirkung zur psychischen Gesundheit gesehen wird. Handlungskompetenz wie psychische Gesundheit stellen schließlich wesentliche Bedingungen für den Auftritt positiver Beanspruchungsreaktionen." (Barth 1992, S. 52)

Enzmann und Kleiber (1989) identifizierten im besonderen Überforderung durch Zeit- und Verantwortungsdruck, unklare Erfolgskriterien und mangelndes Feedback als Ursachen für emotionale Erschöpfung. Mangelnde Kontrolle über die Ergebnisse des eigenen Handelns wurde als die entscheidende Ursache für Depersonalisation genannt.

"Ja, also wie in diesem Jahr war es so, nach den Osterferien, da hatte ich so das Gefühl, ich steh' ständig auf einem Koffer und koch' auf Hochtouren." (Interview Riesenhuber 140793)

Objektivierbare Erfolgskriterien sind im Lehrerberuf weitgehend unbekannt und müssen noch mit den Betroffenen entwickelt werden. Auch fehlt meist ein direktes Feedback auf das eigene Verhalten. Hier könnten Tandembildungen mit Kollegen des eigenen Vertrauens helfen. Zwei Lehrpersonen schließen sich zusammen, beobachten gegenseitig ihr Verhalten im Unterricht und spiegeln ihre Eindrücke dem Partner wider.

Die bestehende Berufsethik von Lehrpersonen kann im Regelfall als idealistisch/altruistisch mit hoher Selbsterwartung beschrieben werden. Der Beruf wird zur Berufung. Das offene Curiculum fördert gerade auf seiten der engagierten Lehrkräfte das Gefühl, nie fertig zu sein und ständig hinterherzulaufen. Von Burnout bedrohte Lehrkräfte sollten ihre Aufmerksamkeit auf Teilziele richten, um so eher auch Teilerfolge zu erzielen. Ein von uns begleiteter Lehrer spricht in diesem Zusammenhang von einer Politik der kleinen Schritte.

"Der Zusammenarbeit im Großteam stehe ich eher skeptisch gegenüber, weil das mit sehr vielen Reibungsverlusten verbunden ist. Und das ganze ist ja 'ne Arbeit, die zusätzlich geleistet wird, die zur pädagogischen Routine dazukommt und viel Zeit frißt. Wir haben Abende zusammengesessen, das ist auch schön, trotzdem ist es ja immer noch ein zusätzlicher Termin und kostet sehr viel Zeit. und wenn jetzt noch größere Reibungsverluste auftreten, dann denk' ich, sinkt die Motivation. Weil der Arbeitsalltag schon so überfüllt ist, daß man das Ganze nicht überreizen darf. Denn dann tritt der Effekt ein, den ich auch immer wieder bei Kollegen beobachten muß, wo ich meine, das Management stimmt nicht, die knallen sich in so eine Sache rein, dann läuft irgendwas nicht, dann sind die total frustriert und packen wieder was Neues an. So etwas vermeide ich und damit vermeide ich für mich auch Mißerfolgserlebnisse, die meine Motivation zerstören können. Deshalb bin ich eher defensiv im Herangehen an Aufgaben, weil ich manchmal auch fürchte, Mensch, wenn du damit auf die Nase fällst, bist du erstmal frustriert und packst nichts anderes an und das ist nicht gut. Für mich nicht und für die Schule nicht." (Interview Schiller 050494)

Die betroffenen Lehrkräfte sollten deutlich wissen, welche Verantwortung sie übernehmen müssen und welche nicht. Da viele Lehrer diese Unterscheidung nicht treffen können, laufen sie mit einem permanent schlechten Gewissen herum. Lehrer dürfen nicht alles selber machen wollen, sie müssen auch Aufgaben an andere Fachleute delegieren.

"Aber zu sagen, diese Schule muß gestaltet werden, das ist genau die Quelle für Frustration, weil man nach meiner Einschätzung dabei nur auf die Nase fallen kann. Man kann als Einzelner oder als Kleingruppe Schule nicht gestalten. Ich hab das vielfach versucht, als ich meine ersten Jahre an der Schule verbracht habe. Studientage so wie jetzt. Hinterher sagt man, das war alles Scheiße. Da weiß ich, daß sehr viel Aufwand betrieben wird und der Aufwand erreicht auch relativ große Zahlen, davon sind hinterher vielleicht 30% zufrieden. Da versuche ich lieber gleich die 30% anzusprechen und laß die anderen außen vor, weil auch zusätzliche Abwehrprozesse in Gang kommen, die auch die Gruppendynamik im Kollegium behindern und sehr hinderlich sind für Innovation. Ich gehe lieber diesen Weg, Leute, die eigentlich nicht ansprechbar sind, durch Plenumsarbeit, durch Einbindung, wenn sie meine Klasse unterrichten - ja - klammheimlich und sozusagen gegen ihren Willen weiterzuentwickeln." (Interview Schiller 050494)

Lehrerinnen und Lehrer, die schon frühzeitig in ihren Lerngruppen mit kleinen, von ihnen kontrollierten Veränderungen experimentieren, sind nach Huberman (1992) mit ihrem Beruf zufriedener, als Lehrer, die viel Energien in schulweite oder schulübergreifende Projekte stecken. Dieser zweite Lehrertyp wird mit hoher Wahrscheinlichkeit später zu den Enttäuschten oder sogar zu den Ausgebrannten zählen.

Mit ihrem Beruf zufriedene Lehrerinnen und Lehrer haben schon früh gelernt, mit ihren Kräften zu haushalten und sie effizient einzusetzen (vgl. Huberman 1992).

"... also meine Strategie ist eigentlich, durch ein ziemlich exaktes Terminieren von Einzelaufgaben, die Arbeitbelastung so zu verteilen, daß an jedem Tag für mich Spielraum bleibt, und das ist für mich der wichtigste Ausgleich, daß ich überhaupt in dem Bewußtsein lebe, ich habe noch Gestaltungsmöglichkeiten für mein Privatleben. Und ich sehe auch bei vielen Kolleginnen und Kollegen, die das nicht so machen, die stärker vielleicht auch emotional auf Anforderungen reagieren, wie ein Nicht-Haushalten mit den Kräften eigentlich dazu führt, daß man häufiger in unserem Alter resigniert, der Schule gegenüber gleichgültig wird, auch der eigenen Arbeit gegenüber gleichgültig wird und in innere Emigration geht. Und das empfinde ich schon als Glücksfall, daß ich das nicht muß, daß ich also weiter mit Begeisterung unterrichten kann, mit Begeisterung meine Arbeit ausübe und trotzdem für mich ein bißchen was überbleibt." (Interview Schiller 071093)

Viele der von uns begleiteten erfolgreichen Lehrerinnen und Lehrer, die sich durch ein reichhaltiges Handlungsrepertoire auszeichneten, haben sich - gleichsam hinter der Fassade der formalen Organisation Schule einen eigenen Organisationskontext geschaffen oder erobert, in dem flexible Zeitstrukturen, eigene

Entscheidungsbefugnisse, Autonomie, Qualitätsbewußtsein und Produktorientierung von großer Bedeutung sind.

"Das ist eben der Weg, eine Klasse, in der ich Klassenlehrer bin. Die Breitenwirkung, die davon ausgeht, ist, daß alle Lehrer, die in der Klasse unterrichten, damit konfrontiert werden. Damit ist ein konkreter Bezug da und wenn man das Ganze jetzt auf einer Lehrerkonferenz vortragen würde, würden die sagen, der hat sie nicht mehr alle. So können die von mir noch Erklärungen haben. Ich hab' sie also stark eingebunden. Ich denke, das könnte ein Weg sein. Das ist also mein Weg, andere gehen einen anderen." (Interview Schiller 050494)

Als eine mögliche Ursache für das Scheitern bei komplexen Problemen wurde von Dörner (1989) ein gewisser Methodismus identifiziert. Diese Ergebnisse kann man unserer Meinung nach auf Unterricht übertragen, da Unterrichten als Handeln in komplexen Situationen angesehen werden kann. So sind viele von Burnout bedrohten Lehrer in einem Methodismus gefangen und glauben nur, richtig und angemessen zu handeln. Diese Lehrer haben meist auch Schwächen in der eigenen Diagnosekompetenz oder dem Fallverstehen. Es ist zu befürchten, daß ein ausgebrannter oder ausgelaugter Lehrer eine ausgesprochen negative Wirkung auf seine Schüler haben kann. So kann er sich als Verhaltensmodell negativ auf die Persönlichkeitsentwicklung der Schüler auswirken.

"Was geschieht mit Schülern, die über Jahre hinweg von ausgebrannten Lehrern unterrichtet worden sind? Werden sie in ihrem Selbstwertgefühl beeinträchtigt? Werden sie die Lust am Lernen verlieren? Wird sich ihre Haltung zu Erziehung und Schule wandeln, und werden sie ihre Haltung an ihre Kinder weitervermitteln?" (Farber 1991, S. 229)

An dieser Stelle werden die zwei Teufelskreise des Burnout deutlich. Das eigene Ausgelaugt- oder Ausgebranntsein der Lehrer wirkt sich durch schlechten Unterricht negativ auf die Persönlichkeitsentwicklung der Schüler aus. Durch schlechten Unterricht machen Schüler oftmals nur geringere Lernfortschritte und nehmen deshalb nicht angemessen am Unterricht teil oder boykottieren diesen sogar, was sich in Form von Diziplinproblemen auf seiten der Lehrer äußert und diese langfristig frustriert. So schließt sich der Kreislauf. Die längerfristigen gesellschaftlichen Schäden des Burnout von Lehrern auf seiten der Schüler können zur Zeit noch gar nicht abgesehen werden.

Mißerfolgserlebnisse wie schlechter Unterricht führen bei Lehrerinnen und Lehrern zu einem Verlust an Zuversicht, beruflichem Selbstvertrauen und positiven Zukunftserwartungen. An die Stelle von Interesse und Freude treten negative Gefühle, vor allem Angst, begleitet von entsprechenden physiologischen Prozessen des vegetativen Systems. Unsicherheit, negative Gefühle und (psycho-)somatische Beschwerden erhöhen die Wahrscheinlichkeit, daß für das pädagogische Handeln im Unterricht nur ein beschränktes Repertoire aufgebaut wird. Die Entwicklung des professionellen Selbst wird blockiert. Die Folge sind weitere Mißlingenserfahrungen, die keineswegs zu positiven Lernprozessen beitragen, sondern im Gegenteil die negative Selbstentwicklung weiter verstärken. Auf seiten der Schüler kann sich dieser Prozeß wiederholen, wodurch ein zweiter Teufelskreis entstehen kann.

Abbildung 3.4: Die zwei Teufelskreise des Burnouts von Lehrern

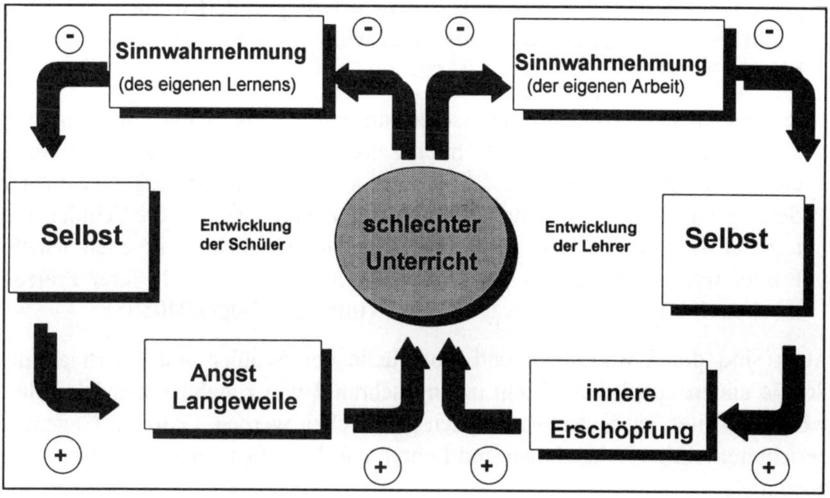

Nach dieser eher düsteren Beschreibung möglicher negativer Selbstentwicklung wollen wir im folgenden ausführlicher auf das Handlungsrepertoire erfolgreicher Lehrerinnen und Lehrer eingehen und die damit verbundenen Subkategorien mit Hilfe von Fallbeispielen näher beschreiben.

3.2 Arbeitsaufgaben und Handlungsrepertoire

In den Medien wird immer wieder das Bild von massiven Disziplinschwierigkeiten an den deutschen Schulen gezeichnet. Die Schüler springen über Tische und Bänke. Gewalt im Klassenraum und auf den Schulhöfen nimmt immer mehr zu und die Lehrer und Lehrerinnen stehen machtlos vor dieser neuen anderen Situation.

Diese Meldungen der Medien konnten wir durch Ergebnisse des Forschungsprojekts Lehrerarbeit auf dem Weg zur pädagogischen Professionalität nicht bestätigt finden. Es hat zwar nach Aussagen der von uns interviewten Lehrerinnen und Lehrer, was die Schülerpopulation angeht, ein Wandel stattgefunden. So haben sich die Werte, Ziele und Ansprüche der Schüler in vielen Fällen geändert.

> "Früher stand wirklich stärker die Wissensvermittlung und auch die Erarbeitung des Wissens im Vordergrund. Und heute hat eben diese pädagogische Arbeit unheimlich zugenommen." (Interview Flüster 160195)

"Also ich denke, da muß sich was ändern, weil die Schüler haben solche Sprünge gemacht und sich dermaßen weiterentwickelt. Oder die Gesellschaft hat sich dermaßen weiterentwickelt. Und all das, was von daher auf Schule einstürmt, ist halt nicht mehr so wie vor 50 Jahren, und noch nicht mal so wie vor 20 oder vor 10 Jahren. Und ich habe den Eindruck, daß sich in der Lehrerausbildung wenig geändert hat. Deshalb denke ich, es ist dringend geboten, für mich müßte die ganze Schule geändert werden. Für mich müßte Schule Stadtteilschule oder was weiß ich was werden." (Interview Winter 090595)

"Sie haben sich geändert, und insofern komme ich als Lehrer nur dann noch einigermaßen durch, wenn ich mich selber *auch* ändere. Was *nicht* heißt, daß ich mich dem Trend der Zeit oder auch so den Gepflogenheiten der Schüler anpassen soll, sondern daß ich viel stärker sehe, wo die Schüler ihre Lernschwierigkeiten und auch ihre menschlichen Schwierigkeiten haben. Früher waren sie nicht so vollgepfropft mit dem, was sie in ihrer Freizeit machen. Sie waren noch etwas offener." (Interview Hegel 040595)

Auch sind die Erwartungen und Ansprüche der Schüler und Eltern an die Schule andere, doch kann nicht uneingeschränkt von zunehmenden Disziplinschwierigkeiten an deutschen Schulen gesprochen werden. Ganz im Gegenteil berichteten einige Lehrerinnen und Lehrer von "so pflegeleichten Klassen wie noch nie".

"Und ich habe ein ziemliches Repertoire drauf und weiß, was von Schülern alles kommen kann. Mich überrascht nur weniges *(lacht)*. Ich bin aber auch ein Mensch, wenn ich merke, daß sich zwei Schüler auf sich rüberprügeln, dann gehe ich dazwischen. Und ich bin ja nicht sehr groß, nicht? Die können mich um Haupteslänge überragen, ich habe keine Angst vor denen. Und das merken die. Schüler merken ganz schnell, wann ein Lehrer keine Angst vor ihnen hat oder nicht zurückweicht. Und das tue ich im allgemeinen nicht. Von daher weiß ich nicht, ob das jetzt borniert klingt. Aber ich glaube, ich habe sehr wenig Disziplinprobleme." (Interview Winter 090595)

"Mit Gewalt jedenfalls nicht in dem Sinne, wie Gewalt jetzt in den Medien behandelt wird, also als physische Gewalt, es gibt hier immer Raufereien, aber ich hab nicht den Eindruck, daß wir es mit der Gewalt zu tun haben, die in den Medien jetzt als Schulgewalt verbreitet wird. Also ich empfinde überhaupt keine Disziplinprobleme. Ich hab wirklich den Eindruck, das ist absolut pflegeleicht, was wir da vorgesetzt bekommen, wobei das natürlich auch immer eine Sache der Maßstäbe ist. Vor allen Dingen wird es ja häufig in Verbindung gebracht mit, die Schüler werden immer disziplinloser, die gute alte Zeit früher, das empfinde ich überhaupt nicht, also ganz im Gegenteil, ich finde eigentlich, wenn ich das so insgesamt auf alle Jahrgangsstufen übertrage, daß ich noch nie so pflegeleichte Klassen hatte wie jetzt. Ich empfinde überhaupt keine Disziplinlosigkeit, muß ich wirklich sagen." (Interview Schiller 230993)

"Früher habe ich ganz viele, ganz massive Probleme mit der Disziplin gehabt. Daß sich Schüler auch geweigert haben, meine Anweisungen zu befolgen. Aber das Problem habe ich seit zehn Jahren nicht mehr. Ja früher, früher war das schwieriger. Die Kinder selbst sind nicht mehr so aggressiv, so aufmüpfig wie früher." (Interview Flüster 160195)

Zu den Arbeitsaufgaben der Lehrerinnen und Lehrer gehören neben dem Unterrichten und Erziehen auch Beraten, Betreuen und das Entwickeln der Schule. Um diese täglichen Herausforderungen zu bewältigen und ein pädagogisch professionelles Selbst zu entwickeln, werden von den Betroffenen bestimmte Kompetenzen benötigt, zu denen ein pädagogisches Handlungsrepertoire und eine ausgeprägte Diagnosekompetenz gehören. Das Handlungsrepertoire ist ein Bindeglied zwischen der Person der Lehrperson und den angewendeten Methoden. So gesehen ist das Handlungsrepertoire deutlich mehr als ein reines Methodenrepertoire. Neben der Verfügbarkeit differenzierter Methoden und Instrumente gehören zu dem Handlungsrepertoire auch Dimensionen der Persönlichkeit. Handlungsrepertoire und Person müssen zueinander passen und in Einklang (kompatibel) sein.

Arbeitsaufgaben des Lehrberufs	
Unterrichten	Da das Unterrichten die Tätigkeit ist, die die meiste Arbeitszeit der Lehrerinnen und Lehrer bindet, werden im folgenden die für ein erfolgreiches Unterrichten notwendigen Teile eines pädagogisch professionellen Handlungsrepertoire beschrieben.
Erziehen	Neben dem Unterrichten spielt das Erziehen eine immer wichtigere Rolle. Der Erwerb notwendiger sozialer Kompetenzen wird immer häufiger von den Familien an die Schule delegiert. *"Ich denke, es gibt gewisse Kulturtechniken, die mir wichtig sind. Und da sage ich ganz ehrlich: Ich fände es ganz schön, wenn meine Schüler die auch beherrschen würden. Deswegen erziehe ich auch. Ich glaube sogar, ziemlich viel."* (Interview Winter 090595)
Beraten	Lehrerinnen und Lehrer müssen immer häufiger beratende Funktionen für die Schüler und Eltern übernehmen. Im Zusammenhang mit einer zunehmenden ganzheitlichen Gesundheitsförderung wird das Moment der Beratung zukünftig einen höheren Stellenwert einnehmen. *"...da hat Frau Riesenhuber uns also alle möglichen Tips, Unterstützung und Hilfe gegeben."* (Interview Riesenhuber 140795)

Betreuen	Da Schüler einen großen Teil ihrer Zeit in der Schule verbringen, kommt den Lehrerinnen und Lehrer, ob gewollt oder nicht, immer auch eine Betreuungsfunktion zu. Sie betreuen die Schüler während ihrer Entwicklung. *"Also meine Ziele sind erstmal, auch grundsätzlich, junge Menschen, wie also jetzt in meiner Klasse, die ich von der 5. an begleite, WIRKLICH zu begleiten, und ihnen auch bei ihren Entwicklungsschwierigkeiten, und oft auch da wo sie wirklich auch von zu Hause, weil die Eltern zu wenig Zeit oder nicht in der Lage sind oder wie auch immer, soziale Schwierigkeiten haben und so, wo ich sie also auch wirklich unterstützen will, so ihre positiven Seiten auch auszubauen, zu verstärken."* (Interview Riesenhuber 140793)
Entwickeln von Schule	Da sich die Schüler und die Herausforderungen der Umwelt an die Schule geändert haben, muß sich auch die Institution Schule ändern. Hier haben die Lehrerinnen und Lehrer die Aufgabe, Schule aktiv mitzugestalten und im Sinn der Organisationsentwicklung zu verändern. *"Ja, ich habe den Wusch, daß sich an der Schule etwas ändert. Daran würde ich auch zum Beispiel gerne mitarbeiten. Also jetzt, wie wir das mit den fünften Schuljahren gemacht haben, daß sich schon was ändert, auch in bezug auf Umgehen mit den Schülern, in bezug auf das Unterrichtsmaterial, das man anbietet."* (Interview Winter 090595)

Lehrerinnen und Lehrer erwerben ein differenziertes pädagogisches Handlungsrepertoire nicht beiläufig oder nebenbei, auch ist es nicht als eine angeborene Disposition mit der Person verknüpft, sondern es wird im Laufe der Berufsbiographie gezielt aufgebaut. Der Prozeß des Erwerbs und die Entwicklung weiterer Handlungskompetenzen führt auch immer zu einer Veränderung und Entwicklung der Person als Ganzes.

Im Verlauf unseres Forschungsprojekts haben wir versucht, durch den systematischen Vergleich von Lehrerinnen und Lehrern mit unterschiedlichen Handlungsrepertoires in verschiedenartigen Problemsituationen herauszufinden, welche Komponenten des Handlungsrepertoires und welche Dimensionen der Diagnosekompetenz für die erfolgreiche Bewältigung der oben genannten Aufgaben besonders wichtig sind. Dabei interessierten uns im besonderen die Komponenten und Kompetenzen, die durch Ausbildung, Weiterbildung, Training, Schulung, Teamentwicklung und Supervision im Sinne einer ganzheitlichen und übergreifenden Personalentwicklung erworben und gefördert werden können. Um das Zusammenwirken der einzelnen Komponenten des Handlungsrepertoires pädagogischer Professionalität darzustellen, werden wir uns im vierten Kapitel an Problemsituationen orientieren.

Lehrerprofessionalisierung darf nicht mit einer einseitigen Verwissenschaftlichung verwechselt werden, sondern sollte immer die Erweiterung beruflicher Handlungsfähigkeit auf berufswissenschaftlicher Grundlage zum Ziel haben.

Das Unterrichten bindet nach wie vor den größten Zeitanteil der Lehrerarbeit und ist damit gleichzeitig die wichtigste Aufgabe der Lehrerinnen und Lehrer. Unterrichten beansprucht auch den größten Energieaufwand der Lehrperson. Aus diesem Grund werden im folgenden die Teile des pädagogischen Handlungsrepertoires, die für gelungenen Unterricht von besonderer Bedeutung sind, aufgeführt und detaillierter beschrieben.

Fünf Dimensionen des Handlungsrepertoires lassen sich identifizieren, die Lehrerinnen und Lehrer oft simultan beherrschen müssen, um guten Unterricht hervorzubringen und angemessen handeln zu können.

1. Lehrerinnen und Lehrer müssen soziale Strukturen hervorbringen und für geordnete Arbeitsabläufe sorgen.

> Der Unterricht verläuft wieder nach dem bewährten Muster. Herr Kroner geht während der Tischgruppenarbeit in der Klasse herum und gibt einzelnen Gruppen individuelle Hilfe und diskutiert mit ihnen. In einzelne Probleme (Störungen) der Schüler greift Herr Kroner nicht ein, da er erreichen will, daß sich die Arbeitsgruppen selbst organisieren und dieser Vorgang durch Aktivitäten von ihm nur gestört würde. (Beobachtung Kroner 180393)

2. Lehrerinnen und Lehrer müssen in eine lebendige Interaktion mit den Schülerinnen und Schülern treten.

> Es ist Montagmorgen. Herr Queck fragt eine Schülerin auf dem Flur, wie es am Wochenende in der Disko war und hört ihr auch aufmerksam längere Zeit zu, und die Schülerin erzählt ihm Erlebnisse aus ihrer Freizeit. (Beobachtung Queck 060192)

3. Lehrerinnen und Lehrer müssen die Informationsprozesse während des Unterrichts lenken und steuern und die unterrichtsinterne Kommunikation optimieren.

> Besonders wichtige Schülerbeiträge läßt er wiederholen, wobei er sich die Schuld für die Notwendigkeit einer Wiederholung zuschreibt: "Das hab ich nicht mitgekriegt. Das muß ich erst speichern." (Beobachtung Kroner 060192)

4. Lehrerinnen und Lehrer müssen die Lernumgebung für alle Betroffenen gestalten. Sie setzen gezielt bestimmte Lernmittel ein und sehen sich selbst als Protagonisten des Unterrichtsgeschehens.

> "Der Körper ist das Medium des Pädagogen. Das sollten wir auch mal wieder sehen. Und Kreide und Stifte und so weiter kommen *dann. Ich* bin Papier." (Interview Hegel 040595)

5. Lehrerinnen und Lehrer müssen eine Reihe von verborgenen Arbeiten erledigen, die den Hintergrund professionellen pädagogischen Handelns bilden. Diese notwendigen Tätigkeiten sind nicht direkt im Unterricht beobachtbar, sondern können nur indirekt erschlossen werden.

"...die in der Lernwerkstatt haben also tolle Sachen, nicht? Das könnte man alles gebrauchen. Aber sie ist weit entfernt nicht? Dann mußt du immer hingurken und mußt dir das dann ausleihen, nicht?" (Interview Rasch 170595)

Um unsere teilnehmenden Beobachtungen zu strukturieren und Handlungszusammenhänge rekonstruieren zu können, wurden die Dimensionen des Handlungsrepertoires visualisiert. Die im folgenden aufgeführten fünf Dimensionen des Handlungsrepertoires sind aus darstellerischen und strukturellen Gründen von uns getrennt worden. In der Realität sind sie eng miteinander verknüpft.

Die oben genannten fünf Dimensionen sind in der Abbildung 3.5 schematisch dargestellt. Die wichtigste von ihnen steht oben links und wird von uns als "Soziale Struktur" bezeichnet. Damit ist folgendes gemeint: Lehrerinnen und Lehrer haben es in der Regel mit Gruppen von Kindern und Jugendlichen zu tun. Um überhaupt den Handlungszusammenhang Unterricht herstellen zu können, müssen sie gemeinsam mit ihnen eine soziale Struktur hervorbringen, in der man arbeiten kann. Fehlt eine solche Struktur, werden Unruhe, Disziplinprobleme und Chaos wahrgenommen. Disziplinprobleme sind die Hauptmotive für Lehrerinnen und Lehrer, an Weiterbildungsveranstaltungen teilzunehmen. Welche Komponenten Lehrer im einzelnen in ihrem Handlungsrepertoire haben, um soziale Strukturen zu schaffen, darauf werden wir später eingehen. Zuvor jedoch wollen wir noch die anderen vier Dimensionen kommentieren.

Interaktion bezeichnet Handlungen, die den Kontakt zwischen Lehrperson und Schülern für beide Seiten lebendig machen.

Die Dimension Sprache/Kommunikation beinhaltet die Formen der gewählten Kommunikation, die Gesprächsarten sowie den Anteil und das Wechselspiel verbaler und nonverbaler Elemente der Kommunikation zwischen Lehrpersonen und Schülern.

Gestaltung umfaßt die körperliche Komponente des Unterrichtens, die sinnliche, die ästhetische Seite des Lehrerhandelns, die Formgebung und Gestaltbildung.

Die Dimension Hintergrundarbeit, die nicht direkt im Unterricht beobachtbar ist und nur durch zusätzliche Hausbesuche und weitere Interviews detaillierter analysiert werden kann, bildet das Fundament professionellen Handelns im Unterricht.

Die fünf Dimensionen des Handlungsrepertoires werden im folgenden durch empirische Fallberichte, Beobachtungssequenzen, Interviewauszüge und Memosequenzen näher erläutert, begründet und anschaulich gemacht. Dabei muß deutlich gesagt werden, daß die meisten Fallbeispiele verschiedenen Dimensionen zugeordnet und so auch als Beispiele für andere Dimensionen des Handlungsrepertoires angesehen werden können.

Abbildung 3.5: Dimensionen des Handlungsrepertoires

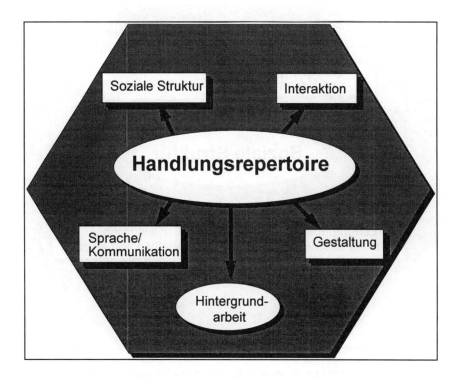

3.2.1 Soziale Struktur

Soziale Strukturen bilden die Grundlage jedes pädagogisch professionellen Handelns im Unterricht. Gelingt es den Lehrerinnen und Lehrern nicht, sowohl feste, überdauernde als auch situationsbedingte flexible und flüchtige soziale Strukturen mit den Schülerinnen und Schülern aufzubauen, wird es zu keinem erfolgreichen Unterricht kommen. Auch hier gilt es, die Balance zwischen Sicherheit und Flexibilität zu finden und zu beherrschen. Die von uns gebildete Kategorie *Soziale Struktur* gliedert sich in die folgenden Dimensionen auf:

- Selbstorganisation ermöglichen und fördern
- Kontakt und soziale Bindung aufbauen
- Leitung und Führung übernehmen
- Kleingruppen bilden und anleiten

Es folgt eine Abbildung, die die vier Dimensionen der Kategorie *Soziale Struktur* visualisiert.

Abbildung 3.6: Dimension I *Soziale Struktur*

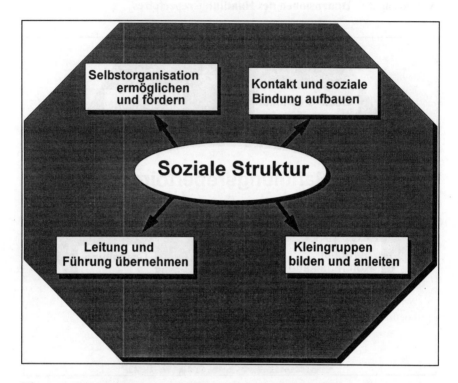

Die erste Dimension der Kategorie Soziale Struktur heißt: Ermöglichen und Fördern einer Selbstorganisation. Das bedeutet, daß die Schülerinnen und Schüler befähigt werden müssen, Lernen selbst zu organisieren. Ziel ist es, die intrinsische Motivation der Schülerinnen und Schüler zu verstärken bzw. ihr erste Entfaltungschancen zu geben. Verantwortungsvolle Selbstorganisation hebt den Selbstwert des Einzelnen und erhöht die Sinnhaftigkeit der eigenen Arbeit, was sowohl auf Kreativität als auch Produktivität positive Auswirkungen haben kann. Zudem fördert selbstorganisiertes Lernen auch die Selbstregulation und Selbstdiziplinierung der Schülerinnen und Schüler innerhalb der Arbeitsgruppen. Selbstorganisation bedeutet für die Schülerinnen und Schüler auch ein erhöhtes Maß an Mitbestimmung, wodurch eine lebendige Interaktion gefördert wird und von den Schülerinnen und Schülern eher Ziele des Unterrichts als für das eigene Verhalten handlungsbestimmend übernommen werden.

Zur Verdeutlichung seien nun einige Fallbeispiele unserer qualitativen, empirischen Untersuchung dargestellt.

Wie Mitbestimmung die Handlungsabläufe innerhalb einer Klasse beeinflußt, zeigt der folgende Auszug eines Beobachtungsprotokolls. Nicht die Schüler, die faktisch am besten lesen können, werden von der Lehrkraft ausgewählt, sondern jene, die nach Ansicht der Klasse dafür am besten geeignet sind.

> In der sechsten Klasse wurden von der Klasse die Schüler ermittelt, die die Klasse in dem anstehenden Vorlesewettbewerb vertreten sollten. Die gewählten Schüler sind nicht diejenigen, die faktisch am besten lesen können. Dennoch akzeptiert Frau Wasa die Entscheidung der Klasse. (Memo Wasa 161292)

Dadurch, daß Frau Wasa die Entscheidung der Klasse akzeptiert, macht sie den Schülern das Mitbestimmungsrecht und den Entscheidungsspielraum jedes Einzelnen innerhalb der Gruppe deutlich und bildet so ein Verhaltensmodell für demokratische Abstimmungsprozesse.

Selbstorganisation geht bei einigen von uns beobachteten Lehrerinnen und Lehrer soweit, daß auch die Bewertung (meist jedoch nicht die Benotung) der verschiedenen Schülerleistungen in die Hand der Klasse gegeben wird.

In dem folgenden Beispiel baut der Lehrer auf die Entscheidungs- und Mitbestimmungsfähigkeit seiner Schülerinnen und Schüler. In einem gemeinsamen Interaktionsprozeß, der vom Lehrer initiiert wurde, bewerten die Schülerinnen und Schüler Arbeiten der Klasse.

> Die Kreisgeschichten der letzten Woche werden von den Schülern vorgelesen und von ihren Mitschülern mit Hilfe einer Rating-Skala beurteilt. Die drei besten Geschichten sollen ermittelt und anschließend weiterverarbeitet werden. (Beobachtung Kroner 160393)

Nicht nur Mitbestimmung, sondern auch Selbstregulation und Selbstdiziplinierung sind Ziel einer Förderung von Selbstorganisation bei den Schülerinnen und Schülern. Für die Lehrerinnen und Lehrer, die mit Tischgruppen arbeiten, ist Selbstorganisation und Selbstdisziplinierung der Schüler sogar ein mitentscheidendes Element ihrer Arbeit.

> Herr Kroner mischt sich nicht in jeden Streit der Tischgruppen ein, da ein Prozeß der Selbstregulation innerhalb der Gruppen einsetzen soll. (Die Mitglieder der Tischgruppen müssen zuerst einmal ihre Rollen und Positionen innerhalb der Gruppen finden und festigen und so eine stabile Gruppenstruktur aufbauen). Erst auf lauten Protest einer Schülerin hin geht Herr Kroner zu der Gruppe und spricht sehr leise mit den Schülern. In einer anderen Tischgruppe von drei Schülern muß ein Junge die gestellte Gruppenaufgabe alleine bearbeiten, da ihm die beiden Mädchen in der Gruppe nicht helfen und mit ihm nicht zusammenarbeiten wollen. Auch in diese Situation greift Herr Kroner nicht ein. (Beobachtung Kroner 080393)

Es wird deutlich, daß der Lehrer sich aus dem Geschehen weitestgehend herauszieht, um die Selbstregulationsmechanismen innerhalb der einzelnen Gruppen zu fördern. Nach dem Grundsatz "Soviel wie nötig, doch so wenig wie möglich" greift er nur auf dringenden Wunsch der Schülerinnen und Schüler ein. Nur dort, wo längerfristig keine Fortschritte bezüglich der Selbstregulation innerhalb einer Gruppe zu erkennen sind, ist mit einer Intervention von seiten des Lehrers zu rechnen.

"Ich will da zur Verfügung stehen, wo ich wirklich gebraucht werde, aber die Schüler müssen auch lernen, miteinander umzugehen und Probleme eigenhändig zu beseitigen." (Beobachtung Wasa 0492)

Das folgende Beispiel verdeutlicht eine gelungene Selbstorganisation einer Arbeitsgruppe. Die Lehrkraft steht im Hintergrund, die Organisation und der Ablauf der Arbeit obliegt einer Schülerin. Der Lehrer kann sich darauf beschränken, sich auf die einzelnen Schülerbeiträge zu konzentrieren.

Es soll eine Fantasiegeschichte geschrieben werden. Dazu werden von Herrn Kroner die zwei ersten Sätze vorgegeben. Jeder Schüler ergänzt nun die Geschichte jeweils um einen Satz und gibt die Karteikarte mit der Geschichte anschließend im Uhrzeigersinn weiter. Um eine möglichst einfache Weitergabe zu erreichen, wurde von Herrn Kroner die Sitzordnung für diese Stunde verändert. Da 17 Schüler anwesend sind, werden die Geschichten jeweils um 17 Sätze ergänzt. Am Anfang der Stunde wird von Herrn Kroner genau vorgegeben, wie die Karteikarte auszusehen hat und wie der Arbeitsablauf organisiert werden soll. Während der Durchführung hält sich Herr Kroner mit Erklärungen und Anweisungen zurück. Herr Kroner ermuntert die Schüler ("Ich freu mich schon auf eure Geschichten") und nutzt Wettbewerbselemente ("3,2,1, los").

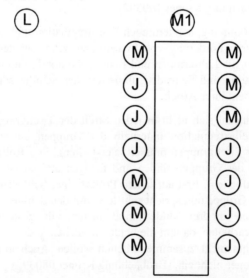

M1: Das Mädchen am Kopf des Tisches bestimmt den Wechsel. Sie organisiert den Ablauf, und der Lehrer kann sich weitestgehend aus der Arbeitsorganisation heraushalten. Er kontrolliert nur schweigend einzelne Schülerbeiträge. Durch die Delegation der Verantwortung während der Aufgabe werden Störungen von den Schülern selber geregelt. Die ganze Aufgabe wird von den Schülern in einer Art Wettbewerbsatmosphäre erledigt (sie verdekken ihre Karteikarten). (Beobachtung Kroner 090393)

Nur die Rahmenorganisation wurde von der Lehrkraft übernommen, ansonsten ist die Gruppe weitgehend sich selbst bzw. einer aus den Schülerinnen und Schülern gewählten Gruppenleitung, die für den reibungslosen Ablauf zuständig ist, überlassen. Durch diese Form der Selbstorganisation werden Schülerinnen und Schüler viel mehr zu aktiven Teilnehmern einer Gruppe, das Gelingen einer Aufgabe liegt in den Händen aller. Durch den Einsatz von Wettbewerbselementen erreicht die Lehrkraft eine Spannung in den Gruppen, die die Motivation der Schülerinnen und Schüler deutlich erhöht. Durch das gemeinsame Ziel der einzelnen Gruppen entsteht eine Dynamik, in der Störungen einzelner Gruppenmitglieder durch die Gruppe selbst geregelt werden, um das Erreichen des gemeinsamen Ziels nicht zu gefährden.

Wieweit selbstorganisierte Arbeitsgruppen funktionieren und auch wirklich mitarbeiten, hängt ganz entscheidend von der jeweiligen Lehrperson und ihrer Distanzierungsfähigkeit ab, das bedeutet: Inwieweit ist sie fähig, Gruppenprozesse frei laufen zu lassen, wann fühlt sie sich genötigt, steuernd einzugreifen? Diese Fähigkeit ist von Lehrkraft zu Lehrkraft verschieden.

Bei der Rechtschreibübung müssen die Schüler an die Tafel kommen und ihre Korrekturvorschläge anschreiben. Anschließend bestimmen die an der Tafel stehenden Schüler, wer als nächstes an der Reihe ist. Da sich nach einiger Zeit eine Schülergruppe nur noch gegenseitig aufruft, kommt es von den anderen zum Protest, der von Frau Winter nur mit den Worten: "Da könnt ihr mal sehen, Lehrer nehmen auch öfters mal die Gleichen dran" kommentiert wird. Nachdem es nach diesem Protest zu einer Selbstregulierung gekommen ist, läßt Frau Winter die Übung alleine laufen und greift nur noch bei Protesten der Schüler ein. (Beobachtung Winter 071294)

Auch dieses Beispiel zeigt eine gelungene Selbstorganisation. Während sich jedoch Herr Kroner in dem weiter oben aufgeführten Fallbeispiel so weit zurücknimmt, daß er nach einmaligem Eingreifen schließlich auch gruppeninterne Probleme der Gruppe überläßt, übernimmt Frau Winter den Part des Schlichters oder leitet zumindest kontinuierlich Selbstregulierungsprozesse innerhalb der Gruppe ein.

Inwieweit Selbstorganisationsprozesse durch eine Lehrperson gefördert werden, hängt neben persönlichen Ressourcen sicherlich auch noch von anderen Variablen wie Alter der Schüler, räumliche Rahmenbedingungen u. a. ab. Zudem erfordert selbstorganisiertes Lernen der Schüler auch von der Lehrkraft Anpassungsfähigkeit, Offenheit und die Bereitschaft zu lernen und sich auf etwas einlassen zu können. Der folgende Interviewausschnitt verdeutlicht, wieviel Flexibilität und Offenheit von seiten einer Lehrperson gezeigt werden müssen, um eine sich steigernde Selbstorganisation in einer Klasse zuzulassen, ohne jedoch den roten Faden zu verlieren.

"Auf der anderen Seite es ist sicherlich so, daß ich in meinem regulären Unterricht diese Zielfindung, diese Selbststeuerung von Unterricht mit den Schülern ja auch schon einübe, das weißt du ja, daß in den Gruppen mit zunehmenden Alter natürlich immer mehr sehr viele Entscheidungen über Arbeitsorganisation, auch über die Hinzunahme oder das Weglassen von Unterrichtsinhalten wie auch immer, daß die Schüler da schon mit ins Geschäft reinkommen. Aber immer natürlich von mir vordefiniert in dem Bereich sind Entscheidungen möglich, ich erweitere den Bereich, aber es ist nicht so, daß ich dann sagen würde, ich laß das offen." (Interview Kroner 160993)

Auch die Dimension Kontakt und soziale Bindung aufbauen trägt Anteil am Entstehen einer sozialen Struktur. Es ist von großer Bedeutung, einen Unterricht zu schaffen, in den die Schüler aktiv mit eingebunden sind. Sie sollen spüren, daß Lernen Spaß macht. Dies jedoch ist nur möglich, wenn die Beziehungsebene zwischen Schülern und Lehrern berücksichtigt wird und positive soziale Bindungen aufgebaut werden.

"Wir haben eine Woche lang nur unsere Beziehungskiste ausgearbeitet, kann man sagen. Und dann war das ganz toll! Wir haben ein wunderschönes Verhältnis zueinander! Und da kann ich sagen: Besser kann ich es gar nicht haben!" (Interview Winter 190595)

Für eine konstruktive Arbeitshaltung der Schüler ist eine Atmosphäre gegenseitiger Akzeptanz und gegenseitigen Vertrauens sowohl auf seiten der Schüler als auch seitens des Lehrers notwendig. Dabei scheint eine Zuverlässigkeit und Konsequenz im Verhalten der Lehrperson eine wichtige Rolle zu spielen. Das folgende Beispiel macht einen mißlungenen Versuch eines Lehrers, einen Kontakt bzw. eine soziale Bindung herzustellen, deutlich.

Im Lehrerzimmer und auch noch auf dem Weg zur Klasse macht Herr Hippel auf mich einen kompetenten, engagierten und selbstsicheren Eindruck. Dieses Bild bricht aber vollständig in sich zusammen, als Herr Hippel vor seiner Klasse steht. Er droht viel und laut mit leicht überschlagender schriller Stimme, einzelne Schüler aus dem Klassenraum zu schmeißen, wird aber von den Schülern überhaupt nicht ernst genommen. Wir betreten zusammen den Biologieraum, der zu diesem Zweck extra aufgeschlossen werden muß. Der Unterricht beginnt mit großer Unruhe. Herr Hippel ermahnt einzelne Schüler (nützt nichts). Es folgt eine Begrüßung, bei der die Schüler bewußt die Begrüßung leiern. Die Unruhe steigt weiter an. Herr Hippel reagiert immer ungehaltener. "Wenn ihr mal ruhig seid!", "Gedulde dich!", "Haltet den Mund!". Einige Schüler pfeifen daraufhin laut. Herr Hippel wird ärgerlich (Schüler merken das) "Laßt mich mal die Anmoderation machen". Er äußert laut: "Man wird zum Entertainer, und dann funktioniert es nicht." Anschließend beschreibt und faßt Herr Hippel nicht sehr flüssig einen Film der letzten Unterrichtsstunde zusammen. Die Schüler nehmen Herrn Hippel und seine ständigen Drohungen überhaupt nicht ernst. (Beobachtung Hippel 301192)

Dieses Beispiel zeigt deutlich mißlungene soziale Bindungen. Den Schülern wird vom Lehrer kaum das Gefühl vermittelt, als akzeptierte Partner aktiv im Unterrichtsgeschehen mitwirken zu können, worauf die Schülerinnen und Schüler mit Störungen und Ignoranz gegenüber der Lehrkraft reagieren. Der verwendete Begriff des Entertainers verdeutlicht diese Problematik. Ziel einer Lehrperson sollte nicht eine Unterhaltungsshow à la "Wetten daß ..?" sein (Wetten, daß ich euch durch meine Drohungen doch noch zum Lernen kriege?), die die Schüler zu inaktiven, unbeteiligten Informationsempfängern degradiert und ihre Motivation, selbsttätig zu lernen, minimiert, vielmehr sollte eine Atmosphäre angestrebt werden, wie sie im folgenden Beispiel beschrieben wird.

Es gibt bei uns so pflegeleichte Kurse, daß ich sagen kann, das ist wie 'ne Familie, das ist so, das merk' ich an mir selbst. Wie ich mich da reinsetze, wie ich mich da gehen lassen kann. Ich esse da zwischendurch im Unterricht mal noch ein Brötchen, und keiner guckt mich schief an. Ich kann also rausgehen, und ich komme wieder und die arbeiten, als hätt ich dabeigesessen. Das sind schon so Dinge, wo ich so sehe, da ist eine gewisse Harmonie auch geschaffen, die begünstigt wurde durch 'ne personelle Zusammensetzung und durch die Arbeit, die ich mache. (Interview Schiller 050494)

Der in diesem Interview entstehende Eindruck von Harmonie innerhalb der Gruppe ist natürlich zum Teil auch abhängig von gegebenen Rahmenbedingungen, die diese Harmonie begünstigen. Nicht von der Hand zu weisen ist jedoch, daß solch ein Zusammenspiel nur möglich ist durch Akzeptanz und hohes Engagement der betreffenden Lehrperson.

Eine so entstandene positive Unterichtsatmosphäre spiegelt sich auch im Zusammenhalt und Mitgefühl der Gruppe wider, wie das nächste Beispiel zeigt.

Ein Schüler ist von zu Hause weggelaufen, jedoch in der Schule erschienen. Die ganze Klasse kennt die Situation des Schülers. Während des gesamten Kunstunterrichts gehen immer wieder Schüler an die Fenster und sehen nach, ob der Vater des Mitschülers zu sehen ist. Es herrscht eine gespannte Atmosphäre. Während die Klasse an ihren Bildern arbeitet, spricht Frau Winter mit dem betreffenden Schüler und bietet ihre Hilfe an. (Beobachtung Winter 170195)

Einen Versuch, die soziale Bindung und Kontakte zwischen den Schülerinnen und Schülern zu verbessern und eine Form von Zusammenarbeit zu fördern, veranschaulicht auch das folgende Beispiel.

> Es geht um eine Textkorrektur, bei der sich bei jedem Schüler bei der Endkorrektur durch die Lehrkraft maximal ein Fehler finden sollte. Entspricht diese Zahl (die Gesamtzahl der von allen Schülern gemachten Fehler) der Anzahl der Schüler, so gilt die Aufgabe als erfolgreich gemeinsam bestanden. Gute Schüler, die keine Fehler gemacht haben, helfen so den schlechteren, indem sie mögliche Fehler ausgleichen können. (Beobachtung Winter 310195)

Durch dieses Vorgehen wird eine soziale Bindung insofern geschaffen, als daß die Schüler ein gegenseitiges Verantwortungsgefühl entwickeln und niemand durch schwächere Leistungen außen vor bleibt. Zudem steigert dieses Vorgehen auch die Motivation der Schüler, ihre Leistungen zu verbessern, um eine Aufgabe möglichst rasch mit Erfolg abzuschließen.

Eine weitere Dimension der Kategorie Soziale Struktur ist die der Übernahme von Leitung und Führung.

Lehrerinnen und Lehrer müssen während des Handlungszusammenhangs im Klassenraum immer auch Führungsaufgaben übernehmen und Führungskompetenzen aufweisen. Auf das Führen von Gruppen oder Klassen sind sie jedoch während ihrer Ausbildung meist nicht ausreichend vorbereitet worden. Kenntnisse neuerer Führungstheorien können Lehrerinnen und Lehrern helfen, ihre Führungskompetenzen zumindest theoretisch zu erweitern, die Theorie bedarf jedoch zusätzlich immer auch einer praktischen Umsetzung, zunächst auf Schulungen durch Rollenspiele, später dann in der Alltagspraxis. Die Erkenntnisse der Führungstheorien (vgl. Neuberger 1990, Schuler 1993) müssen von den Lehrpersonen gelebt werden.

Da ohne Leitung die Koordination der Aktivitäten in größeren Gruppen nicht möglich ist, muß die Leitungsaufgabe entweder von dem Lehrer oder von hierauf vorbereiteten Schülern übernommen werden. Wo Leitung und Führung fehlen, kommt es auch nicht zur Herausbildung lernförderlicher Arbeitsbedingungen.

Auch in selbstorganisierten Arbeitsprozessen müssen die Rahmenbedingungen abgesteckt werden. Hierzu gehören u.a. die Gruppenzusammensetzung, das Thema, die Arbeitsanweisungen, die Arbeitsmittel und der zeitliche Rahmen. Nur durch eine umfassende Vorab-Organisation lassen sich aus der Aufgabe selbst entstehende Probleme und Irritationen vermeiden. Die Schüler wissen genau, was zu tun ist und sind mit dem dafür nötigen Werkzeug ausgestattet, so daß einer störungsfreien Bearbeitung einer Aufgabe nichts mehr im Wege steht.

> Herr Kroner benutzt viel Zeit, um klare und deutliche Vorgaben zu setzen und die Rahmenbedingungen für die Schülerarbeit abzustecken. Er gibt klare Arbeitsanweisungen und Zeitstrukturen vor und legt große Bedeutung auf die Materialien und Arbeitsmittel der Schüler. ("Ihr braucht Mappen und ein sauberes Blatt.") (Beobachtung Koner 080393)

Führung und Leitung bedeutet für den Lehrer zugleich aber auch, den inhaltlichen und zeitlichen Überblick zu bewahren, Themen also nicht ausufern zu lassen. Dabei sollten jedoch plötzliche Brüche vermieden werden, weit besser ist es, die Schülerinnen und Schüler frühzeitig auf eine baldige Beendigung der Aktivität (z.B. Diskussion) hinzuweisen und weitere Aktionen (z.B. Wortmeldungen) einzugrenzen.

Bei besonders aktiv diskutierten Themen begrenzt er aber auch die Anzahl an Schülerbeiträgen. So sagt er schon vorzeitig: "Noch X Meldungen."
(Beobachtung Kroner 090393)

Auch bei Änderungen innerhalb einer gewohnten Arbeitsgruppe, z.B. durch Hinzukommen eines neuen Schülers, sollten grundsätzlich Arbeitsanweisungen wiederholt bzw. neu definiert werden, auch wenn die Vorgehensweise bekannt ist, um von vornherein Unklarheiten auf seiten der Schüler auszuschließen.

Es wird von ihr ein noch nicht behandelter Abschreibtext für den Unterricht eingesetzt. Der allen Schülern vorliegende Text soll von jedem Schüler abgeschrieben und selbst korrigiert werden. Anschließend soll der Tischnachbar den Text noch einmal korrigieren (Partnerarbeit). Nach dieser Partnerkorrektur werden die Texte von ihr persönlich korrigiert. Bei dieser Endkorrektur soll sich maximal noch ein Fehler im Text befinden. Die Unterrichtsreihe mit den Abschreibetexten soll dann beendet werden, wenn bei allen Schülertexten in der Endkorrektur maximal ein Fehler entdeckt wird. Frau Winter erklärt noch ein mal sehr ruhig und langsam die Aufgabenstellung. Der neue Schüler laufe bei dieser Übung "außer Konkurrenz" und es sei nicht von ihm abhängig, wann die Unterrichtsreihe abgeschlossen wird.
(Beobachtung Winter 310195)

Auch die letzte Dimension der sozialen Struktur, das Bilden und Anleiten von Kleingruppen, unterliegt dem Leiten und Führen. Ohne konkrete Handlungsanweisungen, Ablaufstrukturen und Zielvorgaben wäre die Bildung von Kleingruppen wenig effektiv. Die Aufteilung größerer Lerngruppen in stabile Kleingruppen mit festen Regeln für die Zusammenarbeit ist jedoch eine Möglichkeit, eine Vielzahl von Strukturierungsproblemen dauerhaft zu entschärfen. Berücksichtigt werden muß aber, inwieweit die gegebenen Rahmenbedingungen, wie z.B. Raumaufteilung und Klassenstärke das Bilden von Kleingruppen ermöglichen und ob bei ungünstigen Voraussetzungen Alternativen (anderer Raum) zu finden sind. Für den Lehrer gilt es abzuwägen, welche Art des Unterrichtens er in welcher Situation für förderlicher hält. Insgesamt lassen sich die Vorteile von Kleingruppen jedoch kaum von der Hand weisen.

"Ja. Der Unterricht wird leichter mit einer Tischgruppe. Weil man bei ganz vielen Sachen, die man den Schülern an die Hand gibt, sag ich mal so, besser in der Gruppe fährt. Weil man die so zusammenstellen kann, daß zum Beispiel Jungen und Mädchen in einer Gruppe sind. Daß schwächere und bessere Schüler in einer Gruppe sind. Daß die Gruppe allerdings nicht zu groß ist, daß alle arbeiten müssen. Dann kann man in Klassen sehr viel besser arbeiten. Es kann jeder was tun zu einem Thema. Man kann dann das Gruppenergebnis abrufen, hat nicht 28 Einzelmeinungen, sondern hat meinetwegen sechs oder sieben Gruppen, die einem dann sagen, was sie herausgefunden haben. Und dann kann man sie sehr viel besser vergleichen. Es wird nicht alles so langatmig. Also in meiner zehnten Klasse habe ich ganz viel mit Gruppen gearbeitet, auch so Referate vorbereiten lassen. Oder wenn es um Berufswahl geht, bestimmte Berufsgruppen angucken lassen oder bestimmte Berufe darstellen anhand von Wandzeitungen oder so. Und ich fand das also immer wirklich sehr gut. Und ich werde auch, sobald ich kann, wieder Gruppentische installieren. Nur ich krieg nicht mehr rein in die Klasse." (Interview Winter 090595)

Im folgenden soll ein längeres Fallbeispiel eines gelungenen Unterichtsverlaufs dargestellt werden, in dem neben dem Bilden und Anleiten von Kleingruppen auch noch Merkmale der anderen drei weiter oben beschriebenen Dimensionen zum Tragen kommen.

Einer der von uns begleiteten Lehrer (Pseudonym: Herr Kroner) arbeitet konsequent mit stabilen Kleingruppen. Herr Kroner nennt seine Unterrichtsmethode projektartig. Er arbeitet mit stabilen Kleingruppen aus jeweils vier Schülern. Diese Gruppengröße hat sich für ihn als die optimale erwiesen.

Die Gruppen sind geschlechtsheterogen aufgebaut, so daß immer ein Junge einem Mädchen gegenübersitzt. Die Aufteilung der Gruppen wird von ihm vorgegeben, und weder die Schüler noch die Eltern haben dabei ein Mitspracherecht. Auch Gruppen, die nicht gut arbeiten oder in denen es permanent Streit gibt, werden von ihm nicht aufgelöst, sondern sollen sich selbst regulieren und selbst organisieren. Nur wenn Streitereien zu extrem werden oder zu lange anhalten, greift er in die Gruppeninteraktion ein. Er sieht die Sitzordnung innerhalb der Tischgruppen als ein Steuerungsinstrument an. In einem konkreten mit mir besprochenen Fall, in dem der Streit immer nur zwischen einem Mädchen und dem ihr gegenübersitzenden Jungen beginnt, will er als erste Maßnahme die Sitzplätze tauschen lassen.

Im Deutschunterricht der Jahrgangsstufe 5 bekommen alle 24 Schüler die Aufgabe, eine Geschichte zu vervollständigen. Jede der sechs Kleingruppen soll eine Bildgeschichte erarbeiten. Texte und Bilder werden von den Schülern in Kleingruppen erstellt. Jeder einzelne Schüler fügt einen Satz und ein Bild hinzu. Die Sätze und Bilder einer Kleingruppe ergeben eine Geschichte. Bewertet wird das Gruppenergebnis.

Herr Kroner gibt klare und deutliche Anweisungen. Er achtet darauf, daß nur die benötigten Materialien auf den Tischen liegen. Ausnahme sind Stofftiere, die als Glücksbringer auf den Tischen bleiben dürfen. Zwischendurch verläßt Herr Kroner für fünf Minuten die Klasse, um Materialien zu holen. Während dieser Zeit arbeiten die Schüler ruhig weiter.

Nach seiner Rückkehr geht er von Tischgruppe zu Tischgruppe, verbessert und lobt. Als in einer Kleingruppe ein Streit aufkommt, reagiert er sehr gelassen und bittet ein Gruppenmitglied, sich so hinzusetzen, daß die anderen nicht wieder gestört werden.

In der Arbeitsphase geht er wieder zu den einzelnen Gruppen und gibt Hilfestellungen. Herr Kroner nimmt sich für die Gruppe Zeit und läßt sich durch nichts ablenken. 5 von 7 Tischgruppen arbeiten nicht am Thema. Der Lärmpegel ist relativ hoch, einige Schüler gehen in der Klasse herum oder werfen mit Kreide. Herr Kroner greift kaum ein, sondern geht unbeirrbar zu einzelnen Gruppen und gibt Hilfen.

(Die Schüler können kaum den Unterricht stören, da die einzelnen Gruppen unabhängig voneinander arbeiten und so meist nur die eigene Gruppe betroffen ist.)

Der Unterricht ist produktorientiert (Ergebnisse werden an der Wand aufgehängt), gruppenbezogen (Aufgabenstellung und Bewertung erfolgen auf die Kleingruppe bezogen), enthält ein Element von Wettbewerb (alle Gruppenergebnisse werden miteinander verglichen) und beruht auf dem Prinzip weitgehender Selbstorganisation (innerhalb der Kleingruppen können Einzelheiten des Vorgehens und der Arbeitsweise frei entschieden werden, solange am Produktziel festgehalten wird und andere Gruppen nicht gestört werden). (Beobachtung Kroner 230394)

Wie die Arbeitsgruppen zusammengesetzt werden, ist abhängig von der Intention des Lehrers. Wie oben beschrieben, kann es von Vorteil sein, stabile, konstante Kleingruppen zu bilden, deren Zusammensetzung vorgegeben wird. Es besteht aber auch die Möglichkeit, Gruppen per Losentscheid willkürlich zusammenzusetzen oder die Zusammensetzung der Klasse zu überlassen.

Herr Schiller fordert die Klasse auf, die folgende Aufgabe in Arbeitsgruppen zu bearbeiten, hierfür hat er farbige Karten vorbereitet, damit die Schüler in zufälligen Arbeitsgruppen arbeiten. Auf den Karten, die jeder Schüler zieht, stehen Mittelgebirge. Gleiche Begriffe bilden eine Gruppe. (Er hat noch andere Karten). Es entsteht eine leichte Unruhe, als sich die Schüler in ihre Gruppen begeben (jedoch nur von kurzer Dauer). Arbeitsauftrag ist es, Schnittstellen zu suchen und die Geschichte zu verändern. Dies kann in Form eines Rollenspiels oder aber auch in schriftlicher Form geschehen. Herr Schiller nutzt die Zeit der Gruppenarbeit, um das Klassenbuch zu führen. Er bleibt aber die ganze Zeit aufmerksam und ansprechbereit. Anschließend geht er zwischen den einzelnen Gruppen hin und her und gibt Hilfen und beantwortet Fragen. (Beobachtung Schiller 301192)

3.2.2 Interaktion

Strukturen müssen in der Interaktion hervorgebracht und durch Interaktion laufend neu angepaßt werden. Ein Teil der von uns untersuchten Lehrerinnen und Lehrer sorgt für ein ständiges Feedback mit den Schülern, um flexibel genug handeln zu können. Regeln der Interaktion werden selten zum Gegenstand der Metakommunikation, sondern einfach eingeübt und variiert.

"Da haben die Eltern einen Brief an die Lehrer geschrieben, auf meine Anregung hin, wo sie deutlich gemacht haben, was sie gerne von der Schule möchten. Das Ergebnis war, zunächst waren die Kollegen sehr irritiert. Ich habe ihnen das dann noch einmal abgezogen, und dabei sind mit den Schülern Regeln rausgekommen, die den Umgang miteinander regeln sollen, sowohl der Schüler untereinander, als auch der Umgang der Lehrer mit den Schülern. Die hängen jetzt im Klassenraum und sind für alle als Norm erkennbar, und das Interessante dabei ist, daß die Schüler diese Regeln weitgehend entwickelt haben und sich dabei selbst Grenzen auferlegt haben. Auf diese Weise habe ich auch die pädagogischen Schwächen, die bei Einzelnen da waren, klammheimlich mit angegangen, und die müssen sich ja auch an bestimmte Kommunikationsregeln im Umgang mit Schülern halten - beispielsweise Schüler aussprechen lassen und solche Dinge. Oder bestimmte Formen sozusagen von *Outing* müssen sie beispielsweise unterlassen und ich denke, so auf diesem Wege kann ich eher Kollegen einbinden." (Interview Schiller 050494)

Lehrerinnen und Lehrer verstärken den Kontakt zu Schülern durch deutlichen Gefühlsausdruck, wobei die Gefühle Interesse, Neugier, Begeisterung und Freude Vorrang haben, während Gefühle wie Zorn oder Trauer, die wohl eher in die Privatsphäre gehören, nur sehr sparsam ausgedrückt werden.

"Das war also ein Wahnsinnsunterricht. Wir haben diskutiert und uns die Köpfe heißgeredet und das war toll! Das haben auch *alle* gesagt, nicht? Und immer, wenn es schellte, haben wir gedacht: 'Ooch... Jetzt müssen wir raus hier...' Das fand ich also sehr schön." (Interview Winter 090595)

Feedback geben und empfangen, steigern und verbessern ist eine Dimension der Kategorie Interaktion. Lehrerinnen und Lehrer, die die verhaltensfördernde Wirkung gerade positiven Feedbacks kennen, setzen dies oftmals bewußt in ihrem Unterricht ein und schaffen Feedbacksituationen für ihre Schüler. Auf der anderen Seite nehmen sie auch konstruktive Rückmeldungen von seiten der Schüler an. Schüler sind für ihr individuelles Lernen auf Feedback geradezu angewiesen. Dabei geht es weniger um die Benotung ihrer Fachleistungen, sondern vielmehr um den Erwerb notwendiger Schlüsselqualifikationen wie Sozialkompetenz, Teamfähigkeit und Kommunikationskompetenz, die in Zukunft immer stärker gefordert werden.

Zu einer lebendigen Interaktion gehört auch der Ausdruck von Humor seitens des Lehrers und der geschickte Umgang mit Schülerhumor.

Abbildung 3.7: Dimension II *Interaktion*

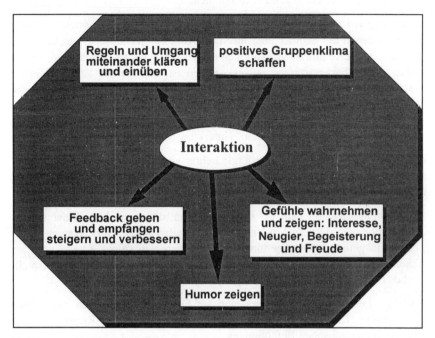

Huberman (1992) ermittelte in seiner Untersuchung zur Berufslaufbahn von Schweizer Lehrerinnen und Lehrern, daß "die Annahme von Kritik - ohne Überreaktion" zu den selten gemeisterten Bereichen des Unterrichtens gehört." 21% der Befragten gaben an, daß sie in diesem Bereich nicht erfolgreich sind. Kritikfähigkeit, die Fähigkeit, konstruktive Kritik zu geben und anzunehmen, ist aber die Grundvoraussetzung für einen angemessenen Umgang mit Feedback. Beim Feedback geht es um die Beziehung zwischen Personen. Eine Person oder Gruppe als Feedbackgeber teilt einer anderen Person mit, wie deren Verhalten in der konkreten Situation auf sie gewirkt hat. Durch Feedback kann der Empfänger seine eigenen Absichten mit der Wirkung auf andere vergleichen und die Differenz zwischen Selbst- und Fremdbild erkennen. Feedback über das eigene Verhalten ist eine notwendige Voraussetzung für die intrinsische Motivation (vgl. Csikszentmihalyi 1992) und für eine Veränderung oder Optimierung des Verhaltens (vgl. Kastner 1994).

"Am Ende dieser Übungseinheit gibt sie den Schülern eine positive Rückmeldung und betont ausdrücklich, daß sie mit dem Verhalten der Schüler sehr zufrieden sei, daß alle europäischen Hauptstädte genannt worden wären, und daß sehr beachtlich sei, daß die meisten Schüler ihre Hauptstädte auswendig gelernt hatten." (Beobachtung Winter 310195)

Wir konnten auch Lehrkräfte begleiten, die bewußt Feedbacksituationen für die Schüler planten und realisierten, in denen die Schüler Feedback zu ihrem Verhalten von dem Lehrer oder von anderen Schülern erhalten, oder aber auch ihrerseits dem Lehrer Feedback geben konnten.

"Ich hab vor einiger Zeit mal so angefangen, Feedbacksituationen zu schaffen, in denen die Schüler über ihre Lernprozesse Rechenschaft ablegen und möglicherweise ihre Modifikationen einfordern. Aber es ist schon so, daß in diesen Feedbackprozessen rausgekommen ist, daß sie die Fachkompetenz schätzen, und daß sie, glaub ich, auch so das Pädagogische schätzen oder die Atmosphäre, in der Lernen stattfindet, d.h. ich bemüh mich eigentlich sehr, entspannte Situationen zu haben für Lernen, Lernen ist für mich grundsätzlich nicht mit Zwang verbunden." (Interview Schiller 071093)

Das Beispiel zeigt, daß der betreffende Lehrer eine Art von interner Evaluation seines eigenen Unterrichts erreicht und so von seiten der Schüler Bestätigung für seine Bemühungen erhält.

Er erstellt auch mit dem PC Feedbackbögen, die er an die Schüler verteilt und mit denen diese seinen Unterricht beurteilen sollen. Beispielsweise wurden die gemeinsam eingeführten Verhaltensregeln seiner Klasse von den Schülern auf diese Weise bewertet. Auf diese Weise erhält er ein zusätzliches Feedback auf seinen Unterricht. (Memo Schiller 150694)

Auch die Lehrerinnen und Lehrer sind auf Feedback angewiesen. Da Lehren eine einsame Tätigkeit ist, suchen viele Lehrkräfte geradezu Rückmeldungen über ihre pädagogischen Bemühungen.

"Nein. Ich kann über die Qualität meines Unterrichts schlecht etwas aussagen." (Interview Winter 090595)

Eine mögliche Form für Lehrkräfte, Rückmeldungen über ihre pädagogische Arbeit zu erhalten, ist das Gespräch mit Kollegen, die die gleichen Schüler in anderen Fächern oder zu einem anderen Zeitpunkt unterrichten. Auf diese Weise können die betreffenden Klassenlehrerinnen und Lehrer zumindest ein indirektes Feedback ihrer erzieherischen und fachübergreifenden Bemühungen erzielen. Eine Variable für das Entstehen des Burnout von Lehrern ist das häufige Fehlen von Feedback. Sie sehen keine Resultate ihrer täglichen Arbeit, was oft mit Frustrationserlebnissen verbunden ist.

"Und habe auch von drei Fachkollegen, die jetzt neu eingestiegen sind, unabhängig voneinander, eine sehr schöne Rückmeldung auch diesbezüglich bekommen, die meinten nämlich alle, daß das eine ganz besonders harmonische, friedliche Klasse wäre, in der sie gerne unterrichten." (Interview Riesenhuber 140793)

Eine weitere Quelle von Feedback können spontane Verhaltensweisen und kleinere Geschenke der Schüler sein.

Im Anschluß an die Stunde erhält Frau Winter auch noch von dem neuen Schüler ein Geschenk in Form eines Schokoladennikolaus. Auch diese

"Beute" wird von ihr stolz ins Lehrerzimmer getragen, begleitet mit den Worten, daß das wohl der Vorteil des Unterrichts in den fünften Klassen sei und man nirgends sonst so viele Geschenke bekäme. (Beobachtung Winter 071294)

Als problematisch kann sich jedoch erweisen, daß in einigen von uns auch beobachteten Kollegien auf persönliche Erfolge einzelner Kollegen mit Neid, Mißgunst und Vorbehalten reagiert wurde.

"Persönliche Erfolge wie Präsente und Geschenke durch Schüler werden von Kollegen und Schulleiter eher mit Neid aufgenommen. Vor allen Dingen der Schulleiter befürchtet bei zu viel positivem Feedback, daß die betreffenden Kollegen und Kolleginnen bei fortgesetztem positiven Feedback weitere Forderungen an ihn stellen würden." (Interview Winter 190595)

Eine weitere Dimension der Interaktion, die von uns identifiziert werden konnte, ist das Wahrnehmen und Zeigen von Gefühlen.

Gefühle wie Interesse, Neugier, Begeisterung und Freude ausdrücken und auf der anderen Seite bei den Schülern wahrnehmen zu können, ist in der täglichen Interaktion im Unterricht von entscheidender Bedeutung.

Herr Queck ist Vertrauenslehrer und Beratungslehrer für Kriegsdienstverweigerer und bei den Schülern einer der beliebtesten Lehrer der Schule. Er sprüht förmlich vor Interesse und Eifer und steckt so meist seine Schüler im Unterricht an. Seine Arbeit macht ihm nach eigenen Aussagen außerordentlich viel Spaß, was man ihm nach Meinung des Beobachters auch deutlich anmerkt. (Beobachtung Queck 071292)

Für die Zusammenarbeit im Unterricht ist es wichtig, daß die Schülerinnen und Schüler merken, daß der Lehrer auch Interesse an ihnen als Person und an ihren Gefühlen hat. Wenn sie feststellen können, daß die Lehrerin oder der Lehrer ihre Bedürfnisse ernst nimmt, so wird sich das mit großer Wahrscheinlichkeit positiv auf die gegenseitige Interaktion auswirken.

"Ich bemühe mich oft um einzelne Schüler, und habe da auch positive Entwicklungen erlebt. Ich schimpfe auch, und eine Schülerin hat mir mal gesagt, daß für sie auch das Schimpfen wichtig war, weil sie so gemerkt hat, daß sie mir nicht gleichgültig ist." (Interview Flüster 221194)

Es ist auch wichtig, daß die Schüler das Interesse des Lehrers an den Themen des Unterrichts registrieren können. Eine Lehrperson, die Neugier und Begeisterung am behandelten Thema zeigt, wird sich positiv auf das Lernen der Schülerinnen und Schüler auswirken.

Im Religionsunterricht wird von Herrn Queck ein selbstaufgezeichneter Film gezeigt, der ihn selbst fasziniert, und der sich sehr kritisch mit der Lehre der Kirche auseinandersetzt. Bei der anschließenden Diskussion "sprüht er förmlich vor Begeisterung" und bewegt sich mit großen Gesten durch die Klasse. (Beobachtung Queck 071292)

"Ich meine, das ist sicherlich auch so, daß, wenn meine eigene Begeisterung erkennbar wird, der Funke überspringt, aber das ist eben wichtig, daß man hinter den Sachen steht, die man verkauft, das gilt nicht nur für den Vertreter, auch für den Pädagogen, und das ist auch das, was ich an den, aus den Reaktionen von ehemaligen Schülern entnehme, die Jahre später dann irgendwann sagen, damals hast du uns was beigebracht, ja das war nicht nur einfach der Stoff, sondern du hast das verkörpert auch, und das ist rübergekommen." (Interview Schiller 071093)

An diesen Beispielen wird deutlich, daß die beiden beschriebenen Lehrer nicht Interesse an den Schülern, ihren Problemen sowie an Themen des Unterrichts vortäuschen, sondern wirklich voller Eifer und sehr engagiert und interessiert unterrichten.

Begeisterung und eigener Spaß an der Arbeit ist einer der wirksamsten Faktoren, der das Auftreten von Burnout verhindert.

"Also wenn ich Reformschule mache in 13.1, dann lerne ich auch. Das ist eigentlich das Faszinierende dabei, das ich selber mit Begeisterung lerne daran." (Interview Schiller 050494)

Lehrerinnen und Lehrer, die ständig den gleichen Unterricht durchführen, berauben sich der Möglichkeit, selber Interesse am Thema zu bekommen und die eigene Weiterentwicklung voranzutreiben. So fehlt ihnen eine wichtige Motivationsquelle für die eigene Arbeit und ein Vermeidungsfaktor von Burnout.

"Ja, das Fachlehrerprinzip ist auch für den Lehrer nicht glücklich. Er kann sich zurückziehen auf seine fachlichen Grenzen. Das heißt, er muß sich selbst nicht mehr als Lernender begreifen und kann Sachen zum dreißigsten oder fünfzigsten mal durchführen. Das heißt, es lähmt ihn auch in seiner ganzen menschlichen Entwicklung, und das ist ganz fatal. Das suggeriert ihm, ich brauche nichts mehr zu lernen."(Interview Schiller 050494)

Lehrerinnen und Lehrer, die den Schülern ihre eigenen Gefühle zeigen, machen so ihr persönliches Engagement deutlich. So kann das Zeigen eigener Gefühle helfen, die Interaktion im Unterricht menschlicher zu gestalten. Bei den Gefühlen muß es sich nicht nur um positive Emotionen handeln, auch der Ausdruck von persönlicher Wut aus einem nachvollziehbaren Anlaß läßt die Lehrperson aus Sicht der Schüler menschlicher erscheinen.

"...ich hatte eine Politikklasse, zu der ich auch ein ganz besonders inniges Verhältnis hatte, und da bin ich entgegen meiner sonstigen Art mal bei Disziplinschwierigkeiten total wütend geworden, und hab das auch so richtig zum Ausdruck gebracht. Hab' 'nen richtigen Wutanfall, hab die angeschissen und da hab' ich gedacht, ach nichts hilft, hab' mir dann erstmals keine weiteren Gedanken darüber gemacht. Bin dann in der nächsten Stunde in die

Klasse reingekommen, da standen die, die ganze Klasse ums Pult rum, und da war ich schon wieder auf einhundertachtzig, wollt sauer werden, und da kam aber die Klassensprecherin mit einem riesen Strauß Blumen auf mich zu, und da war ich also wirklich völlig stumm. Nicht wahr, ja, fast schon beschämt, also dat war irgendwie zuviel des Guten. Hab' mich zwar im nachhinein riesig gefreut, aber zuerst war ich echt geschockt." (Interview Riesenhuber 140794)

Für die Interaktion zwischen Schülerinnen, Schülern und den Lehrpersonen ist es außerordentlich wichtig, ein positives Gruppenklima zu schaffen. Dazu muß jedoch auf seiten der Lehrerinnen und Lehrer zumindest eine eher positive Grundeinstellung vorhanden sein.

"Man kann nur richtig unterrichten, wenn man mit dem Herzen dabei ist." (Interview Schiller 0492)

Ein positives Gruppenklima begünstigt die Lernbereitschaft der Schüler und die Bereitschaft, sich am Unterricht zu beteiligen.

Kinder trauen sich, Dinge, die sie betreffen, die ihnen aber auf der anderen Seite peinlich sind, ihm zu zeigen und mit in den Unterricht zu nehmen. So hat ihm ein Schüler der Klasse 7 eine Zeitschrift "Wunder" geliehen und fragt ihn nach seiner Meinung. Als die anderen Schüler das hören, fangen sie an, den Schüler zu necken. Herr Queck verteidigt sofort den Schüler und sichert zu, die Zeitschrift in einer der folgenden Stunden zu behandeln. (Beobachtung Queck 060192)

Gelingt es dem Lehrer nicht, ein positives Gruppenklima aufzubauen und wird der Umgang miteinander von den Schülern als ungerecht angesehen, kann sich dies, wie das folgende Fallbeispiel zeigt, negativ auf den gemeinsamen Unterricht auswirken.

Biologieunterricht Klasse 7: Es besteht wieder eine große Unruhe, die den Ablauf des Unterrichts stört. Herr Hippel schreit viel, ermahnt und droht den Schülern. Er sieht selber, daß durch die Unruhe viel Unterrichtszeit verschwendet worden ist und ist deswegen unzufrieden. Während des Unterrichts hat Herr Hippel eindeutig seine Lieblingsschüler, die er auch wohlwollend behandelt, wodurch bei dem Rest der Klasse eine Art Ungerechtigkeitgefühl entsteht. (Beobachtung Hippel 250193)

Eine Gleichberechtigung in der Interaktion wirkt sich positiv auf das bestehende Gruppenklima aus. Lehrerinnen und Lehrer, die die Schüler mit ihren Bedürfnissen und Argumentationen ernst nehmen, erzielen eher ein positives Gruppenklima.

Während die Schüler noch die Namen abschreiben, betont sie laut, daß sie bestimmten Schülern für ihre gute Beteiligung Pluspunkte geben wolle. Die betreffenden Schüler werden von Frau Winter benannt. Da sich eine andere Schülerin, die sich ebenfalls gut beteiligt hat, beschwert, begründet Frau

Winter ihre Entscheidung damit, daß die betreffenden Schüler diese Pluspunkte dringend brauchten. Nach dem Protest überdenkt Frau Winter noch einmal ihr Vorgehen und gibt schließlich allen Schülern, die sich beteiligt haben, das erwünschte Pluszeichen. (Beobachtung Winter 310195)

Zur Förderung eines positiven Gruppenklimas gehört auch, daß die Schüler den Eindruck haben, der Lehrer kümmere sich auch um sie.

Ein asthmakranker Schüler hatte z.B. in der vorherigen Woche während des Unterrichts einen schweren Anfall, mit dem die ganze Klasse und der Lehrer insbesondere lernen muß, umzugehen. Herr Kroner muß dafür Sorge tragen, daß auch immer Gegenmittel (Arzneien) vorhanden sind. Während meiner Beobachtung hatte der betreffende Schüler seine Medikamente vergessen, und Herr Kroner insistierte energisch, daß in Zukunft immer auch Medikamente in der Schule dauerhaft vorhanden sind. Weiterhin achtet Herr Kroner darauf, daß ein sehbehinderter Schüler auch seine Lupe zum Lesen dabei hat. (Beobachtung Kroner 080393)

Das Gruppenklima kann von den Lehrpersonen gezielt durch bestimmte gestalterische Maßnahmen, auf die wir noch später detaillierter eingehen werden, verbessert werden.

"Ich bin auch der Meinung, daß man auch Klavierspielen lernen kann, ohne daß man vorher über die Tasten gelaufen ist. Und, ja, da setz ich einfach Standards, ohne das ich grundsätzlich ihre Bedürfnisse, die sie damit ausdrücken, abwürgen will. Aber ich glaube, wir erzeugen sie vorher mit in der Art und Weise, wie wir mit den Schülern umgehen. In einer bestimmten Umgebung brauche ich das gar nicht. Ich unterdrücke das Bedürfnis nicht, ich laß es erst gar nicht entstehen. Das ist zur Zeit jedenfalls mein Standpunkt dabei, wobei ich sicherlich im Grunde meines Herzens immer bereit bin, das hängt mit meiner wissenschaftlichen Herkunft und meinem Menschenbild zusammen, zunächst einmal die Grundbedürfnisse und Grundantriebe im Menschen wahrzunehmen und auch als legitim erstmal wahrzunehmen. Dazu gehören alle Antriebe, auch destruktive. Ich will die auch erstmal akzeptieren und ich tue das glaube ich erstmal auch. Das ist sicher, daß durch eine bestimmte Gestaltung der Umgebung bestimmte Bedürfnisse erst gar nicht aufkommen und auch nicht befriedigt werden müssen und daß das nur im Interesse der Gemeinschaft sein kann. " (Interview Schiller 050494)

Für die Interaktion im Unterricht sind auch bestimmte Absprachen und Verhaltensregeln notwendig, die sowohl für die Schüler als auch für die Lehrerinnen und Lehrer verbindlich sein sollten und die gemeinschaftlich beschlossen und aufgestellt werden sollten. Der Umgang miteinander kann so geklärt und eingeübt werden.

Hurrelmann und Nordlohne (1993) betonen, daß unter anderem strukturierte Regeln und Erwartungen, sowie die Partizipationsmöglichkeit der Schüler die Voraussetzung darstellen, daß die Schüler sich der Schule zugehörig fühlen.

Regeln haben eine ordnende und strukturbildende Funktion und bilden so letztlich Verhaltenssicherheit für alle Betroffenen. Durch Verhaltensregeln, die auch von den Schülern wirklich als verbindlich übernommen worden sind, kann sich ein Lehrer auch Entlastung schaffen.

Bei der Entwicklung der Verhaltensregeln achten die Schüler selber auf die Gesprächsführung und die Reihenfolge der Wortmeldungen, so daß die Lehrerin sich zurückhalten kann. Während des Unterrichts entstehen sieben Verhaltensregeln, die von den Schülern selber entwickelt worden sind. (Beobachtung Wasa 021292)

Von Zeit zu Zeit läßt Frau Wasa die Schüler die Regeln wiederholen. Dabei schreibt sie die Regeln wörtlich an die Tafel und läßt die Schüler diese in ihre Hefte übernehmen. (Memo Wasa 0293)

Wichtig bei den Regeln ist, daß diese gemeinsam mit, oder besser noch alleine von den Schülern entwickelt worden sind. Regeln, die einseitig von den Lehrerinnen und Lehrern vorgegeben oder für die Schüler angeordnet worden sind, werden von den Schülern nicht akzeptiert. Solche Regeln schaffen keine Entlastung, ganz im Gegenteil, die Lehrkräfte müssen viel zusätzliche Energie auf das Einhalten der Regeln verwenden.

"Die Schüler achten darauf, daß die Regeln eingehalten werden. Ich kann jederzeit ohne großen Aufwand und ohne großen Erklärungsbedarf darauf verweisen, was da steht, wie sie sich zu verhalten haben. Dabei war ganz wichtig, Eltern haben mit den Schülern diese Regeln entwickelt. Ich habe ein paar Vorgaben gemacht, klammheimlich, um das Ganze auch sprachlich-stilistisch in den Stiel zu stoßen, weil ich eine Hausordnungssprache vermeiden wollte, und dann haben die Eltern und Schüler - es war wichtig, daß kein Lehrer dabei war - zusammen die Regeln entwickelt, in Kleingruppen, in der Schule, und haben uns dann die Ergebnisse gegeben. Ich hab das dann mit meinen Kollegen bearbeitet, und daraus ist jetzt dieses Reglement geworden." (Interview Schiller 050494)

Gemeinsam entwickelte Regeln können den Lehrerinnen und Lehrern bei Disziplinfragen im Sinne von Selbstorganisation und Eigenverantwortlichkeit helfen.

"Gestern hat mich 'ne Kollegin angesprochen, bezogen auf einen Schüler, und sagte, der hat gegen die Regeln verstoßen und ich hab ihm das gesagt, ja und er hat gemerkt, daß er da wahrscheinlich anders reagiert als wenn man das nur verbal, wie sonst, gemacht hätte. Er mußte sich konfrontieren mit den Verhaltensnormen, die er selbst miterstellt hatte. Das war z. B. so ein positiver Effekt." (Interview Schiller 050494)

Die aufgestellten Regeln müssen jedoch mit den Schülern behutsam eingeübt werden, damit sie sich in ihrem Bewußtsein verankern können. Das kann nur gelingen, wenn die Schüler die Regeln auch als verbindlich anerkennen. Die Lehrkraft muß besonders in der ersten Einübungsphase konsequent auf die Einhaltung der Regeln achten. Sehen die Schüler, daß die Regeln nicht in jeder Situation und zu jeder Zeit gültig sind, werden sie mit größerer Wahrscheinlichkeit das ganze Regelwerk nicht als verbindlich anerkennen.

Im Klassenraum der 6c hängen die von den Schülern gefertigten Plakate mit Verhaltensregeln an der Wand. Diese Regeln scheinen aber, aufgrund häufigen Fehlverhaltens, nicht stark im Bewußtsein der Schüler verankert zu sein. Manchmal nimmt sich Frau Blum bewußt vor, in einer Stunde strikt auf die Einhaltung einer bestimmten Regel, wie z.B. "erst melden, dann sprechen", zu achten, empfindet dieses aber als außerordentlich anstrengend und verhält sich inkonsequent. (Beobachtung Blum 0392)

Lehrerinnen und Lehrer müssen in einer lebendigen Interaktion mit den Schülern in der Lage sein, Humor zu zeigen. Damit ist gemeint, daß Lehrkräfte auf der einen Seite selber Humor beweisen und den Unterricht durch humoristische Einlagen auflockern (vgl. Kapitel 3.2.4), auf der anderen Seite jedoch auch, daß sie in der Lage sind, mit Schülerhumor umzugehen und auch bei belasteten und eher angespannten Situationen noch Humor zu zeigen.

Am heutigen Donnestagmorgen findet die angekündigte Deutsch-Klassenarbeit in der Klasse 7 statt. Es herrscht eine angespannte Atmosphäre. Nach der Aufgabenverteilung und Erklärungsphase durch Herrn Kroner beginnen die Schüler konzentriert und ruhig mit ihren Arbeiten. Auf weitere individuelle Schülerfragen erwidert er nur lächelnd: "Das habe ich alles vergessen, und das fällt mir erst bei dem Korrigieren wieder ein." Dabei verdreht er die Augen und symbolisiert mit den Händen, daß er seine Ohren verschließt. Auch einige Schüler fangen an zu lächeln. Das ganze wirkt auf mich wie ein Ritus oder Spiel, in dem die Schüler versuchen, ihm Informationen zu entlocken. (Beobachtung Kroner 110393)

Lehrerinnen und Lehrer müssen auf ironische, nicht ernst gemeinte oder verletzende Äußerungen von seiten der Schüler mit Humor reagieren können und solche Äußerungen nicht als Angriff auf sich als Person bewerten, sondern, wenn möglich humorvoll, den Ball zurückspielen.

Kleinere Sketche der Schüler werden von Herrn Kroner toleriert. Er geht sogar darauf ein und spielt mit. Während des Politikunterrichts fordert er die Klasse mit den Worten: "Das stand doch heute morgen in der Zeitung" zu mehr Beteiligung auf. Darauf erwidert ein Schüler, ein Aussiedler aus Polen, der noch in einer Sammelunterkunft wohnt, daß er gerade heute, ausnahmsweise, keine Zeit gehabt hätte, während des Frühstücks die Tageszeitung zu lesen. Herr Kroner verschluckt sich fast vor Lachen und gibt die Antwort auf seine Frage selber. (Beobachtung Kroner 090393)

Dadurch, daß Lehrerinnen und Lehrer auch Humor zeigen, kann ein ungezwungener Umgang in einer eher entspannten Atmosphäre entstehen.

Frau Riesenhuber behandelt im Fach Geschichte der Sieben das Thema Weltbild im Mittelalter. Sie hat gerade erklärt, wie die Menschen sich das Leben nach dem Tod vorstellten. Etwas genervt, weil es in der Klasse sehr laut ist, stellt sie plötzlich die Frage: "Und wann stehen die Toten auf?" Stephan meldet sich. Sie ruft Stephan auf. Stephan: "Um sieben."

Viele Schüler lachen. Auch Frau Riesenhuber muß lachen. Der Unterricht läuft in einer entspannten Atmosphäre weiter. Die Schüler wetteifern jetzt darin, sich besonders witzig und respektlos über schulmäßig beschriebene religiöse Sachverhalte zu äußern. Dies wird von Frau Riesenhuber auch akzeptiert. (Beobachtung Riesenhuber 200592)

3.2.3 Sprache und Kommunikation

Die dritte von uns genauer untersuchte Komponente des Handlungsrepertoires umfaßt den Bereich Sprache/ Kommunikation. Lehrerinnen und Lehrer müssen auch die Kommunikationsabläufe während des Unterrichts steuern.

Wir haben hier anhand der Beobachtungsprotokolle acht Handlungsformen bestimmt, denen entsprechende Kompetenzen zugeordnet werden können.

Abwechslungsreicher Unterricht erfordert auch den Wechsel von Kommunikationsformen. So kann anstelle des fragend-entwickelnden Gesprächs bei geeigneter Thematik ein Streitgespräch stattfinden. Dieses aber muß gut moderiert werden.

Im Geschichtsunterricht der 9.3 erklärt Frau Riesenhuber: "Wir teilen die Klasse in zwei Gruppen auf. Eine Gruppe vertritt den Spartakus, eine die SPD. Es geht um die unterschiedlichen Demokratievorstellungen der beiden Gruppen." Die beiden Gruppen werden gebildet. Die Schüler informieren sich aus dem Lehrbuch über die Demokratievorstellungen beider Parteien. Frau Riesenhuber geht zu den Plätzen und beantwortet Fragen. Nach der Informationsphase bittet Frau Riesenhuber die Mitglieder beider Gruppen, sich als Experten zur Verfügung zu stellen. Zwei Schüler melden sich und kommen nach vorn. Sie sind die Experten aus der Spartakusgruppe und beantworten Fragen zum Thema Rätedemokratie. Danach treten Experten aus der SPD-Gruppe auf. Frau Riesenhuber stellt nach der Expertenbefragung die Aufgabe: "Arbeitet die Unterschiede heraus." Die Identifikation mit einer der politischen Gruppen und die Übernahme der Expertenrolle scheint den Schülern Spaß zu machen. (Beobachtung Riesenhuber 240392)

Neben diesen gezielt als Alternative zum üblichen Unterricht eingesetzten Streitgesprächen, werden Lehrerinnen und Lehrer auch mit bestehenden Konflikten oder Streitereien zwischen einzelnen Schülern oder Schülergruppen konfrontiert. Um mit solchen Konflikten angemessen umgehen zu können, müssen Lehrkräfte Streitgespräche moderieren können.

Abbildung 3.8: Dimension III *Sprache und Kommunikation*

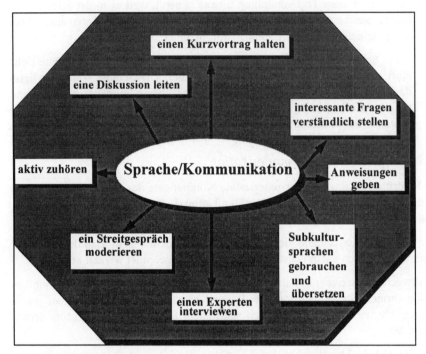

Das folgende Beispiel, in dem ein Konflikt zwischen Schülern zum Lernanlaß gemacht wird (vgl. Kapitel 3.2.4) zeigt, wie wichtig eine angemessene Moderation von Streitgesprächen ist.

Auf dem Weg zum Klassenraum kommt Frau Wasa an einer weinenden Schülerin vorbei, die von einem Mitschüler ihrer Klasse geschlagen worden ist. Sie nimmt den Streit zwischen den Schülern als Aufhänger für den Politikunterricht. Die beiden betroffenen Schüler sollen nacheinander Stellung zum Streit beziehen. Frau Wasa achtet darauf, daß die Schüler sich nicht gegenseitig ins Wort fallen und den anderen ausreden lassen. Anschließend werden die beiden Sichtweisen von der restlichen Klasse diskutiert. (Beobachtung Wasa 1292)

Zur Beantwortung von Sachfragen oder als Einstieg in ein neues Thema kann ein kurzer Lehrervortrag sinnvoll sein. Dabei ist jedoch zu berücksichtigen, daß auch das Halten eines Kurzvortrags eigenen Regeln (vgl. Schulz von Thun 1981, Neuberger 1992) folgt.

Die Schüler sollen sich für die bevorstehende Projektwoche mögliche Klassen- oder Schulprojekte überlegen. Ziel der Projektwoche ist es, finanzielle

Mittel für eine Partnerschule in der dritten Welt zu beschaffen. Herr Kroner beginnt den Unterricht, indem er einen kurzen Vortrag über die Situation und die Ausstattung der Partnerschule hält und einen normalen Arbeitstag beschreibt. (Beobachtung Kroner 0393)

Auch bei der klassischen Form des Unterrichts, dem Lehrgespräch, müssen Lehrerinnen und Lehrer interessante Fragen stellen, um die Motivation der Schüler, sich an dem Gespräch zu beteiligen zu erhöhen. Dabei müssen die Fragen angemessen, das heißt für die Schüler verständlich, formuliert sein.

Frau Winter beginnt den Kunstunterricht mit der Feststellung, daß der Klassenraum nun mit Karnevalsschmuck dekoriert werden solle und fragt die Schüler nach deren Vorschlägen. Diese Frage wird von den Schülern mit der erwünschten und erwarteten Antwort, nämlich Masken, versehen. Daraufhin werden die wichtigsten Merkmale von Masken aufgezählt und an der Tafel festgehalten. Dabei wird das Verdecken der Augen besonders betont. Frau Winter demonstriert die Wirkung, indem sie sich die Brille einer Schülerin ausleiht und aufsetzt. Anschließend erklärt Frau Winter in sehr einfacher Form und mit ruhiger Stimme, wie man verschiedene Masken herstellen kann. Dabei zeichnet sie die verschiedenen Arten und Formen von Masken an die Tafel. Bei ihrem Vortrag sorgt sie ständig für völlige Ruhe auf seiten der Schüler. Bei dem folgenden Lehrgespräch herrscht eine sehr gute Beteiligung der Klasse. (Beobachtung Winter 310195)

Genauso wichtig wie interessante Fragen zu stellen, ist es für Lehrerinnen und Lehrer, den Schülern klare Anweisungen und Arbeitsaufträge zu geben. Die Anweisungen müssen eindeutig, klar und verständlich formuliert sein, damit die Schüler genau wissen, was von ihnen erwartet wird und keine Irritationen und Verunsicherungen entstehen.

Zu Beginn der Klassenarbeit gibt Herr Kroner wieder klare Anweisungen und nennt nochmals ausdrücklich die benötigten Arbeitsmaterialien. (Beobachtung Kroner 110393)

Die Geschichten der vorherigen Stunde (Diktat) können weitergeschrieben und mit einer eigenen Überschrift versehen werden. Er nimmt sich wieder viel Zeit, um am Anfang der Stunde die Arbeitsaufgaben der Tischgruppen zu erklären. Hierbei benutzt er das Vokabular der Schüler, und es herrscht eine entspannte, lockere Atmosphäre. (Beobachtung Kroner 120393)

Häufigeres Wiederholen der Anweisungen kann sich im besonderen bei den jüngeren Schülern als hilfreich erweisen. So konnten wir einige Lehrerinnen und Lehrer beobachten, die geduldig und mit ruhiger Stimme bei den jüngeren Schülern die Arbeitsanweisungen solange wiederholten, bis auch die letzten Unklarheiten ausgeräumt waren.

Sie weist noch einmal darauf hin, daß alle vorgenommenen Stundenplanänderungen nur für ihre Stunden gelten und der Wochentag, der nicht an der

Tafel aufgelistet wurde, nicht schulfrei ist, sondern daß nur von ihr kein Unterricht in der Klasse gegeben wird ... Zwei Schüler teilen das von ihr vorbereitete Arbeitsmaterial aus, und sie fragt noch einmal nach, ob alle Anweisungen von den Schülern verstanden worden sind. Die Schüler beginnen, leise und konzentriert zu arbeiten. Frau Winter fordert die Schüler mit lauter Stimme auf, die Arbeitsmaterialien aus der Tasche zu nehmen. Ein Schüler, der dieser Aufforderung nicht sofort nachgekommen ist, wird von ihr sehr laut ermahnt. Nachdem sie sich selber wieder beruhigt hat, erläutert sie mit deutlich ruhigerer und leiserer Stimme die Aufgabe der Stunde. (Beobachtung Winter 310195)

An dem Beispiel wird deutlich, daß Frau Winter ihre Stimme als bewußtes Gestaltungsmittel (vgl. Kapitel 3.2.4) einsetzt. Während sie bei den Anweisungen und Erläuterungen sehr ruhig, langsam und relativ leise spricht und auf deutliche Aussprache bedacht ist, unterscheidet sich ihre Stimme bei dem Versuch, Ordnung aufrecht zu erhalten, deutlich in Lautstärke und Tempo. Ein anderer, von uns beobachteter Lehrer verhält sich in diesen Fällen genau entgegengesetzt und senkt die Lautstärke bei der Androhung von Sanktionen.

Die Klasse ist sehr unkonzentriert und unaufmerksam. Herr Kroner verteilt Strafarbeiten (für Kaugummikauen). Dabei spricht er relativ leise und langsam, was sehr bedrohlich wirkt. (Anmerkung des Beobachters: Andere Kollegen sprechen während des normalen Unterrichts leise und werden bei Störungen und in Chaossituationen laut, schnell und hektisch, was in manchen Fällen die Unruhe und die Lautstärke im Klassenraum noch aufschaukelt.) (Beobachtung Kroner 110393)

Wir konnten immer wieder beobachten, daß professionell arbeitende Lehrerinnen und Lehrer in der Lage sind, die Subkultursprachen der Schüler zu übersetzen und zu verstehen. In einigen Fällen benutzten die Lehrkräfte auch Formulierungen der Schüler, um so den Unterricht lebendiger und ungezwungener durchzuführen und eigenen Anweisungen und Ermahnungen die Schärfe zu nehmen.

In der Klasse herrscht ein lockerer aber bestimmter Umgangston. So weist Herr Kroner mit den Worten: "Denkt ihr an euer Kaugummiproblem?" auf die Durchsetzung des Kaugummiverbots hin und erhält die Antwort: "Mein Mund ist clean". (Beobachtung Kroner 080393)

In den folgenden Beispielen benutzt der Lehrer Elemente der Subkultursprache und inhaltliche Elemente aus dem Interessensfeld oder der Lebenswelt der Schüler, um Begrifflichkeiten zu erklären.

Herr Kroner erklärt bestehende Fremdwörter mit sehr einfachen Worten und benutzt Beispiele aus dem Umfeld der Schüler. "Delegation ist z.B., wenn ihr zwei von euch in das Jugendzentrum schickt, um die Musikanlage für die bevorstehende Klassenfete zu prüfen. Die sind dann eine Delegation." (Beobachtung Kroner 080393)

Als Einstieg in das Thema wird von Herrn Kroner ein Vorurteil an die Tafel geschrieben, das die Diskussion zwischen den Schülern anregen soll. Die Schülerbeiträge zu dem Thema werden von ihm an der Tafel gesammelt. Während dieser Sammlung fallen spezifische Probleme auf, die durch den hohen Anteil an Aus- und Übersiedlern hervorgerufen werden. So wissen einige Schüler nicht, was Arzneimittel sind oder was ein Analphabet ist. Herr Kroner sitzt am Rand der Klasse auf der Fensterbank. Es entsteht eine Diskussion über das Wort Analphabet. Einige Schüler sehen keinen Vorteil in der Fähigkeit, lesen und schreiben zu können. Hier zeigt sich, daß diese Schüler eher sachliche Argumente als nicht besonders dringlich ansehen. "Dann weiß man nicht, was in Verträgen steht." "Ein Teil der Bevölkerung muß auf jeden Fall lesen und schreiben können." Erst das Argument von Herrn Kroner, daß man dann nicht MTV sehen könne, da man keine Programmzeitschrift lesen kann, überzeugt die Schüler von der Notwendigkeit, Lesen und Schreiben zu können. Die Stunde wird mit dem Kommentar: "Laßt mal schön die Griffel in die Luft wachsen" und dem Ruhezeichen beendet. (Beobachtung Kroner 110393)

Aktives Zuhören ist eine Komponente gelungener Kommunikation (vgl. Neuberger 1992). Beim aktiven Zuhören faßt der Empfänger die Wortbeiträge des Senders, wie sie bei ihm angekommen sind, wie er sie aufgenommen oder interpretiert hat, mit eigenen Worten zusammen und signalisiert dem Sender so Wertschätzung und Akzeptanz. Unstimmigkeiten zwischen dem, was der Sender gemeint hat und dem, was der Empfänger verstanden hat, können so schnell beseitigt werden. Auch im Handlungszusammenhang Unterricht ist das aktive Zuhören eine wichtige Subdimension gelungener Kommunikation, mit deren Hilfe Lehrerinnen und Lehrer den eigenen Unterricht positiv gestalten können.

Die erste Gruppe spielt im Rollenspiel ihre Ergebnisse vor. Anschließend bespricht die Klasse die Szene. Herr Queck faßt die Wortmeldungen der Schüler mit eigenen Worten zusammen und signalisiert den Schülern so eigenes Verstehen. (Beobachtung Queck 301192)

Leitungs- und Führungsaufgaben zu übernehmen, gehört wie schon gezeigt (vgl. Kapitel 3.2.1) zu den täglich anfallenden Aufgaben der Lehrerinnen und Lehrer. Besonders wichtig ist dabei, Diskussionen der Schüler zu leiten und zu moderieren, damit diese Schülerdiskussionen themenorientiert bleiben, die Gesprächsanteile über die Klasse verteilt sind und sich nicht immer nur die gleichen Schüler an der Diskussion beteiligen. Gerade bei jüngeren Schülern, bei denen sich eine Kommunikationskompetenz und damit verbunden eine Diskussionsfähigkeit noch entwickelt, ist es wichtig, daß Diskussionen angemessen moderiert werden, damit die Schüler sich gegenseitig aussprechen lassen, sich gegenseitig zuhören und nicht durch Lautstärke und Verbalattacken überzeugen wollen.

"Sich trotz der riesengroßen Gruppen an Diskussionen zu wagen, wo solche Themen aufkommen. Ich merke dann natürlich anders als sonst, daß vielleicht eine Gruppe nicht mehr mithalten kann bei solchen Themen. Auf der anderen Seite verspüre ich eben aber auch, daß bei einer ganzen Reihe von Schülern eine Nachdenklichkeit überbleibt, und viel mehr kann ich nicht erreichen." (Interview Schiller 050494)

Öffnen von Schule heißt auch, Fachleute und Experten in die Schule zu holen. Dabei stellt sich jedoch die Frage, wie ein gemeinsamer Unterricht zu gestalten ist. Soll der Experte im Unterricht zu einem bestimmten Thema interviewt werden, oder soll der Unterricht für eine bestimmte Zeit an ihn übertragen werden, oder soll vielleicht gemeinsam als Tandem unterrichtet werden, wie bei bestimmten Projekten der Gesundheitsförderung, in denen ein Lehrer gemeinsam mit einem Mediziner den Unterricht durchführt?

"Das kann man auch mit Lehrern machen, wobei ich grundsätzlich sagen würde, warum soll man nicht auch die Schule öffnen, muß der Lehrer immer nur als Fachlehrer auftreten? Gerade in der Rolle auftreten, in der wir nicht eine Fachkompetenz haben. Das muß nicht so sein. Wenn wir beispielsweise uns Fachleute zur Seite holen und wir also die Verbindung zur Lerngruppe herstellen, denn dieses Methodisch-didaktische, denke ich, ist unser Kompetenzbereich, den haben vielfach Fachleute, die von außen kommen, nicht. Dann könnte man gemeinsam mit Fachberatern sehr schön etwas umsetzen." (Interview Schiller 050494)

3.2.4 Gestaltung

"Jede Gesprächsform hat ihr Setting." (Memo Schiller 0493)

Lehrerinnen und Lehrer mit einem reichhaltigen Handlungsrepertoire setzen gezielt ihren Körper, ihre Stimme, interessante Materialien und Räumlichkeiten ein. Störungen und unvorhergesehene Ereignisse werden kreativ umgedeutet und in die Lehr-Lern-Arbeit integriert. Anfang und Ende einer Lernsequenz, einer Unterrichtsstunde, einer Projektarbeit sind deutlich markiert und durch kulturelle Muster (Rituale) gestützt. Diesen Bereich des Handlungsrepertoires bezeichnen wir mit Gestaltung.

"Ich versuche in meiner täglichen Praxis, den Raum, den ich überschauen und gestalten kann, den anzugehen. Das heißt, das ist der Klassenraum meiner Klasse, das sind meine persönlichen Beziehungen zu einigen Kollegen, wo wir uns gegenseitig auch einbinden und arbeiten ... Es ist ja auch nicht gedacht, daß Unterricht immer nur in diesem kargen Klassenraum stattfinden muß." (Interview Schiller 050494)

Zur Gestaltung gehören insbesondere auch spielerische Elemente.

Abbildung 3.9: Dimension IV *Gestaltung*

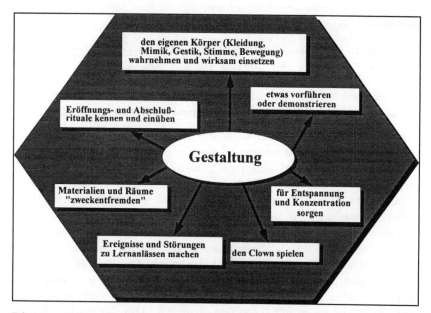

Die erste Subdimension der Kategorie Gestaltung, die von uns beobachtet wurde, ist das Gestalten und das Zweckentfremden von Materialien und Räumen durch die Lehrerinnen und Lehrer.

Die Raumgestaltung wirkt sich in direkter Weise auf das Wohlbefinden der Handelnden im jeweiligen Raum aus. Auch wird Verhalten durch die Raumgestaltung beeinflußt. Bestimmte erwünschte Verhaltensweisen können nur in ganz bestimmten Räumen stattfinden.

"Ich denke, daß die Architektur, die Gestaltung, Bilder und das Ambiente eine Rolle spielen und auch verhaltensregulierend wirken und zwar im positiven Sinne, ohne daß da jetzt Triebe unterdrückt werden. Ich behaupte mal, daß das Bedürfnis, über Tische zu laufen, kein Elementarbedürfnis ist, das befriedigt werden muß." (Interview Schiller 050494)

Auf der anderen Seite provozieren oftmals die im Schulalltag bestehenden Räume geradezu unerwünschtes Verhalten der Schüler. Hurrelmann und Nordlohne (1993) sprechen vom "ökologischen Setting", das erst zögerlich für eine ganzheitliche Gesundheitsförderung in Schulen entdeckt wird.

Frau Winter berichtet in der Pause von einem Besuch eines größeren Schulzentrums in der Nachbarstadt. Dabei kritisiert sie die Größe und die räumliche Ausstattung. Es werden keine selbstgestalteten Räume entworfen. Dies führt ihrer Meinung zu einem negativen Aufschaukelungsprozeß. Da sich die Schüler nur im geringen Maße mit der Schule identifizieren, kommt es zu Vandalismus und Zerstörung. Überall liegt Müll herum und die Wände sind beschmiert. Dies erhöht auf seiten der Schüler wiederum die Neigung, ihrerseits Wände zu verschmieren und den eigenen Müll einfach wegzuschmeißen. (Beobachtung Winter 310395)

Frau Winter ist eine Lehrerin, die in besonderer Weise Wert auf eine Gestaltung des Raums legt. So verwendet sie viel Zeit und eigene Energien auf die räumliche Ausstattung ihres Klassenraums, der für sie und die Schüler "gemütlich" und "schön" sein soll und unternimmt auch immer wieder Versuche, das gesamte Gebäude gemütlicher und menschlicher zu gestalten.

"Ja, das sagte jetzt komischerweise die Blockpraktikantin, als sie jetzt da war: 'Sie haben aber ein schönes Klassenzimmer!' (lacht) Und sie sagte, sie war an einer Grundschule schon mal. Und sie hat noch eine Schwester, die an der Grundschule auch als Studentin im Moment noch ein Blockpraktikum macht. Und die erzählt, wie toll das so ist, und wie oft so weiterführende Schulen dann aussehen. Und sie meinte, ja, das fänd sie ja gut, daß das im ähnlichen Stil weitergeht. Ja, das IST mir auch wichtig! Das war mir immer schon wichtig. Auch als ich Sekretärin war. Da habe ich mir mein Büro auch schön gemacht. Ich muß ja schließlich den ganzen Tag oder den halben Tag da zubringen. Und die Schüler ebenfalls. Und ich muß also ganz ehrlich sagen, ich mag in sowas nicht leben. Ich mag hier zuhause nicht in sowas leben, da mache ich es mir schön und gemütlich. Aber das mache ich dann auch in der Schule, nicht?" (Interview Winter 090595)

Lehrerinnen und Lehrer, die Materialien zweckentfremden und überraschende Unterrichtseinstiege wählen, gelingt es, Interesse und Neugier der Schüler am Unterrichtsthema zu wecken.

Herr Queck läßt die Schüler seiner 7. Klasse zu Beginn der Unterrichtsstunde (kath. Religion) einen Cola-Automaten malen, wodurch auf seiten der Schüler Interesse geweckt wird. Die Verunsicherung und Neugier der Schüler drückt sich in Ausrufen wie "Was soll das denn?" "Was hat das mit Religion zu tun?" aus. Die Unruhe im Klassenzimmer nimmt immer weiter zu und die Schüler fragen ihn, warum sie einen Automaten zeichnen sollen. Herr Queck parodiert schweigend mit übertrieben dargestellter Denkerpose die Schüler. Worauf ein Schüler laut ausruft: "Da steckt was dahinter ..." Das Thema der Stunde ist der Aberglauben. Langsam führt Herr Queck die Schüler an das Thema heran und Schritt für Schritt sehen sie, was ein Cola-Automat mit dem Thema zu tun hat. Es gibt Menschen, die bei Gewittern Kerzen anzünden, weil sie glauben, daß sie so vor Blitzeinschlägen geschützt seien. Fast alle Schüler glauben, daß sie, wenn sie Geld in einen Cola-Automaten werfen, auch eine Getränkedose erhalten. Die Schüler werden anschließend aufgefordert, genauer zu begründen, wie sie zu diesem Glauben gekommen sind. (Beobachtung Queck 060192)

Im folgenden Beispiel wird ein eher trister Schulhof von der Lehrkraft zweckentfremdet und in den Erdkundeunterricht integriert, wodurch Elemente von Bewegung anstelle eines reinen Lehrgesprächs gesetzt werden.

Die Schüler haben die Namen ihrer Länder auf große, farbige Aktionskarten geschrieben. Frau Winter verläßt mit den Schülern den Klassenraum und betritt den Schulhof. Hier zeichnet sie mit Straßenkreide eine große Skizze einer Europakarte mit den betreffenden Ländern auf den Boden. Die Schüler sollen nun nacheinander den Umriß ihres Landes betreten und ihr Land sowie die direkten Nachbarländer benennen. Frau Winter beginnt das Spiel mit den Worten: "Deutschland nach vorne und dann sind die Nachbarländer an der Reihe." Die Schüler nehmen ohne größere Schwierigkeiten ihre Positionen ein und können auch fast alle Nebenländer benennen. (Beobachtung Winter 170195)

Durch das Öffnen des Unterrichts und das spontane gemeinsame Verlassen des Klassenraums gelingt es der Lehrerin im nachfolgenden Beispiel, eine eher abstrakte Beschreibung eines Lehrbuchs ihren Schülern anschaulich zu verdeutlichen.

Geschichtsunterricht mit dem Thema Ägypten: Nachdem gemeinsam ein Text aus dem Geschichtsbuch über Ägypten gelesen wurde, sammelt Frau Winter die wichtigsten Stichwörter an der Tafel. Als die Pyramiden zur Sprache kommen, fertigt sie eine Skizze an der Tafel an. Die Schüler nennen leicht gelangweilt die Grundseitenlänge der Cheops-Pyramide. Daraufhin fordert Frau Winter alle Schüler auf, ihre Jacken und Mäntel anzuziehen. Sie verläßt mit den leicht verdutzten Schülern das Schulgelände und schreitet mit ihnen auf einem nahegelegenen Feldweg eine theoretische Seitenlänge von 230 Metern ab. (Beobachtung Winter 231194)

Unterrichtsanfänge und Eröffnungsrituale haben eine nicht zu unterschätzende Auswirkung auf den gesamten folgenden Unterricht. Durch Anfangs- und Endrituale können Botschaften auf der Beziehungsebene der Kommunikation (Schulz von Thun 1981) gesendet und die weitere Interaktion beeinflußt werden.

Herr Queck beginnt den Unterricht, indem er den Schülern einen "wunderschönen guten Morgen" wünscht. Nach seiner Meinung zufolge gelungenen Unterrichtsstunden bedankt er sich bei den Schülern für deren Beteiligung und der Qualität der Wortbeiträge. Er meldet den Schülern zurück, daß der Unterricht ihm Spaß gemacht und daß auch er etwas Neues dazu gelernt habe. (Beobachtung Queck 081292)

Anfangs- und Endrituale können deutlich Anfang und Ende einer Lernsequenz markieren und bieten den Schülern so eine klare Orientierung.

Beginn einer Stunde in der 6.3: Frau Deckel betritt den Klassenraum. Die Schüler laufen durcheinander, rufen, werfen mit Gegenständen. Frau Deckel (sehr laut): "Das war's!!!" Und dann geht es weiter im Stakkato: "Lutz, aufhören zu essen! Dose vom Tisch! Kein Kaugummi! Markus, das läßt du liegen!" Es wird ruhiger, die Schüler räumen die Tische frei. Frau Deckel: "Guten Morgen." Schüler, im Chor: "Guten Morgen, Frau Deckel." Frau Deckel ist, was Anfang und Ende der Stunde angeht, stets pünktlich. Sie beginnt die Unterrichtsstunden in der Regel mit konkreten Anweisungen, die an einzelne, namentlich genannte Schüler adressiert sind. Hier läßt sie sich auf keine Diskussionen ein, sondern stellt eine Ordnung her, die Voraussetzung für alles Weitere ist. Sie wirkt dabei klar, konsequent, energisch und der Situation vollauf gewachsen. (Beobachtung Deckel 180392)

Zur Dimension Eröffnungs- und Abschlußrituale berichtet Frau Winter im Interview:

"Also ich weiß, daß in manchen Schulen wieder dazu übergegangen wird, daß die Schüler aufstehen und man dann quasi so ein Ritual einführt. Das habe ich nie gemacht. Ich komme in die Klasse, lasse den Blick schweifen, hoffe, daß jeder mich sieht und sage ein freundliches "Guten Morgen" und erwarte eigentlich, daß alle dann "Guten Morgen Frau Winter" oder "Guten Morgen" sagen. Wenn dann nur drei, vier kommen, die Anderen beschäftigen sich mit sich, dann sage ich: "Ich habe euch gerade begrüßt!" Und dann kommt im allgemeinen, daß alle die Aufmerksamkeit nach vorne [richten] und dann ist gut. Aber es ist eigentlich automatisch. Das habe ich nicht so bewußt gemacht." (Interview Winter 090595)

Ritualisierung wird von ihr negativ gesehen, als Anzeichen starrer Verhaltensweisen, die der Aufrechterhaltung der Disziplin dienen sollen. Jedoch konnte bei ihr auch eine Art von Ritual beobachtet werden, daß sich aber deutlich von den oben aufgeführten unterscheidet.

Frau Winter geht zusammen mit dem Beobachter die Treppe vom Lehrerzimmer zur Klasse herunter. Vor dem Klassenraum stürmen eine Reihe von Schülern auf uns zu und wollen Frau Winter alle möglichen Neuigkeiten berichten. Frau Winter hört einzelnen Schülern zu und drängt mit sanfter Gewalt alle Schüler in den Klassenraum, wo sie dann erst einmal auf alle Beiträge und Neuigkeiten eingeht. Erst danach erfolgt der ritualisierte Morgengruß und die Aufforderung zum Beginn der Stunde. (Beobachtung Winter 170195)

Bei dieser eher stürmischen Begrüßung und Information durch die Schüler handelt es sich auch schon um ein Ritual, das bei fast jeder Begleitung durch die Wissenschaftler registriert werden konnte. Frau Winter akzeptiert das Bedürfnis der Schüler, ihr Neuigkeiten mitzuteilen und opfert so meist fünf bis zehn Minuten des Unterrichts. Sie weist jedoch nachdrücklich darauf hin, daß diese Minuten keine verlorene Zeit seien, sondern für das Gruppenklima und den Kontakt untereinander außerordentlich wichtig sind und es zu ihren Aufgaben als Klassenlehrerin gehört, sich um ihre Schüler zu kümmern und sich für deren Belange zu interessieren. Außerdem würden sich, wenn sie keinen Platz für den Informationsaustausch bieten würde, die Informationsenergien negativ auf den weiteren Unterricht in Form von Unruhe auswirken. So können sich die Schüler später auf ihre Aufgaben konzentrieren.

"...wenn sich zwei in der Pause gekloppt haben, kann ich jetzt nicht anfangen, was weiß ich, über die Steinzeit zu sprechen. Weil die mit ihren Gedanken ganz woanders sind. Und der Rest der Klasse ebenfalls. Also versuche ich das mit anzusprechen, soweit zu klären oder zu besprechen, daß der größte Stau weg ist. Und dann fange ich meinen Unterricht an." (Interview Winter 090595)

Ein anderer von uns begleiteter Lehrer setzt sehr explizit Eröffnungs- und Abschlußrituale in seinem Unterricht ein. Er beginnt und beendet seinen Unterricht immer mit einer bestimmten ritualisierten Geste, dem sogenannten Ruhezeichen, bei dem schweigend die locker geballte, rechte Hand gehoben wird. Dieser Lehrer, Herr Kroner, setzt sich immer wieder über die äußere Strukturierung und Zeiteinteilung in 45 Minuten Einheiten seines Unterrichts durch die Schulglocke hinweg und schafft mit seinem Ruhezeichen, an dem sich jeweils alle Schüler beteiligen müssen, einen deutlichen Anfang und ein klares Ende des Unterrichts.

Herr Kroner beginnt - wie immer - seinen Unterricht mit dem Ruhezeichen. Dabei steht er im Türrahmen des Klassenraums, hebt schweigend die geschlossene rechte Hand und wartet bis Ruhe einkehrt ist und alle Schüler ebenfalls schweigend die Hand heben. (Beobachtung Kroner 110393)

Auf das Klingelzeichen, das eigentlich die Stunde beendet, nimmt er keine Rücksicht, sondern gibt mit ruhiger Stimme weitere Anweisungen und läßt bestimmte Arbeiten erst beenden, bevor er mit dem Ruhezeichen seinen Unterricht beendet. Kollegen kennen sein Verhalten und das Ruhezeichen. Sie haben scheinbar akzeptiert, daß sein Unterricht schon mal fünf bis zehn Minuten länger dauert und warten geduldig vor der Tür des Klassenraums. (Beobachtung Kroner 080393)

Deutliche Zeichen und Gesten, die Anfang und Ende des Unterrichts markieren, müssen altersangemessen gestaltet sein. So kann ein und dasselbe Ritual in verschiedenen Jahrgängen zu völlig verschiedenen Reaktionen der Schüler führen.

In der 7. Klasse hat Herr Kroner schon einige Probleme mit dem Ruhezeichen. Den älteren Schülern ist das Ruhezeichen (lockeres Heben der rechten Hand) peinlich und sie halten es für Kinderkram, mit dem sie von Schülern anderer Klassen aufgezogen werden. (Beobachtung Kroner 080393)

Professionelle Lehrerinnen und Lehrer deuten unvorhergesehene Unterbrechungen und Störungen von außen kreativ um und nutzen diese für ihren Unterricht. Es folgt ein Fallbeispiel, durch das gezeigt wird, wie eine Störung zum Lernanlaß genommen und in den Unterricht integriert wird.

Herr Distel bemerkt, daß ein Schüler während des Unterrichts mit dem Bau einer Schwalbe beschäftig ist. Er ermahnt den Schüler und fordert ihn auf, sofort der ganzen Klasse eine mündliche Bauanleitung für die Konstruktion von Papierschwalben zu geben, nach der die anderen Schüler der Klasse anschließend alle Schwalben bauen dürfen und diese auch fliegen lassen können. (Beobachtung Distel 250193)

Werden unvorhergesehene Störungen des Unterrichts durch die Lehrerinnen und Lehrer nicht aufgegriffen, kann es geschehen, daß sich die Schüler inhaltlich weiter mit dem Grund der Unterbrechung beschäftigen und nicht mehr dem Unterricht folgen. Mit großer Wahrscheinlichkeit schaden nicht thematisierte Störungen mindestens der Konzentrationsfähigkeit der Schüler.

Ein sehr krasses Beispiel dafür, daß eine Störung zum Lernanlaß gemacht wurde, konnten wir an einem Gymnasium beobachten. Der betreffende Lehrer stellte seinen gesamten Unterricht spontan auf die inhaltliche Behandlung der äußeren Störung um.

Als in dem Stadtteil, bedingt durch ein Feuer in einer naheliegenden Fabrik, Giftalarm gegeben wurde, machte Herr Queck dies sofort zum Thema des Unterrichts. Im Laufe der Stunde wurde den Schülern immer deutlicher, daß auch solche Katastrophenmeldungen etwas mit ihrem Thema im Politikunterricht zu tun haben. (Beobachtung Queck 060192)

Während des Unterrichts müssen Lehrerinnen und Lehrer den Schülern immer wieder etwas vorführen oder demonstrieren. In den naturwissenschaftlich oder technisch orientierten Fächern gehören Experimente und Demonstrationen zum Alltagsgeschäft der Lehrkräfte, aber auch in den Sprachen oder den künstlerisch-musischen Fächern müssen Lehrpersonen den Schülern häufiger etwas vorführen.

Frau Winter hat eine Folie einer Europakarte vorbereitet, in der nur die Ländergrenzen, nicht aber die Ländernamen eingezeichnet sind. Alle Schüler erhalten zusätzlich eine Kopie. Frau Winter steht am Overheadprojektor und stellt den Schülern Fragen über die dargebotene Karte. Anschließend sollen die Schüler die Namen der europäischen Länder benennen. Sie sollen nach vorne kommen und auf der an die Wand projizierten Karte das betreffende Land zeigen und den Namen nennen, der von ihr auf die Folie geschrieben wird. Es ist hilfreich, daß die Klasse aus vielen Spätaussiedlern und nichtdeutschen Schülern besteht, da diese der Klasse ihre Herkunftsländer zeigen. Als eine kleine Schülerin ausgerechnet die skandinavischen Länder (auf der Wandprojektion besonders hoch) zeigen will, kommentiert sie den Versuch mit den Worten: "Springen Silvia, springen." (Beobachtung Winter 100195)

Demonstrationen oder Vorführungen durch die Lehrerinnen und Lehrer eignen sich in besonderer Weise für Anfangs- und Einstiegssituationen in ein Unterrichtsthema. Sie sollen zu Beginn des Unterrichts die Aufmerksamkeit und das Interesse der Schüler wecken und werden so als bewußtes Gestaltungsmittel eingesetzt.

> Als Einstieg in das Thema Wiedergeburt wählt er ein Lied einer aktuellen Teenagergruppe über das Thema Sterben, das zuerst angehört, dann gelesen und analysiert wird. Anschließend sollen Wortbeiträge von den Schülern erfolgen, die schon Erfahrungen mit dem Tod (im Familien- und Bekanntenkreis) gemacht haben. Wieder eine außerordentliche und lebhafte Beteiligung der Schüler. Das Thema wurde von einer Schülerin vorgeschlagen, die sonst eigentlich nur negativ aufgefallen war. (Beobachtung Queck 061292)

Lehrerinnen und Lehrer führen als Einstieg in ein neues Thema etwas vor, um den Schülern Orientierung zu bieten und ein neues Thema in bekannte Sachverhalte einzuordnen.

> Der Einstieg in das neue Thema wird von ihr mit Hilfe einer Zeitleiste vorgenommen, in die sie die durchzunehmende Epoche der Griechen einordnet. Dabei zeichnet sie eine Linie an die Tafel, die ein Kontinuum das von der Erdentstehung über die Urzeit, das Mittelalter bis in die Neuzeit reicht, darstellen soll. Anschließend liest sie sehr langsam einen Text über die Olympischen Spiele von 1972 vor, den sie gleichzeitig über einen Overheadprojektor darstellt. Dabei zieht sie langsam den abgedeckten Text frei, damit die Schüler zeitgleich mitlesen können. Über diesen Text versucht sie für die Schüler einen Transfer zu den Griechen herzustellen, was ihr jedoch nur zögerlich gelingt. (Beobachtung Winter 071294)

Professionell handelnde Lehrerinnen und Lehrer müssen in der Lage sein, ihren eigenen Körper bewußt wahrzunehmen und ihn wirksam in dem Unterricht als mögliches Gestaltungsmittel einzusetzen. So sind diese körperorientierten Handlungen der Lehrpersonen sehr wichtige, jedoch häufig vernachlässigte Subdimensionen der Kategorie Gestaltung.

Wir zählen zu dieser Dimension den bewußten Einsatz der eigenen Stimme, Elemente von Bewegung, Gestik und Mimik zur Unterstützung, Ergänzung oder als Ersatz der verbalen Botschaften, sowie das eigene Erscheinungsbild wie z.B. die Kleidung der Lehrerinnen und Lehrer.

> "Der Körper ist das Medium des Pädagogen. Das sollten wir auch mal wieder sehen. Und Kreide und Stifte und so weiter kommen dann." (Interview Hegel 040595)

Nonverbales Verhalten und Gesten der Lehrerinnen und Lehrer können die sprachlichen Inhalte und Botschaften der Lehrkräfte unterstützen. Ergebnisse der Kommunikationswissenschaften zeigen die große Wirksamkeit nonverbaler Verhaltensweisen auf den Empfänger. Es folgt ein Beispiel eines Lehrers, der sehr intensiv die eigene Körpersprache als Gestaltungsmittel des Unterrichts einsetzt.

Herr Queck spricht laut und deutlich mit großen Gesten und Mimik, die seine Worte unterstützen. Dabei benutzt er häufig seine Arme, um seinen Worten mehr Nachdruck zu verleihen. Während einer Schülerdiskussion sitzt er nicht ruhig am Pult vor der Klasse, sondern geht permanent durch den Klassenraum und setzt sich auf freie Plätze von Schülern. Er sucht geradezu den Blickkontakt mit den Gesprächs- und Interaktionspartnern. Bei Herrn Queck besteht nach Ansicht des Beobachters eine Einheit zwischen verbaler und nonverbaler Kommunikation. Er benutzt seine Mimik, Gestik, Bewegungen und Worte kompatibel zueinander und strahlt so für die Schüler Offenheit und Gesprächsbereitschaft, sowie Interesse und hohe Motivation aus. (Beobachtung Queck 060192)

Gerade bei dieser Subdimension der Gestaltung spielen spielerische Elemente eine wichtige Rolle. Lehrerinnen und Lehrer können, indem sie Körperkontakt zu ihren Schülern herstellen, bei Konfliktsituationen oder bei Disziplinschwierigkeiten oftmals die Schüler schneller beruhigen als über verbale Bemühungen.

"Aber daß richtige Spiele eingeübt werden, Verhaltensweisen, daß Kontakt gespürt wird, auch Hautkontakt gespürt wird! Das muß auch in die Schule mit hinein! Wir dürfen nicht mehr schlagen, richtig. Gott sei Dank! Aber, daß ein Lehrer nicht mal mehr einem Schüler auf die Schulter klopfen, sondern auch mal ihn fassen darf! Warum denn bitte NICHT? Ich will ein Beispiel geben: Wenn Schüler sich zanken, oder so im Clinch liegen oder sich schlagen, dann nehme ich einen Schüler und halte ihn fest, einen Schüler aus der Sieben. Und er hat Körperkontakt mit mir. Und ich wage das, weil ich denke, daß er durch diesen Körperkontakt, den er dann eine Minute vielleicht hat, sich ein bißchen beruhigt. Daß also auch der ganze Körper des Pädagogen mit eingesetzt werden kann, soll. Nicht nur mit Stimme, sondern unter Umständen auch mal durch einen Körperkontakt." (Interview Hegel 040595)

Im folgenden Beispiel nutzt die beobachtete Lehrerin ihren Körper anstelle von verbalen Anweisungen und Ermahnungen, um Ruhe und Ordnung im Klassenraum herzustellen.

Der Unterricht wurde von mehreren Schülern, die sich mit ihren Nachbarn unterhielten, gestört und der Lärmpegel stieg immer weiter an. In dieser Situation hörte Frau Rasch auf zu sprechen, stellte sich vorne in die Mitte des Raums und schaute verärgert in Richtung der Lärmquellen. Die störenden Schüler merkten nach kurzer Zeit die Veränderung, stellten ihre Gespräche ein und schauten etwas betreten oder verlegen grinsend zu Frau Rasch. Nachdem die ganze Klasse ruhig war und alle zu Frau Rasch schauten, blieb diese noch einen Augenblick ruhig stehen und fragte dann: "Können wir jetzt wohl weitermachen?" Anschließend führte sie den Unterricht fort und die Klasse blieb längere Zeit relativ still. (Beobachtung Rasch 200195)

Die Lehrerin erreicht durch die Einnahme einer zentralen Position im Klassenraum, ohne ihre Stimme zu benutzen, die Aufmerksamkeit der Schüler. Solche nonverbalen Verhaltensweisen können den Lehrerinnen und Lehrern helfen, ihre Stimme zu schonen und sind schon aus diesem Grund für die Lehrkräfte wichtig, da viele der von uns begleiteten Lehrpersonen über Probleme mit der eigenen Stimme klagten.

"Ich hab mir zuerst im Beruf die Stimme ruiniert und dann selbst gelernt, vorsichtiger damit umzugehen. Ich halte einen Sprachbildungskurs in der Lehrerausbildung für wichtig, habe aber selbst leider keinen absolviert." (Interview Flüster 221195)

Einige der von uns begleiteten professionell arbeitenden Lehrerinnen und Lehrer haben so während ihrer Berufsbiographie gelernt, bewußt auf ihre Stimme zu achten und diese im Unterricht zu schonen.

Eine der wichtigsten Grundhaltungen Herrn Schillers ist "nicht schreien". (Memo Schiller 0493)

Frau Winter beginnt den Unterricht, indem sie mit ruhiger und langsamer Stimme die Schüler auffordert, ihre Unterrichtsmaterialien aus den Taschen zu nehmen und gibt klare Anweisungen, wie die folgende Aufgabe zu bearbeiten ist. (Beobachtung Winter 170195)

Gerade im Fremdsprachenunterricht können körperliche Elemente den Unterricht auflockern und das Verstehen und das Lernen der Schüler fördern, wie die folgenden Beispiele verdeutlichen.

Englischstunde in der 5b: Frau Flüster macht ein Ratespiel mit den Schülern. Sie beschreibt ein Tier auf Englisch und die Schüler sollen raten, was für ein Tier das ist. Frau Flüster beschreibt die Tiere nicht nur mit Worten, sie imitiert auch bestimmte Eigenschaften der Tiere, wie Zunge herausstrecken und beide Arme als Füße auf den Tisch legen. "Hund!" rufen einige Schüler. Frau Flüster schüttelt den Kopf und sagt: "Auf Englisch!" "Dog!" Frau Flüster nickt und macht gleich ein "Miau" "Katze, a cat!" "Very good", lobt Frau Flüster den Schüler mit dem Daumen nach oben. Sie macht weiter: "Auf welches Tier wird man so reagieren, wenn man es sieht?" Sie steigt auf einen Stuhl, hat die rechte Hand vor dem Mund und die linke Hand zeigt in Richtung Boden. Sie tut, als ob sie schreien würde. "Eine Maus!" "Ratte!" "Es ist eine Maus!" Die Schüler sind begeistert von Frau Flüsters Schauspiel und fragen gleich noch nach anderen Tieren. (Beobachtung Flüster 230994)

Nachdem Frau Flüster die Anwesenheit und Hausaufgaben geprüft und gestempelt (Terrific!) hat, teilt sie die Schüler in 2 Gruppen. Sie ruft die ersten 6 Schüler auf, einen Kreis zu bilden. "So, go!" sagt Frau Flüster und hebt ihren Arm und zeichnet in der Luft einen großen Kreis. Die Schüler laufen im

Kreis, bis Frau Flüster "Stop!" sagt. Alle Schüler bleiben stehen. Sie nimmt einen Schüler, der stehenbleiben darf, die anderen Schüler müssen niederhocken. Frau Flüster: "Daniel is running." Daniel zögert kurz, danach fängt er an, im Kreis zu laufen. Frau Flüster fragt die hockenden Schüler: "What ist Daniel doing?" "He is running." antworten einige Schüler gemeinsam. Frau Flüster nickt und hebt ihre beiden Arme von unten nach oben. Die Schüler stehen sofort auf. Frau Flüster bewegt ihren Arm und zeichnet wieder einen Kreis. Die Gruppe beginnt wieder zu laufen. Jeder Schüler ist einmal dran, um irgendeine Bewegung nonverbal vorzumachen (trinken, laufen, aufmachen, springen, schreiben etc.); alle wechseln sich ab. Frau Flüster hat während des ganzen Vorgangs weder die Spielregeln erklärt noch angekündigt. Die Schüler können den verbalen und nonverbalen Hinweisen von Frau Flüster offensichtlich gut folgen. (Beobachtung Flüster 161294)

Die beiden Beobachtungsprotokolle zeigen unserer Meinung nach ein gelungenes Beispiel für einen lebendigen Fremdsprachenunterricht. Elemente von Spiel, die Körperhaltung, die Mimik und große Gesten der Lehrerin unterstützten die sprachlichen Bemühungen. Der Fremdsprachenunterricht wird so zu einer Art (Schau-)spiel für die Schüler. Sie erlernen die neue Sprache nicht nur über das Ohr oder mit Hilfe von Schulbüchern, sondern erleben die neue Sprache, wobei alle Sinne angesprochen werden.

Für einen gelungenen Unterrichtszusammenhang ist es wichtig, daß Lehrerinnen und Lehrer gezielt für Elemente der Entspannung und Konzentration sorgen und diese bewußt herbeigeführt werden, um für die Schüler Momente der Entlastung und der Erholung zu schaffen. Zu einem professionellen Handlungsrepertoire gehört es auch, den eigenen Unterricht so zu gestalten, daß die Konzentrationsfähigkeit der Schüler gesteigert werden kann.

Ein von uns begleiteter Lehrer faßt diese Subdimension im folgenden treffend zusammen.

"Zur Pädagogik gehört auch Muße. Niemandem ist damit gedient, wenn ein Lehrer immer unter Volldampf, immer unter Strom seine Arbeit verrichtet und immer bis zur Halskrause in der Arbeit steckt, da leidet die Qualität so sehr drunter, daß ich meine, gerade wir müßten auch Muße haben und Muße vermitteln können. Wir leben in einer Gesellschaft, die eigentlich solche Begriffe gar nicht mehr kennt und es ist einfach wichtig, daß das auch vermittelt wird, z.B. eben auch, indem wir mal eine Viertelstunde oder zehn Minuten Musik einspielen und einfach mit Kindern Ruhe üben, das ist einfach ein wichtiger Vorgang, der im Elternhaus nicht mehr gelehrt wird." (Interview Schiller 071093)

Eine andere von uns begleitete Lehrerin hat nach der Teilnahme an einer Fortbildungsveranstaltung damit begonnen, bewußt Phantasiereisen und Elemente des Autogenen Trainings in ihren Unterricht einzubauen, um die Konzentrationsfähigkeit ihrer Schüler zu steigern.

Frau Winter will mit ihrer Klasse eine Phantasiereise durchführen. Dafür hat sie in der Pause für alle Schüler die Geschichte kopiert. Frau Winter fordert die Schüler auf, sich bequem hinzusetzen. Sie können, wenn sie wollen, den Kopf auf den Tisch legen. Zwei Schüler halten sich an den Händen fest. Nachdem alle Schüler eine bequeme Stellung gefunden haben, weist Frau Winter noch einmal ausdrücklich darauf hin, daß es nicht weiter schlimm sei, wenn ein Schüler einschlafe und beginnt mit der Geschichte. Nur drei Schüler von 25 lassen sich nicht auf die Geschichte ein, verhalten sich jedoch schweigend und stören die anderen nicht. Am Ende der Geschichte sind alle Schüler aufgefordert, ein Bild von ihrer Reise zu malen. (Beobachtung Winter 241194)

Ein anderer Lehrer nutzt Elemente der Entspannung als gezielte Maßnahmen der Sprach- und Rechtschreibförderung und betont den Zusammenhang vom Abbau von Lern- und Konzentrationsschwierigkeiten auf der einen Seite und Entspannungsmethoden auf der anderen Seite.

Neben dem Deutschförderkurs gibt es auch noch Kurse für lernschwache und rechtschreibschwache Schüler. In diesen Kursen wurde von ihm in der Vergangenheit nicht reines Rechtschreibtraining angeboten, sondern Autogenes Training und andere Entspannungsübungen mit den Schülern durchgeführt, da Entspannung und Abbau von Lern- und Rechtschreibproblemen seiner Meinung nach zusammengehören. Herr Kroner ist der Ansicht, daß reines Training von Rechtschreibfähigkeiten keinen Nutzen bringt. (Beobachtung Kroner 090393)

In bestimmten Unterrichtssituationen kann es hilfreich sein, wenn die Lehrkraft ruhig einmal den Clown spielt und so den Unterricht für die Schüler spontan auflockert. Zu zeigen, daß Schule auch Spaß machen kann, fördert die Interaktion zwischen Lehrperson und Schülern und hilft im täglichen Unterrichtsgeschehen. Gerade in diesem Zusammenhang haben jedoch einige von uns begleitete Lehrerinnen und Lehrer selber Probleme. Für sie sind Schule und Spaß zwei Bereiche, die nicht zusammengehören und auch nicht zusammen gefaßt werden sollten. Aus diesem Grund konnten wir auch nur vereinzelt Lehrerinnen und Lehrer beobachten, die sich trauten, den Clown zu spielen und sich auch einmal zu blamieren.

Herr Kroner betritt mit wild abstehenden und zerzausten Haaren den Klassenraum. Er wird von den Schülern als verschlafen angesehen und mit den Worten: "Wie sehen Sie denn aus? Oh, Haben Sie auch mal verschlafen?" Herr Kroner spielt zur Belustigung der Klasse sofort mit ausdrucksstarker Mimik und Gestik den Verschlafenen. (Beobachtung Kroner 080393)

"Ich habe neulich es einmal probiert. Die waren sehr unruhig. Was habe ich gemacht? Ich kam rein und habe gesungen! Wunderschöne französische Lieder. Und zwar nicht so Kinderlieder, sondern so Chansons. Und – ja, ich habe keine ganz schlechte Stimme – ich merkte, die waren ganz ruhig. Es geht also doch! Aber es erfordert Mut." (Interview Hegel 040595)

3.2.5 Hintergrundarbeit

Während der Beobachtungen wurde klar, daß der Unterrichtsarbeit Handlungen der Lehrerinnen und Lehrer zugrunde liegen, die direkt nicht beobachtet wurden, auf die aber indirekt geschlossen werden kann. Hier liefern die Interviews und der Besuch an den häuslichen Arbeitsplätzen wichtige Zusatzinformationen.

Lehrerinnen und Lehrer, die gelungenen Unterricht machen, bereiten meist ihre Erfahrungen sorgfältig auf und archivieren diese teilweise. So entsteht ein Fundus gelungener Unterrichtsbeispiele, auf den bei mangelnder Vorbereitungszeit oder Energie für die Unterrichtsgestaltung zurückgegriffen werden kann. Unterrichtseinheiten und Erfahrungen mit bestimmten Materialien und Themen werden dokumentiert und gezielt abgelegt, so daß sie später im Bedarfsfall wieder ausgewählt oder abgerufen werden können. Unterrichtseinheiten werden vorbereitet, geplant und notwendige Materialien produziert. Gerade bei der Hintergrundarbeit kann der Computer, wie wir noch aufzeigen werden, entscheidende Dienste leisten.

"Mein Ausgangspunkt ist immer der Schreibtisch, der Bleistift und das Papier und dann überlege ich mir, wie kann ich das für mich umsetzen, wie setze ich das in den nächsten Tagen im Unterricht um. Das ist sehr positiv. Z.B. bei Rollenspielen ist es ein Unterschied, ob ich sage: 'Du bist jetzt ein Psychologe' und ich an die Tafel schreibe 'Heinz ist der Psychologe', oder ob ich ein Schild ausdrucke, da steht dann 'Dr. Soundso, Psychologe', das ist für die Art und Weise, wie die Schüler das spielen, schon ein Unterschied. Wenn ich beim Computer eine Leermatrix habe und nur noch Namen eingeben muß, und alles andere ist schon vorformatiert, dann ist sowas ganz kurzfristig zu erstellen. Das ist doch kein Mehraufwand. Dann ist das eine Arbeitserleichterung. Es kostet zunächst relativ viel Arbeit, hat aber bei mir wiederum auch was mit Motivation zu tun, das mach ich auch gerne und ich denke, auch für die Schüler ist das besser. Ich verspüre das an der Resonanz, nicht nur aus meiner Begeisterung heraus, sondern ich denke schon, das ist auch was anderes." (Interview Schiller 050494)

Durch den Einsatz von PC's kann die Qualität, vor allem das Layout von Thesenpapieren, Vorlagen und Aufgabenstellungen für die Schüler deutlich verbessert werden. Lehrer haben nach Meinung von Herrn Schiller hier eine Vorbildfunktion. Man kann nicht erwarten, daß die Schüler saubere, strukturierte und gut gegliederte Ergebnisse abliefern, wenn die Aufgabenstellung durch den Lehrer selber nur flüchtig hingeschmiert oder mal schnell (schief) zusammengeklebt und kopiert worden ist. Die Unterrichtsvorbereitung mit Hilfe des PC's bedeutet für Herrn Schiller eine Zeitersparnis, da die Vorbereitung in Ruhe zu Hause erfolgen kann und Wartezeiten in der Schule vor dem Kopierer in den Pausen vermieden werden können. Aus diesem Grund hält er den Einsatz von PC's zukünftig für fast unersetzlich.

Wir fassen die unsichtbaren Arbeiten der Lehrerinnen und Lehrer unter der Leitkategorie Hintergrundarbeit zusammen. Diese Leitkategorie bezeichnet die fünfte Dimension des Handlungsrepertoires. Hierzu gehören die in der folgenden Abbildung aufgeführten Teildimensionen.

Abbildung 3.10: Dimension V *Hintergrundarbeit*

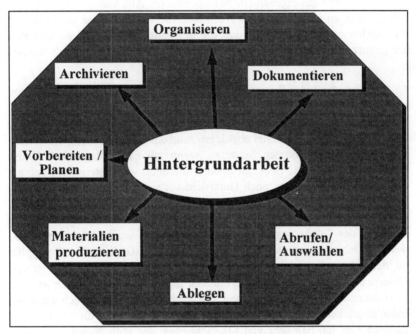

Der anschließende längere Interviewausschnitt kann als Kommentar zur Abbildung und als Erläuterung zum Thema Hintergrundarbeit gelesen werden.

"Also, ein ganz entscheidendes Instrument meiner Arbeit ist die Archivierung von Materialien, d.h. nach 15, 17 oder 18 Jahren, die ich jetzt unterrichte, haben sich unheimlich viele Materialien angesammelt, und jeder Lehrer hat wahrscheinlich irgendwann mal die Erfahrung gemacht, daß man zwar beliebig viele Leitzordner nebeneinander stellen kann oder Aktendeckel übereinander stapeln kann, das nützt einem in der konkreten Situation überhaupt nichts, wenn ich nicht immer weiß, wo hab ich welche Materialien und welchen Zugriff habe ich darauf. Material ist einfach ein wichtiger Faktor, Material sind nicht nur Texte, sondern alle möglichen Anregungen, die man im Laufe seiner Arbeit bekommen hat." (Interview Schiller 230993)

Das Herzstück seines Archivs ist ein Büroablagesystem, das aus breiteren DIN A4 Ablagekisten mit jeweils eigenem farblich geordneten Register besteht. Vorteil der Kisten gegenüber Ordnern ist, daß die Dokumente und Papiere schneller zugänglich sind und nicht gelocht werden müssen, jedoch nicht aus den Kisten herausfallen können. Inhaltlich sind die Kisten nach bestimmten Themenschwerpunkten, sowie nach Jahrgangsstufen geordnet. Mit Hilfe des Archivs kann Herr Schiller seinen Unterricht relativ detailliert vorbereiten, da er zu den verschiedenen Themen umfangreiche Unterlagen besitzt. Das Archiv wird ständig erweitert und aktualisiert. Themen, die ihn interessieren, werden zusätzlich aufgenommen. Neben der Unterrichtsvorbereitung wird das Archiv auch zur Reflexion des eigenen Unterrichts benutzt. Alle von ihm behandelten Unterrichtsthemen und Einheiten werden dokumentiert, teilweise bewertet und in das Archiv aufgenommen, so daß die gewonnenen Erfahrungen von ihm später genutzt werden können, wenn ein ähnliches Thema behandelt werden soll.

"... ich kann also jeden Zeitungsartikel, alles das, was mir begegnet an Ideen auch, z.B. nach Durchsicht eines Textes auch, das könnte mal ein Abiturthema werden für den Jahrgang, der jetzt noch in der 11. steckt. Ich hab die Möglichkeit, das zielgerichtet abzulegen, und das ist eine unheimliche Hilfe, weil das in der konkreten Situation, wenn ich nachmittags nach Hause komme, erschöpft bin, vielleicht in einer Situation wie gestern z.B., daß ich dann auch vielleicht auch noch Unterricht vorbereiten muß, eigentlich physisch gar nicht mehr in der Lage wäre, dann ist es ganz bedeutsam, daß man aus einem großen Fundus heraus, aus einer Fülle von Anregungen, die sich im Laufe der Zeit so angesammelt haben, wirklich gezielt auswählen kann, das kann ich nur, wenn ich das Material mit einem Griff zur Verfügung habe, deswegen arbeite ich auch sehr viel nach, also ich bereite sehr viel vor, Unterrichtvorbereitung dauert bei mir sehr lange, mach' die vielfach jetzt mit PC-Unterstützung oder Materialien, die ich bisher handschriftlich vorliegen habe, überarbeite ich noch mal auf dem PC und druck' mir die neu aus, und dadurch hab' ich halt sehr viel Möglichkeiten, das volle Repertoire auszuschöpfen, sowohl was die Materialgrundlage anbelangt, aber auch was die Ideen anbelangt." (Interview Schiller 230993)

Herrn Schillers Archivsystem wird noch durch eine umfangreiche Videosammlung, bestehend aus einer Reihe von Videokassetten verschiedener Systeme, ausgeliehener und aus dem Fernsehen aufgezeichneter Sendungen, sowie eigener kleinerer Produktionen, ergänzt. Die Auswertung und Aufzeichnung der Videomitschnitte wird von Herrn Schiller jedoch nachdrücklich als nicht zu unterschätzende zusätzliche Arbeit bezeichnet. Durch eine kleine Sammlung von Audiokassetten (Unterrichtsmaterialien für den Deutschunterricht) wird das Video- und Archivsystem zu einem multimedialen Instrumentarium vervollständigt. Durch Querverweise weiß er, zu welchen Themen und Bereichen er Videomitttschnitte oder Tonaufzeichnungen besitzt.

An dem Beispiel wird deutlich, daß Hintergrundarbeit den Lehrerinnen und Lehrern zwar Zeit kostet, jedoch auf der anderen Seite Entlastung bringen und die Qualität des eigenen Unterrichts steigern kann.

Hintergrundarbeit, als Dimension des Handlungsrepertoires, enthält immer auch Elemente von Kooperation mit Kollegen. So stellt Herr Schiller beispielsweise seine Audio- und Videoaufzeichnungen auch anderen Kollegen zur Verfügung. Aber auch andere Formen von Kooperation als eine Form von Hintergrundarbeit konnten von uns aufgezeichnet werden. So berichtet eine von uns begleitete Lehrerin von einer Freinetgruppe, der sie sich zeitweise angeschlossen hatte.

"Wir haben uns einmal im Monat getroffen, meistens in einem Haus, in einer WG. Die hatten da so die größten, besten Räumlichkeiten. Und da waren also einige sehr erfahrene Leute auch drin. Wir haben dann am Anfang eigentlich sehr allgemein gearbeitet. Das heißt also, jemand hatte wieder von einem Freinettreffen neue Sachen mitgebracht, nicht? Wie Materialien oder Berichte oder überhaupt nur erzählt, nicht? Wie das Treffen so abgelaufen ist. Dann haben wir also da gut zugehört erst mal. Haben also dann auch dazu gefragt, nicht? Haben dann also uns auch wirklich erzählen lassen, wie Leute jetzt so ihren Unterricht organisierten, nicht? Ja, und dann haben wir nach einiger Zeit haben wir dann mehr unter so einem bestimmten Thema gearbeitet. Das heißt also, wir haben - ich kann mich noch erinnern, daß wir mal eine Zeit lang das Thema Baum hatten. Und wir haben alles dann so mitgebracht, was wir dazu fanden. Und wir haben dann versucht, eben daraus Unterrichtsmaterialien zu erstellen. Oder daraus so eine ganze Unterrichtsreihe zu machen." (Interview Rasch 170595)

Ein wichtiges Moment der Hintergrundarbeit ist die Vorbereitung und Planung des kommenden Unterrichts. Dabei ist jedoch zu berücksichtigen, daß eine zu starre und unflexible Planung die eigenen Handlungsmöglichkeiten im Unterricht einschränken kann. Aus diesem Grunde ist eine flexible Planung notwendig.

Als Herr Kroner merkt, daß er die Klasse so nicht aktivieren kann, verändert er sehr schnell und flexibel seine Strategie. Er fordert die Schüler auf, mit Hilfe ihrer Atlanten ein bestimmtes Land zu finden und dann die Wirtschaftskarten des Landes zu benutzen, um die Bodenschätze und Exportartikel des Landes zu notieren. (Beobachtung Kroner120393)

Eine Lehrerin, die von uns begleitet wurde, betont nachdrücklich, daß auch bei der Planung von den Bedürfnissen und Interessen der Schüler ausgegangen werden sollte.

"Ich greife schnell Dinge auf, die von Schülern kommen. Und dann setze ich mich hin und suche mir meine Sachen zusammen, die dazu passen, und lasse das aber wirklich offen. Also es kann passieren – sagen wir mal jetzt, ich mache irgendwas zum 8. Mai – dann gehe ich da jetzt nicht mit einer fertigen Unterrichtsstunde da rein, sondern gehe mit ganz vielen Angeboten da rein. Ich habe also Zeitschriften durchgeguckt, habe aus Zeitungen Artikel ausgeschnitten, habe vielleicht im Fernsehen irgendwas aufgenommen, eine Dokumentarsendung, und fange dann meinetwegen erst mal mit dem Vorwissen der Schüler an." (Interview Winter 090595)

Ergebnisse der Vorbereitung sollten zumindest bei den älteren Schülern nur in Form von Angeboten gemacht und nicht gezwungenermaßen durchgesetzt werden. So kann es auch vorkommen, daß gutgemeinte Unterrichtsvorbereitung mit zusätzlichen Medien an Interessen und Bedürfnissen der Schüler völlig vorbeigeht. Wenn beispielsweise der Fremdsprachenunterricht durch Popmusik aufgelockert werden soll, ist mit großer Sorgfalt die betreffende Musik auszuwählen. Dabei ist zu berücksichtigen, welche Musik die Schülerinnen und Schüler und nicht welche die Lehrerinnen und Lehrer gerne hören. Ansonsten kann es geschehen - wie wir beobachten konnten -, daß die eingesetzte Musik eine genau entgegengesetzte Wirkung erzielt und bei den Schülern ein Gefühl von Langeweile erzeugt. Ähnliche Probleme konnten wir auch bei dem Einsatz von Filmen im Unterricht beobachten. Ein anderer von uns begleiteter Lehrer bezieht die Schüler in die Planung seines Unterrichts mit ein und fragt während des Unterrichts deren Interessen ab.

Herr Kroner erklärt den Schülern, daß sie den Unterricht nur dann sinnvoll weiterplanen können, wenn sie (die Lehrer) informiert sind, welche Fragen von den Schülern überhaupt behandelt werden sollen. Aus diesem Grund ist eine Meinungsbox in einer Ecke des Klassenraums aufgebaut, in der die Schüler schriftlich ihre Interessen und Vorschläge abgeben können. (Beobachtung Kroner 180393)

Qualitative Hintergrundarbeit kostet natürlich Zeit, bietet jedoch auch Vorzüge und Entlastung, so daß ein lebendiger Unterricht entstehen kann. Einige von uns begleitete Lehrerinnen betonten in diesem Zusammenhang den Vorteil von Teilzeitarbeit und reduzierter Unterrichtsverpflichtung für die eigene Unterrichtsvorbereitung.

Hier ist das Problem der fehlenden Vorbereitungszeit, sowie die Vorteile der Teilzeitarbeit angesprochen. (vgl. Hubermann 1992)

"Ich freue mich jetzt auch im Sommer darauf, das wieder draußen machen zu können. Daß jeder Schüler Kreide in die Hand kriegt und auf dem Schulhof dann Spiele gemacht werden, Verben konjugiert werden und und und. Das setzt aber andererseits eine Vorbereitung voraus, die man NICHT von jedem Lehrer verlangen kann. Ich habe zum Beispiel keine ganze Stelle und bereite mich von daher dann auf solche Stunden doppelt und dreifach vor." (Interview Hegel 040595)

"Vorbereitung bindet Zeit, aber das ist eigentlich auch ein bißchen mehr, wer auf Zetteln rumwirtschaftet, die hinterher wegfliegen, hat auch keine dauerhafte Konzeption entwickelt. Ich denke die Art des Umgangs mit dem

Material dokumentiert auch, wie man selbst dieses Material bewertet. In dem Moment, wo ich mich dahinsetze, - das mache ich überwiegend nachmittags - die Struktur einer Unterrichtsreihe aufzuschreiben und dann die Erfahrungen, die ich damit mache, wieder einfließen lasse und verändere, bedeutet ja eigentlich eine Art fortschreitende Bearbeitung von Unterricht. Das kommt mir als Hilfe vor, daß man auch Erfahrungen einarbeitet. Das ist natürlich mit dem Computer wunderbar zu machen. Besser, als wenn man immer wieder neuschreiben muß. Man kann Fragen draufsetzen und Anmerkungen, die nicht gedruckt werden und alles mögliche. Das ist sicher ein wichtiger Teil von Lehrerarbeit, der selten gesehen wird. Es geht auch immer um Aktualität. Man muß auch archivieren bezogen auf seinen Unterricht. Man kann nicht immer auf neue Lehrbücher warten. Das dauert 10 Jahre, bis ein neues Lehrbuch zu irgend einem Thema kommt und selbst dann stellt man fast, daß das nur abgeschrieben ist. (Interview Schiller 050494)

Herr Schiller betont als einen großen Vorteil intensiver Vorbereitung die größere Aktualität seines Unterrichts. Lehrerinnen und Lehrer, die ihren Unterricht gezielt mit eigenen Materialien vorbereiten, werden immer lebendigeren und näher an der Realität der Schüler befindlichen Unterricht durchführen können, als Lehrer, die sich nur an dem vorhandenen Lehrbuch orientieren.

Frau Winter kritisiert die bestehenden Schulbücher für den Geschichtsunterricht in Hauptschulen, die keinerlei Bezug zu den Bedürfnissen oder zu dem Alltag der Kinder bieten und teilweise hoffnungslos überaltert sind. Sie zeigt mir das Schulbuch und stellt dabei fest, daß kein Jahr der Auflage vermerkt ist. Es ist zeitlos. Den ganzen Bereich der Frankenkönige und des frühen Mittelalters mit dem damit verbundenen losen Staatenbund will sie entgegen den Richtlinien auslassen und dann wieder mit dem Leben im Mittelalter fortfahren. In diesem Zusammenhang betont sie die Wichtigkeit und Notwendigkeit von Unterrichts- und Vorbereitungsmaterialien. Da dies ihre erste 5. Klasse ist, hat sie nur Materialien für höhere Klassen und muß sich nun in ihrer Freizeit die geeigneten Materialien mühsam zusammensuchen. Dabei sind auch finanzielle Bedingungen nicht zu unterschätzen, denn gute Fachbücher zum Beispiel haben ihren Preis, den sie privat zu bezahlen hat. (Beobachtung Winter 071294)

So wichtig das Erstellen und Produzieren von Unterrichtsmaterialien für den eigenen, lebendigen Unterricht ist, es darf nicht zu einem zusätzlichen Streßfaktor des Lehrerberufs und zur Belastungsquelle werden. Ein ständiges Hinterherhetzen und Sammeln von Materialmengen kann dazu führen, daß die betreffenden Lehrpersonen den Überblick über sinnvolles Material verlieren und der Unterricht zu einer wahren Materialschlacht mutiert. In der Angst, den Anschluß an aktuelle Tendenzen und Methoden zu verlieren, werden immer mehr und ständig neue Materialien erstellt, beschafft und gehortet.

"Also die Tage hatte ich auch so ein bißchen so ein Gefühl von Niedergeschlagenheit, weil ich nämlich auch schon fast zu ertrinken drohte jetzt in so einer Masse an Klamotten, nicht? Ich bereitete da was vor, nicht? Und ehe ich mir dann mal alles zusammengesucht hatte, was ich da hatte und fand, da war schon eine ganze Zeit vergangen und dann hatte ich wirklich eine ganze Menge Materialien. Und dann mußte ich das aber jetzt auch alles, nicht? so... häppchenweise und so, nicht? abpacken und hinstellen auch und eintüten und was weiß ich. Und da habe ich gedacht irgendwie: Gleich hast du den Überblick so verloren, nicht? Gleich weißt du auch nicht mehr, was gibst du jetzt den Kindern an die Hand? Und was läßt du lieber zurück? Was ist zuviel, nicht? ... wir kriegen ja jetzt auch wieder ganz viele Prospekte, nicht? Und ich sehe dann schon wieder: "Neue Materialien!" und "Hier noch eine Kartei!" Mein erster Gedanke: "Hach! Die brauchen wir!", nicht? "Die müssen wir jetzt bestellen!", nicht? Und dann der zweite Gedanke ist aber inzwischen: "Komm. Stop!", nicht? "Wir haben jetzt SO viel! Und manche Sachen sind doch nicht so brauchbar, nicht? Und manche Sachen werden überhaupt nie benutzt!", nicht? "Laß das jetzt erst mal!" Man verzettelt sich dann auch irgendwann, nicht? Oder die Gefahr besteht, nicht? Daß man SELBER das Gefühl kriegt, man ist gar nicht mehr auf dem laufenden Stand, nicht? So ein bißchen hatte ich jetzt auch das Gefühl, ich verpasse den Anschluß und ich hetze jetzt schon so hinterher hinter dem Aktuellsten und Besten und Neuesten, was es so gibt, nicht?" (Interview Rasch 170595)

Lebendiger Unterricht erfordert eine detaillierte, flexible Vorbereitung, die optimalerweise in der Schule gemeinsam mit Kollegen erfolgen sollte. Unseres Erachtens muß für eine professionelle Hintergrundarbeit der Lehrerinnen und Lehrer auch der Raum und die Zeit zur Verfügung gestellt werden. Hierfür würden jedoch individuelle Arbeitsplätze in der Schule benötigt.

"Alles, was ich hier zu Hause stapel und neben meinem Schrank übereinanderlege, die ganzen Karteikästen – wenn ich den untersten brauche, brauche ich erst eine halbe Stunde, um alle wieder rauszuräumen aus der Ecke – sowas in der Schule zu haben! Karteikästen so richtig lebendig, nicht? Wo fertige Stunden drin sind, wo Materialien drin sind, gut beschriftet, ... Also ich denke, man sollte jedem Lehrer zwei Stunden für Büroarbeit in der Schule zugestehen. Statt 28 Stunden Unterricht nur 26. Und die übrigen zwei werden in irgendwelchen Teams Dinge erstellt, geordnet, hingestellt. Das würde eine Zusammenarbeit geben, das würde ein vernünftiges Angebot an Unterrichtsmaterial geben ..." (Interview Winter 090595)

Zusätzliche Vorbereitungszeit in der Schule, verbunden mit einer Unterrichtsreduzierung, könnte zu einer besseren gemeinsamen Vorbereitung des Unterrichtsvorbereitung führen und gleichzeitig auch noch die Kooperationsmöglichkeiten und den gegenseitigen Austausch im Kollegium fördern.

3.3 Wissen und Handeln

Eine der Schlüsselkategorien dieser Studie ist das Handlungsrepertoire. Dimensionen dieses Repertoires sind bereits ausführlich dargestellt worden, so daß wir jetzt der Frage nachgehen können, wie dieses Handlungsrepertoire im Laufe der Berufsbiographie erworben und erweitert wird.

Wenn pädagogisches Handeln nicht die erwünschten Folgen hat oder sogar das Gegenteil von dem hervorruft, was beabsichtigt wurde, könnte es sein, daß für die Handelnden gilt: "Denn sie wissen nicht, was sie tun." In diesem Fall wären die Handelnden insofern unwissend, als sie keine ausreichende Information über die Folgen ihres Handelns haben.

Wenn ein Pädagoge wider besseres Wissen Dinge tut, die er für falsch oder unwirksam hält, ohne recht sagen zu können, warum er es nicht richtig macht, besteht eine Diskrepanz zwischen Wissen und Handeln, die wahrscheinlich auf fehlendes Können zurückzuführen ist. Wenn Pädagogen andererseits gelungene Handlungszusammenhänge herstellen, ohne zu wissen wie, ergibt sich eine Situation, die sich etwa so benennen läßt: "Ich weiß, daß es funktioniert, und ich kann es, aber ich weiß nicht, wie und warum."

Im zuletzt genannten Fall könnte sehr wohl implizites Wissen eine Rolle spielen, über das der Handlungsträger aber momentan nicht bewußt verfügen kann. Vielleicht wird der Handlungsträger in einem Interview äußern, er handle intuitiv oder spontan. Für uns als Beobachter stellt sich beim systematischen Vergleichen dann oft die Frage, wieso ein Handlungsträger es intuitiv richtig macht, während ein anderer - ebenso wenig bewußt - "die Sache verdirbt".

Mit diesen ersten einleitenden Bemerkungen versuchen wir deutlich zu machen, daß die Beziehungen zwischen professionellem Handeln, professionellem Können und pädagogischem Wissen außergewöhnlich kompliziert und für unsere Fragestellung hochbedeutsam sind. Das immer wieder diskutierte Theorie-Praxis-Problem ist vielleicht nur eine mögliche Ausdrucksform der verwickelten Beziehungen zwischen Wissen, Können und Handeln.

Der Psychologe Diethelm Wahl hat in langjährigen empirischen Studien versucht, die verwickelten Beziehungen zwischen den drei Schlüsselvariablen Wissen, Können und Handeln transparenter zu machen. Wahl hat Tischtennis- und Blitzschachspieler untersucht, im Zusammenhang damit aber auch Lehrer, Hochschullehrer und Erwachsenenbildner (Wahl 1991). Allen genannten Gruppen gemeinsam ist, daß sie unter einem enormen Zeitdruck handeln müssen. Wir referieren einige Ergebnisse der Untersuchungen von Wahl, bevor wir mit der Darstellung unserer eigenen Ergebnisse fortfahren. Wahl geht von einer Handlungstheorie aus, die knapp wie folgt skizziert werden kann.

Gekonntes Handeln enthält Wissensbestände, die als verdichtete Wissensstrukturen bezeichnet werden. Verdichtete Wissensstrukturen entstehen wahrscheinlich durch Umformung weniger verdichteter Strukturen durch den Prozeß der

Einübung. Verdichtete Wissensbestände ermöglichen es, blitzschnell zu handeln, ohne lange nachzudenken. Im Handlungsprozeß werden zwei Typen verdichteter Wissensstrukturen aktiviert. Zuerst kommen Strukturen der Situationsauffassung ins Spiel, dann Strukturen der Handlungsauffassung.

Der Handelnde macht sich ein Bild von der Situation (Abrufen von Handlungsauffassungsstrukturen) und entscheidet, welche der Handlungsmuster aktiviert werden sollen. Handlungsstrukturen bedingen dann Muster des Könnens, z.b. bestimmte Bewegungsabläufe. Entscheidend ist, daß die verdichteten Wissensbestände jeweils als ganzes abgerufen werden und nicht erst mühsam aus vielen Einzelaktivitäten aufgebaut werden. Zwei Beispiele sollen die Theorie verdeutlichen helfen. Das erste Beispiel bezieht sich auf den routinierten Umgang mit Unterrichtsstörungen.

Umgang mit Unterrichtsstörungen
Empirisch werden sieben Situationsauffassungsklassen gebildet:

1 Leichte Störung durch einen Schüler
2 Allgemeine Unruhe
3 Störung bei Sozialformwechsel
4 Länger anhaltende Unruhe
5 Massive Störung
6 Klasse artet aus
7 Provokation

Diesen Situationsauffassungsklassen werden sechs Handlungsauffassungsklassen gegenübergestellt:

1 Erinnern an positive Situation mit Aufforderung
2 Aufforderung
3 Signal
4 Strafe durch Änderung der Unterrichtsplanung
5 Blamieren durch Leistungsaufforderung
6 Wut ausdrücken

Empirisch zeigt sich, daß Situationsauffassungsklassen mit durchschnittlich ein bis zwei Handlungsauffassungsklassen gekoppelt werden. Eine als "leichte Störung" wahrgenommene Situation veranlaßt also beispielsweise einen bestimmten Lehrer, entweder an eine positive Situation zu erinnern oder gleich eine direkte Aufforderung zu äußern. Handlungsklassen der Kategorien 5 und 6 werden nur in schwereren Fällen, also bei Situationsauffassungsklasse 6 oder 7 abgerufen.

Im folgenden stellen wir Situations- und Handlungsauffassungsklassen für den routinierten Umgang mit Schülerantworten gegenüber. Es handelt sich um das Beispiel eines einzigen Lehrers!

Abbildung 3.11: Routinierter Umgang mit Schülerfragen

Situationsauffassung	Handlungsauffassung
1 Zentrale und wichtige Antwort	1 Lob
2 Richtige Antwort, ungeschickt	2 Nonverbale Bestätigung
3 Teilrichtige Antwort	3 Bestätigen, Weitergeben an die Klasse
4 Flüchtigkeitsfehler	4 Rückfrage
5 Falsche Antwort	5 Stop, Aufforderung zum Nachdenken
6 Vollkommen falsche Antwort	6 Abwarten mit Hinweis
	7 Abwarten, Blickkontakt
	8 Frage an die Klasse

Wahl u.a. (Wahl/Wölfing/Rapp/Heger 1993) haben im Anschluß an ihre empirischen Studien Methoden der Erwachsenenbildung entwickelt und erprobt, die Pädagogen dabei unterstützen, ihre Lernstrategien zur Strukturkomprimierung zu verbessern. Die für gekonntes Handeln erforderliche Strukturkomprimierung wird in einer eigens dafür geschaffenen Lernsituation wirksam unterstützt.

Da unter Zeitdruck auf hochverdichtete Wissensstrukturen zurückgegriffen werden muß, handeln Experten oft im Alltag suboptimal. Sie verfügen in entlasteten Situationen über ein Wissen, das nicht soweit verdichtet wurde, daß sie es unter Zeit- und Handlungsdruck auch einsetzen können. Statt dessen wird unter Streßbedingungen notgedrungen auf andere, suboptimale Situations- und Handlungsauffassungsklassen zurückgegriffen. Wie werden nun elaborierte in verdichtete Theorien überführt, die gekonntes Handeln ermöglichen? Der Verdichtungsprozeß ist offenbar nicht außerhalb des konkreten Handelns möglich, aber auch nicht allein während des konkreten Handelns.

"Die Lösung für dieses Dilemma ist in Strategien zum Aufbrechen verdichteter Theorien und in Strategien zum Verdichten elaborierter Theorien zu suchen. Flankiert werden diese durch eine dritte (Meta-)Strategie, mit der ein möglichst störungsarmer Verlauf der beiden Umstrukturierungsprozesse erreicht werden soll." (Wahl 1991, S. 188)

Damit sind die Leitlinien eines Programms zur beruflichen Erstausbildung, zur Fortbildung und zur Weiterbildung pädagogischer Experten benannt. Gelernt wird zwar nicht außerhalb der beruflichen Praxis, aber nicht ausschließlich in ihr. In der Praxis hat sich eine Kombination von Arbeit in der pädagogischen Realsituation, Arbeit in Trainingsseminaren und Arbeit in Copinggruppen bewährt.

Gelernt wird nicht nur dadurch, daß neue Fähigkeiten erworben werden, sondern auch dadurch, daß bereits erworbene Fähigkeiten wieder abgebaut werden. Verdichtete Theorien, die suboptimal, pädagogisch unwirksam oder gar schädlich sind, müssen wieder verlernt werden, damit ein wirksameres Handlungsrepertoire entstehen kann. Durch Vorplanen (z.B. in der professionell supervisierten Copinggruppe) und durch Aufschieben (Verzögern von Lösungen durch Herausnahme aus der Interaktionssituation) können neue Handlungsstrukturmuster aufgebaut werden.

Die Begriffe Handlungsrepertoire und Diagnosekompetenz in unserem Ansatz korrespondieren mit den Begriffen Handlungsauffassung und Situationsauffassung bei Wahl u.a.

Methodisch bedeutsam ist die Beobachtung, daß offenbar Handlungs- und Situationsauffassung nicht unabhängig von der realen Handlungssituation erforscht werden können. Rekonstruktionen ex post erweisen sich zum Teil als irreführend. Es gibt also wohl Wissensstrukturen, die sich nur im Handeln zeigen und dem Bewußtsein außerhalb der Handlungssituation kaum zugänglich sind. Aus diesem Grund sind Selbstaussagen von Pädagogen in Interviews und Befragungen, wenn sie sich auf das eigene Handeln beziehen, mit Vorsicht zu interpretieren. Das Selbst hat offenbar andere Funktionen als die der realistischen Beschreibung eigenen Handelns unter Druck (vgl. hierzu Kapitel 3.3). Dieser Befund hat, wenn er zutreffend ist, für die Lehrerforschung weitreichende Konsequenzen. Die Verknüpfung von Handlungsrepertoire und Situationsauffassung beschreiben wir nun anhand von Fällen aus unserer eigenen Studie.

Handlungsrepertoire zur Bewältigung alltäglicher Situationen unter Druck
Frau Flüster unterrichtet Englisch in einer Hauptschule Klassen der Jahrganggstufen 5 und 9. Mit den meisten unterrichtlichen Anforderungen kommt sie sehr gut zurecht. Ihre Hauptstärke liegt in den Bereichen "Interaktion, Feedback, Mimik, Gestik". Sie stellt rasch persönlichen Kontakt zu einzelnen Schülern her, ohne dabei die Gruppe aus dem Auge zu verlieren.

Mit kleineren Störungen wie z.B. Dazwischenreden geht sie etwa wie folgt um:

Sie schaut den betreffenden Schüler mit weit aufgerissenen Augen an und sagt langsam, laut und deutlich:

"Your eyes are blue and you talk too much." Sie verknüpft das Unterrichtsthema (Personenbeschreibung auf Englisch) mit der sanften Ermahnung ("...you talk too much").

Der Beobachter stellt fest, daß sie an einem Vormittag nur einmal an ihre Grenzen stößt. In der Jahrgangsstufe 9 fordert sie einen Schüler auf, an die

Tafel zu gehen. Der weigert sich. Darauf Frau Flüster: "Schämst du dich?" Der Schüler weigert sich weiterhin. Frau Flüster gibt auf.

In einem späteren Interview kommt sie auf Vorfälle dieser Art zurück und begründet damit, daß sie in der betreffenden Lerngruppe inzwischen einen etwas eintönigen Unterricht mache, weil die Schüler sich weigerten, an die Tafel zu kommen. Offenbar ist dies Teil einer Gesamtstrategie, die sie für diese einzelne Lerngruppe gewählt hat, um bestimmte Probleme zu vermeiden.

Die Situation in dieser Lerngruppe können wir etwa so umschreiben: "schwer aktivierbare, wenig motivierte Gruppe, die einen müden Eindruck macht". Frau Flüster antwortet auf diese Situation mit einem Handlungsmuster, das etwa so charakterisiert werden kann: "Grenzen respektieren, Reduzierung auf Arbeiten mit dem Lehrbuch, klare Anweisungen und Arbeitsaufgaben geben, die am Platz in Einzelarbeit erledigt werden können, schärfere Kontrollen von Hausaufgaben und Mitarbeit". Lösen wir Situations- und Handlungsmuster von der Person ab, ergibt sich folgende Paarbildung:

Abbildung 3.12: Handeln angesichts eines alltäglichen Dauerproblems

Situationsauffassung	Handlungsrepertoire
• zähe, schwer motivierbare Lerngruppe,	• Rücknahme von Ansprüchen an Aktivitäten im Klassenraum
• Verweigerung von einzelnen Handlungen vor der Gruppe,	• Orientierung am Lehrbuch
• "Trägheit"	• Klare Arbeitsanweisungen
	• Verschärfte Kontrollen von Hausaufgaben und Mitarbeit. Mehr Einzelarbeit am Platz
	• Konfrontation vermeiden
	• Akzentverlagerung auf Strukturbildung
	• Alternativen: Aktivierungsübungen Bewegungsspiele Rollenspiele Teamarbeit

Die in der Tabelle genannten Alternativen sind von Frau Flüster im konkreten Fall nicht oder nur sporadisch gewählt worden. Sie standen aber durchaus zu ihrer Verfügung. Einige Male hat sie vorgeplant agiert und kleine Experimente mit Aktivierungsübungen gemacht, die aber nicht zu ihrer Zufriedenheit verlaufen sind. Die besondere Stärke der betreffenden Lehrerin, ihr Repertoire im Bereich Interaktion und Feedback, kommt hier nicht zur Geltung. Statt dessen verlagert sie den Akzent auf Strukturbildung.

Ein professioneller Umgang mit dem Problem, der Ausgangssituation könnte darin bestehen, vorgeplant zu agieren. Beim vorgeplanten Agieren können noch weitere Handlungsmuster in Betracht gezogen werden. Im günstigen Fall steht ein Tandempartner oder eine Gruppe zur Verfügung. Der Handelnde geht mit dem Vorsatz in die Interaktionssituation, bestimmte Muster seines Handlungsrepertoires einzusetzen, die er bisher nicht oder kaum mit der Situationsauffassung gekoppelt hat und die in der Vorbesprechung und Planung als hypothetisch wirksam erkannt wurden.

Erfolg oder Mißerfolg des eigenen Handelns werden wahrgenommen und dokumentiert. Für den Fall des Scheiterns wird vorgesehen, auf gewohnte Handlungsmuster zurückzugreifen.

Wahl u.a. führen eine weitere wichtige Unterscheidung ein, die an dieser Stelle bedeutsam ist, die Unterscheidung zwischen Planungs- und Interaktionshandeln. Planungshandeln geschieht außerhalb der Interaktionssituation und meist unter geringerem Zeitdruck. Planungshandeln engt die Möglichkeiten von Ereignisabfolgen in der Interaktionssituation ein und stellt damit eine Art Voreinstellung auf die Interaktion dar. Der Planende weiß, welche Elemente seines Handlungsrepertoires ins Spiel kommen und fühlt sich in der Interaktionssituation sicherer. Gefordert wird das Handlungsrepertoire in seiner ganzen Breite erst, wenn Überraschendes passiert. Professionelles Planungshandeln ist eine wichtige Ressource zur Reduzierung von Streß, Hektik und Überforderung. Aber auch für wirksames Planungshandeln ist ein Repertoire erforderlich, das durch Training und Kooperation mit Kollegen gezielt verbessert werden kann.

Möglicherweise ist unsere Zuordnung von Handlungsrepertoires zu fünf Dimensionen eine Hilfe bei der Planung von Unterrichtsprozessen. Beispielsweise wäre im Team oder in der Copinggruppe zu fragen, ob Handlungsrepertoires einer bestimmten Dimension schon ausgeschöpft oder überhaupt aktiviert worden sind.

Verlagerung des Handlungsschwerpunktes in eine andere Dimension
Frau Riesenhuber, Lehrerin an einer Gesamtschule, hat in ihren Lerngruppen in der ersten Beobachtungsphase von drei Monaten häufig Disziplin- und Kontrollprobleme. Die Lernenden der Jahrganggstufe 7 laufen während des Unterrichts durch die Klasse, raufen sich, gehen ans Fenster, bewerfen sich mit Gegenständen, spielen Karten und machen auf vielerlei Weise deutlich, daß sie in andere Aktivitäten involviert sind als in systematisches Lernen.

In der zweiten Projektphase, nach mehreren ausführlichen Feedbackgesprächen mit dem Beobachter, hat sich die Situation in der Jahrgangsstufe 7 (inzwischen Jahrgangsstufe 8) deutlich geändert.

Die Schüler sitzen an Gruppentischen und bearbeiten in Kleingruppen Aufgaben, die Frau Riesenhuber stellt, beispielsweise Fragen zu Quellen und Mündungen von Flüssen in Europa, die die Schüler mit Hilfe des Atlanten beantworten können. Der Beobachter stellt fest, daß ein großer Teil der Interaktionen in der Gruppe nun aufgabenbezogen erfolgt. Die Schüler sind bei der Sache, auch wenn es locker dabei zugeht.

Festzustellen ist hier eine Verlagerung des Handlungsrepertoires von der spontanen Interaktion zur gezielten sozialen Strukturbildung (Kleingruppen, Miniprojekte, Bereitstellen von Arbeitsmaterial). Unter diesen Bedingungen treten Disziplin- und Kontrollprobleme weitaus seltener auf. Während der Klassenraum früher eher kahl wirkte, ist er jetzt mit Schülerarbeiten geradezu tapeziert.

Abbildung 3.13: Situationsauffassung und Handlungsrepertoire angesichts von Disziplinproblemen, Unruhe, Unordnung

Situationsauffassung	Handlungsrepertoire
• Zerfall der Lerngruppe in viele Aktionszentren • keine aufgabenbezogene, kohärente Struktur • Unruhe, Lärm, • kaum Konzentrationsmöglichkeiten	**interaktionsbezogen:** • Bitten • Drohen • Schimpfen, Schreien **planungsbezogen:** • Aufbau einer sozialen Struktur • Kleingruppenarbeit • klare Aufgabenstellung • Arbeitsmittel mitbringen • Wettbewerb zwischen Gruppen

Während situationsbezogene Lösungsversuche fehlgeschlagen sind, hat ein planungsbezogenes Vorgehen in Verbindung mit der Verlagerung des Handlungsrepertoires von der Interaktion auf Handlungen, die zur Strukturbildung führen, den gewünschten Erfolg. Disziplinprobleme treten kaum noch auf, die streßbetonten Interaktionen gehen zurück. Der Übergang von interaktions- zu planungsbezogenen Handlungsmustern und von der spontanen Interaktion zur strukturbildenden Intervention ist - im Rahmen eines Feldexperiments - durch den Beobachter mit hervorgerufen worden. Die Entscheidungen sind allerdings von der Lehrerin selbst getroffen worden.

Worin liegt nun der theoretische Ertrag dieser verdichteten Fallbeschreibungen?

Einmal zeigt sich, daß der Begriff des Handlungsrepertoires greift, wenn es um die Beschreibung alltäglicher Probleme der Pädagogenarbeit und ihrer Bewältigung geht. Zum zweiten zeigt sich, daß die Unterscheidung zwischen planungsbezogenen und interaktionsbezogenen Handlungsrepertoires sinnvoll ist. Die von uns Hintergrundarbeit genannte Dimension ist eine überwiegend planungsbezogene, während die Dimension Interaktion überwiegend auf das Handeln in der sozialen Situation Lerngruppe abzielt. Die Dimensionen Soziale Strukturen, Gestaltung und Kommunikation/Sprache enthalten Handlungsrepertoires aus beiden Bereichen, sowohl interaktionsbezogene als auch planungsbezogene. Probleme entstehen oder verschärfen sich oft dadurch, daß auf interaktive Repertoires zurückgegriffen wird, wo strukturbildende und planungsintensive Repertoires angemessener wären. Umgekehrt können natürlich auch Planungshandlungen und strukturbildende Aktivitäten die lebendige Interaktion unterdrücken. Solche Fälle sind in der Schule infolge der meist hohen Unterrichtsbelastung allerdings seltener als die Fälle mit umgekehrter Problemrichtung. Der theoretische Ertrag unserer systematischen Vergleiche läßt sich wie folgt graphisch abbilden.

Abbildung 3.14: Schlüsselkategorien zur Unterscheidung von Handlungsrepertoires

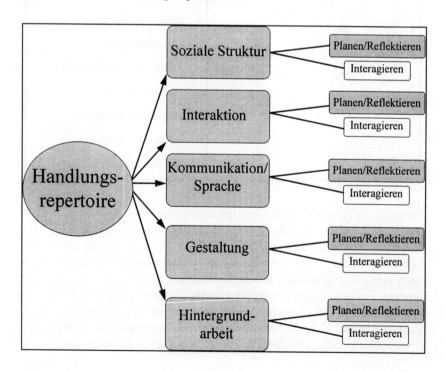

Die Abbildung soll verdeutlichen, daß Handlungsmuster in fünf Schlüsselkategorien eingeteilt werden, von denen jede wiederum in zwei Subkategorien aufgeteilt werden kann. Für den Handlungsträger besteht die Möglichkeit, sowohl von einem Muster zum anderen überzugehen, als auch die Subkategorie zu wechseln.

Ein Handlungsträger kann beispielsweise interaktionsbetonte Hintergrundarbeit durchführen, etwa sich außerhalb des Unterrichts zur Entwicklung und Archivierung von Material in einen Projektzusammenhang begeben und dort mit Kollegen oder Fachwissenschaftlern interagieren. Derselbe Handlungsträger könnte den Akzent von der interaktionsbezogenen Hintergrundarbeit zur Planung sozialer Strukturen in seinen Lerngruppen verschieben. Er kann sich auch entscheiden, über Gestaltungsprobleme zu reflektieren. Wir nehmen an, daß ein solches Gleiten von einem Handlungsrepertoire zum anderen nicht nur spontan, sondern auch bewußt und gezielt erfolgen kann.

Das folgende Beispiel zeigt, wie Handeln und Wissen in einen anderen, besonders mit Spannungen geladenen Zusammenhang kommen können.

> Frau Blum, Lehrerin an einer Gesamtschule, verhält sich angesichts von Unterrichtsstörungen wenig konsequent. Mal äußert sie Mißbilligung, wie "Es ist mir zu laut hier." oder "Hört mir überhaupt noch einer zu?" Mal ignoriert sie die Störung einfach. Werden die Störungen nicht ignoriert, gibt es eine Steigerung von "Klagen" über "Ermahnen" bis zum "Androhen des Rausschmisses". Im Gespräch mit dem Tandempartner (Beobachter) äußert sie hierzu, eigentlich wenig von ihren Interventionen zu halten und auch niemals wirklich jemanden vor die Tür zu setzen, aus Angst, der Schüler könne auf dem Flur noch mehr Unsinn anstellen. (Memo Blum 091095)

Aus der Analyse dieses Memos, das auf verdichteten Beobachtungsprotokollen beruht, entsteht folgendes Schema:

Abbildung 3.15: Interaktionshandeln und Bewertung durch den Handlungsträger

Interaktionshandeln	Bewertung außerhalb der Situation
Ignorieren	hält wenig davon
Klagen	führt nicht aus
Ermahnen	hat Angst vor Folgen
Androhen	

Außerhalb der Handlungssituation ist sich die Lehrerin darüber im klaren, daß ihre Interventionen ungeeignet sind, das Problem zu lösen. In der Handlungssituation, unter Druck, wird dieses bewertende Wissen allerdings nicht wirksam. Bewertendes und reflektiertes Wissen über die Situation stehen in einem Spannungsverhältnis zum Wissen in der Situation.

Methodisches und technisches Wissen
Bereits im ersten Kapitel wurde die Frage gestellt: Ist Lehrerarbeit in der Organisation Schule ohne technologisches Wissen überhaupt möglich? Technologisches Wissen wurde definiert als eine spezielle Form von Entscheidungs- und Begründungswissen. Die Auswahl einer Maßnahme, mit der bestimmte Ziele erreicht werden sollen, wird unter Bezug auf allgemeine Gesetzmäßigkeiten begründet. Techniken und Methoden haben den Vorzug, daß sie von der einzelnen Person abgelöst dargestellt, eingeübt, angewendet werden können. Sie gehören zu den Memen einer professionellen Kultur.

Beispiele:

> Herr Schiller teilt eine Lerngruppe von 24 Schülern im Deutschunterricht in Kleingruppen ein und stellt eine konkrete Aufgabe. Zu einer Nachricht, die vorgegeben wird, soll in der Gruppe eine Überschrift gefunden werden. Die Gruppenergebnisse werden präsentiert und bewertet. Anschließend bittet Herr Schiller die Gruppenmitglieder alle, kurz zu der Frage Stellung zu nehmen:
> "Wie hat euch die Methode der Kleingruppenarbeit bei dieser Aufgabe gefallen?"
> Die Schüler nehmen reihum kurz Stellung zu dieser Frage. Es zeigt sich, daß einige lieber an derartigen Aufgaben allein arbeiten würden. (Fallbericht Schiller 0693)

> Herr Schiller hat hier eine Feedback-Technik eingesetzt, das sogenannte "Blitzlicht", weil er in dieser Lerngruppe noch wenig Erfahrung mit aufgabenbezogener Kleingruppenarbeit hat. Die Rückmeldung der Schüler ist für ihn nicht das einzige Kriterium der Bewertung seiner Methode, aber eines von mehreren Kriterien, die er beachtet. Die Technik wird gewählt, um zusätzliche Informationen zu bekommen.

> Herr Schiller verfügt über ein Archiv audiovisueller Materialien. Hierzu gehört ein Audioarchiv. Auf den Audiokassetten befinden sich Aufnahmen von Balladen und Kurzgeschichten in gesprochener, teilweise auch musikalisch umgesetzter Form. Im Rahmen des Deutschunterrichts wird der Einstieg in das Thema Balladen technisch unterstützt. (Memo Schiller 150694)

> Die Audiokassette einzusetzen, ist also eine von etlichen möglichen Maßnahmen, aus denen Herr Schiller eine Auswahl trifft, wenn er vor dem Problem steht, in Literaturgattungen einzuführen.

> Frau Flüster arbeitet im Englischunterricht der Jahrgangsstufe 5 mit einem Kassettenrekorder. Texte aus dem Lehrbuch (z.B. Dialoge) sind - von *native*

speakers gesprochen - auf Kassette aufgezeichnet. Bevor die Schüler selbst Dialoge sprechen, hören sie, wie die Sprecher die einzelnen Wörter aussprechen, wie Fragen betont werden usw. (Fallbericht Flüster 0395)

Der Kassettenrekorder wird vor allem eingesetzt, um die Aussprache der Schüler durch Hören zu verbessern, außerdem aber, weil das Zuhören in dieser Altersgruppe motivierend wirkt.

Herr Kroner arbeitet projektförmig mit Kleingruppen. Wird eine neue Aufgabe in Angriff genommen, wird eine längere Erklärungsphase an den Anfang gestellt. In dieser Erklärungsphase geht Herr Kroner nicht auf Einzelfragen ein. Er gibt genaue Arbeitsanweisungen. Die Arbeitsanweisungen werden durch ein gut strukturiertes und übersichtliches Tafelbild unterstützt. Herr Kroner spricht in dieser Phase laut, deutlich, mit ruhiger, klarer Stimme. (Fallbericht Kroner 110393)

Die Projektarbeit ist hier eine Methode, die sorgfältig ausgearbeitet wurde. Das Voranstellen einer Erklärungsphase mit eigenen Arbeits- und Kommunikationsregeln kann als eine Technik betrachtet werden, mit der die Gruppenarbeit besonders wirksam eingeleitet werden soll.

Herr Becker beginnt eine Unterrichtsreihe in der Jahrgangsstufe 9 im Fach Deutsch zum Thema Konkrete Poesie damit, daß er Arbeiten konkreter Poesie, die Schülerinnen und Schüler der 12. Jahrgangsstufe angefertigt haben, austeilt. Es handelt sich um Arbeiten zum Thema Müll. Je ein Paar von Schülern bekommt eine Arbeit. Die Arbeiten werden zunächst innerhalb der Paare, dann mit der gesamten Lerngruppe interpretiert.

In einem späteren Unterrichtsabschnitt schreiben die Schüler selbst kurze Gedichte zum Thema Entwicklung. Es entsteht zum Beispiel folgendes Gedicht:

> Entwicklung
> Der Affe
> Der Affenmensch
> Der Neandertaler
> Der heutige Mensch
> Der Maschinenmensch
> Die Maschine

Zwei Methoden sind hier miteinander verknüpft: Erstens die Konfrontation der Jugendlichen mit Anschauungsmaterial, das zwar neuartig und fremd ist, aber gleichwohl eine besondere Nähe zu der jeweiligen Lerngruppe aufweist. In diesem Fall wird die Nähe dadurch hergestellt, daß Arbeiten älterer Mitschüler vorgestellt werden. Zweitens eine Arbeitsphase, in der die Jugendlichen, herausgefordert durch das Anschauungsmaterial, selbst produktiv werden können. Durch den Themenwechsel und den Wechsel der Ausdrucksform ist gewährleistet, daß nicht bloß kopiert wird.

Wissen über einzelne Schüler

Zwei Lehrer, die denselben Schüler unterrichten, können sich in der Interaktion ihm gegenüber sehr unterschiedlich verhalten. Das gilt auch dann, wenn der Schüler beiden Lehrern gegenüber in ähnlicher Weise auftritt.

Beispiel:

> Alexander fällt dadurch auf, daß er viel mit seinem direkten Nachbarn redet, kaum ruhig sitzt, oft einfach in die Klasse ruft, ohne aufgefordert zu sein, anderen Schülern ins Wort fällt und einfach drauflos redet. Dieses Verhalten konnte sowohl bei Herrn Schiller als auch bei Herrn Biber beobachtet werden. Die beiden Lehrer bilden ein Klassenlehrertandem und sind für Alexander, der zu ihrer Klasse gehört, in besonderer Weise zuständig.

Den Beobachtern fällt auf, daß die beiden Klassenlehrer sich in ähnlichen Situationen Alexander gegenüber durchaus unterschiedlich verhalten. Herr Schiller läßt sich durch die Handlungen von Alexander nur in ganz bestimmten Fällen beeinflussen, nämlich dann, wenn er der Meinung ist, daß Alexander seine Mitschüler ablenkt. Gelegentlich macht er Alexander ohne Androhung von Strafen auf sein Fehlverhalten aufmerksam. Er nimmt Alexander auch dann dran, wenn Alexander sich nicht ordentlich gemeldet hat. Er behandelt Alexander im übrigen wie andere Schüler auch und versucht, sein Vertrauen zu gewinnen.

Herr Biber hingegen läßt sich von Alexander häufig aus dem Konzept bringen. Er reagiert fast auf jede Störung von Alexander. Auf einen Hinweis folgen regelmäßig eine Ermahnung, dann eine Drohung und schließlich der Rausschmiß. Alexander muß dann für einige Minuten auf den Flur, um über sein Fehlverhalten nachzudenken. Andere Schüler werden ähnlich behandelt wie Alexander. Offenbar akzeptiert Alexander die Sanktionen als gerechtfertigt. Herr Biber schafft so einen homogenen Disziplinrahmen.

Beide Lehrer haben einen Weg gefunden, mit diesem besonderen Schüler Alexander umzugehen. Beide handeln gezielt und bemühen sich um Konsequenz. Beide bringen Wissen über diesen besonderen Schüler in die Interaktion ein und verknüpfen dieses Wissen mit ihrem Wissen über den wirksamen Umgang mit Störungen und Problemen einzelner Schüler.

Herr Biber verfolgt einen lerntheoretischen Weg, in dem Sanktionen als Erziehungsmittel gesehen werden. Für Herrn Biber zeigt Alexander ein charakteristisches Fehlverhalten, das Herr Biber mit Ehrgeiz und Engagement zu korrigieren versucht. Herr Schiller hat auch ein Bild von den Problemen dieses speziellen Schülers, verzichtet aber bewußt auf jede einzelfallbezogene Intervention, die über *classroom management* hinausgehen würde. Er begegnet Alexander mit Akzeptanz, Freundlichkeit, Gelassenheit und gelegentlichen Rückmeldungen. Beide Lehrer wissen, wie sie Alexander zu nehmen haben. Beiden gelingt die Interaktion mit ihm im Lerngruppenkontext. Aus der Sicht des Beobachters reagieren sie angemessen und selbstkontrolliert. (Verdichteter Fallbericht Schiller/Biber 1092/0795)

Weniger erfolgreich ist Herr Heu, Fachlehrer in Lerngruppen derselben Jahrgangsstufe wie Herr Biber und Herr Schiller, im Umgang mit Schülern, die auf ähnliche Weise auffallen wie Alexander. Er läßt sich aus dem Konzept bringen, wird sichtlich erregt, ermahnt den Problemschüler immer wieder, bestraft ihn ohne Vorankündigung, weist ihn an, sich auf einen anderen Platz zu setzen, sieht in ihm einen Hauptschuldigen für die allgemeine Unruhe, die in seinem Unterricht oft auftritt.

Auch Herr Heu hat ein bestimmtes Bild des Problemschülers, er weiß viel über ihn und sein Verhalten, auch über seinen persönlichen Hintergrund. Allerdings ist dieses Wissen nur schwach mit pädagogischem Handlungswissen verknüpft. Herr Heu wirkt auf die Beobachter oft ratlos und wird tendenziell zum Opfer dieses Schülers. Seine gegenwärtigen Handlungsmöglichkeiten im Umgang mit Schülern dieses Typs scheinen erschöpft zu sein. (Verdichteter Fallbericht Heu 1092/0795)

In der folgenden Abbildung fassen wir den theoretischen Ertrag dieses Vergleichs von drei Fällen zusammen.

Abbildung 3.16: Wissen über einzelne Schüler und pädagogisches Handeln

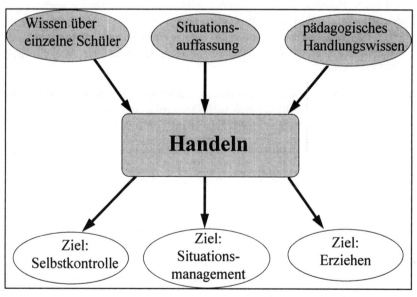

Wissen über einzelne Schüler wird mit Situationsauffassungen verbunden, während zugleich Möglichkeiten des pädagogischen Handelns abgerufen werden. Die dann ausgeführten Handlungen können drei Ziele getrennt oder verknüpft verfolgen: die Selbstkontrolle und die Aufrechterhaltung der persönlichen Integrität in der Situation, das Management der sozialen Situation in der Lerngruppe und schließlich das Ziel, diesen einen speziellen Schüler zu erziehen, sein Verhalten dauerhaft zu beeinflussen, ihn zur Einsicht zu bringen usw.

Professionelles Handeln gelingt dann, wenn die Situationsauffassung und das Wissen über den einzelnen Schüler passend sind. Das bedeutet nicht, daß sie in irgendeinem objektivistischen Sinn wahr sein müssen. Passen muß allerdings auch das pädagogische Handlungswissen. Im Idealfall können dann Erziehen, Situationsbewältigung und Behauptung des eigenen Selbst zugleich geleistet werden.

Lehrer, die in der Interaktion mit einem einzelnen Schüler irritiert, aus dem Konzept gebracht, beunruhigt und gestört werden, stehen vor der Aufgabe, daß sie Handlungsmuster finden müssen, die ihnen eine persönliche Selbstbehauptung und ein angemessenes Situationsmanagement ermöglichen. Erst unter diesen Voraussetzungen sind sie überhaupt in der Lage, zu erziehen bzw. Prozesse des sozialen Lernens zu steuern.

Frau Rasch, eine engagierte Hauptschullehrerin mit breitgefächerter methodisch-didaktischer Kompetenz, beschreibt die zeitweilige Bedrohung ihres Selbst so:

"Daß ich manchmal auch, denke ich, ein bißchen heftig reagiere. ... Heftiger, als es vielleicht auch wert ist. Und es ist dann vielleicht auch nicht mehr die richtige Verhältnismäßigkeit gegeben, nicht? Das beobachte ich auch. ... gerade aus dem Gefühl der Hilflosigkeit heraus. Oder ich renne da irgendwie gegen eine Wand. Ich erreiche diese Kinder nicht mehr. ... Und möglicherweise mache ich da alles falsch mit diesen Kindern." (Interview Rasch 170595)

Frau Rasch weiß, daß in bestimmten Situationen ihre Selbstkontrolle ins Wanken gerät. Sie wünscht sich mehr Kontrolle und Feedback von außen, um mit solchen Situationen selbstsicherer umgehen zu können.

Wissen über einzelne Schüler kann dann, wenn zugleich erfahren wird, daß diese Schüler durch pädagogisches Handeln nicht mehr erreicht werden, zu einer Bedrohung der persönlichen Integrität des Lehrers führen. Eine professionelle Strategie zur Bearbeitung dieser sicherlich auch für den Pädagogen gefährlichen persönlichen Auseinandersetzung mit einzelnen Schülern könnte darin bestehen, sich mehr Feedback und Kontrolle von außen - etwa durch Beratung und Supervision - zu holen. Nur in einem solchen Prozeß kann geklärt werden, ob pädagogische Ziele neu zu bestimmen sind oder das Handlungsrepertoire zu erweitern ist oder Methoden der Ich-Stärkung und Abgrenzung auf der Lehrerseite einzusetzen sind.

Dysfunktionales und irrationales Wissen - die Ambivalenz der Berufserfahrung

Frau Deckel berichtet in einem längeren Gespräch im Anschluß an ihren Unterricht, daß sie sich ein halbes Jahr intensiv mit einer sechzehnjährigen Schülerin beschäftigt habe, die durch folgende Merkmale aufgefallen sei: häufiges Fehlen im Unterricht, tagelange Abwesenheit vom Elternhaus, Herumstreunen in Bahnhofsnähe und im Rotlichtmilieu, starker Leistungsabfall, Gefährdung des Schulabschlusses.

Sie habe wöchentlich einstündige Gespräche im Sinne der klientenzentrierten Gesprächsführung mit der Schülerin geführt, Kontakte zum Jugendamt aufgenommen, mehrfach mit den Eltern gesprochen. Im ganzen habe sie dieser Schülerin sehr viel Zeit gewidmet. Sie habe mit all diesen Bemühungen jedoch keinen Erfolg gehabt. Der Einfluß anderer Bedingungen (Eltern, Freunde, Erziehungshintergrund, Sozialisationsgeschichte) sei zu stark gewesen. Sie als Lehrerin habe nicht genug Zeit und Energie, sich um Fälle wie diesen, der keineswegs selten sei, zu kümmern. Es habe sie viel Kraft gekostet, die im Grunde vergeudet gewesen sei. Diese Erfahrung hat Frau Deckel veranlaßt, für die Zukunft auf ähnlich intensive Betreuungsmaßnahmen zu verzichten.

Frau Deckels Berufserfahrung sagt ihr: Die Einflüsse anderer Sozialisationsinstanzen sind so stark, daß ich als Lehrerin nur geringe Chancen habe, Schülerinnen mit abweichendem Verhalten, deren Schullaufbahn bedroht ist, wirksam zu helfen. (Fallbericht Deckel 0694)

Diese Aussage enthält allerdings einige Annahmen, die Frau Deckel selbst nie geprüft hat. Das Scheitern im konkreten Fall kann darauf zurückzuführen sein, daß die intensiven Bemühungen Frau Deckels im Vergleich zu anderen Einflüssen zu schwach waren. Es kann aber auch darauf zurückzuführen sein, daß Frau Deckels Intervention, regelmäßige intensive Gespräche mit der Schülerin, nicht geeignet war, eine Lösung des Problems herbeizuführen. Andere Interventionen hätten möglicherweise zum Erfolg geführt. Eine Intervention hätte beispielsweise darin bestehen können, mit der Schülerin eine Übung zur Klärung persönlicher Lebensziele durchzuführen.

Auch die Grundannahme, daß das Ausmaß, in dem eine Lehrerin sich einer Schülerin zuwendet und um sie bemüht, positiv mit einem erwünschten Ergebnis - etwa einer grundlegenden Verhaltensänderung - korreliere, ist nicht überprüft worden. Möglicherweise ist diese Annahme falsch. Zwischen dem Betreuungsaufwand und erwünschten pädagogischen Effekten besteht wahrscheinlich kaum ein Zusammenhang. Entscheidend für pädagogischen Erfolg ist vermutlich die Art der Intervention, nicht die Beharrlichkeit und Dauer und auch nicht die subjektive Anstrengung, mit der sie durchgeführt wird.

Frau Deckels durch Berufserfahrung gewonnene Überzeugung enthält also eine Reihe von Annahmen, die aus erziehungswissenschaftlicher Sicht betrachtet fragwürdig sind. Es ist logisch auch kaum möglich, diese Annahmen durch Berufserfahrung zu widerlegen oder zu bestätigen. Dazu müßte Frau Deckel ja mit verschiedenen Interventionsarten vergleichend experimentieren, was wiederum voraussetzt, daß sie mehrere Fälle zur Verfügung hat, die ihr unterschiedliches Vorgehen ermöglichen.

Durch Berufserfahrung gewonnenes Wissen kann also auch zur Einschränkung von Handlungsmöglichkeiten führen, die dann irrational wird, wenn subjektive Überzeugungen optimales und effektives Handeln verhindern.

Frau Flüster erklärt in einer Feedbackrunde mit Lehrerinnen und Lehrern in der Gruppensituation, sie habe eine Zeitlang mit Formen der Kleingruppenarbeit experimentiert. Die Schüler wünschten diese Arbeitsform aber nicht und bestünden auch darauf, hintereinander im Klassenraum zu sitzen und nicht an Gruppentischen oder in Kreisen. Aus diesen Gründen gäbe es bei ihr keine Gruppenarbeit mehr. (Fallbericht Flüster 0593)

Frau Flüsters Berufserfahrung sagt ihr: Kleingruppenarbeit funktioniert bei mir nicht. Das liegt vor allem an den Schülern, die diese Arbeitsform ablehnen. Auch hierin sind Annahmen enthalten, die sich nicht allein auf die Alltagserfahrung von Frau Flüster stützen, sondern auf darüber hinausreichende Vermutungen und Generalisierungen. Aus der Tatsache, daß sie mit ihrer Form von Gruppenarbeit gescheitert ist, schließt sie, daß Gruppenarbeit bei ihr generell nicht funktionieren würde. Aus der Tatsache, daß die Schüler mit der Sitzordnung damals unzufrieden waren, schließt sie, daß Schüler generell in Bankreihen hintereinander sitzen wollten.

Möglicherweise ist aber nur eine bestimmte Lerngruppe mit einer bestimmten Form von Gruppenarbeit unzufrieden gewesen. Frau Flüster hätte vielleicht Erfolg mit ihrer Gruppenarbeit gehabt, wenn sie versucht hätte, diese zu optimieren. Das Berufswissen, über das sie verfügt, versagt an dieser Stelle, weil entsprechende Handlungsmöglichkeiten erst gar nicht eröffnet werden.

Im Beruf erworbenes Erfahrungswissen ist in zweifacher Hinsicht handlungsrelevant. Es zeigt Handlungsmöglichkeiten auf, beispielsweise dadurch, daß die Erfahrung gemacht wurde: Diese Methode funktioniert. Es schränkt aber auch Handlungsmöglichkeiten ein, etwa dadurch, daß die Erfahrung gemacht wurde: Mit dieser Methode bin ich gescheitert. Erkenntnistheoretisch betrachtet, sind diese beiden Formen des Wissens nicht gleichwertig. Wenn etwas mehrfach funktioniert, kann daraus der Schluß gezogen werden, daß es unter ähnlichen Bedingungen auch in der Zukunft funktionieren wird. Funktioniert aber etwas nicht, können daraus kaum Schlußfolgerungen gezogen werden, weil nicht klar ist, auf welche Klasse von Ereignissen sich diese Schlußfolgerungen beziehen könnten.

Wissenschaftstheoretisch betrachtet, kann ein negatives Ergebnis mit einer Nullhypothese verglichen werden, die beibehalten wird. Ein positives Ergebnis entspricht dann der Widerlegung der Nullhypothese.

Beispiel:

Ein Pilzsammler, der in den Wald geht und dort einige Pilze findet, kann daraus folgern: In diesem Wald gibt es Pilze. Kann ein Pilzsammler, der in einen Wald geht und dort keine Pilze findet, daraus folgern: Es gibt in diesem Wald keine Pilze?

Wissenschaftstheoretisch gesehen, ist diese Folgerung unzulässig. Im Unterschied zur wissenschaftstheoretisch reflektierten Vorgehensweise wird im Alltag jedoch oft aus dem Nichteintreten eines erwünschten oder erwarteten Ereignisses gefolgert: Die erwünschte Handlungsfolge wird auch in Zukunft nicht eintreten.

Die Folge ist eine Einschränkung von Handlungsmöglichkeiten durch - logisch gesehen unzulässige - Generalisierung von Kontextmerkmalen negativer Ergebnisse. Ein weiteres Problem des durch Erfahrung gewonnenen Berufswissens besteht darin, daß der Handlungsträger, wenn er weiß, daß etwas funktioniert, noch nicht weiß, ob vielleicht eine andere Methode oder Maßnahme noch besser funktionieren würde. Dies setzt den Vergleich voraus, der in der Praxis meist unterbleibt.

Ein Vergleich zwischen methodologisch reflektierter wissenschaftlicher Sichtweise und alltäglicher Sichtweise auf der Basis von Berufserfahrung erweist sich als durchaus fruchtbar, um teilweise irrationale Handlungsbegrenzungen aufzudecken. Professionell handelt - unserer Definition gemäß - wer diesen Vergleich zieht und seine Berufserfahrung wissenschaftlicher Kritik aussetzt. Wissenschaftliche Orientierung setzt der menschlichen Tendenz zur Generalisierung das Disputieren, Diskriminieren und Differenzieren entgegen. Eine qualitative empirische Methode, die hier wirksam eingesetzt werden kann, ist das systematische Vergleichen von Fällen. Selbstverständlich sind in diesem Zusammenhang auch quantitative, standardisierte Untersuchungen notwendig, um beispielsweise Theorien über Erfolg oder Mißerfolg bestimmter Methoden, die von Praktikern vertreten werden, anzugreifen. Die Ergebnisse sind alles andere als trivial, zum Teil geradezu verblüffend.

Herr Kroner berichtet im Rahmen eines Feedback-Interviews zur kommunikativen Validierung unserer Beobachtungsergebnisse, daß er selbst ein pädagogisches Experiment zur Wirksamkeit von Rechtschreibunterricht durchgeführt habe. Zwei Gruppen von Schülern habe er parallel unterrichtet, eine mit Rechtschreibunterricht, eine ganz ohne eigene Unterweisung in Rechtschreibung. Er habe die Rechtschreibleistungen nach einem Jahr mehrmals miteinander verglichen und keinen Unterschied zwischen beiden Gruppen festgestellt. Er halte den Rechtschreibunterricht für ineffektiv. Wichtiger sei es, daß Interesse der Schüler an eigenen Textproduktionen zu fördern. Die

Schüler würden sich dann - motiviert durch die Präsentation ihrer Schreibprodukte - selbst um eine korrekte Rechtschreibung bemühen und entsprechende Hilfsmittel einsetzen, sich beim Lehrer nach Regeln erkundigen, Korrekturphasen einschieben usw. (Fallbericht Kroner 0794)

Auch Lehrer nutzen manchmal die Möglichkeit, pädagogische Experimente durchzuführen, um Lehrmethoden zu verbessern oder um herauszufinden, ob Lehrziele mit einem geringeren Aufwand als üblicherweise erreicht werden können. Das pädagogische Experiment von Herrn Kroner ist ein Beispiel hierfür. Entscheidend ist, daß hier zumindest zwei Möglichkeiten gesehen und vergleichend realisiert werden. Durch die Entscheidung zwischen mindestens zwei Möglichkeiten entsteht eine rationale Struktur. Wahrscheinlich ist dies eine besonders gute Methode, dem Wuchern irrationaler Wissensbestände entgegenzuwirken.

Ein herausragender Typus solcher irrationaler Wissensbestände ist der "Je mehr Defizite, desto größere Anstrengungen"-Typus. Damit ist folgendes gemeint:

Wenn ein Defizit bei der Zielerreichung festgestellt wird - z.B. ungenügende Rechtschreibleistungen, fehlende Ordnung und Disziplin in der Lerngruppe -, wird angenommen, daß dieses Defizit am besten dadurch beseitigt wird, daß besondere Anstrengungen unternommen werden, den Zielzustand direkt zu realisieren. Je größer diese Anstrengungen, so wird angenommen, desto geringer wird in Zukunft das Defizit sein. Je mehr zusätzlicher Rechtschreibunterricht, desto bessser werden die Rechtschreibleistungen sein. Je mehr sich die Lehrperson direkt um Ordnung und Disziplin kümmert, desto ausgeprägter werden Ordnung und Disziplin in der Lerngruppe sein.

Dabei wird häufig übersehen, daß nicht das Ausmaß der Bemühungen die entscheidende Variable ist, sondern ihre Qualität. Mit anderen Worten: Die Prozesse, um die es geht, werden durch Vorgänge gesteuert, die in keiner quantitativen Beziehung zum Zielzustand stehen, sondern in einer qualitativen. Beispielsweise genügt die richtige Information im richtigen Moment, um einen Prozeß dorthin zu lenken, wo er hinführen soll. Eine solche systemorientierte, kybernetische, qualitative Sichtweise auf pädagogische Prozesse ist im Alltagsdenken von Lehrerinnen und Lehrern kaum anzutreffen. Statt dessen werden einfache Kausalmodelle bevorzugt, in denen quantitative Größen in linearen Beziehungen gekoppelt werden. Wir bezeichnen diese Modelle als irrational, weil sie Generalisierungen und Abstraktionen enthalten, die die Handlungsfähigkeit des Lehrers eher reduzieren als erweitern.

3.4 Bewußtsein

Psychologische und neurowissenschaftliche Theorien (Edelman 1994, Csikszentmihalyi 1995) arbeiten mit einer Unterscheidung zwischen zwei Bewußtseinsarten, die grundlegend ist.

Das primäre Bewußtsein ist das gegenwartsbezogene, augenblickliche Bewußtsein in einer Situation von kurzer Dauer. Das höhere Bewußtsein dagegen sichert Kontinuität durch die Verbindung von aktuellen Erfahrungen mit dem Gedächtnis in Richtung Vergangenheit und mit Werten und Zielen in Richtung Zukunft. Das professionelle Selbst, so wie wir es eingangs definiert haben, ist eine Leistung des höheren Bewußtseins.

In diesem Unterkapitel konzentrieren wir uns auf das höhere Bewußtsein, und zwar auf den Bereich des höheren Bewußtseins, der ein professionelles Selbst hervorbringt.

Das professionelle Selbst ist, so vermuten wir, die organisierende Instanz, die aus dem Chaos der inneren und äußeren Eindrücke, Wahrnehmungen, Motive und Kontakte ein zielgerichtetes, geordnetes Ganzes macht.

Vereinfacht gesagt, ist das professionelle Selbst eine Hierarchie von Zielen und Werten, die das Individuum entwickelt hat, um in Ernstsituationen entscheidungsfähig zu sein. Das professionelle Selbst erfährt Bestätigung dadurch, daß es mit seinen Zielen und Werten in Handlungsprozessen in Fühlung bleibt, zugleich aber die Rückmeldung von seinen Interaktionspartnern bekommt, daß es richtig liegt. Geht dieser Kontakt zu eigenen Zielen und Werten verloren, wird die handelnde Person unsicher und schließlich konfus. Eine ernsthafte Bedrohung des beruflichen Selbst äußert sich beispielsweise darin, daß die betroffene Person das Gefühl hat, zu ertrinken, unterzugehen in der Fülle der Aufgaben, Ansprüche, Kontakte und Verpflichtungen.

Interessant ist in diesem Zusammenhang die Frage, wie stabil das berufliche Selbst ist und durch welche Ereignisse und Erfahrungen es sich grundlegend wandelt. Wahrscheinlich besteht ein enger Zusammenhang zwischen professionellem Selbst und beruflicher Leistung.

Ein Merkmal pädagogischer Professionalität könnte demnach darin zu sehen sein, daß ein Handlungsträger in der Lage ist, Wichtiges von Unwichtigem zu unterscheiden und dieser Unterscheidung gemäß zu handeln und zu leben.

Eine derartige Unterscheidungsfähigkeit ist an viele Voraussetzungen gebunden: Situationen und Vorfälle müssen klassifiziert, diskriminiert und differenziert werden. Es müssen Verknüpfungen zu überdauernden Motiven hergestellt werden. Die Person muß in der Lage sein, wertbezogene Entscheidungen zu treffen und dabei eine beträchtlicher Unabhängigkeit von äußeren Einflüssen, aber auch von inneren Neigungen und Stimmungsschwankungen an den Tag legen. Weder die eigenen kurzfristigen Wünsche und Stimmungen, noch die Beeinflussungsversuche von Handlungsbeteiligten dürfen allein maßgebend für eine professionell getroffene Entscheidung sein. Weder Moden noch ästhetische Geschmacksnormen sind die geeignete Richtschnur für Handeln in pädagogischen Kontexten.

Frau Hegel, eine Gymnasiallehrerin in den Fünfzigern, die selbstsicher, konsequent und mit heiterer Gelassenheit ihre pädagogische Arbeit tut, beschreibt diese Unabhängigkeit von äußeren Faktoren und Wertmaßstäben so: "Meine eigene innere Haltung muß auch in der äußeren Haltung einen Niederschlag haben! ... Meinetwegen, jemand sitzt im Rollstuhl. Aber die Art, wie er im Rollstuhl sitzt, das zeigt mir: Der Mann hat Haltung. Verstehen Sie, das hat nichts mit gesund und krank zu tun, sondern mit der Art, wie der Mensch seinen Geist auch eben selber in seinem Körper verkörpert. Der Körper ist das Medium des Pädagogen ... Und ich würde sagen, die schicke Kleidung, die kommt noch an weiterer Stelle." (Interview Hegel 040595)

In Abgrenzung zur Arbeit von Kommissionen, die sich Leitbilder ausdenken:

"Erst unterhalten sie sich, dann muß es wieder ein Papier geben. Nein! Ich bin Papier. Was heißt Papier? Ich habe Zellen, ich bin also ein Selbstgewebter. Ich bin ein Textum - tegere = weben, aus dem Lateinischen. Also, das muß man mir ablesen können, daß ich dahinterstehe." (Interview Hegel 040595)

Die Lehrerin wird als lebendiges Gewebe, als Text gesehen. Dieser Text begegnet den Schülern, die oft mit Informationen und Angeboten vollgestopft sind, zu wenig oder zu viel Selbstbewußtsein haben, noch keine runden Persönlichkeiten sind.

Selbstbewußtsein und Selbstakzeptanz sind ein Kennzeichen der Unabhängigkeit von oberflächlichen Fremdurteilen. Für Frau Flüster ist eine weitere Konsequenz der Selbstakzeptanz die Übernahme persönlicher Verantwortung:

"Einfach zu dem zu stehen, was ich bin. Und zu allen meinen Fehlern. Ich weiß, daß ich Fehler habe, aber das gehört eben mit zu mir. Darum macht es mir nichts aus, wenn fremde Leute in meinen Unterricht kommen. Es ist mir, ehrlich gesagt, auch egal, was die von mir denken... Das Bild, daß ich mich akzeptiere, so wie ich bin. Und auch, daß ich eigentlich mehr das Positive im Menschen sehe als das Negative... Früher war ich oft geneigt dazu, die Schuld immer in anderen zu suchen... (Ich habe so gelernt,) die Verantwortung für mich selber zu tragen." (Interview Flüster 160195)

Selbst-Bewußtsein heißt hier: Sich seiner selbst bewußt sein, statt sich ständig zu vergleichen, sich abzuwerten oder sich Gedanken darüber zu machen, was andere - Kollegen, Eltern, Schüler, Beobachter - wohl über einen denken.

Im folgenden versuchen wir auf der Grundlage eines weiteren Interviews etwas mehr Licht in die Struktur der Aktivitäten des professionellen Bewußtseins zu bringen. Herr Schiller verknüpft seine Wahrnehmung der Arbeitsaufgaben, die ihm gestellt sind, und der Organisationsbedingungen von

Schule mit weitreichenden pädagogischen Zielvorstellungen. Wichtiger als die Wissensvermittlung ist für ihn, die Fähigkeit zum rechten Umgang mit Wissen zu fördern. Dazu gehören Arbeitshaltungen und Werthaltungen, insbesondere die Unabhängigkeit von manipulierenden Instanzen und Interessengruppen. Um diese weitreichenden Ziele zu verwirklichen, hat er bestimmte Spezialgebiete für sich entdeckt, die er besonders pflegt: Entwickeln von Methoden und Experimentieren mit neuen Methoden, Entspannung und Konzentration durch kleine Übungen bei den Schülern fördern, exaktes Terminieren bei der Arbeit, damit die Arbeit nicht über den Kopf wächst, intensive Hintergrundarbeit im eigenen häuslichen Medienarchiv.

Abbildung 3.17: Das Selbst als organisierendes Zentrum der professionellen Lehrerarbeit - Fallbeispiel Herr Schiller

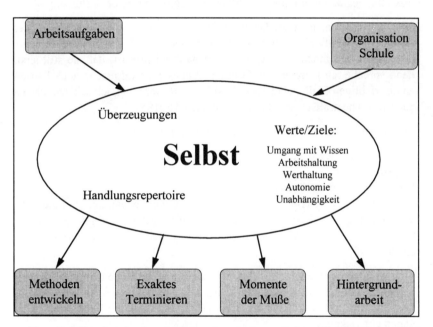

Herr Schiller hat in der Auseinandersetzung mit beruflichen Herausforderungen zur Verwirklichung der von ihm vertretenen pädagogischen Werte vor allem vier für ihn charakteristische Wege gewählt:

- neue Methoden entwickeln und erproben
- exaktes Terminieren
- Momente der Muße und Besinnung im Unterricht schaffen
- intensive Hintergrundarbeit mit Medien, Daten, Materialien im häuslichen Arbeitsbereich

Im Falle von Herrn Schiller baut sich das professionelle Selbst vor allem außerhalb des Unterrichts auf. Im Unterricht manifestiert sich die geleistete Vor- und Hintergrundarbeit. Der Unterricht selbst wirkt dadurch gekonnt locker und spielerisch.

Stützen des professionellen Selbst
Die Grenzen des professionellen Selbst fallen nicht mit den Körpergrenzen zusammen. Das Selbst schafft sich Stützpunkte außerhalb des Körpers durch Symbole und Gegenstände, die es ausdrücken, bestätigen und stabilisieren. Hierzu gehören die Arbeitsumgebung, bevorzugte Medien, Bestandteile der Kleidung, Zeitschriften, die bezogen und regelmäßig gelesen werden und vieles mehr. Das Selbst bestätigt sich auch durch bevorzugte Handlungsmuster und Umgangsformen in der Kommunikation. Frau Flüster setzt sehr gezielt Stimme, Mimik und Gestik ein, um die Schüler ihrer Lerngruppe zu beeinflussen:

"Ja, aber das setze ich ganz bewußt sein. Wenn ich also die Kinder bitte oder wenn ich irgendwelche disziplinarischen Sachen mit ihnen durchspreche. Oder wenn ich ihnen sage, daß es jetzt ganz wichtig ist, daß sie still sind, dann spreche ich ganz betont. Pointiert. Langsam. Und mache auch Pausen an der richtigen Stelle. Und guck dann in die Runde.... Ja, ich schätze, das ist auch was Theatralisches." (Interview Flüster 160195)

Frau Flüster prägt mit ihrem expressiven Stil ihre Lerngruppe:

"Also eine Kollegin sagte mir mal von meiner letzten Klasse: 'Das ist eine Augenklasse.'
Da habe ich gefragt: 'Was?'
'Ja', sagt sie, 'die reagieren - die gucken einen ganz genau an. Und die gukken eigentlich ins Gesicht. Ich habe das Gefühl gehabt, die gucken auch in die Augen. Und die reagieren auf Gesichtsausdruck sofort.' "(Interview Flüster 160195)

Frau Winter gestaltet mit Schülern gemeinsam die Arbeitsumgebung. Arbeitsmaterialien und Klassenraum drücken Einstellungen und Werte der Lehrerin aus und bestätigen das Bild, das sie von sich und ihren Arbeitsaufgaben entwickelt hat.

Einige Lehrer machen deutlich, daß sie Wert auf Sauberkeit ihrer Kleidung legen. Herr Schiller transportiert Kreidestücke in Plastikbehältern, die für Kleinbildfilme verwendet werden. Herr Becker wischt sich nach der Benutzung von Kreide die Hände an einem speziell dafür bereitgehaltenen Tuch ab.

Frau Riesenhuber hat ein eigenes Pausenritual entwickelt: Erstmal eine rauchen und Kaffee trinken, dabei möglichst viel reden. Da sie dieses Ritual auch in einem Teil der Fünf-Minuten-Pausen praktiziert, kommt sie nicht selten zu spät in die Klasse. Das Pausenritual bedeutet für sie Rückzugsmöglichkeit und Unabhängigkeit.

Herr Becker, Frau Knaak und Herr Jung treffen sich regelmäßig in Pausen und Freistunden an einem bestimmten Tisch im Lehrerzimmer und bereden technische Probleme und Schulklatsch. Dabei wird Kaffee getrunken und werden Materialien für die nächste Unterrichtsstunde bereitgelegt. Sie fühlen sich im Kollegium als Minderheitenfraktion, die gern mehr bewegen möchte. Der eigene Tisch, die optische Präsenz, das Miteinanderreden gehören zur sichtbaren Seite ihres Selbst, dessen Zielorientierungen auf diese Weise alltäglich bestätigt werden.

Pausenrituale, gewohnte Plätze, Anregungsmittel wie Zigaretten, Tee, Kaffee, Ablageplätze für Materialien, Gegenstände, die an bestimmten Orten zur persönlichen Verfügung bereitgehalten werden, sind Ankerpunkte, an denen das professionelle Selbst sich immer wieder orientieren kann. Außer diesen Alltagsgegenständen und kleinen Ritualen spielen auch längerfristige und großräumige Ankerflächen eine wichtige Rolle bei der Situierung des eigenen beruflichen Selbst.

Frau Rasch, die in ihrer Arbeit an der Hauptschule sehr viel mit lernfördernden Materialien experimentiert, berichtet im Intensivinterview, daß sie sich gleich am Anfang ihrer Berufstätigkeit einer Freinetgruppe angeschlossen habe.

Die Freinetgruppe, das Haus, in dem man sich traf, die Arbeit mit Materialien, die erfahrenen Kollegen - all das hat zum Aufbau eines professionellen Selbst bei Frau Rasch in der beruflichen Einstiegsphase beigetragen. Heute gehört sie zwar keiner Freinetgruppe mehr an und beklagt, daß sie in ihrem Kollegium wenig Unterstützung findet; aber bestimmte materialorientierte Arbeits- und Lernformen hat sie beibehalten. Die Suche nach Kontakten zu Pädagogen außerhalb des Kollegiums ihrer Schule gehört gleichfalls zu den überdauernden Orientierungen ihres beruflichen Selbst. Aus diesem Grund beteiligt sie sich intensiv an Fortbildungen und erlebt die Zusammenarbeit mit ihrem Schulrat als außerordentlich fruchtbar und anregend.

Geblieben ist der Außenseiterstatus im Kollegium, geblieben ist die Grundorientierung, Rückhalt bei innovativen und pädagogisch engagierten Berufskollegen außerhalb der eigenen Schule zu suchen. An die Stelle der Freinetgruppe sind Fortbildungsveranstaltungen und die Kontakte zum Schulrat getreten.

Lehrer, die den Bekundungen ihres beruflichen Selbst zufolge andere Wege gehen als die meisten Kollegen an ihrer Schule, haben durchweg länger dauernde berufliche Lernprozesse außerhalb ihrer Schule hinter sich, die nicht auf die erste und zweite Ausbildungsphase zurückgeführt werden können. Zu nennen sind hier psychologische Zusatzausbildung, Theaterarbeit, Psychoanalyse, Mitgliedschaft in Freinetgruppen, Teilnahme an Weiterbildungsmaßnahmen zum Moderator oder Beratungslehrer, zum Soziodrama-Trainer oder NLP-

Ausbilder, kontinuierliche Fortbildung, Kontakte zu Angehörigen pädagogisch relevanter Professionen oder anderer Professionen, von denen man lernen kann.

In Einzelfällen haben auch besondere Erfahrungen in der ersten Ausbildungsphase an der Pädagogischen Hochschule oder Universität Nachwirkungen, insbesondere dann, wenn neue Formen des Lehrens und Lernens, der Projektarbeit und der Handlungsorientierung in dieser Phase persönlich erfahren und am Modell beobachtet wurden. Ihr professionelles Selbst speist sich eher aus diesen außergewöhnlichen Zusatzerfahrungen als aus dem beruflichen Alltag an ihrer jeweiligen Schule.

Diesen beruflichen Alltag sehen sie als Ziel von Veränderungsbemühungen, die sie selbst initiieren müssen. In ihren Kollegien sind sie Einzelkämpfer, außerhalb ihrer Kollegien haben sie aber Rückhalt in Gruppen oder besonders spezialisierten professionellen Kulturen.

In Intensivinterviews und bei der kommunikativen Validierung haben die von uns begleiteten Lehrerinnen und Lehrer allerdings immer wieder betont, daß Zusatzausbildungen, besondere persönliche Lebenserfahrungen oder Therapien, die sie gemacht haben, nicht den entscheidenden Einfluß auf die Entwicklung ihrer beruflichen Kompetenz hatten. Entscheidend ist vielmehr das Zu-sich-selbst-stehen.

"Ich kann dann eigentlich so sein, wie ich möchte. Ich brauche auch nichts vorzuspielen... Eigentlich bin ich spontan so, wie ich auf Situationen reagiere. Aber ich weiß, daß diese Spontaneität eben auch einen Effekt hat." (Interview Flüster 160195)

"Und die menschliche Sicherheit, dieser Fundus, aus dem heraus man tagtäglich schöpft, den muß man aus meiner Sicht sich immer wieder neu aneignen." (Interview Hegel 040595)

"Also einmal bin ich ein unheimlich spontaner Mensch, der ganz schnell so Dinge auch aufgreift, die von Schülern kommen. Auch gerne aufgreift." (Interview Winter 090595)

"Ich brauche kein Konzept. Sondern ich brauche eigentlich eine Idee. Und da kann ich dann auch eine Unterrichtsreihe planen. Aus dem Stegreif... das ist meine Persönlichkeit. Also jetzt zum Beispiel in diesem Interview: Ich hätte keine Fragen vorher sehen wollen... Ich höre die Fragen, und dann antworte ich." (Interview Winter 090595)

"Und glaube ich, daß ich heute die bessere Pädagogik mache und daß ich nachhaltiger wirke als früher, wo ich vielleicht viel mehr Kräfte eingesetzt habe, da ist auch viel leer gelaufen, was mir heute nicht mehr so oft passiert, es ist ein bewußteres Einsetzen der Kräfte, mit sparsameren Mitteln kann ich das gleiche Ziel erreichen." (Interview Schiller 230993)

"Ich weiß einfach, daß ich jetzt gut bin." (Interview Schiller 230993)

Lehrerinnen und Lehrer, die mit ihrer Situation und sich selbst weniger zufrieden sind, charakterisieren sich als - aus Schülersicht betrachtet - "trokken", "schwunglos", "ohne emotionale Wärme und Begeisterung". Diese Attribute beziehen sich auf das Gesamterscheinungsbild der Persönlichkeit im Unterricht, sind also Attribute des professionellen Selbst, wie es nach Meinung der Interviewten von anderen wahrgenommen wird. Die vermutete Fremdwahrnehmung stimmt dabei mit der persönlichen Selbstwahrnehmung überein.

Das professionelle Selbst hat ein Bild von sich als Ganzheit. Dieses Bild enthält Hinweise auf Stärken und Schwächen, es enthält aber auch zusammenfassende Selbstbewertungen und Attribute. Wenn das Bild stimmig ist und die Gesamtbewertung positiv ausfällt, besteht ein hohes Maß an professioneller Selbstsicherheit.

Abbildung 3.18: Das professionelle Selbst und seine Gewißheiten

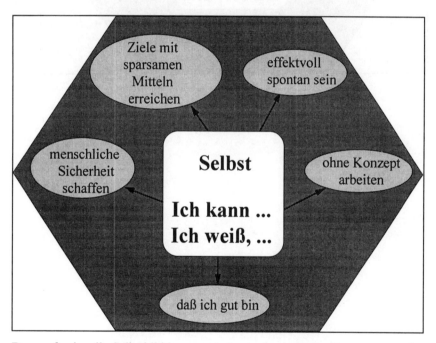

Das professionelle Selbstbild kann auch durch eher negative Bewertungen charakterisiert sein. Einige Beispiele dafür sind in der folgenden Abbildung enthalten. Auch diese negativen Selbstbotschaften sind insofern realistisch, als sie mit Einschätzungen von Schülern und Beobachtern gut übereinstimmen. Weniger realistisch sind die Erklärungen für die gegenwärtige Situation und die erzählten Vorgeschichten. Die genannten Attribute ähneln einigen der in der Burnout-Forschung beschriebenen (vgl. hierzu auch Kapitel 3.1).

Abbildung 3.19: Beispiele für Selbstzweifel und negative Selbstbotschaften

4 Fallstudien zur Typologie des professionellen pädagogischen Handelns

Ebenso wie im vorhergehenden Kapitel werden auch im Rahmen der folgenden typologischen Analyse zahlreiche Beispiele aus der Praxis vorgestellt. Der Ausgangspunkt ist hier jedoch ein anderer. Nicht die Vorstellung und Illustration des Modells professionellen pädagogischen Handelns und seiner Dimensionen, sondern konkrete Situationen der Lehrerarbeit bilden die Grundlage. Dabei wird das Zusammenwirken der einzelnen Dimensionen in der Praxis deutlich, die in der Theorie aus heuristischen Gründen separat behandelt werden. Hierzu folgen zunächst einige methodische Vorbemerkungen.

Typologisierungen sind häufig Elemente sogenannter Alltagstheorien. Menschen oder Situationen werden bestimmten Typen zugeordnet, wenn sie in besonderer Weise Merkmale aufweisen, die sie als besonders entsprechend für die Kategorie erscheinen lassen, denen wir sie zuordnen. Dabei sind oft Vorurteile und subjektive Erfahrungen von Bedeutung:

- Herr Schelenbrink-Felleisen fährt zweimal im Jahr, stets in den Schulferien, mit Frau und Kindern in die Toscana, wo er für die Familie vor drei Jahren eine alte Bauernkate erworben und mit viel handwerklichem Geschick selbst renoviert hat. Auch zuhause kümmert sich Herr Schelenbrink-Felleisen liebevoll um Haus und Garten. Oft sieht man ihn schon um halb drei im Gemüsebeet gärtnern, zuweilen auch im Gartenstuhl sitzen. In der Bürgerinitiative "Solidarität mit Mikronesien" führt er das große Wort und findet in jeder Petition noch einen Zeichensetzungsfehler. Mit ähnlicher Akribie machte er in der letzten Fortbildungsveranstaltung "Selbstfindung in der Fünf-Minuten-Pause" Verbesserungsvorschläge zum Ablauf und den Seminarunterlagen. - Ein typischer Lehrer?

- Großtante Hiltrud hat alle Verwandten zu ihrem "Fünfundsiebzigsten" zum Kaffeetrinken eingeladen. Die Stimmung ist feierlich angelegt. Die Konversation ist zunächst sehr allgemein gehalten. "Wie geht es euch denn?", "Danke, muß, und sonst?", "Martin, bist du groß geworden", "Mensch, was ist der Martin groß geworden", "Ja, ich sag ja, der Martin ist groß geworden." Schwelende Streitigkeiten werden heute nicht angesprochen, man ist nett zueinander. "Nimm doch noch ein Stück Kuchen, du kannst es ja vertragen." Nach der Kaffeetafel wird auch Weinbrand und Likör gereicht, dabei werden lebhaft Krankenberichte und alte Erinnerungen ausgetauscht. "So jung kommen wir nicht mehr zusammen." Später bricht zwischen Onkel Manfred und Opa Sauerland doch wieder der alte Streit um die Erbschaftsangelegenheiten aus. "Noch habt ihr mich nicht unter die Erde gebracht." - Eine typische Familienfeier?

Stereotypisierungen dieser und ähnlicher Art haben im Alltag eine funktionale Bedeutung. Sie helfen, unsere Erfahrungen zu ordnen und unser Handeln zu vereinfachen: Man "weiß" dann eben, wie man Herrn Schelenbrink-Felleisen einordnen kann und daß der Geburtstag der Großtante auch dieses Jahr wieder nicht die helle Freude wird.

Nachteile entstehen aber durch die Gefahr der Erstarrung in unflexiblen Handlungsmustern, durch sich selbst erfüllende Prophezeiungen und durch Übergeneralisierungen:

Wenn z.B. ein Lehrer, aufgrund einiger negativer Erfahrungen mit der Kooperation unter Kollegen, eine ablehnende Haltung gegen Formen der Zusammenarbeit entwickelt, wird er zunehmend in einer selektiven Wahrnehmung befangen sein, durch die Aspekte, die nicht zur vorgefertigten negativen Erwartung passen, kaum mehr beachtet werden. Auf diese Weise werden Entwicklungsmöglichkeiten verhindert, auch wenn Zusammenarbeit ursprünglich positiv bewertet wurde, Erwartungen in diesem Bereich jedoch enttäuscht wurden.

Für den Bereich der wissenschaftlichen Anwendung von Typologisierungen müssen derartige negative Auswirkungen vermieden werden. Die Typologisierung wird hier nicht vorgenommen zur Vereinfachung von Handlungen, sondern aus begründetem theoretischen Interesse an bestimmten Merkmalskonfigurationen. Das kritische Ermessen der Tragweite von Aussagen, die auf der Grundlage typologischer Analyse getroffen werden, gehört zum Prozeß der Auswertung, wodurch Übergeneralisierungen vermieden werden können.

Die typologische Vorgehensweise bietet die Möglichkeit, eine große Menge von qualitativen Daten anschaulich zu organisieren. Dies wird erreicht, indem unter den qualitativen empirischen Daten nach ähnlichen Merkmalskonfigurationen gesucht wird. Wenn auf diesem Wege Daten zusammengefaßt werden können, die in einem bestimmten Bezug zueinander stehen, läßt sich dieser Bezug auch begrifflich definieren. Der so gefundenen Begriff kann als Bezeichnung für einen Typus verwendet werden. Mehrere Begriffe ähnlicher Art bilden eine Typologie. Die Bestandteile des empirischen Materials, die sich unter derartige Oberbegriffe von Typen unterordnen lassen, repräsentieren besonders relevante Fälle von Daten.

Für den Forschungsprozeß bietet diese kasuistische Auswertung den Vorteil, daß das qualitative empirische Material übersichtlich geordnet wird, auf der Grundlage forschungsrelevanter Fragestellungen. Dadurch kann eine Typologie richtungsweisend bei der weiteren Hypothesenbildung sein. Weiterhin erhält man eine Vielzahl interessanter Beispiele, welche dem Leser als anschauliche Fallstudien präsentiert werden können.

4.1 Situationstypen

In unserem Forschungsprojekt *Lehrerarbeit auf dem Weg zur pädagogischen Professionalität* wenden wir die typologische Analyse unseres empirischen Datenmaterials unter Verwendung von zwei Typisierungsdimensionen an, die in ihrer Fragestellung aufeinander aufbauen:

- Situationstypen: Mit welchen Situationen werden Lehrerinnen und Lehrer in ihrer Arbeit immer wieder konfrontiert? Was sind die spezifischen Anforderungen dieser Situationen?

- Handlungsmuster: Auf welche unterschiedlichen Weisen bewältigen Lehrerinnen und Lehrer die situativen Anforderungen ihres Berufes? Wie sind die unterschiedlichen Handlungsmuster zu bewerten?

Neben den Typisierungsdimensionen, die sich aus den leitenden Fragen ergeben, müssen vor der ersten gezielten Sichtung des Materials auch die Typisierungskriterien definiert werden. Mayring (1993, S. 98) zählt verschiedene Kriterien auf, die bei typologischen Analysen angewendet werden können:

- Idealtypen
- besonders häufige Fälle als Typen
- besonders seltene Fälle
- Extremtypen
- Fälle von besonderem theoretischen Interesse als Typen..

Wir haben uns entschlossen, alle aufgezählten Kriterien bei der Konstruktion der Situationstypen und der typischen Handlungsmuster zu berücksichtigen. Die Konstruktion der Situationstypen bleibt dabei jedoch vorrangig deskriptiv, während die unterschiedlichen typischen Handlungsmuster stärker im Hinblick auf fehlende oder deutlich werdende pädagogische Professionalität beurteilt werden.

Das Konzept des idealtypischen Verstehens geht auf den Soziologen Max Weber zurück. Wir greifen auf diesen Ansatz im Einzelfall zurück, wenn wir bestimmte Eigenschaften oder Handlungen von Lehrern besonders betonen oder überzeichnen. Idealtypen können "sowohl heuristisch, wie für die Darstellung von Wert, ja unentbehrlich sein." (Weber 1922, S. 190) Idealtypische Darstellungen bilden nicht die Wirklichkeit ab, sondern bewirken eine besondere Anschaulichkeit in der Darstellung dessen, was als wesentlich und wichtig angesehen wird.

Ein Idealtypus läßt sich daher nicht einfach aufgrund von Beobachtungen beschreiben, sondern muß konstruiert werden. Dies kann erreicht werden "durch einseitige Steigerung eines oder einiger Gesichtspunkte und durch Zusammenschluß einer Fülle von diffus und diskret, hier mehr, dort weniger, stellenweise gar nicht, vorhandenen Einzelerscheinungen, die sich jenen einseitig herausgehobenen Gesichtspunkten fügen, zu einem in sich einheitlichen Gedankenbilde." (Weber 1922, S. 191)

Fallberichte und Interviews bilden die vorrangige Basis für unsere Suche nach den typischen Situationen in der Arbeit von Lehrerinnen und Lehrern. Wir halten dabei zunächst eine grundsätzliche Klärung des Begriffs der Situation für sinnvoll. Dem Alltagsverständnis folgend, könnte man Situationen als Gliederungsmerkmal unserer Wahrnehmung beschreiben. Diese Gliederung erfolgt anhand der markantesten Eigenschaften, die für die subjektive Wahrnehmung in einem bestimmten Zeitabschnitt dominant sind: Eine Autofahrerin, die sich auf den Straßenverkehr konzentriert und nicht gleichzeitig den Ausführungen ihres Beifahrers folgen kann, wird dieses eventuell damit entschuldigen, daß sie in der Situation nicht richtig zuhören konnte. Die genannte Ereignisabfolge war für sie eine Situation der Teilnahme am Straßenverkehr, keine der Unterhaltung.

Diesen Gedanken aufgreifend, läßt sich eine Situation definieren als eine hervorgehobene Sequenz kontinuierlicher Wahrnehmung, wobei die entscheidenden Kriterien der Sequentierung erst in der Retrospektive deutlich werden. Eine Situation ist also immer eine subjektive Konstruktion des Beobachters, niemals aber eine objektive Beschreibung von Realität.

Die Sequentierung von Wahrnehmungen erfolgt nach bestimmten subjektiven Kriterien, die sich rückblickend definieren lassen und zur Grundlage zukünftiger systematischer Wahrnehmung werden können. Unter solchen definierten Kriterien lassen sich dann verschiedene Situationen eines ähnlichen Typs zu Kategorien zusammenfassen, die wir Situationstypen genannt haben.

Abbildung 4.1: Entwicklung der Situationstypen

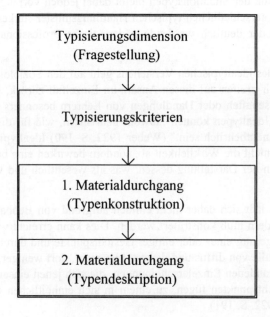

Die vorangegangenen Überlegungen zum Charakter von Situationen zeigen, auf welche Weise Situationen zur Grundlage der Konstruktion einer Typologie werden können. Die Konstruktion ist ein dritter Schritt, nach der bereits vorgenommenen Festlegung von Typisierungsdimension und Typisierungskriterien. Sie erfolgt im Rahmen eines ersten Materialdurchgangs. Danach schließt sich ein weiterer Materialdurchgang an, um gezielt Anschauungsmaterial zur Typendeskription herauszufiltern. Die folgende Abbildung veranschaulicht den gesamten Prozeß.

Auf der dargestellten Grundlage haben wir eine Typologie von Situationen in der Lehrerarbeit entwickelt, die sich aus den folgenden einzelnen Situationstypen zusammensetzt:

- Gespräche
- Pause
- Kontrolle
- Störungen
- Übergänge
- Hintergrund
- Anfänge

Jeder Lehrer wird aus eigener Erfahrung noch eine Vielzahl anderer typischer Situationen seiner Arbeit nennen können. Wir beschränken uns, auf der Grundlage unseres empirischen Materials, auf die genannten Sieben. Wir gehen davon aus, daß die genannten Situationstypen Bestandteil des Berufsalltags jeder Lehrperson sind.

Die genannten Situationstypen lassen sich noch weiter unterscheiden in Situationen, deren Kriterien durch Beobachtung von Kommunikations- und Interaktionsprozessen bestimmt sind und Situationen, die sich vornehmlich durch äußere Bedingungen definieren lassen. Die folgende Abbildung verdeutlicht die Zuordnung.

Abbildung 4.2: Konstruktion der Situationstypen

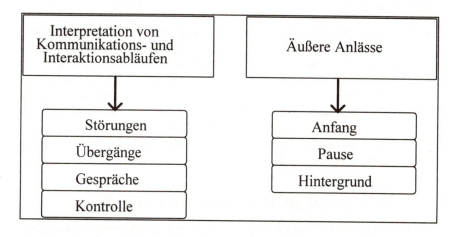

In Abgrenzung zu den anderen Situationstypen werden die Typen Anfang, Pause und Hintergrund durch äußere Rahmenbedingungen bestimmt: Durch die vorgegebene Sequentierung des Schultags in Unterrichtsstunden und Pausen ergibt sich immer wieder die Notwendigkeit, den Anfang einer Unterrichtsstunde zu gestalten, sowie die verschiedenen Pausen zu verbringen. Der Schulgong macht diese Situationen eindeutig erkennbar.

Der Situationstyp Hintergrund basiert nicht auf Beobachtungen im Unterricht. Wir haben hierbei als Kriterium festgelegt, daß alle außerschulischen Aktivitäten von Lehrerinnen und Lehrern erfaßt werden sollen, welche auf die Vor- und Nachbereitung schulischer Arbeit hinzielen. Wir haben uns diesem Arbeitsfeld, aufgrund kritischer Anregungen von beobachteten Lehrern in der ersten Projektphase, verstärkt zugewendet (vgl. 3.2.5). Anlaß der Kritik war, daß wir alleine durch teilnehmende Beobachtung in der Schule, Lehrerarbeit zu begrenzt wahrnehmen würden, da wichtige Arbeiten außerhalb des Unterrichts, insbesondere auch zu Hause, stattfinden.

Um empirische Daten aus diesem Arbeitsbereich zu gewinnen, haben wir ein spezielles Erhebungsinstrument entwickelt, das "Formblatt zur Ermittlung von Lehrerarbeit am Nachmittag" (vgl. Abb. 2.9). Darüber hinaus konnten wir uns auch bei Hausbesuchen der von uns beobachteten Lehrerinnen und Lehrer, insbesondere im Zusammenhang mit den Interviews, einen Eindruck von der häuslichen Arbeitssituation verschaffen. Ferner wurden teilweise auch Lehrer in ihrer Freizeit begleitet.

Die Situationstypen, die durch äußerlich festgelegte Kriterien definiert sind, könnte man als tendenziell objektiver bezeichnen. Entsprechende Situationen sind für jeden erkennbar, der die definierten Kriterien anwendet. Wir beschränken uns aber nicht auf diese objektiveren Situationstypen. Auf der Grundlage unseres Forschungsprozesses sind wir besonders auch an Situationen interessiert, die sich weniger klar als solche abzeichnen, oft erst auf den zweiten Blick zu erkennen sind.

Die Situationstypen Kontrolle, Störungen, Übergänge und Gespräche beruhen inhaltlich stärker auf der Interpretation von Beobachtungsprotokollen und Interviewtranskripten, ohne daß eine eindeutige und begrenzte Zahl von Kriterien Indiz für die jeweilige Zuordnung sein konnte. Diese Situationen sind weniger eindeutig an Rahmenbedingungen geknüpft und in ihrer Wahrnehmung daher stärker an die Aufmerksamkeit des Forschers gebunden. Beobachtete Kommunikations- und Interaktionsprozesse, die sich diesen konstruierten Situationstypen zuordnen lassen, sind Bestandteile des Schulalltags, die in großer Variantenvielfalt zu beobachten sind.

4.2 Handlungsmuster im situativen Kontext

Die Konstruktion der Situationstypen erfolgte auf der Grundlage eines ersten Materialdurchgangs, in dessen Verlauf die Kriterien der typologischen Zuordnung entwickelt und die einzelnen Typen benannt wurden. Diesem Schritt folgte ein weiterer, mit dem Ziel der Typendeskription. Dabei wurde das Material nach besonders exemplarischen Handlungen im Kontext der Situationstypen durchforstet. Diese bilden den Grundstock für die Darstellung der Handlungsmuster. Zunächst werden aber jeweils die charakteristischen Anforderungen und Problemlagen der einzelnen Situationstypen eingehend erläutert.

4.2.1 Störungen

Unterricht findet in aller Regel geplant statt, d.h. Lehrerinnen und Lehrer haben für sich eine Unterrichtseinheit überlegt, welche Inhalte in welcher Form vermittelt werden sollen, Ziele festgelegt und darauf aufbauend Vorstellungen vom möglichen realen Ablauf entwickelt. Dieses bedeutet nicht, daß Unterricht einem engmaschigen und starren Ablaufplan bis ins Detail entsprechen muß, um als gelungen angesehen zu werden. Vielmehr wird Unterricht somit nur abgegrenzt von einer beliebigen Zusammenkunft von Personen, welche sich den ausschließlich spontanen Eingebungen einer Lehrperson fügen sollen.

Daß ein Lehrer Vorstellungen vom möglichen Ablauf einer Unterrichtseinheit hat, bedeutet grundsätzlich, daß er bemüht sein wird, Kommunikation und Interaktion solange wie möglich auf eine bestimmte Thematik - den Unterrichtsinhalt - zu konzentrieren. Diese Konzentration kann durch Störungen verhindert oder behindert werden. Störungen sind dabei sämtliche Einflußfaktoren, die den geplanten Unterrichtsablauf beeinflussen. Derartige Faktoren können durch äußere Bedingungen verursacht sein (Straßenlärm, räumliche Enge, Kollegen platzen in den Klassenraum), in der Person des Lehrers liegen (Krankheit, private Sorgen, mangelnde Professionalität) oder durch die Schüler hervorgerufen werden (persönliche Probleme, Unverständnis, "Quatsch machen").

Damit ist nicht gemeint, daß Störungen in jedem Fall negativ anzusehen sind. Auch ist damit nicht gesagt, Störungen seien immer destruktive Akte von Schülern, mit dem beabsichtigtem Ziel, den Unterricht zu unterminieren. Ständige und massive Störungen durch Schüler sollten immer auch die Frage aufwerfen, wie die Art und Weise des eigenen Unterrichtens zu diesem Disziplinproblem beiträgt. Dies muß nicht unter unmittelbaren Handlungsdruck passieren, sondern kann auch durch längerfristig geplante Veränderungen des persönlichen Handlungsrepertoires erreicht werden.

Darüber hinaus verweisen Störungen oft auf Belastungsfaktoren, die dem Unterricht vorgelagert sind: Sämtliche sozialen Konflikte der Schüler im Elternhaus, Freundeskreis, den vergangenen Schulstunden usw. können die Aufnahmefähigkeit für die aktuellen Inhalte verhindern. Ein effektives Störungsmanagement kann daher als wichtige Komponente professioneller Lehrerarbeit gesehen werden. Wir konnten im Laufe der Feldphase häufig beobachten, wie

Lehrerinnen und Lehrer auf Störungen reagieren und erkannten dabei unterschiedliche Handlungsmuster.

Ignorieren
Aus der Perspektive eines teilnehmenden Beobachters sieht man manches, was dem unterrichtenden Lehrer entgeht. Dabei sind beachtliche Unterschiede zu beobachten, inwiefern Lehrer ihre Klasse im Blick haben, d.h. von wieviel Vorgängen im Klassenraum sie etwas bemerken und auf welche Vorgänge sie reagieren. Es ist dabei festzustellen, daß einige Lehrer dazu neigen, bewußt oder unbewußt, auf Nebenschauplätze nicht zu reagieren, sondern ihren Unterricht kontinuierlich wie geplant fortsetzen:

> Als wir den Klassenraum der 6.1 betreten, ist es wie immer etwas lauter als in anderen Klassen. Frau Blum begrüßt ihre "Kunden" mit einem etwas leidenden "Guten Morgen", grüßt die Klasse von einer kranken Kollegin und artikuliert anschließend den Wunsch nach konzentrierter und guter Mitarbeit. Die Klasse erwacht langsam zum Leben, der Lärmpegel steigt, ein Junge simuliert plötzlich einen boshaften Roboter, attackiert seinen Tischnachbarn. Frau Blum wirkt zum Stundenbeginn so, als sei sie völlig resistent gegen jede Art von Störung. (Fallbericht Blum 170392)

Der dargestellte Unterrichtsbeginn könnte der Auftakt einer Schulstunde sein, in der die Lehrerin versucht, ihr geplantes Konzept unter allen Umständen zu verwirklichen. Sie gerät dabei in Konkurrenz zu zahlreichen Nebenschauplätzen, die von Schülern aufgebaut werden, die ihren Bewegungsdrang ausleben möchten. Es bestehen keine Strukturen, die die Kommunikation und Interaktion in Richtung auf die Inhalte des Unterrichts zentrieren. Derartige Situationen, in denen trotz Anwesenheit einer Lehrperson kein Unterricht stattfindet, werden oft als Chaos bezeichnet. Die negativen Auswirkungen einer derartigen Variante von Chaos werden im Abschnitt über den Situationstyp Übergänge ausführlicher dargestellt. An dieser Stelle reicht zunächst der Hinweis, daß Ignorieren von massiven Störungen nicht als Methode des Störungsmanagements angesehen werden kann, sondern der Versuch ist, den Problemen aus dem Weg zu gehen. Eine Besserung läßt sich dadurch nicht erreichen.

Lehrerinnen und Lehrer, die so handeln, geben die Regie ihres Unterrichts aus der Hand. Sie unterrichten nur noch die Schüler, die geneigt sind, zuzuhören. Sie verfolgen eine defensive Strategie in der Hoffnung, die Schwierigkeiten würden sich von selbst legen. Es mangelt an Zuversicht und Können, gezielt und dosiert Einfluß auf die soziale Struktur der Klasse auszuüben. Statt dessen weicht die Resignation hin und wieder einem blindwütigen Aktionismus: Massive Störungen werden mit massiven Drohungen beantwortet, die aber folgenlos bleiben und nur Ausdruck der eigenen Hilflosigkeit sind. Auch die Schüler bemerken das und nehmen solche Lehrer schließlich gar nicht mehr ernst.

Der geschulte Blick
Andere Lehrer überraschen hingegen mit einem besonders ausgeprägten Auffassungsvermögen für Störungsquellen im Unterricht und reagieren umgehend, wie das folgende Beispiel zeigt:

> Die 8.2 arbeitet heute sehr konzentriert mit. Man hört und sieht Herrn Kroner zu, der gerade das Prinzip des Dreisatzes erklärt und stichpunktartig an die Tafel schreibt. Während er schreibt, wird es am Tisch rechts neben der Tafel unruhig. Herr Kroner reagiert sofort: "Was ist denn jetzt los?! Ich glaube, wir sind hier im Kindergarten gelandet. Gib das her, komm!", fordert Herr Kroner Andrea auf, die dabei ist, eine Bewerbung für einen Praktikumsplatz zu schreiben. "Aber nur das," entgegnet Andrea mit quengeliger Stimme und gibt ihm ein Blatt. "Komm, alles hergeben!", fordert Herr Kroner sie auf und bekommt von Andrea noch eine beschriebene Seite. Danach ist es wieder ruhig, und der Unterricht geht weiter. Als ich später nachfrage, was Herr Kroner in der beschriebenen Situation wahrgenommen hat, bekomme ich eine interessante Antwort. Er hat eigentlich nichts Konkretes registriert. Über einen allgemeinen Blick (defokussiert) hat er so etwas wie Bewegung oder Unruhe registriert, was ihn dazu bewegte, einzugreifen.
> (Fallbericht Kroner 150394)

Die Intervention erfolgt im genannten Fallbericht umgehend nach der Wahrnehmung: Das Corpus delicti wird aus dem Verkehr gezogen, und der Unterricht kann fortgesetzt werden. Durch den Umstand, daß die Klasse in der Stunde ansonsten konzentriert mitgearbeitet hat, wird die bestimmte Reaktion verständlich. Das Auftreten von Herrn Kroner erscheint im Rahmen dieser Beobachtung angemessen.

Auch wenn Herr Kroner nicht genau sagen kann, wie er die Vorgänge in der Klasse aufgefaßt hat, sollten wir uns nicht mit der Annahme übersinnlicher Fähigkeiten als Erklärung zufriedengeben. Es gibt Lehrerinnen und Lehrer, bei denen in der Beobachtung der Eindruck dominierte, die Lage wirklich unter Kontrolle zu haben. Dazu gehören der Überblick über die Klasse, sowie die Fähigkeit, Störungen zu erkennen und richtig einzuschätzen, um angemessen reagieren zu können. Dies ist vor allem eine Herausforderung, das rechte Maß zu finden. Einerseits kann es nicht das Ziel sein, jede Regung von Schülern, die zunächst als Störung verstanden werden kann, zu unterdrücken. Andererseits können massive Störungen Lernprozesse verhindern.

Eine Grundvoraussetzung für den erfolgreichen Umgang mit Störungen ist große Aufmerksamkeit für sämtliche Vorgänge in der Klasse zu entwickeln, zu erkennen, wo die Störungsquellen sind. Hier ist der geschulte Blick gefragt, wie es in der Überschrift dieses Abschnittes heißt. Vielleicht kann die Aufmerksamkeit für Störungen trainiert werden, z.B. indem man diesen Aspekt des Unterricht wiederholt in den Mittelpunkt der eigenen Fremdwahrnehmung stellt. Lehrer, denen diese Fähigkeit fehlt, wirken manchmal, als hätten sie sich zwischen Pult und Tafel in einen Kokon eingesponnen, um unbeeindruckt von allen Fremdeinflüssen nach Plan vorzugehen.

Wenn ein geschulter Blick ein Grundbaustein im Umgang mit Störungen ist, wie sehen dann weitere Bausteine eines erfolgreichen Störungsmanagements aus? Es fällt leichter, sich der Beantwortung dieser Frage wiederum anhand des negativen Beispiels zu nähern: Wenn Schüler damit rechnen können, daß Störungen weder beachtet noch sanktioniert werden oder angekündigte Sanktionen ausbleiben, ist die Versuchung zu stören besonders groß. Lehrerinnen und Lehrern ohne größere Disziplinschwierigkeiten ist es offenbar gelungen, den Schülern glaubhaft zu vermitteln, daß sie Störungen ab einem gewissen Grad nicht mehr einfach hinnehmen, sondern konsequent darauf reagieren. So ein Eindruck läßt sich nicht von heute auf morgen hervorbringen, sondern nur als Ergebnis eines längeren Prozesses, in dessen Verlauf Schüler ihren Lehrer so kennengelernt haben.

Dieses ist aber nicht als Plädoyer dafür zu verstehen, "die Zügel gerade am Anfang möglichst fest anzuziehen", wie es in einer althergebrachten Empfehlung heißt. Der Umgang mit Störungen kann weitaus kreativer und produktiver gestaltet werden als durch schimpfen, drohen und bestrafen, wie es "fest angezogene Zügel" implizieren (vgl. 3.2.4). Die folgenden Handlungsmuster zeigen einige bessere Alternativen, die wir beobachten konnten.

Störungen als Lernanlaß
Wodurch kann ein konstruktiver Umgang mit Störungen erreicht werden? Eine Antwort könnte sich aus der Überlegung eröffnen, daß Störungen potentiell in den Unterricht integriert werden können. Sicher wird dies nicht in jedem Fall möglich oder wünschenswert sein; hin und wieder können aber auch Störungen Impulse zur Entwicklung des Unterrichts geben. Spontaneität und Improvisationstalent von Lehrern wirken dabei sicher begünstigend - Voraussetzung ist aber auch, Störungen nicht nur negativ zu sehen. Im folgenden Interviewausschnitt berichtet eine Lehrerin von einem gelungenen Beispiel:

"Eine Schülerin, die hatte mal, die wurde von den anderen so in 'ne etwas außenseiterische Position gedrängt und von den anderen immer angemekkert: 'Da liest die wieder ihre blöden Romane', diese Groschenromane. Und irgendwann habe ich ihr dann so einen Groschenroman aus der Hand genommen, und dann den anderen gesagt, jetzt gucken wir uns doch mal an, ob die wirklich so blöd sind. Und hab dann, also so wirklich zufallsweise am Anfang, in der Mitte und zum Schluß, und wir hab'n uns dann zwischendurch überlegt, wie könnte es zu Ende gehen. Das traf dann auch wirklich zu, und dann haben wir uns darüber unterhalten, was denn also in so einem Roman eigentlich ansprechend ist. Und hab dann auch gesagt, ich hätte in jungen Jahren auch den einen oder anderen Roman gelesen. Warum man denn sowas macht? Und dann war es für die anderen auch ganz deutlich, das was man eigentlich auch in Filmen und auch in Zeitungsartikeln sucht oder in der Bravo, das ist eben halt so ein Idealbild von Beziehung, von Liebe usw. vorgestellt wird. Immer alle diese schönen, jungen, dynamischen Menschen in ihren tollen Kleidern und Häusern. Und daß man sich damit eben ganz gut identifizieren kann. Und das war 'ne tolle Stunde und mit dieser Gruppe, eben wie gesagt, hat ich auch so ganz schöne Erlebnisse, auch mit der Gesamtgruppe." (Interview Riesenhuber 140793)

Die Entscheidung von Frau Riesenhuber, die Groschenromane in der beschriebenen Stunde zum Thema zu machen, war zwar spontan, aber nicht ohne Vorgeschichte denkbar. Es war ihr bereits bekannt, daß die Schülerin durch die Klasse in eine außenseiterische Position gedrängt und ihre Vorliebe für Groschenromane verlacht wurde. Frau Riesenhuber hat in der beschriebenen Stunde spontan die Möglichkeit ergriffen, in einen sozialen Konflikt einzugreifen, auf den sie schon seit längerer Zeit aufmerksam geworden war. Sie solidarisiert sich mit der Schülerin, indem sie bekundet, sie habe früher auch mal solche Romane gelesen. Schließlich diskutiert die ganze Klasse, worin die Faszination besteht, die von Groschenromanen und ähnlichen Unterhaltungsangeboten ausgehen kann.

Wenn Störungen zum Lernanlaß werden, ist eine gewisse Spontaneität des Pädagogen gefragt. Spontaneität ist nicht planbar, deshalb läßt sich dazu keine allgemeine Empfehlung formulieren. Aber Spontaneität ist auch nicht voraussetzungslos. In unserem Beispiel wurde deutlich, daß der spontanen Entscheidung Aufgeschlossenheit und Aufmerksamkeit den Schülern gegenüber vorangegangen sind.

Nicht jede Art von Störungen ist geeignet zum Unterrichtsthema erhoben zu werden. In dem genannten Beispiel führte diese Entscheidung von Frau Riesenhuber aber zu einer "tollen Stunde". Es ist anzunehmen, daß die Schüler selbst davon überrascht wurden, daß die "blöden Romane" plötzlich zum Thema des Unterrichts wurden. Der angeregte Verlauf der Stunde ist sicher auch diesem Überraschungseffekt zu verdanken. Überraschungen sind aber auch dann möglich, wenn Störungen sich nicht spontan als Lernanlaß eignen.

Überraschen
Schüler stören den Unterricht, der Lehrer schimpft und droht. In manchen Unterrichtsstunden wird dieses Interaktionsmuster zur Litanei, und eine konstruktive Lernatmosphäre bleibt aus. Wir konnten aber auch beobachten, daß Lehrerinnen und Lehrer anders reagierten, störende Schüler überraschten und verblüfften, Humor zeigten und den Unterricht schließlich wieder aufnehmen konnten, ohne Drohgebärden oder Zornesfalten auf der Stirn.

Wir konnten Überraschungseffekte als Interventionstechnik bei Lehrerinnen und Lehrern mit unterschiedlicher Ausprägung von Temperament und Stil des Unterrichts beobachten. Ein Hinweis darauf, daß sich bestimmte Techniken in das individuelle Handlungsrepertoire integrieren lassen, ohne daß spezifische wesenstypischen Voraussetzungen gegeben sein müssen.

Frau Flüster unterrichtet an einer Hauptschule. Bei der Gestaltung ihres Unterrichts setzt sie oft auf den Einsatz von Mimik und Gestik, kleine schauspielerischen Darbietungen und spielerisches Lernen. Hierzu ein Fallbericht aus ihrem Unterricht:

> Frau Flüster hat eine Kassette mit englischen Weihnachtsliedern für die 9. Klasse mitgenommen. Sie läßt die Schüler zuerst das Lied "White Christmas" von Anfang bis zum Ende anhören. Die Schüler hören das Lied noch mal Satz für Satz an, und sie sollen versuchen, den Text zu verstehen und die Sätze auszusprechen. Frau Flüster schreibt den Text dann an die Tafel. Auf der rechten Seite redet ein Schüler ständig mit seinem Nachbarn. Frau Flüster läuft ganz schnell zu ihm, legt ihre Hände auf den Kopf des Jungen und singt ganz laut in seine Ohren. Der Junge lacht, zieht die Schulter und den Nacken zusammen und legt seinen Kopf tief auf den Tisch. Dann versucht er, sich mit beiden Händen die Ohren zuzuhalten. "Was ist? Kannst du den nächsten Satz vielleicht sagen?" fragt Frau Flüster lächelnd, und der Junge nickt. Frau Flüster singt mit allen Schülern das Lied noch mal. Zum Schluß applaudieren die Schüler. (Fallbericht Flüster 160195)

Auch Frau Rasch unterrichtet an einer Hauptschule. Sie wendet mimische und gestische Mittel sparsamer an, setzt aber ihre Stimme bewußt als Gestaltungsmittel ein, meist stärker durch den Tonfall als durch große Lautstärke. Wie das folgende Beispiel zeigt, kann manchmal schon ein Flüstern genügen:

> Eine Vertretungsstunde Deutsch in der sechsten Klasse. Die Schüler rufen sich gegenseitig zum Vorlesen eines Textes auf. Da alle jederzeit an die Reihe kommen können, ist die Atmosphäre ruhig und konzentriert. Dem Schüler, der zur Zeit vorliest, fällt diese Aufgabe ziemlich schwer. Ein anderer Schüler äußert sich wiederholt abfällig darüber. Plötzlich wendet sich Frau Rasch diesem Schüler mit den geflüsterten, dennoch in der ganzen Klasse vernehmbaren Worten zu: "Du bist ja ein kleiner Giftzwerg." Einige lachen, der Schüler wirkt verblüfft, errötet meines Erachtens sogar ein wenig und hält sich für den Rest der Stunde zurück. (Fallbericht Rasch 100195)

Störende Schüler durch unkonventionelle Handlungen zu überraschen, eröffnet ein weites Feld von Alternativen zu Interventionen wie Ermahnungen und Appellen. Zwei Vorteile werden in den genannten Beispielen deutlich: Die betroffenen Schüler stellten ihre Störungen ein, die Intervention war also effektiv. Ferner wurde die Atmosphäre in der Klasse nicht durch Verärgerung getrübt, sondern die Interventionen waren eher humoristisch angelegt. Das Überraschen erscheint daher als eine sinnvolle Variante im Umgang mit Störungen.

Wandel durch Reflexion

Die bisherigen Beispiele verdeutlichen insbesondere interaktionsbezogenes Handeln im Bereich des Situationstyps Störungen. Damit ist gemeint, daß Handlungen unmittelbare, situationsbezogene Veränderungen herbeiführen sollen: Auf die Störung eines Schülers wird reagiert, um den Unterricht anschließend ungestört fortsetzen zu können. Eine andere Möglichkeit, Disziplinschwierigkeiten zu begegnen, besteht darin, durch ein stärker geplantes, auf strukturellen Wandel hinzielendes Vorgehen, Veränderungen zu erreichen. Insbesondere dann, wenn festgefügte Denk- und Verhaltensmuster das Aufkommen von Disziplinschwierigkeiten immer wieder begünstigen.

Frau Flüster bemerkte im Interview, sie habe früher ganz massive Disziplinprobleme gehabt. Wir haben dies in unseren aktuellen Beobachtungen so nicht feststellen können. Bei der Auswertung des Interviews haben wir im Rahmen der Schlüsselkategorie Disziplinschwierigkeiten dann näher analysiert, daß Frau Flüster ihr Verhältnis zu den Schülern im Vergleich zu früheren Zeiten maßgeblich verändert hat. Die folgende Abbildung zeigt die Veränderung:

Abbildung 4.3: Wandel durch Reflexion

früher:	heute:
• massive Probleme	• "nettere Art"
• "Ich bin hier der Boß, und ich bestimme, was gemacht wird"	• Bitten statt Befehlen
	• Führen durch Fragen
	• Vertrauen/ ernst nehmen

Dem Interview ist weiterhin zu entnehmen, daß der Wandel im Verhältnis zu den Schülern kein Zufall ist, sondern daß ihm eine Reflexion des eigenen Verhaltens vorausgegangen ist. Frau Flüster bekennt: "Ich habe es am liebsten ruhig und geräuscharm", dem stellt sie aber die Einsicht gegenüber: "Ich weiß, daß sich die Kinder in dem Alter unheimlich gerne bewegen." Als Konsequenz hieraus integriert sie Bewegung stärker in den Unterricht. An anderer Stelle berichtet sie, daß sie heute Schüler, die partout mit privaten Gesprächen beschäftigt sind, vor die Alternative stellt, ruhig zu sein oder zur Klärung kurz vor die Tür zu gehen.

Frau Flüster hat im Verlauf ihrer Berufspraxis erkannt, inwiefern sie selbst zu ihren Disziplinschwierigkeiten beigetragen hat. Infolge dessen hat sie ihr Verhalten geändert, läßt sich z.B. nicht mehr auf Machtkämpfe mit Schülern ein, sondern agiert gelassener und diplomatischer. Sie läßt zu, daß Störungen Vorrang haben, wenn sie Schülern die Möglichkeit eröffnet, dringende Privatangelegenheiten vor der Tür zu besprechen. Ihre private Vorliebe für Ruhe stellt sie zurück, aufgrund theoretischer Überlegungen über natürlichen Bewegungsdrang jüngerer Schüler.

Reflexionen der eigenen schulischen Interaktion haben hier langfristig zu einer Erweiterung des persönlichen Handlungsrepertoires geführt und somit zur Abnahme von Disziplinschwierigkeiten beigetragen - ein Beleg für das produktive Ineinandergreifen von Wissen und Handeln.

4.2.2 Übergänge

Um die besondere Problematik von Übergängen im Unterricht darzustellen, erfolgt zunächst ein kleiner Exkurs auf Grundlage der Frage, warum wir während der Feldphase in manchen Unterrichtsstunden den Eindruck hatten, daß trotz Anwesenheit einer Lehrperson kein eigentlicher Unterricht stattfand. Derartige Situationen werden von Lehrern und Schülern oft übereinstimmend als Chaos wahrgenommen und bezeichnet. Beobachtungen derartiger chaotischer Verhältnisse haben uns zu einer Beschäftigung mit theoretischen Fragen im Zusammenhang mit Chaos veranlaßt. In Anlehnung an die Chaosforscher Prigogine und Stengers (1986) sind in der folgenden Abbildung zwei Arten von Chaos aufgeführt, die sich auch auf die Analyse von Unterrichtsgeschehen übertragen lassen:

Abbildung 4.4: Zwei Typen von Chaos

Chaos I	Chaos II
Gleichgewicht	Nichtgleichgewicht
Zufallsbewegungen, passiv	aktiv, heiß, energetisch
Untergang von Strukturen	Neuentstehung von Strukturen
"strukturlose Suppe"	

(vgl. Bauer 1992a, S. 329ff.)

Chaos II könnte man auch als produktives Chaos bezeichnen, da es mit einem Werden, dem Neuentstehen von Strukturen verbunden ist. Dieses produktive Chaos ist zeitlich begrenzt und bringt neue Ordnung hervor. Stellen wir uns vor, eine Klasse arbeitet im Rahmen eines Unterrichtsprojekts selbständig, in Kleingruppen unterteilt, an Teilaspekten einer Thematik: Ein unbeteiligter Beobachter würde eventuell nur feststellen können, daß verschiedene Schüler, in Tischgruppen unterteilt, sich lebhaft unterhalten und mit verschiedenen Dingen beschäftigen, während die Lehrperson zwischen den Gruppen hin und her pendelt. Das Geräuschniveau wird sicherlich höher, das Verhalten der Schüler ungezwungener sein als beim lehrerzentrierten Frontalunterricht. Was dem unbeteiligten Beobachter jedoch zeitweilig wie ein großes Durcheinander erscheint, kann ausgesprochen produktiv im Sinne von Chaos II sein, insofern es den Schülern gelingt, selbständig gelungene Resultate zu erarbeiten. Der Unterrichtsablauf gleicht dabei einer Wellenbewegung: Phasen der erhöhten Unruhe, die z.B. geprägt sind von vielen Fragen, Aufregung, Unsicherheit (produktives

Chaos bzw. Chaos II), wechseln mit Phasen der konzentrierten, zielorientierten Arbeit (neu hervorgebrachte Ordnung).

Ganz im Gegensatz dazu gleicht Chaos I einer "strukturlosen Suppe", einem Zustand der Desorganisation, der von quälender Dauer sein kann. Chaos I ist unproduktiv, da die unterschiedlichen Nebenschauplätze nicht durch ein Strukturierungsprinzip, wie z.B. eine gemeinsame Zielorientierung, geleitet sind. Wir meinen, daß bei der Vermeidung von Chaos I - Zuständen der Gestaltung von Übergängen - eine große Bedeutung zukommt. Übergänge als Bezeichnung eines Situationstypus bezieht sich auf Situationen der Strukturveränderung, wie z.B. einen Wechsel der Sozialformen des Unterrichts, neue Aufgabenstellungen, Einführung in ein neues Unterrichtsthema etc. Derartige Veränderungen bringen in aller Regel Bewegung in den Unterricht: Schüler haben viele Fragen, neue Materialien müssen herbeigeschafft werden, eventuell muß der Klassenraum umgestaltet oder verlassen werden.

Manchen Lehrern entgleitet der Unterricht bei derartigen Übergängen in einen unproduktiven Chaos I-Zustand, der manchmal für den Rest einer Unterrichtsstunde nicht mehr durchbrochen werden kann. Aus Angst vor Chaos I-Zuständen neigen manche Lehrer dazu, Übergänge möglichst zu vermeiden oder eng einzugrenzen, indem sie ihren Unterricht immer gleichförmig, monozentristisch ablaufen lassen. Chaos I-Zustände können dadurch aber nicht ausgeschlossen werden.

Schüler neigen dazu, monozentristische Strukturen durch den Aufbau von Nebenschauplätzen zu durchbrechen. Werden diese ignoriert, besteht Gefahr, daß eine "strukturlose Suppe" entsteht, also eine Vielzahl von Schauplätzen ohne organisierten Bezug zueinander - einer davon geprägt durch die Lehrperson, die auf jeden Fall ihren Unterricht abhalten will. Um monozentristischen Unterricht erfolgreich durchführen zu können, muß permanent die Aufmerksamkeit der Klasse geprüft und gegebenenfalls wiederhergestellt werden. Das hat zur Folge, daß die Anspannung für Lehrer und Schüler sehr groß ist, was sich kaum über den ganzen Vormittag aufrechterhalten läßt. Schüler wirken nach derartigen Stunden oft besonders aufgedreht, und in nachfolgenden Stunden wird ein konzentriertes Arbeiten immer schwieriger.

Übergänge sind unverzichtbarer Bestand eines lebendigen Unterrichts, der nicht ohne wechselnde Formen der Zusammenarbeit realisiert werden kann. Daher müssen Übergänge eingeplant und gestaltet werden, um die Neuentstehung von Strukturen zu ermöglichen. Welche unterschiedlichen Handlungsmuster - erfolgreiche und weniger erfolgreiche - die von uns beobachteten Lehrerinnen und Lehrer bei Übergängen praktizierten, wird im folgenden dargestellt.

Etablierte Techniken
Der Unterricht in der fünften Klasse von Frau Rasch wirkte meist gut organisiert und effizient. Nur wenig Zeit der Schulstunde ging für die Klärung orga-

nisatorischer und formaler Fragen verloren. Dabei gab es relativ häufige Wechsel vom lehrerzentrierten Unterricht zu Gruppen-, Partner- oder Einzelarbeit, sowohl bei kleineren Projekten als auch im Rahmen der Wochenplanarbeit. Frau Rasch verfügt über einige Techniken, die es ermöglichen, Leerlauf und Konfusion bei Übergängen zu vermeiden. Eine davon ist es, Entscheidungen auch mal dem Zufall zu überlassen:

> Die fünfte Stunde soll in der fünften Klasse außerplanmäßig zur Vorbereitung der nachmittäglichen Weihnachtsfeier genutzt werden. Frau Rasch nennt die Aufgaben, die noch anstehen und bittet die Schüler, eine Wahl zu treffen. In einem Falle möchten deutlich mehr Schüler eine Aufgabe bearbeiten, als organisatorisch möglich ist. Frau Rasch scheint auf solche Fälle vorbereitet, denn spontan hält sie eine ausgediente Kaffeedose mit einem Schlitz im Deckel hoch: Die Losbox. Alle Schüler, die sich für die fragliche Aufgabe gemeldet haben, schreiben ihren Namen auf einen Zettel und werfen ihn in die Box. Anschließend zieht Frau Rasch die Gewinner. Die Schüler akzeptieren diese Zufallsentscheidung ohne größeres Murren - offensichtlich ein vertrautes Verfahren. (Fallbericht Rasch 131294)

Der Unterricht in Fächern wie Werken, Kunst oder Textiles Gestalten leidet oft darunter, daß Schüler notwendige Materialien für neue Unterrichtsabschnitte nicht rechtzeitig mitbringen. Diese beschäftigungslosen Schüler sind ein ständiges Störpotential im Unterricht. Auch in der fünften Klasse von Frau Rasch war dieses Problem zu beobachten.

> Im Unterricht Textiles Gestalten basteln die Schüler aus Holzstücken einen Webrahmen, wie ihn die Steinzeitmenschen laut Geschichtsbuch auch benutzt haben könnten. Die Schüler waren schon seit einigen Wochen aufgefordert, in ihrer Freizeit geeignete Holzstücke zu sammeln und dann in den Unterricht mitzubringen. Einige Schüler sind jedoch dieser Aufforderung nicht nachgekommen und stehen heute ohne Materialien da. "Ihr wißt das doch jetzt schon eine ganze Zeit, das ist ja nun wirklich kein Problem, da mal ein paar Stöcke zu sammeln", kommentiert Frau Rasch die Situation. Dann zeigt sich aber, daß sie auf eine derartige Situation vorbereitet ist, und verteilt Holzstücke und Wolle aus einer Tüte, die sie selbst mitgebracht hat, an die säumigen Schüler. Einige Wochen später stellt sich im gleichen Unterricht heraus, daß einige Schüler wiederum Materialien nicht dabei haben oder ihre Sachen irgendwie verschlampt haben. Diesmal reagiert Frau Rasch jedoch anders ("Das Maß ist voll") und die betreffenden Schüler müssen theoretisch über das Weben der Steinzeitmenschen arbeiten, d.h. sie sollen im Verlauf der Stunde einen entsprechenden Text aus dem Geschichtsbuch zusammenfassen. (Fallbericht Rasch 201294)

Aus der Erinnerung kann zu diesem Fallbeispiel noch angemerkt werden, daß halbfertige Werke in einem Schrank im Klassenzimmer aufbewahrt wurden, so daß sie im Unterricht zur Verfügung standen. Dabei hatten jeweils nur zwei Schüler die Aufgabe, nach hinten zu gehen und die Werkstücke zu verteilen. So entstand kein Durcheinander, wie es sicher der Fall wäre, wenn alle Schüler nach hinten stürmen, um ihre Sachen zu holen.

Die Beispiele zeigen, wie gezieltes Vorausdenken und einige schlichte Techniken zu einer effizienten Klassenführung beitragen können. Dies verdeutlicht den praktischen Nutzen von Planung und Reflexion des persönlichen Handlungsrepertoires, hier im Bereich Interaktion. Auf diesem Wege können die Voraussetzungen geschaffen werden, in schwierigen Situationen zu bestehen:

Tabelle 4.1: Geplante Interaktion

Mögliches Problem:	Mögliche Lösung:
Verschiedene Aufgaben stehen zur Wahl - Mehr Schüler als möglich entscheiden sich für eine bestimmte Aufgabe.	Einführung von Zufallsentscheidungen (Losbox) - Keine endlosen Diskussionen, kein autoritäres Bestimmen.
Schüler erscheinen ohne die benötigten Materialien im Unterricht.	Die Schüler vorläufig mit Materialien aus dem eigenen Fundus versorgen.
Schüler erscheinen wiederholt ohne Materialien, halbfertige Arbeiten gehen wieder verloren.	Beschäftigungsalternativen überlegen, halbfertige Arbeiten verbleiben verschlossen in der Schule.
Großes Durcheinander beim Verteilen der Arbeitsmaterialien bzw. halbfertigen Arbeiten.	Das Verteilen wird zum Dienst. Jeweils zwei Schüler verteilen die namentlich gekennzeichneten Materialien.

Die Beispiele zeigen, wie einige Situationen des Übergangs effektiv bewältigt wurden, z.B. das Aufteilen in Arbeitsgruppen, das Angehen neuer Aufgaben und der Beginn praktischer Arbeiten. Dabei ist es bedeutend, daß Techniken wie z.B. die Losbox, von den Schülern auch akzeptiert werden. Die Anwendung von Zufallsentscheidungen ist nur dann sinnvoll, wenn diese anschließend auch akzeptiert wird. Es muß sich also um eine anerkannte Spielregel handeln. Mehr dazu im folgenden Abschnitt.

Spielregeln
Frau Hegel unterrichtet an einem Gymnasium und bietet ihren Schülern einen anregenden und abwechslungsreichen Unterricht. Spielerische Elemente gehören bei ihr unbedingt dazu; sie begreift Unterricht nicht als rein intellektuelle Angelegenheit und bemüht sich daher um "Kopf, Herz und Hand". Spielen soll, ihrer Meinung nach, kein Anhängsel für Freistunden oder Ausflüge sein, sondern integraler Bestandteil des Unterrichts. Sie bezieht sich dabei im weitesten

Sinne auf Schillers Spieltrieb, so wie er in der "Ästhetischen Erziehung des Menschen" beschrieben wird. Hauptaufgabe von Pädagogen in der heutigen, kommunikationsgestörten Welt ist für sie, Bindungen herzustellen und Anlässe der Begegnung zu schaffen. Eine Möglichkeit hierzu sieht sie im Spiel.

Während der Unterrichtsvorbereitung überlegt sie sich daher Möglichkeiten unkonventioneller, spielerischer Umsetzung von Unterrichtsinhalten. Dazu entwickelt sie auch entsprechende Spielregeln, die sie den Schülern zu Beginn einer Übung erklärt. Im folgenden Fallbericht wird der Ablauf einer Übung beschrieben.

Je zwei Schüler sitzen sich als Partner gegenüber, der ganze Kurs bildet dabei einen inneren und einen äußeren Stuhlkreis. Die Schüler im inneren Kreis lesen dann denen im äußeren Kreis ein Satzteil vor, der in eine andere Zeit gesetzt werden soll und andersherum ebenso. Dann sollen die Zettel im inneren Kreis in die eine Richtung ausgetauscht werden, während die Schüler des äußeren Kreises in die andere Richtung wechseln. Hierbei kam es zu einer größeren Konfusion, da einige Zettel in die falsche Richtung gingen und die Schüler nicht wußten, wo sie hin mußten. Frau Hegel versuchte spontan, die Regeln umzudisponieren, wodurch die Verwirrung zunächst noch größer wurde, die Übung aber schließlich funktionierte. Nach der Unterrichtsstunde stellte Frau Hegel mir gegenüber fest, daß die Regeln teilweise unnötig kompliziert waren. Es hätte gereicht, sofort entweder die Schüler oder die Zettel rotieren zu lassen und zwar jeweils nur in eine Richtung. (Fallbericht Hegel 060395)

Die beschriebene Übung hat in einer neunten Klasse stattgefunden. Die körperliche Bewegung in der geschilderten Übung kann ein Weg sein, diese Schülergruppe zu motivieren, bzw. etwas in Schwung zu bringen. Störfaktoren waren aber die zu komplizierten Regeln, was Frau Hegel selbstkritisch zugestand. Solche Schwierigkeiten sind sicher unvermeidbar, wenn Neues ausprobiert wird, können aber auch zum Lernanlaß für die eigene pädagogische Professionalität werden. Entscheidend ist, daß Schwierigkeiten nicht zur Demotivation führen, sondern als Hinweise auf erforderliche Verbesserungen verstanden werden.

Spielregeln im Unterricht können ein nützliches Mittel zur Aufrechterhaltung einer sozialen Struktur sein, nicht nur in tatsächlich spielerischen Situationen, sondern auch in Form allgemeiner Verhaltensregeln. Fraglich ist aber, ob nicht ein Kodex etablierter Regeln zu Erstarrung und Inflexibilität des Unterrichts führt. Frau Hegel äußerte sich zu diesem Thema folgendermaßen im Interview:

"Wenn ich mir aber kleine und wenige Regeln vornehme und mich selber an diese Regeln halte und für die Schüler transparent mache, dann läuft der Unterricht. Und jetzt sind wir an der Stelle, wo ich sagen muß, ganz selbstkritisch: Ich bin immer noch auf der Suche nach einer festen Regel. Und da merke ich schon, ich widerspreche mir. Es gibt keine feste Regel. Jede Klasse ist anders. Jede Situation ist auch wieder anders. Also sagen wir mal: Flexibel so unterrichten, daß ich merke: 'Ja normalerweise habe ich diesen Stil mit euch, heute gehe ich etwas davon ab, aber es wird nicht strukturlos.' Also Regeln, die flexibel eingesetzt werden." (Interview Hegel 040595)

Hier wird deutlich, daß Regeln im Unterricht nicht zum Rigorismus führen müssen. Flexible Regeln lassen Ausnahmen zu und ermöglichen die Anpassung an besondere Umstände und Situationen. Das bedeutet auch, bestimmte Regeln können an einen bestimmten Modus des Unterrichts geknüpft werden. Ein Beispiel hierzu konnten wir bei Frau Rasch beobachten.

Immer wenn sich der Unterricht von Frau Rasch vom Frontalunterricht zu einer anderen Arbeitsform wendet (Gruppenarbeit, Partnerarbeit, usw.), können die Schüler untereinander auch verstärkt Privatgespräche führen. Frau Rasch kümmert sich dann mehr um den allgemeinen Lautstärkepegel, als darum, was die Schüler untereinander reden. Es gilt dann die immer mal wiederholte Regel: "Mit dem Nachbarn wird leise geredet, wenn ihr jemanden sprechen wollt, der weiter entfernt ist, müßt ihr erst hingehen und euch dann leise unterhalten." (Fallbericht Rasch 131294)

Die allgemeine Regel lautet, daß die Schüler sich im Unterricht nicht unterhalten sollen. Mit dem Wechsel der Arbeitsform wird diese Regel eingeschränkt. Grundsätzlich sollen die Schüler zwar auch mit ihrem Partner oder in ihrer Gruppe sachorientiert arbeiten, aber Frau Rasch kontrolliert in diesen Situationen stärker ergebnisorientiert und achtet darauf, daß die allgemeine Lautstärke nicht zu stark ansteigt. So könnte z.B. ein Schüler, der Regel folgend, seinen Platz verlassen, um sich mit einem weiter entfernt sitzenden Freund für den Nachmittag zu verabreden. Er wird sich aber auch darum bemühen müssen, die gestellten Aufgaben zu bewältigen. Gleichzeitig ist den Schülern auch klar, daß alle auf ihren Plätzen bleiben sollen, wenn der Unterricht zentral geleitet wird. In unterschiedlichen Phasen oder Modi des Unterrichts können ganz unterschiedliche Spielregeln gelten, ohne daß ein Eindruck von Strukturlosigkeit oder Inkonsistenz entsteht.

Zahlreiche Lehrer bemühen sich, in ihrem Unterricht Regeln zu etablieren, die den Schülern bekannt sind und beachtet werden. Auch die Unterrichtskonzeption von Herrn Kroner, die im folgenden vorgestellt wird, baut darauf, daß Schülerinnen und Schüler sich an vereinbarte Spielregeln halten.

Eingespielte Teams
Eine Besonderheit der pädagogischen Arbeit von Herr Kroner ist die konsequente Arbeit in Gruppen. Lehrerzentrierter Frontalunterricht findet bei ihm kaum statt. Es besteht eine dauerhafte soziale Struktur, in der jeder Schüler einer Kleingruppe angehört. Auf diesem Wege können kleine und größere Aufgaben und Projekte von Schülern gemeinsam bearbeitet werden, ohne daß zunächst Gruppen organisiert oder Stühle und Tische umgestellt werden müssen, denn die soziale Struktur findet sich auch in der Sitzordnung wieder (Grup-

pentische). Darüber hinaus sind die Teams im Klassenraum auch symbolisch visualisiert:

> An der Längswand, die der Fensterfront gegenüberliegt, ist das großformatige Bild eines Personenzugs aufgehängt. Die Lokomotive und die einzelnen Wagen sind aus Karton ausgeschnitten und sorgfältig bemalt. Auf jedem Waggon steht ein Name, z.B. "Tiger", "Affen". Alle Namen bezeichnen Tierarten. Aus den Fenstern der Waggons schauen die Passagiere. Hier sind Fotos eingeklebt, auf denen die Gesichter der Schüler abgebildet sind. Die Waggons mit den Tiernamen entsprechen den Teams, die einzelnen Fenster mit den Gesichtern den Teammitgliedern. Jedes Team hat eine eigene Tischgruppe. Über den Tischgruppen hängt an der Decke befestigt, eine riesige, passend bemalte Tiergestalt aus Holz. (Fallbericht Kroner 0492)

Die soziale Struktur in der Klasse von Herr Kroner schafft gute Voraussetzungen für die Verwirklichung von selbständigen, selbstorganisierten und projektartigen Lernformen. Dabei kann im Bedarfsfall, ohne daß Umbaumaßnahmen erforderlich wären, neben der Arbeit im Team auch frontal unterrichtet und Einzel- oder Partnerarbeit durchgeführt werden. Geplante soziale Strukturbildung durch Herrn Kroner ermöglicht so abwechslungsreiches Lernen in verschiedenen Sozialformen. Die Schüler sind mit verschiedenen Formen der Zusammenarbeit vertraut, wodurch Übergänge unproblematischer geworden sind.

Die Einrichtung der konstanten Binnenstruktur im Unterricht ist das Ergebnis eines langwierigen Prozesses. Herr Kroner hat zur Begründung seines Unterrichtskonzeptes einen individuellen Theorierahmen erarbeitet, den er kontinuierlich weiterentwickelt. Auf dieser Basis formuliert er Bedingungen für einen gelungenen Schulunterricht. Hierzu zählen unter anderem folgende Beispiele:

- formales Leitsystem: Die Schüler werden mit konkreten Arbeitsaufgaben konfrontiert; jeder Schüler weiß, was er zu tun hat und kennt die leitenden Interaktionsregeln.
- homogene Kleingruppen mit festen Plätzen: Die Strukturierung erfolgt nach Geschlecht, Lern- und Leistungsvermögen und Sprachkompetenz. Keine Gruppe sollte mehr als vier Schüler umfassen.
- Lernen an realen Bedingungen: Material, das anregt und interessiert als Motivationsanreiz; gründliche Vorbereitung des Unterrichts.

Die Beispiele verdeutlichen hohe Ansprüche in den Bereichen Interaktion, Diagnosekompetenz und Hintergrundarbeit. Herr Kroner stellt sich dieser Beanspruchung erfolgreich und hat dabei Freude an seinem Beruf. Berufliche Selbstbestätigung erfährt er unter anderem dadurch, daß sich seine persönliche Unterrichtstheorie in der Praxis bewährt. Ihm ist eine produktive Verknüpfung von Theorie und Praxis gelungen, wie es dem Handlungstypus der reflexiven Praxis entspricht.

4.2.3 Gespräche

Sokrates verhalf seinen Mitmenschen zu Lernerfolgen, indem er sie in Gesprächen mit kritischen Fragen in Verlegenheit (Aporie) brachte und ihnen so ihr Nichtwissen vor Augen führte, um Neugierde und Bereitschaft zum Lernen zu wecken. Gespräche sind auch heute noch eine häufig angewandte Methode im Unterricht. So sind fragend-entwickelnde Lehrgespräche, besonders in lehrerzentrierten Situationen, oft zu beobachten.

Darüber hinaus ist kommunikative Kompetenz in der pädagogischen Gesprächsführung bei allen denkbaren Sozialformen des Unterrichts notwendig. In bezug auf Unterricht können sach- und prozeßorientierte Gespräche unterschieden werden. Während erstere der konkreten Auseinandersetzung mit den aktuellen Inhalten dienen, sind prozeßorientierte Gespräche notwendig, um den Unterrichtsablauf zu organisieren, wie folgendes Beispiel zeigt.

> Es wird ein noch nicht behandelter Abschreibetext für den Unterricht eingesetzt. Der allen Schülern vorliegende Text soll von jedem Schüler abgeschrieben und selbst korrigiert werden. Anschließend soll der Tischnachbar den Text noch einmal korrigieren (Partnerarbeit). Nach dieser Partnerkorrektur werden die Texte von Frau Winter persönlich korrigiert. Bei dieser Endkorrektur darf sich maximal noch ein Fehler im Text befinden. Die Unterrichtsreihe mit den Abschreibetexten soll dann beendet werden, wenn bei allen Schülertexten in der Endkorrektur maximal ein Fehler entdeckt wird. Frau Winter erklärt noch einmal sehr ruhig und langsam die Aufgabenstellung. Der neue Schüler laufe bei dieser Übung "außer Konkurrenz" und es sei nicht von ihm abhängig, wann die Unterrichtsreihe abgeschlossen wird.
> (Memo Winter 310195)

Der Satz "Frau Winter erklärt noch einmal..." deutet bereits die Schwierigkeiten an, die entstehen können, wenn organisatorische Fragen geklärt werden müssen. Je komplexer die gestellte Aufgabe oder geplante Aktivität einerseits ist, desto öfter müssen die Verfahrensregeln erklärt werden, bis auch der letzte Schüler weiß, was zu tun ist. Andererseits läßt sich so entstehender Leerlauf verringern, je besser es einer Lehrperson gelingt, Prozeßfragen eingängig zu vermitteln.

Im Bereich der sachorientierten Gespräche, die auf den eigentlichen Unterrichtsinhalt zielen, existiert ein breites Spektrum möglicher Verhaltensweisen von Lehrerinnen und Lehrern. Es reicht vom anhaltenden Monologisieren über die gelenkte Diskussion, bis hin zur weitgehenden Zurücknahme der eigenen Person durch schweigende Zurückhaltung oder Delegation der Gesprächsleitung an Schülerinnen oder Schüler.

Sowohl sach- als auch prozeßorientierte Gespräche dienen der Realisierung von Unterricht im Sinne der Vermittlung von Inhalten. Kommunikative Kompetenz von Lehrern ist aber auch im Rahmen weiterer Aufgaben notwendig. Hierzu zählen allgemeine Beratung, Elternarbeit sowie die Kooperation mit Kollegen und Schulleitung. Auch dies sind Bereiche, in denen Lehrerinnen und Lehrer auf professioneller Grundlage Gespräche führen.

Im Rahmen unseres Projekts konnten wir überwiegend Beispiele für Kommunikation im Unterricht sammeln. Verschiedene Kommunikationsstile, die wir in der Feldphase entdeckten, werden nachfolgend vorgestellt und mit Beispielen belegt.

Drängeln vs. Geduld
> Ein Schüler wird im Fremdsprachenunterricht vom Lehrer nach einer bestimmten Grammatikregel gefragt. Der Schüler weiß die richtige Antwort nicht. Der Lehrer fragt ungeduldig ein zweites Mal nach, begleitet von einem stöhnenden "Puh". Der Schüler weiß immer noch nichts. Der Lehrer fragt weiter nach und steigert seinen Mißmut: "Das darf doch nicht wahr sein." Auch die Fortsetzung des Verhörs bringt keinen Erfolg. Der Schüler kann die richtige Antwort nicht nennen. Schließlich läßt der Lehrer mit einem "Das habe ich überhaupt noch nicht erlebt" von dem Schüler ab. (Fallbericht Oberst 1092)

Wenn Schüler die an sie gestellten Erwartungen nicht erfüllen, kann das zu Verärgerung und Frustration führen, aber der laut geäußerte Unmut in der beschriebenen Situation macht die Sache nur noch unangenehmer. Der Schüler fühlt sich in die Zange genommen, sein Unwissen verärgert den Lehrer, bei Mitschülern macht sich vielleicht schon Schadenfreude breit. Derartige Streßsituationen können im Extremfall sogar zu Denkblockaden führen, wie in der Lernpsychologie schon seit längerem bekannt ist (vgl. Vester 1975).

Gelassenheit und Einfühlungsvermögen sind in derartigen Situationen erfolgversprechender, auch wenn nicht einzelne Schüler, sondern die ganze Lerngruppe zur Mitarbeit gebeten wird. Der Kommunikationsstil von Herrn Kroner entspricht diesen Anforderungen. Wenn er Fragen stellt, läßt er den Schülern genügend Zeit zum Nachdenken. Längere Schweigepausen bringen ihn nicht so leicht aus der Ruhe, wie im folgenden Beispiel deutlich wird.

> Eine Diskussion in der Klasse über Sex in der Werbung, der Lehrer sammelt die Schülerantworten an der Tafel. "Was fällt euch sonst noch auf?" will Herr Kroner wissen, aber niemand will eine Antwort geben. Nach einer halben Minute Schweigen, die Herr Kroner freundlich und gelassen akzeptiert, geht er nahtlos zur nächsten Frage über. Es folgt Schweigen im Walde, wodurch sich Herr Kroner nicht irritieren läßt, freundlich aber bestimmt geht es weiter: "Gut, lassen wir es so stehen und kommen zum nächsten Punkt. Unterstreicht bitte mal alle Sachaussagen in diesem Argument!" (Fallbericht Kroner 220294)

Diskussionsbeiträge können sicher ebensowenig erzwungen werden wie richtige Antworten. Herr Kroner läßt sich auch nicht dazu hinreißen, offene Fragen gleich selbst zu beantworten, sondern er schwenkt zunächst zum nächsten

Punkt über. So bleibt immer noch die Möglichkeit, später noch einmal zu den unbeantworteten Fragen zurückzukehren. Durch diesen Kommunikationsstil ist die Atmosphäre im Unterricht entspannter, und Schüler beteiligen sich bereitwilliger, auch wenn sie unsicher über die Qualität ihres Beitrags sind.

Gesprächsleitung delegieren
Kommunikative Kompetenz wird heute oft als Schlüsselqualifikation bezeichnet - eine extrafunktionale Fähigkeit für unterschiedlichste Lebenslagen. Die Fähigkeit, Konflikte im Dialog zu lösen, schafft darüber hinaus Voraussetzungen für das Zusammenleben in einer pluralistischen Gesellschaft. Zielorientierung ist, daß Schülerinnen und Schüler lernen zu diskutieren, ihre eigene Meinung zu vermitteln, andere Meinungen zu tolerieren, aber auch totalitäre Haltungen zu entlarven.

Manche Diskussionen im Unterricht verlaufen leider zäh und leblos. Offensichtlich bestand in Diskussionen, die keine wurden, kein Anreiz für die Schüler, sich zu äußern. Dies kann an den Themen selbst, an der Aufbereitung oder auch an der Art der Durchführung gelegen haben. Themen, die Bezug zur Lebenswelt der Schüler haben oder auch aktuell in der öffentlichen Diskussion stehen, sorgen oft für eine rege Beteiligung, sind aber nicht immer für den jeweiligen Fachunterricht geeignet. Aber auch Themen, bei denen das Interesse erst geweckt werden muß, können Gegenstand lebhafter Diskussionen werden, beispielsweise im Rahmen eines Rollenspiels. Ein bereits zitiertes Beispiel hierzu stammt aus dem Geschichtsunterricht von Frau Riesenhuber, die in ihrer Klasse zwei Gruppen bildete, die unterschiedliche Demokratievorstellungen vertreten sollten (vgl. 3.2.3). Ein anderes Gestaltungsmittel bei Unterrichtsgesprächen ist die Delegation der Gesprächsleitung an Schülerinnen oder Schüler.

> Als ich den Raum betrete, hat der Deutschunterricht schon angefangen. Herr Kroner hat heute für Klasse 7 das Thema "Tierversuche - pro und contra" ausgesucht. Die Schüler sitzen in kleinen Gruppen und sollen das Thema auch in der Gruppe bearbeiten: Argumente für pro und contra sammeln und auf die Karteikarten schreiben. Nach ca. 5 Minuten meldet sich eine Gruppe zur Diskussion. Herr Kroner bestimmt den Zeitpunkt der Diskussion und holt sich einen Kassettenrecorder. Eine Schülerin wurde von Herrn Kroner angesprochen; sie wird die Diskussion moderieren. Die Gruppe teilt sich in pro und contra und die Schüler setzen sich gegenüber auf einen Tisch. Die Moderatorin stellt die Beteiligten kurz vor, damit geht die Diskussion los. Ein Mädchen von der Pro-Gruppe fängt an zu argumentieren. Herr Kroner geht an der restlichen Gruppe vorbei und bleibt schließlich am Ende des Zimmers. Die Diskussion läuft etwas chaotisch. Die Schüler argumentieren und widersprechen sich im nächsten Satz. Die meiste Zeit versuchen sie, die eigene Meinung deutlich auszuführen. Einer schüttelt den Kopf, einer legt den Kopf auf den Tisch, und ein Schüler schlägt mit der Faust sogar auf den Tisch. Die Zuschauer scheinen sich nicht auf die Diskussion konzentrieren zu können. Einige verlassen die Plätze oder packen ein. Zwei Zuschauer vor

mir vereinbaren, sich heute Abend anzurufen, und einer von beiden sagt schließlich: "Also, ich finde, daß Tierversuche ..." Irgendwie scheinen sie doch noch bei dem Thema zu sein.

Die Diskussion hat nur zehn Minuten gedauert. Herr Kroner beobachtet den ganzen Vorgang recht ruhig und zurückhaltend. Bevor die Schüler den Raum verlassen, verkündet er noch einmal, daß das Thema in der nächsten Sitzung fortgesetzt wird. (Fallbericht Kroner 070394)

Trotz der Zurückhaltung von Herrn Kroner waren die Schüler offensichtlich gedanklich beim Thema, auch wenn sie ihren Freiraum nebenbei auch für andere Dinge nutzten. Dabei ist auch zu berücksichtigen, daß Herr Kroner, wie berichtet, mit "eingespielten Teams" arbeitet und die Schüler teilweise schon daran gewöhnt sind, Diskussionen in eigener Regie zu führen. Die Zurückhaltung des Lehrers ist eine Möglichkeit, Selbständigkeit bei den Schülern zu fördern. Zurückhaltung bedeutet für Herrn Kroner aber nicht Rückzug. Es bleibt seine pädagogische Aufgabe, das Geschehen aufmerksam zu verfolgen, Ergebnisse im Blick zu behalten, Feedback zu geben und gegebenenfalls steuernd einzugreifen, wenn keine Selbstorganisation stattfindet. Wie schwer es für Schülerinnen und Schüler sein kann, den Unterricht einmal zeitweilig in eigener Regie zu gestalten, davon berichtet das folgende Beispiel:

In einer Geschichtsstunde sollen die Kleingruppen einer fünften Klasse selbständig ihre Arbeitsergebnisse vor der Klasse präsentieren. Es gelingt im Verlaufe des Vortrags nur bedingt, die Interaktion hauptsächlich über die Schüler ablaufen zu lassen. Es ist immer wieder Frau Rasch, die die Schülerinnen vorne auffordern muß, langsamer zu sprechen oder mehr zu erzählen. Auch Fragen aus dem Plenum muß Frau Rasch immer wieder erst andeuten und hervorrufen. Die Schülerinnen an der Tafel - und so war es auch bei allen anderen Referatsgruppen - suchten immer Blickkontakt zu Frau Rasch und versuchten stets zu ergründen, wie sich das von ihnen Gesagte in der Mimik und Gestik der Lehrerin spiegelt. (Fallbericht Rasch 240195)

Das Verhalten der Fünftklässler, die Fixierung auf eine erwachsene Autoritätsperson, ist für ihr Alter nicht ungewöhnlich. Trotzdem ist es sinnvoll, bereits bei jüngeren Schülern Gelegenheiten zum selbstverantwortlichen Lernen und Handeln in den Unterricht zu integrieren. So kann ein Entwicklungsprozeß in Richtung auf größere Selbständigkeit unterstützt werden. Mit einiger Übung werden die Schüler auch in der Lage sein, eigene Arbeiten zu präsentieren und zu diskutieren, ohne dabei permanent auf Anregungen und Reaktionen einer Respektsperson aus zu sein.

Selbst Schülerinnen und Schüler der Oberstufe haben hierbei oft noch Schwierigkeiten. Das wirkt sich bei einem anschließenden Studium auf die Qualität von Seminarbeiträgen an den Hochschulen aus. Bei manchen Referaten kann man den Eindruck gewinnen, daß der Vortrag eigentlich nur für den Dozenten gehalten wird, wobei unsichere Blicke immer zwischen dieser Leitungsperson und dem Manuskript pendeln.

4.2.4 Kontrolle

Anwesenheitskontrolle, Hausaufgabenkontrolle, Leistungskontrolle etc. nehmen im Unterricht einen breiten Raum ein. Eine der von uns beobachteten Lehrerinnen nannte diesen Aufgabenbereich "die Fleißarbeit des Lehrers". Eng verknüpft mit der Kontrolle von Schülerleistungen ist das Beurteilen und Zensuren geben. Daher folgen zunächst einige Vorbemerkungen zu diesem Bereich.

Lehrer sollen Leistungen nicht nach mechanistischen Modellen bewerten, sondern der Individualität von Schülern Rechnung tragen und Entwicklungstendenzen berücksichtigen. Die Meinungsbildung von Lehrern vollzieht sich dabei nicht alleine anhand offensichtlicher Kontrollsituationen, wie z.B. Tests und Klassenarbeiten, Überprüfen von Hausaufgaben, Aufrufen von Schülern, sondern auch aufgrund der latenten Beobachtung in der alltäglichen Interaktion im Unterricht. Gerade diese zweite Form der Kontrolle erschwert aber die Offenlegung eines transparenten Leistungsmaßstabs und führt, gerade bei der Zensurengebungen, immer wieder zu Debatten über Gerechtigkeit und Angemessenheit der Bewertung.

Bewerten und zensieren wird sicher immer ein dezisionistisches Moment enthalten. Der Begriff der Dezision entstammt der Terminologie einer rechtsphilosophischen Position, derzufolge als geltendes Recht anzusehen ist, was als Urteil gesprochen wurde. Jedes Urteil enthält aber gewisse willkürliche Setzungen seitens des Richters - eben jenen dezisionistischen Anteil. So bleibt z.B. nach Abwägung aller juristisch maßgeblichen Fakten bei der Urteilsfindung in einem Strafprozeß in gewissem Rahmen die Freiheit, ein Strafmaß festzulegen, das sich aus diesen Fakten nicht konkret ableiten läßt. Dies wird anschaulich, wenn man sich vorstellt, man lege ein und denselben Fall einer Vielzahl von Richtern zur Verhandlung vor. Anschließend wird man gewiß mehr oder weniger stark voneinander abweichende Urteile erhalten, die alle auf der Grundlage des gleichen Falls gefällt wurden.

Ähnlich würde es sich wohl auch verhalten, wenn mehrere Lehrer um die Beurteilung der Leistungen eines Schülers in einem bestimmten Fach gebeten würden. Leistungsbewertung in der Schule enthält, ebenso wie juristische Urteilsfindung, ein dezisionistisches Moment. Sich dessen bewußt zu sein und verantwortungsvoll damit umzugehen, ist eine Herausforderung an die eigene pädagogische Professionalität. Der Versuch, dieses Moment durch mechanistische Berechnungen negieren zu wollen, ist aber eine unprofessionelle Preisgabe pädagogischer Freiheit.

Wie kann aber nun der weiter oben empfohlene, verantwortungsvolle Umgang mit der unvermeidbaren pädagogischen Willkür aussehen? Jeder Leistungsbewertung müssen Leistungskontrollen vorausgehen. Kontrolle ist ein für viele negativ besetzter Begriff, der mit obrigkeitshörigem Denken und Handeln assoziiert wird. Es erscheint daher angebracht, diesen Begriff einmal vorurteilsfrei und funktional zu betrachten:

Jeder Schüler wünscht sich, daß seine Leistungen für den Unterricht Beachtung finden. Lehrer wünschen sich, daß Schüler im Unterricht Leistungen erbringen. So verstandene Kontrolle ist Voraussetzung für Lob und Kritik. Schüler erhalten Feedback über ihren Leistungsstand, gleichzeitig können Lehrer überprüfen, ob ihren Erwartungen entsprochen wurde. Auf diesem Wege treten Schüler und Lehrer in einen Dialog über Leistungserwartung und -erfüllung, in dessen Verlauf auch individuelle Ziele vereinbart werden können.

Durch diesen Dialog gewinnen Schülerinnen und Schüler, ebenso wie Lehrerinnen und Lehrer, Informationen über den aktuellen Leistungsstand, dessen Verlauf abschließenden Beurteilungen zugrunde liegt. Unterschiedliche Vorgehensweisen der von uns beobachteten Lehrerinnen und Lehrer im situativen Bereich Kontrolle - Feedback - Beurteilung werden wir im folgenden darstellen.

Die Formalia erledigen

Herr Distel begrüßt die Lerngruppe (12.1) burschikos mit einem schwungvollen "Guten Morgen" und zelebriert anschließend ein allmorgendliches Ritual, das er mit den Worten: "Wir wollen erst mal die Formalia erledigen", einleitet. Herr Distel sitzt am Pult über das Klassenbuch gebeugt: "Markus fehlt, Elvis immer noch krank, Monika, hast du eine Entschuldigung dabei?". Nebenbei wird non-konformes Verhalten registriert und entsprechende Sanktionen angedroht: "Ali, laß das Trinken, Helga, hör auf zu quatschen, sonst könnt ihr Stundenprotokolle schreiben!" Anschließend beginnt schon fast der Unterricht, aber vorher muß noch kontrolliert werden, wer seine Bücher oder Hausaufgaben vergessen hat, denn für solche Fälle hat Herr Distel noch ein paar Stundenprotokolle zu vergeben. (Fallbericht Distel 120293)

Offensichtlich bemüht sich Herr Distel stets schon zu Beginn der Stunde zu zeigen, daß bei ihm alles seine Ordnung hat. Ein gewisses ungebrochenes Verhältnis zu den traditionellen Kontrollaufgaben wird deutlich. Aber wie wirken derartige, immer ähnliche Auftritte auf die Schüler? Es handelt sich um eine Form von Einstiegsritual, das auch bei den Handlungsmustern im Unterkapitel Anfang aufgeführt werden könnte. Die Art und Weise der Einstimmung auf den folgenden Unterricht basiert aber hier nur auf Kontrollen und stimmt die Schüler somit lediglich auf die herrschenden Machtverhältnisse im Unterricht ein. Von individuellen Rückmeldungen wird nicht berichtet, statt dessen hagelt es einheitliche Strafen (Stundenprotokoll). Offen bleibt auch die Frage, warum Schüler der Jahrgangsstufe 12 sich brav und still verhalten sollen, während der Lehrer lediglich "die Formalia erledigt", statt Unterricht anzubieten. Wir konnten im Kontrast dazu oft beobachten, daß es anderen Lehrerinnen und Lehrern gelingt, Anwesenheitskontrolle oder bloßes Nachsehen der Hausaufgaben praktisch nebenbei durchzuführen, während die Schüler bereits an neuen Aufgaben arbeiten.

Oft werden regelmäßige Kontrollen der traditionellen Art, wie Anwesenheit, Hausaufgaben, Tests etc., als ein entscheidendes Gütekriterium pädagogischer Arbeit angesehen. Einige Lehrerinnen und Lehrer, die in ihrem Unterricht unkonventionellere Formen des Lernens verwirklichen möchten, die weniger traditionelle Kontrollen beinhalten, entwickeln daher manchmal ein schlechtes Gewissen. Im folgenden Beispiel wird die ambivalente Haltung von Frau Winter in diesem Bereich deutlich:

> "Dann eine Schwäche: Ich arbeite vielleicht zu wenig so... so betulich. Also: Ich achte schon sehr darauf, daß sie ihre Hefte führen , daß sie das auch ordentlich führen ... . Es gibt also Leute, die in der Zehn immer noch nicht begriffen haben, wie ich ein Heft führe. Und suche den Fehler eigentlich bei mir. Und sage dann also: 'Ich habe nicht konsequent genug darauf geachtet, so wie der Mathelehrer, der immer, wenn es auch nur ein bißchen schief war, die Dinge durchstreicht.' Davon lasse ich mich manchmal anstecken. Ja! Ist blöd, nicht? Weil eigentlich lehne ich das ja ab, so zu arbeiten. Aber manchmal denke ich, vielleicht schafft er mehr damit! Wenn ich so sehe, daß irgendwelche Kollegen so jede Hausaufgabe nachgucken und zumindest ihren Haken druntermachen, merke ich, ich vergesse das manchmal, daß ich Hausaufgaben aufgegeben habe, nicht? Oder ich sage: 'Du, du und du und du liest jetzt mal vor.' Aber ich gucke mir nicht jede Hausaufgabe an. Und das kostet mich, habe ich so das Gefühl, viel zu viel Zeit.... Und da habe ich manchmal ein schlechtes Gewissen. Also diese Fleißarbeit des Lehrers nicht genügend zu machen." (Interview Winter 090595)

Was Frau Winter als "betulich" oder auch "Fleißarbeit" bezeichnet, sind Elemente eines Professionalitätsverständnisses, das stark auf Regelmäßigkeit und Genauigkeit von Kontrollen gründet. Für zahlreiche Lehrer bedeutet Exaktheit in diesem Bereich eine wichtige Selbstbestätigung. Die Interviewsequenz verweist aber auch auf mögliche Schattenseiten dieses Vorgehens. Dazu zählt der enorme Zeitaufwand ebenso wie eine penible Rigorosität. Auch unser Modell der pädagogischen Professionalität kommt nicht ohne die Forderung nach gewissenhafter Arbeitshaltung, als eine funktionale Notwendigkeit, aus. Aber das ist lediglich eine Grundanforderung. Eigentliche pädagogische Herausforderungen schließen sich daran erst an. Im Bereich von Kontrollen im Unterricht ließe sich fragen, wie lassen sich die Formalia sinnvoll in den Unterricht integrieren oder kreativer gestalten? Wir sind auf einige interessante Antworten gestoßen:

Gemeinsam weiterkommen
Beim Auswerten der Beobachtungsbögen von Frau Hegel fiel auf, daß Hausaufgaben oft zum Anlaß für soziales Lernen wurden. Schülerinnen und Schüler korrigierten sich gegenseitig, riefen sich gegenseitig auf und bearbeiteten Tests gemeinsam. Hierzu einige Beispiele aus dem beobachteten Unterricht:

> Die Schüler sitzen im Stuhlkreis zusammen und tragen ihre Hausaufgaben auf französisch vor, wozu sie sich gegenseitig aufrufen. Frau Hegel hält sich zurück, nimmt eine moderierende Stellung ein.
>
> Frau Hegel verteilt einen Testbogen zu den Hausaufgaben. Die Schüler sollen ihn in Partnerarbeit bearbeiten. Anschließend wird der Test eingesammelt, verbunden mit der Ankündigung, daß er demnächst gemeinsam korrigiert wird.
>
> Alle Schülerinnen und Schüler sollen als Hausaufgabe einen Menschen abbilden und seine Körperteile auf Französisch bezeichnen. Frau Hegel schaut sich gemeinsam mit mir jedes einzelne Werk an. Jeder Beitrag wird ausführlich gewürdigt. Die Darbietungen reichen von Strichmännchen über aufwendige Zeichnungen, bis hin zu ausgeschnittenen Pin-up's. Auch die Schüler beschäftigen sich untereinander mit den Werken ihrer Mitschüler. (Fallberichte Hegel 0395)

Die Beispiele zeugen von einem abwechslungsreichen Umgang mit den Hausaufgaben. Partner- und Gruppenarbeit kommt ebenso zum Einsatz wie z.B. Rollenspiele oder die Schaffung einer kooperativen Atmosphäre durch einen Stuhlkreis. Diese Maßnahmen stellen den fachlichen Wert der Hausaufgaben in den Mittelpunkt. Es geht darum, gemeinsam eine Fremdsprache zu erlernen, nicht um das Überprüfen irgendwelcher Leistungen zum Zweck der Benotung. Die Schülerinnen und Schüler erhalten ein individuelles Feedback für ihre Beiträge, kein formelles, wie z.B. Sternchen, Punkte oder Zensuren. Ziel ist die Schaffung und Aufrechterhaltung von intrinsischer Motivation.

Bei Frau Hegel sind die Hausaufgaben meist Grundlage eines eigens geplanten Abschnitts des Unterrichts, für den auch bestimmte Sozialformen vorgesehen sind, z.B. Gruppenarbeit, Partnerarbeit, spielerische Darbietungen. Schüler, die nichts vorbereitet haben, fallen auf, weil sie tatsächlich schlecht mitmachen können. Das ist erheblich konkreter, als wenn lediglich irgendwelche nicht erledigten Aufgaben in einem roten Büchlein vermerkt werden.

Konstruktives Feedback geben
Damit Kontrollen für die Kontrollierten Sinn machen, ist Feedback unerläßlich. Schülerinnen und Schüler möchten wissen, wie ihre Leistungen bewertet werden und wo ihre Defizite und Stärken liegen. Konstruktives Lob und Kritik schaffen neue Motivation. Der stete Rückgriff auf die Zensurenskala von Eins bis Sechs reicht dazu nicht aus. Statt dessen sollten Worte und Wege gesucht werden, die individuelle und konkrete Rückmeldungen ermöglichen. Darüber

hinaus muß Feedback auch nicht auf die Sachthemen des Unterrichts beschränkt bleiben, sondern es kann auch zur Verbesserung des sozialen Klimas beitragen. Das folgende Beispiel verdeutlicht eine spezifische Feedback-Technik von Frau Flüster:

> Nachdem Frau Flüster die Anwesenheit der 5. Klasse gecheckt hat, geht sie durch die Reihen, um die Hausaufgaben nachzusehen. Sie unterschreibt und stempelt das Heft (Der Stempel zeigt das Wort "Terrific!" und eine Tierzeichnung), wenn die Arbeit richtig gemacht wurde. Bei fehlerfreier Arbeit bekommen die Schüler extra noch einen glänzenden "Sticker" aus England als Belohnung. Einige Schüler zählen ihre Sticker und vergleichen sie mit den Nachbarn. Zwei Schüler haben die Hausaufgaben zu Hause gelassen. "Der Thomas hat das nicht. Und, du auch nicht?" fragt Frau Flüster Anja. "Das ist schon das dritte Mal in den letzten Tagen. Seit wann bist du so vergeßlich?" Frau Flüster sagt dem Mädchen, daß sie am nächsten Tag ihre Sachen noch mal sehen möchte. (Fallbericht Flüster 160195)

Aus Großbritannien hat sich Frau Flüster einige Stempel mit verschiedenen Motiven mitgebracht, die sie in der fünften Klasse verwendet, um damit die Hausaufgaben abzustempeln. Die Stempel bilden jeweils ein Comic-Motiv ab sowie einen Kommentar, wie "Terrific", "Wonderful", "Very creative" oder auch "Keep trying". Die Schüler erhalten auf diesem Wege einen sichtbaren und bleibenden Beleg für ihre Leistungen, der ihnen sicher mehr bedeutet als ein Häkchen plus Namenskürzel und vielleicht länger präsent bleibt als ein paar Worte.

Obwohl mangelnde Kommunikation im Kollegium oft beklagt wird, war an der Schule von Frau Rasch zu beobachten, daß die einzelnen Fachlehrer den Klassenlehrern Rückmeldungen über besondere Vorkommnisse in den Klassen geben, besonders dann, wenn bestimmte Klassen Anlaß zur Verärgerung gaben. Frau Rasch verwendet derartige Informationen regelmäßig für ein Feedback an ihre eigene Klasse.

Nachdem Frau Rasch ihre Klasse bereits in den ersten beiden Stunden unterrichtet hatte, kommt es im Verlauf des Tages noch zu einer Vertretungsstunde. Zwei Faktoren haben an diesem Tage bereits Unmut über die eigene Klasse hervorgerufen: 1. Nach der zweiten Stunde (Textiles Gestalten) waren fast alle Schüler in die Pause gerannt, ohne die Klasse aufzuräumen. 2. Die Englischlehrerin hat berichtet, daß nur zwei Schüler heute ihre Hausaufgaben erledigt hatten.

Frau Rasch nutzt die Vertretungsstunde, um zunächst ihre Klasse abzumahnen. Sie äußert dabei persönliche Betroffenheit ("Da bin ich aber sehr enttäuscht!") und fordert alle auf, die Aufgaben nachzuholen und ihr am folgenden Montag, vor der nächsten Englischstunde, persönlich vorzuzeigen. Die beiden Schüler, die die Hausaufgaben gemacht hatten, sollen der ganzen Klasse noch einmal "Jingle bells" vorsingen, (Auswendiglernen war wohl

Teil der Hausaufgabe). Anschließend gibt es Applaus von der ganzen Klasse. Frau Rasch regt außerdem an, die ganze Klasse solle zu Beginn der nächsten Englischstunde "Jingle bells" singen, um die Englischlehrerin zu besänftigen. (Fallbericht Rasch 201294)

Dieses Beispiel verdeutlicht die Bemühungen von Frau Rasch, in ihrer fünften Klasse ein Zusammengehörigkeitsgefühl aufzubauen, das mit einem gewissen Ethos verknüpft ist. Die Schüler sollen ihre Aufgaben erledigen, um den Ruf der Klasse (und der Klassenlehrerin) nicht zu schädigen. Indem Frau Rasch persönliche Betroffenheit zeigt, verdeutlicht sie darüber hinaus ihre emotionale Beziehung zur Klasse. Die Schüler merken auf diesem Weg, daß ihr Fehlverhalten auch menschlich enttäuschen kann.

Es bleibt aber nicht bei den Ermahnungen. Durch das Vortragen des Weihnachtsliedes und den anschließenden Applaus erhält der Unterricht wieder eine positive, versöhnliche Wendung. Der Vorschlag, zusätzlich zu den nachgemachten Hausaufgaben auch der Englischlehrerin zur Versöhnung das Lied vorzusingen, ist ein Hinweis an die Schüler, wie sie, auch auf der Beziehungsebene, ihre Versäumnisse wieder ausgleichen können.

Der Schulrat kommt
Nicht nur Schüler werden immer wieder mit Kontrollen konfrontiert, auch Lehrerinnen und Lehrer müssen sich von Zeit zu Zeit offiziellen Bewährungsproben stellen. Wir wurden im Verlaufe unseres Projekts mehrere Male Zeuge davon, daß Schulräte ihren Besuch an den Schulen angekündigt hatten. Die Nachricht des bevorstehenden Besuches verbreitete sich schnell im ganzen Kollegium, und nur die wenigsten Lehrerinnen und Lehrer hatten für diesen Umstand nur ein Achselzucken übrig. In aller Regel entfaltete sich im Vorfeld hektische Betriebsamkeit. Die wahrscheinlich oder sicherlich betroffen Lehrerinnen und Lehrer bemühten sich, der bevorstehenden Situation nicht unvorbereitet gegenüberzutreten.

Eine Visite von Schulrätinnen oder Schulräten im Unterricht wird nicht zu unrecht als Prüfungssituation und Störung interpretiert und erzeugt demzufolge Streß. Gegenwärtig bemüht man sich auf verschiedenen Ebenen, gerade in diesem Bereich der Schulverwaltung ein neues Verständnis der Arbeit von Schulräten zu entwickeln. Supervision und Kooperation sollen an die Stelle der traditionellen Überprüfung treten. In der Praxis zeigt sich, daß bis dahin noch viel Vertrauensarbeit geleistet werden muß.

Vor einigen Wochen verkündete die Schulleitung im Kollegium der Phönix-Hauptschule die Nachricht, Schulräte hätten für einen bestimmten Tag ihren Besuch in den fünften Klassen angekündigt. Heute war der große Tag. Während die Schüler in der zweiten Stunde selbständig an ihrer Wochenplanarbeit arbeiten, kommen die Schulräte, in Begleitung der Schulleitung, in den Unterricht. Sie werden kurz begrüßt und setzen sich dann hinten hin. Der Klasse war der bevorstehende Besuch schon angekündigt worden. Mit dem

Eintreffen der Personen wird es schlagartig ruhiger im Klassenraum, die Schüler arbeiten weiter, flüstern aber nur noch untereinander. Frau Rasch geht im Raum umher und gibt Einzelhilfen. Die Stimmung wirkt auf mich konspirativ. Nach einiger Zeit gehen auch die Schulräte in der Klasse umher, reden mit einigen Schülern. Nach ca. 15 Minuten bereits verläßt der Besuch wieder den Klassenraum.

Frau Rasch erhält in der anschließenden Besprechung ein ausgesprochen positives Feedback. Die Gestaltung des Klassenraums und das selbständige Arbeiten ist sehr gut angekommen. Die Schüler verhalten sich in der nächsten Stunde deutlich unruhiger und machen viele Faxen. Eindruck: Die Anspannung entlädt sich wieder. (Fallbericht Rasch 030295)

Frau Rasch besuchte zur gleichen Zeit eine von denselben Schulräten geleitete Fortbildung, die sich gezielt an Klassenlehrer der fünften Klassen richtet. Wir haben sie in einem späteren Interview auf das Phänomen "Der Schulrat kommt" angesprochen und auch gefragt, ob sie schon etwas von einem veränderten Rollenverständnis bemerkt hat. Hier ihr Kommentar dazu:

"Es ist allerdings jetzt auch das erste Mal, daß sich so praktisch die Schulräte auf die Stufe darunter gestellt haben. Auf die Stufe nämlich so der Lehrer, die da so vor Ort arbeiten. Bisher sind die Schulräte ja immer nur in Erscheinung getreten wirklich als Vorgesetzte. Also das ist auch das erste Mal so für mich, daß ich jetzt die beiden Schulräte so erlebe wie im Moment, daß sie jedesmal mit einem Auto voller Materialien ankommen und uns so viel Hilfen geben. So muß man den [Schulrat] halt vielleicht mal erleben, um dann auch so ein bißchen diese - ja ein bißchen Angst ist da auch bei, nicht? So wie das früher war: Dann kam der, um zu kontrollieren. Die Zeit der Regelbeurteilung ist ja noch gar nicht so lange her. Und da spielte er halt eine etwas andere Rolle. Das ist jetzt partnerschaftlicher, und so ist es auch toll." (Interview Rasch 170595)

Als Fazit läßt sich daraus schließen: Um ein neues Verständnis der Aufgaben von Schulräten zu etablieren, müssen zunächst Gelegenheiten geschaffen werden, damit Lehrerinnen und Lehrer Schulräte in ihrer erweiterten Funktion kennenlernen können, um sie schließlich als Kooperationspartner zu akzeptieren. Gelegenheiten dazu können sich aus Fortbildungsveranstaltungen entwickeln, die von Schulräten geleitet werden und aus denen heraus konkrete Angebote für die schulische Praxis unterbreitet werden.

4.2.5 Anfänge

Der Situationstyp Anfänge bezeichnet alle Situationen des Neubeginns von Unterrichtsstunden. Der schulische Tagesablauf ist untergliedert in Schulstunden und Pausen. In der Regel sind Unterrichtseinheiten auf eine bis zwei Stunden begrenzt. Daraus folgt, daß Lehrerinnen und Lehrer immer wieder neue Lerngruppen unterrichten und einen jeweils adäquaten Einstieg finden müssen.

In den zahlreichen Unterrichtsbeobachtungen stellten wir fest, daß der Anfang eine besondere Bedeutung hat. Die Anfangsstimmung wird sehr stark von der Unruhe der Pausenatmosphäre geprägt. Wie erreichen Lehrer, daß die Aufmerksamkeit der Schüler sich im folgenden auf den Unterricht konzentriert? Wie wird effektiv signalisiert, daß die Pause schon vorbei ist und der Unterricht anfängt? Oft sind gerade zu Beginn neuer Unterrichtsstunden massive Störungen zu beobachten, was dazu führen kann, daß der bereits begonnene Unterricht wieder abgebrochen werden muß, um zunächst Störungen zu klären. Anschließend ist dann eine Art Neustart notwendig. Unterschiedliche Anfangsstile beeinflussen nach unseren Beobachtungen erheblich das Lernklima der folgenden Unterrichtsstunde. Ferner ist der Anfang einer Stunde auch von Faktoren beeinflußt, auf die der neu beginnende Lehrer nicht direkt einwirken kann. Dazu zählen besonders Nachwirkungen vorhergehender Unterrichtsstunden und Pausen.

Eine Sensibilität für derartige Stimmungen ist wichtig, um einen passenden Zugang zur neuen Unterrichtsstunde entwickeln zu können. Dazu gehört auch die Fähigkeit, spontan umdisponieren zu können. Andererseits kann von Lehrerinnen und Lehrern nicht erwartet werden, sich für jede neue Unterrichtsstunde einen originellen und effektvollen Einstieg zu überlegen, inklusive mehrerer Variationsmöglichkeiten für unterschiedliche Stimmungslagen von Schülern. Gerade im Hinblick auf gestalterische Ansprüche verweisen Lehrer auf ihre begrenzten Möglichkeiten, Schüler, denen alltäglich das breite Angebot der Unterhaltungsmedien zur Verfügung steht, mit den Mitteln der Schule anzuregen und zu motivieren.

Es ist sicher legitim, wenn sich Pädagogen mit Argumenten dieser Art gegen überzogene Ansprüche zur Wehr setzen, aber es geht zu weit, wenn auf solcher Grundlage immer gleiche und langweilige Abläufe zu Beginn - und auch während - des Unterrichts als funktional unvermeidbar dargestellt werden. Wir zeigen nachfolgend, welche Handlungsmuster des Anfangs von Unterrichtsstunden wir erkennen konnten.

Rituale
Im Verhalten von Lehrern und Schülern zu Beginn von Unterrichtsstunden sind Wiederholungen unverkennbar. Lehrerinnen und Lehrer sind darauf bedacht, zu signalisieren: Ich bin da, die Pause ist vorbei, der Unterricht fängt an. Einmal baten wir Frau Blum, sich dieses Verhalten aus der Beobachterposition zu vergegenwärtigen:

> "Tja, was sehe ich da. Ich glaube ziemlich ritualisiertes Verhalten, so reinkommen, Tasche auf den Tisch, Mappe raus, Buch raus, Klassenbuch aufschlagen, ob man auch in der richtigen Stunde ist. Ja ritualisierte Begrüßungsformeln... (Pause) vielleicht auch so ein bißchen Schwunglosigkeit, so, also eher eingeübtes Verhalten." (Interview Blum 230993)

Die Bewertung fällt eindeutig negativ aus. Ritualisiertes Verhalten wird mit Schwunglosigkeit assoziiert, mit einem Gefühl von "immer der gleiche Trott". Aber Rituale müssen nicht immer zu langweilender Routine erstarren, da auch Rituale Gestaltungsspielräume bieten. So beginnt der Unterricht von Frau Rasch stets mit einem Begrüßungsritual, das im Detail aber immer wieder anders verläuft. Hierzu ein Beispiel:

> Sie öffnet den Klassenraum, und hinter ihr strömen die Schüler hin zu ihren Plätzen, nehmen den Stuhl vom Tisch und stellen sich vor ihren Platz. Frau Rasch stellt sich in die Mitte des Raums vor die Tafel, blickt umher, sagt zunächst gar nichts, bis Ruhe eingekehrt ist. Als Frau Rasch eine Schülerin erblickt, die längere Zeit krank gewesen war, begrüßt sie diese freundlich. Sie erkundigt sich auch noch, ob ein Schüler, den sie letzte Woche wegen Husten nach Hause geschickt hatte, inzwischen beim Arzt war. Dann folgen Ermahnungen an einige, die mit ihren Wochenplanarbeitsheften säumig sind. Auch sonstige Disziplinangelegenheiten werden so oft vor der eigentlichen Begrüßung abgehandelt. Insgesamt stehen die Schüler so bis zu fünf Minuten vor ihren Plätzen. Dann erfolgt der ritualisierte Dialog: "Guten Morgen" - "Guten Morgen, Frau Rasch", zuweilen ergänzt durch "Guten Morgen, Herr Brandt", anschließend: "Setzen". Danach erst beginnt der eigentliche Fachunterricht. (Fallbericht Rasch 240195)

Obgleich die Grundstruktur der Begrüßung (vor den Platz stellen, Begrüßung im Chor) immer die gleiche blieb, verlief der Anfang der Stunde, auch zeitlich, immer wieder anders. Die Ursache dafür war, daß immer andere Dinge vor dem eigentlichen Unterricht mit der Klasse zu besprechen waren. Zunächst wirkte es etwas verwunderlich, daß das Aufstehen zur Begrüßung auch in den oberen Klassen noch praktiziert wurde; tatsächlich wirkte diese Art von Appell aber als klare Zäsur zwischen Pause und Unterricht und kann auch als Chance zur Sammlung verstanden werden. Das Begrüßungsritual bei Frau Rasch funktioniert wie ein Damm zwischen dem sachorientierten Unterricht und allen anderen Belangen, die die Klasse oder auch Frau Rasch vorher noch klären möchten. Die immer gleichen Anteile des Begrüßungsrituals entlasten erheblich beim Aufbau einer konzentrierten Atmosphäre, gleichzeitig bleibt die Klärung von Störungen aber vorrangig.

Auch Herr Kroner verwendet rituelle Elemente zu Beginn seines Unterrichts. Eine Besonderheit an seiner Schule ist, daß einige Lehrer einer Jahrgangsstufe ein gemeinsames Ruhezeichen eingeführt haben, das zumindest von Herrn Kroner kontinuierlich eingesetzt wird. Auch dieses Zeichen dient der Symbolisierung einer Zäsur.

> Montagmorgen, dritte Unterrichtsstunde: Die Mädchen und Jungen der 6.2 haben sich nach den Ferien viel zu erzählen. Doch nun beginnt der Deutschunterricht, Herr Kroner steht im Türrahmen, nimmt Blickkontakt zur Lerngruppe auf und hebt die geschlossene Hand in die Luft zum Ruhezeichen. Die Schüler erwidern mit individueller Verzögerung den Blickkontakt,

stellen ihre Gespräche ein und heben ebenfalls die Hand zum Ruhezeichen. Sobald Ruhe herrscht, betritt Herr Kroner den Klassenraum und wünscht mit freundlicher Stimme "Guten Morgen". (Fallbericht Kroner 290492)

Die Beispiele veranschaulichen die funktionale Bedeutung von Ritualen zu Beginn des Unterrichts: Sie schaffen atmosphärische Voraussetzungen für Unterricht und sind darüber hinaus nicht prinzipiell schwunglos oder langweilig, sondern werden dies nur, wenn sie schwunglos zelebriert werden. Ansonsten kann das Durchführen eines Rituals eine Eröffnungstechnik sein, die dabei hilft, die erste Hürde zu meistern (vgl. 3.2.4). Selbst bei Frau Winter, die kein offizielles Einstiegsritual verwendet, konnten wir trotzdem ein informelles Ritual beobachten: Beim Eintreffen der Lehrerin stürzen sofort drei bis fünf Schüler auf sie zu und müssen ganz dringend etwas loswerden. Frau Winter nimmt sich dann die Zeit, mal fünf, mal zehn Minuten um die anstehenden Probleme zu klären. Sie kommentierte dieses Verhalten im Interview:

"Nein, das finde ich wichtig, weil ich denke, wenn sich zwei in der Pause gekloppt haben, kann ich jetzt nicht anfangen, was weiß ich, über die Steinzeit zu sprechen. Weil die mit ihren Gedanken ganz woanders sind. Und der Rest der Klasse ebenfalls. Also versuche ich das mit anzusprechen, soweit zu klären oder zu besprechen, daß der größte Stau weg ist. Und dann fange ich meinen Unterricht an." (Interview Winter 090595)

Bei Frau Winter steht der Anfang also unter dem Motto "Störungen haben Vorrang", was auch die Schüler so verstanden haben, da sie zum Auftakt immer wieder zunächst ihre persönlichen Belange vortragen. Man kann daher auch hier von einem ritualisierten Verhalten sprechen. Es ist sicher eine Frage des persönlichen Stils, ein offizielles Verfahren durchzuführen oder weniger formell, aber nach allgemein bekannten Prinzipien zu verfahren.

Mal was anderes
Wenn die erste Hürde genommen ist, alle Schüler erkannt haben, daß es jetzt losgehen soll, muß noch ein Einstieg in die Thematik gefunden werden. Ein bekanntes Verfahren ist das Anknüpfen an die letzte Stunde durch kurze Wiederholungen. Gerade hier bietet sich aber auch die Möglichkeit, den Schülern mal etwas Besonderes zu bieten. Ein gelungener, unkonventioneller Einstieg kann sich nur positiv auf die Lernatmosphäre auswirken. Anknüpfungspunkte bieten interessante Unterrichtsreihen, ungewöhnliche Ereignisse usw.

Ein Ziel des Unterrichtes ist es gegenwärtig, daß die Schüler der siebten Klasse auf französisch die einzelnen Körperteile benennen können. Zu Beginn der Stunde stimmt Frau Hegel ein Lied an. Im Originalrefrain des Liedes kommt eigentlich immer wieder nur ein Körperteil vor. Dieser Refrain wird so abgeändert, daß alle gemeinsam jeweils den Körperteil besingen, den Frau Hegel, zunächst solo singend, auf französisch benennt und gleichzeitig gestisch übersetzt, indem sie den genannten Teil mit der Hand am eigenen Körper berührt. So geht es eine ganze Zeit weiter, wobei Frau Hegel einzelne Teile immer wiederholt. Die Schüler singen nach und nach mit - die Sache scheint ihnen zunehmend Spaß zu machen. Als Frau Hegel nach ca. fünf Minuten zeigt, daß sie aufhören möchte, indem sie große Erschöpfung spielt (wischt sich den Schweiß von der Stirn), sind einige Mädchen gar nicht zu bremsen und singen einfach weiter. (Fallbericht Hegel 130395)

Das Beispiel zeigt sehr schön, wie es einer Lehrerin mit den Ausdrucksmitteln des eigenen Körpers, Stimme, Mimik und Gestik, gelingen kann, eine ganze Klasse spielerisch in Schwung zu bringen und gleichzeitig noch eng beim Thema zu bleiben. Spielerisch bezieht sich dabei auf den Charakter der Übung und meint nicht, daß ein solcher Unterricht keine hohen Anforderungen an den Lehrer stellt. Im Gegenteil bringt es große Anforderungen mit sich, den eigenen Körper gestalterisch in den Unterricht einzubringen. Einzelne Aspekte, wie Körpersprache und Stimme müssen dazu kultiviert werden.

"Der Körper ist das Medium des Pädagogen. Das sollten wir auch mal wieder sehen. Und Kreide und Stifte [und Overhead-Projektor und TV] und so weiter kommen dann." (Interview Hegel 040595)

Ein anderes Beispiel für einen außergewöhnlichen Auftakt stammt aus dem Deutschunterricht von Frau Rasch; Weihnachten stand vor der Tür...

In der ersten Stunde, während es noch dunkel ist, bittet Frau Rasch ihre eigene fünfte Klasse, vor der Tafel einen Stuhlkreis zu bilden. Ein Schüler soll das Licht ausmachen und Frau Rasch entzündet die Kerzen des Adventskranzes. Dann beginnt sie eine weihnachtliche Geschichte vorzulesen. Die Schüler hören in der ersten Zeit sehr aufmerksam zu, und Frau Rasch liest sehr betont und gekonnt, mit Kunstpausen und Stimmfallwechsel. Als plötzlich vom Flur her Flötenmusik ertönt, wendet sich die Aufmerksamkeit sofort diesem Ereignis zu. Frau Rasch öffnet die Klassentür, schaut heraus und berichtet ihrer Klasse, daß im Flur eine Schülergruppe Weihnachtslieder flötet. Sie läßt die Tür geöffnet, so daß alle die Musik besser hören können und setzt ihren Vortrag fort, mit der Musik als zusätzlicher Untermalung. Die Schüler hören weiterhin aufmerksam zu. (Fallbericht Rasch 131294)

Das Beispiel zeigt, welche Gestaltungsmöglichkeiten ein gewisser Sinn für Dramaturgie eröffnet. Die Weihnachtszeit bietet dafür sicher einen idealen Anknüpfungspunkt, aber auch andere jahreszeitliche oder kulturelle Ereignisse können inspirieren, nicht nur bei jüngeren Schülern. Denkbare Möglichkeiten, den Unterricht auch mal anders zu beginnen, gibt es sicher so unbegrenzt wie die Phantasie von Lehrerinnen und Lehrern. Es lohnt sich in jedem Fall, davon Gebrauch zu machen, denn gerade Stunden, die lebendig und außergewöhnlich anfingen, verliefen unseren Beobachtungen nach auch weiterhin gut.

4.2.6 Pausen

Neben den Unterrichtsstunden ist der schulische Alltag durch kleine und größere Pausen rhythmisiert. Pausen dienen Lehrerinnen und Lehrern für mehrere Zwecke, wie zum Beispiel Vor- und Nachbereitung des Unterrichts, Erledigung privater und offizieller Angelegenheiten, Austausch mit Kollegen, Ausruhen, Erfüllung persönlicher Bedürfnisse, Gespräche mit Eltern oder mit den Schülern. Die wenigen Beispiele vermitteln bereits ein widersprüchliches Bild. Pausen sollen Lehrkräften, ebenso wie Schülern, die Möglichkeit zur Regeneration von Kräften bieten, allerdings geht für Lehrerinnen und Lehrer die Arbeit am Arbeitsplatz Schule weiter. Wer aber angestrengt arbeitet, muß mit seinen Kräften haushalten und braucht regelmäßig Erholungspausen. Bei angespannter Personalsituation ist es auch trügerisch, sich auf Freistunden zu verlassen, in denen sich dann etwas Zeit zur Entspannung finden ließe. Darüber hinaus werden tatsächlich unterrichtsfreie Stunden auch meist für außerunterrichtliche Arbeit genutzt, denn was man in der Schule bereits erledigt hat, muß man nachmittags und abends nicht mehr zu Hause bearbeiten.

In Pausen mit Aufsichtspflicht ist an Erholung ohnehin nicht zu denken. Aufsichtführende Lehrer sind oft von Schülern umringt, müssen bei Streitereien einschreiten, neuralgische Zonen kontrollieren (Toiletten, Raucherecke) und müssen mit Schülerinnen und Schülern, die das Schulgelände zu verlassen trachten, Räuber und Gendarm spielen.

Oft dienen Pausen auch der direkten technischen Vorbereitung der folgenden Unterrichtsstunde, insbesondere, wenn noch Kopien gemacht werden müssen, Medieneinsatz geplant ist oder ein Umbau des Klassenraums notwendig ist etc. Verschiedene Lehrer gehen mit ihren Pausen ganz unterschiedlich um. Wir zeigen nachfolgend kontrastierend die beiden häufigsten Handlungsmuster, die zu beobachten waren.

Hektische Betriebsamkeit
Ich gehe mit Frau Rasch in der großen Pause in das Lehrerzimmer. Wir setzen uns hin, und Frau Rasch wickelt ein mitgebrachtes Butterbrot aus. "Ich muß noch mal eben was kopieren", sind ihre letzten Worte, dann entschwindet sie bis zum nächsten Gong. Ich schaue mich im Lehrerzimmer um. Etwas rechts von der Mitte sitzt die größte Fraktion der Lehrkräfte, sich lebhaft unterhaltend und Kaffee oder Tee trinkend. Einige sitzen auch einzeln oder zu zweit, unterhalten sich oder schauen in ihre Unterlagen. Andere wirbeln betriebsam umher. Zu diesen zählt auch Frau Rasch. Ich sehe sie herein und herausgehen, mit verschiedenen Leuten im Gespräch, in Unterlagen nachschauend usw.. Kurz nach dem Gong gehen wir in die nächste Unterrichtsstunde. Ich erblicke noch einmal das Butterbrot und sehe, daß nur ein Biß fehlt. (Fallbericht Rasch 200195)

Das Beispiel ist nicht einmalig und Frau Rasch kein Einzelfall. Einige der von uns beobachteten Lehrer gönnten sich in den allermeisten Fällen keine Pause in der Pause. Sie hatten entweder immer noch etwas vorzubereiten für die kommenden Stunden oder waren gesuchte Ansprechpartner für Kollegen, Schüler, Eltern oder Schulleitung. Die Stammplätze von Frau Rasch und Frau Winter fielen schon optisch aus dem Rahmen, aufgrund der Stapel von Materialien und Unterlagen, die dort lagen. Frau Rasch meinte, sie bräuchte wohl einen ganzen freien Tag, um mal alles zu sortieren. Frau Winter wünscht sich im Interview zwei Bürostunden pro Woche, um Ordnung zu schaffen.

Frau Hegel geht in den Pausen meist erst gar nicht in das Lehrerzimmer. Statt dessen bereitet sie schon den nächsten Klassenraum für den folgenden Unterricht vor. Dazu gehören, neben dem Anbringen von Karten, Plakaten oder Tafelbildern, auch räumliche Umbaumaßnahmen. Wir verbrachten einmal gemeinsam eine große Pause damit, alle Tische an den Rand zu rücken, und die Stühle, im Raum verteilt, gegenüber aufzustellen, um eine besondere Partnerarbeit vorzubereiten. Eine Kollegin auf dem Weg zum Lehrerzimmer kommentierte: "Na, machst du wieder durch". Im Lehrerzimmer selbst lassen sich andere Szenen beobachten:

> Nach dem Klingeln sind noch einige Lehrer im Raum, niemand geht hinaus. Es sieht so aus, als ob keiner auf dieses Signal reagiert. Plötzlich sehe ich den Schulleiter, der seine Sachen packt und durch das Lehrerzimmer kommt. Er "appelliert" mit mittlerer Lautstärke: "Kolleginnen und Kollegen, geht bitte an die Arbeit!" Als er merkt, daß keiner auf ihn reagiert, geht er mit lautem Schritt an mir vorbei. (Fallbericht Flüster 191094)

Einige Lehrer neigen mit einer gewissen Regelmäßigkeit zum Überziehen der Pause, nicht, weil noch wichtige Vorbereitungen oder Gespräche anstehen, sondern um noch einige Momente in der Situation Pause zu verweilen. Diese Feststellung leitet zu einem anderen Handlungsmuster im Umgang mit der Pause über.

Kaffeeklatsch
"Erstmal eine rauchen und Kaffee trinken, dabei möglichst viel reden." - Ein bereits an anderer Stelle zitiertes Pausenritual von Frau Riesenhuber, das nicht selten auch zum Überziehen der Fünf-Minuten-Pause führt. In einer Schule findet sich in zentraler Position des Lehrerzimmers in jeder Pause stets ein Zirkel von Personen zusammen, die ihre Pausen dort sitzend, redend und Kaffee trinkend verbringen. Manche Lehrer lehnen es auch ab, sich in der Pause mit Schülern zu befassen, die an die Tür des Lehrerzimmers anklopfen. Die Unterhaltungen kreisen, neben privaten und sonstige Dinge, immer wieder um schulische Belange. Der Umgangston ist dabei jovial, zuweilen auch zynisch.

> Ein beliebtes Spiel der Kollegen ist es, sich während der Pause über Fehlzeiten von Schülern auszutauschen. "Hör mal, ist der X heute bei dir gewesen? Der Y ist schon seit Tagen nicht mehr bei mir gewesen." "Ah, du meinst die Karteileiche, die ich mal hatte." Eine andere Kollegin berichtet über das Thema Liebe im Unterricht. Dabei habe sich gezeigt, daß gerade die Jungen

beträchtliche Probleme mit dem Thema hätten. Daraufhin ein männlicher Kollege zu seinem Nachbarn: "Was hättest du mit 16 deiner Lehrerin zu dem Thema gesagt?" - "Ich hätte ganz bestimmt nicht mit meiner Lehrerin über das Thema Liebe gesprochen." (Memo Winter 020395)

Für den extremen Pausentyp ist der Unterricht nur die Durststrecke bis zum nächsten Kaffee. Die Pause wird dabei auch gerne genutzt, um verbal Frustrationen abzubauen. Dabei werden auch resignative Züge deutlich. Wenn der Gong die nächste Stunde einleitet, müssen sich diese Lehrer erst selbst überwinden, "um den Kampf wieder aufzunehmen".

Für viele Lehrer ist die Pause eine wichtige Rückzugsmöglichkeit von Schülern und Unterricht. Wer aber zur Erholung etwas Ruhe und Abgeschiedenheit sucht, kommt oft vom Regen in die Traufe, wenn er sich in das Lehrerzimmer begibt. Denn wer keine speziellen Funktionen ausübt, hat keinen eigenen Raum in der Schule und muß sich das Lehrerzimmer mit allen Kollegen teilen, auch wenn es dort oft so beschaulich zugeht wie in einem Taubenschlag. Die räumliche Dimension der Lehrerarbeit wird in Kapitel 5.4 noch eingehender thematisiert.

Freiräume einplanen
Viele Lehrer praktizieren in den Pausen die beiden bisher beschriebenen Handlungsmuster, wenn auch in unterschiedlich ausgeprägter Intensität. Einige haben aber auch individuelle Strategien gefunden, wie sie Belastungen eingrenzen und sich Freiraum schaffen können. Herr Schiller ist der Auffassung, daß Pausen praktisch keinen Ausgleich zum Unterricht schaffen. Lehreralltag bedeute oft, in der Schule sechs Stunden "unter Strom zu stehen" und dann "abzuschlaffen", um zu Hause neu "aufzutanken". Um diesen Kreislauf zu entgehen, integriert er Phasen der Entspannung in den Unterricht. Die Voraussetzungen dafür schafft er durch eine gründliche Unterrichtsplanung, die auch das Arbeiten in dezentralen Strukturen vorsieht, in denen nicht die ganze Interaktion über den Lehrer läuft.

Herr Kroner zieht sich in Pausen manchmal ganz zurück. Er ermöglicht sich dadurch Momente der Muße abseits des Schulgebäudes.

Herr Kroner nutzt Pausen zu Besuchen in der nahegelegenen Eisdiele. Früher passierte das oft zu zweit, heute bevorzugt er die Einsamkeit und vertritt den Glaubenssatz: "Ich bin kein Gruppentier." (Fallbericht Kroner 021292)

Als Schulleitungsmitglied ist Herr Kroner ein gesuchter Ansprechpartner in seiner Schule. Auch in den Pausen. Aber er hat in dieser Funktion nicht sein Bedürfnis aufgegeben, in den Pausen auch ein wenig Erholung zu suchen. Seine kurzen Ausflüge in die Welt außerhalb der Schulmauern sind konsequent genutzte Erholungspausen.

Es ist ein Baustein der persönlichen Professionalität, mit den eigenen Kräften haushalten zu können. Jeder Lehrer muß für sich entscheiden, wieviel Belastung an einem Vormittag verträglich ist. Dabei ist auch wichtig, festgefahrene, aber kontraproduktive Muster zu überwinden. Ein Hauptproblem ist dabei die Konzentration der Lehrerarbeit auf die Stunden der Unterrichtsverpflichtung. Aber auch das alltägliche Pausenverhalten erweist sich bei einer kritischen Reflexion oft als ungeeignet: Es gibt meistens noch viele wichtige Dinge zu erledigen. Aber nicht einmal in der großen Pause Zeit für ein Butterbrot? Auf eine Tasse Kaffee oder eine Zigarette freuen sich viele, die an die nächste Pause denken. Aber Koffein und Nikotin in jeder Fünf-Minuten-Pause sind zumindest keine Erholung für den eigenen Körper.

4.2.7 Hintergrund

Nur ein Teil der Arbeitsaufgaben von Lehrerinnen und Lehrern läßt sich in der Schulzeit erledigen. Einige der von uns beobachteten Pädagogen beklagten sich in der ersten Projektphase, wir seien in unserer Wahrnehmung zu sehr auf Schule und Unterricht gerichtet. Um diese Kritik aufzugreifen, baten wir sechs Lehrerinnen und Lehrer um Selbstbeobachtung und das Ausfüllen des "Formblatts zur Ermittlung von Lehrerarbeit am Nachmittag" (vgl. Abb. 2.9). Einige notierten dabei auch außerunterrichtliche Aktivitäten während der Schulzeit (vgl. 3.2.5). In diesem Kapitel interessiert uns aber insbesondere die Selbstorganisation im außerschulischen Hintergrund. Was unternehmen Lehrer außerhalb der Schule im Rahmen ihrer pädagogischen Aufgaben, und wie hoch ist der Zeitaufwand dafür?

Wir thematisierten die Hintergrundarbeit in der zweiten Projektphase auch stärker in den Interviews und besuchten Lehrerinnen und Lehrer an ihrem häuslichen Arbeitsplatz. Darüber hinaus erstreckten sich Kontakte teilweise auch auf den Freizeitbereich. Daß die Arbeit im Hintergrund von Außenstehenden weitgehend unbeachtet bleibt, wird meist übereinstimmend bedauert. Den Ergebnissen unseres Formblatts zufolge bewegt sich das tägliche Arbeitspensum, das von Lehrern außerhalb der Schule und vornehmlich zu Hause bewältigt wird, zwischen zwei und vier Stunden. Dabei werden insbesondere die Abendstunden von 19 bis 23 Uhr stark genutzt. Lediglich Herr Queck, offensichtlich Frühaufsteher, beschäftigt sich schon um sieben Uhr morgens mit Unterrichtsvorbereitung. Die Aktivitäten untergliedern sich in technische Tätigkeiten, z.B. Kopieren, Einkaufen, Aufräumen und Sortieren, Zensuren eintragen usw., sowie in intellektuelle pädagogische Arbeit, die z.B. von Herr Hippel umschrieben wurde mit Planen, Denken, Schreiben, Lesen.

Gerade wenn neuartige, außergewöhnliche Unterrichtsprojekte geplant sind, kann der Umfang der technischen Tätigkeiten sehr groß werden. Den Unterlagen von Herr Hippel ist z.B. zu entnehmen, daß er mit einer Klasse Käse herstellen will. Dazu muß er alleine dreimal losfahren, um die verschiedensten Materialien einzukaufen. Vom hundertprozentigen Leintuch bis hin zu verschiedenen Käsesorten. Daneben muß natürlich auch noch eine didaktische Umsetzung des Projekts geplant werden. Viel Arbeit läßt sich unter Umständen einsparen, wenn in der Unterrichtsvorbereitung bereits auf einen Fundus an Materialien zurückgegriffen werden kann. Eine Strategie zu einer effizienten Hintergrundarbeit ist es daher, dafür zu sorgen, daß brauchbare Materialien gesammelt und abrufbar bereitgehalten werden.

Material archivieren
Herr Schiller hat im Laufe seiner bald zwanzigjährigen Lehrerarbeit ein Archivsystem für Unterrichtsmaterialien entwickelt. Leitend war die Erkenntnis, daß es nicht ausreicht, die Sachen nur irgendwo noch zu haben, sondern daß auch ein effizienter Zugriff möglich sein muß:

> "Ich hab einfach so ein Büroordnungssystem, das vergleichbar ist mit einer Hängeregistratur, aber viel differenzierter noch. Ich kann also jeden Zeitungsartikel, alles was mir begegnet an Ideen auch, z.b. nach Durchsicht eines Textes auch, das könnte mal ein Abiturthema werden für den Jahrgang, der jetzt noch in der elf steckt. Ich hab die Möglichkeit, das zielgerichtet abzulegen, und das ist eine unheimliche Hilfe, weil das in der konkreten Situation, wenn ich nachmittags nach Hause komme, erschöpft bin ..., dann ist es ganz bedeutsam, daß man aus einem großen Fundus heraus, aus einer Fülle von Anregungen, die sich im Laufe der Zeit so angesammelt haben, wirklich gezielt auswählen kann. (Interview Schiller 230993)

Bei der Verwaltung seines Archivs und der Unterrichtsvorbereitung ist der PC eine große Hilfe für Herrn Schiller. Die Qualität der Vorlagen für die Schüler (Arbeitsblätter, Tests usw.) habe sich dadurch stark verbessert. Herr Schiller betont in diesem Zusammenhang die Vorbildfunktion den Schülern gegenüber. Er erwarte schließlich auch von den Schülern saubere Ergebnisse. Sein Archiv umfaßt darüber hinaus viele Video- und Audiokassetten. Auf Anfrage stellt er sein Filmarchiv Kollegen zur Verfügung. In erster Linie hat Herr Schiller aber für sich persönlich ein wirkungsvolles Instrumentarium entwickelt. Die Arbeit mit seinem System scheint ihm neben der Entlastung auch Freude zu bereiten und bedeutet eine Bestätigung seines professionellen Selbst.

Materialien sind auch für Frau Rasch von großer Bedeutung. Sie bemüht sich, in diesem Bereich neue Entwicklungen nicht zu verpassen und sichtet viele entsprechende Angebote von Schulbuchverlagen. Wenn es sich anbietet, greift sie auf fertige Schülermaterialien zurück, die man ihrer Meinung nach mittlerweile in guter Qualität erwerben kann. Sie hat versucht, die meisten Materialien in der Schule unterzubringen, trotzdem findet sich auch noch vieles in ihrem Arbeitszimmer. Auf die Frage, ob sie ihren Fundus auch in der Schule verwalten kann, antwortet sie folgendes:

> "Also, im Grunde genommen läßt sich in der Schule fast gar nichts machen, nicht? Du kommst kaum dazu, die Mappen da zu aktualisieren oder Sachen wieder wegzuheften, die man sich da rausgesucht hat, nicht? Das ist also meiner Meinung nach auch ein Handikap, daß man wirklich sechs oder sieben Stunden hat. Und dann möchte man auch nach Hause. Ich meine, ich

habe jetzt ja auch Familie. Also manchmal denke ich, als Lehrer sollte man wirklich völlig ledig und ohne Anhang sein, um diese Aufgaben überhaupt bewältigen zu können. Ich muß einfach dann abends viele Dinge machen." (Interview Rasch 170595)

Die Beanspruchung durch die eigenen Familie und andere private Verpflichtungen sind bei zahlreichen Lehrern, aber insbesondere Lehrerinnen, ein Faktor, der in Konflikt zu intensiver Hintergrundarbeit treten kann. Das ist ein Grund dafür, daß häufig noch die späteren Abendstunden zum Arbeiten genutzt werden. Hier wird die Problematik deutlich, die sich aus der örtlichen Aufteilung des Arbeitsplatzes - Schule und Heimarbeit - ergeben kann.

Austausch und Fortbildungen
Auch die eigene Weiterbildung ist ein Aspekt der Hintergrundarbeit. Sowohl Frau Winter als auch Frau Rasch besuchen regelmäßig Fortbildungsseminare. Der Austausch mit anderen Lehrern ist für sie von großer Bedeutung. Die Erfahrungen von Frau Rasch mit dieser Form der Hintergrundarbeit gehen bis in ihre Anfangsjahre als Lehrerin zurück. Damals hatte sie sich einer Freinet-Pädagogik Gruppe angeschlossen. Sie berichtete im Interview von den Treffen dieser Gruppe. Neben vielem anderen wurde auch gemeinsam didaktisch gearbeitet.

Die Gruppe gab Frau Rasch Rückhalt, an ihrer Schule neue Unterrichtsmethoden auszuprobieren. Mit der Auflösung dieser Gruppe entfiel auch diese wichtige soziale Unterstützung. Mittlerweile bezieht sie aber neue Motivation aus Fortbildungsveranstaltungen, äußert sich insbesondere positiv über eine schulstufenbezogene und praktisch orientierte Fortbildung, die von zwei Schulräten geleitet wird. Auch Frau Winter nahm an dieser Veranstaltung teil:

"Was ich auch gerne mache, ist zu Fortbildungsseminaren zu gehen. Also jetzt mit diesen fünften Schuljahr-Klassen. Da bin ich dann auch wieder engagiert und finde das auch eigentlich immer gut und höre mir das an und guck mir das an und fotokopiere mir Sachen. Oder jetzt eben habe ich mich angemeldet zu einer Fortbildung: Also auch wieder neuere Sachen, wo ich denke: Mal hören, ob das nicht mal was für dich ist und was das für dich sein könnte." (Interview Winter 090595)

Für beide Lehrerinnen ist der Besuch von Fortbildungsveranstaltungen eine Stütze ihres professionellen Selbst und ein wichtiges Mittel zur Weiterentwicklung ihrer pädagogischen Professionalität. Neben der sachlichen Arbeit betonen beide die Möglichkeiten des zwischenmenschlichen Austauschs, den solche Zusammenkünfte bieten. Die Fortbildungsseminare bieten somit auch einen Ausgleich für mangelnde und vermißte Zusammenarbeit an der eigenen Schule.

Eimal Lehrer, immer Lehrer
Frau Hegels Verhältnis zur Hintergrundarbeit ist von ihrem Selbstverständnis geprägt, das keine Trennung zwischen beruflichem und privatem Sein vorsieht.

Insofern handelt es sich mehr um eine Lebensauffassung als um ein Handlungsmuster. Sie versteht Lehrerarbeit als Privilegiertenarbeit, im Vergleich zu vielen anderen Aufgaben, denen sich Menschen in ihrem Leben stellen müssen:

> "Wenn ich zu kranken Kollegen gehe, die nicht mehr leben können und sterben müssen, dann sag ich mir: 'Und du hast da dein Problem, ob du noch mit dieser Klasse zurechtkommst. Mein Gott, sei doch überhaupt froh!'" (Interview Hegel 040595)

Aufgrund ihres ganzheitlichen Selbstkonzeptes kann Frau Hegel keine Angaben über den Umfang ihrer Hintergrundarbeit geben. Sie sieht sich allerdings selbst in ihrem Verständnis als nicht repräsentativer Einzelfall:

> "Ich kann seit Beginn meiner Unterrichtszeit nicht zwischen Privatleben und Schulleben eigentlich in dem Sinne so unterscheiden. Insofern bin ich auch nicht repräsentativ. Arbeit ist für mich nichts Negatives. Marx sagt ja: 'Bei der Arbeit bei sich sein'. Wenn ich bei der Arbeit bei mir bin, dann ist das für mich hier in der Schule Entspannung. Wenn ich bei der Unterrichtsvorbereitung bei mir bin, dann mache ich das lieber, als meinen Küchenfußboden zu schrubben." (Interview Hegel 040595)

Berufsauffassung und Lebensauffassung gehen ineinander über. Diese Haltung steht im Kontrast zu einer weitverbreiteten Jobmentalität, die den eigentlichen Lebensschwerpunkt in das Privatleben rückt. Insofern handelt es sich hierbei um eine Möglichkeit, den beruflichen und den privaten Lebensbereich zu verbinden.

Viele Lehrerinnen und Lehrer finden es unverzichtbar, ihr Berufsleben hin und wieder möglichst ganz hinter sich zu lassen, um Entspannung und Erholung zu finden. Das ist legitim und soll hier nicht durch ein vermeintlich idealisiertes Beispiel diffamiert werden. Sich bewußt Zeit zu nehmen für Privates und für Ausgleichsbeschäftigungen ist selbstverständlich wichtig für den Erhalt der eigenen Kräfte und Motivationen. Das muß nicht bedeuten, aus dem Blick zu verlieren, daß pädagogische Arbeit niemals nur ein Job ist, sondern immer eine große Herausforderung - die aber durch Professionalität gemeistert werden kann.

> "Und ich finde das auch ganz gut, wenn man als Pädagoge ein bißchen auch sein ganzes Leben so versteht, daß man nicht jetzt die anderen alle mit dem pädagogischen Zeigefinger da so belehren will. Aber daß man doch ein bißchen vorlebt, daß Leben Sinn macht." (Interview Hegel 040595)

4.3 Gelungenes Handeln als professionelles Handeln

Im vorherigen Unterkapitel werden Handlungsmuster in verschiedenen typischen Situationen der Lehrerarbeit vorgestellt. Diese Vorstellung erfolgt nicht werturteilsfrei. Einzelne Handlungsmuster werden als gelungen, teilweise sogar ideal bewertet. Andere halten wir für weniger empfehlenswert oder mißlungen.

Ausschlaggebend für unsere Bewertung sind unsere Vorstellungen von pädagogischer Professionalität. Dieses Modell wird in Kapitel 3 ausführlich vorgestellt. In Kapitel 4 stehen Fallstudien im Mittelpunkt, das bedeutet, pädagogische Professionalität wird anhand gelungener Handlungen in typischen Situationen identifiziert. In diesem Unterkapitel erfolgt nun eine weitergehende Einordnung dieser Handlungsmuster in den Kontext unserer Theorie.

Wir müssen uns dabei zunächst die Frage stellen, ob professionelles Handeln mit gelungenem Handeln gleichgesetzt werden kann. Ein Ausgangspunkt unseres qualitativen Forschungsprojekts ist es, erfolgreiche und berufszufriedene Lehrer als Experten für ihren Beruf zu betrachten. Unter den Lehrerinnen und Lehrern, die wir beobachtet haben, waren, auch unter vergleichbaren Rahmenbedingungen, im Umgang mit beruflichen Aufgaben große Unterschiede zu erkennen. Es gibt Lehrer, die eine hohe berufliche Motivation aufweisen, überzeugt von der Wirkungskraft des eigenen pädagogischen Handelns sind und tatsächlich über Methoden und Techniken verfügen, um in der Praxis erfolgreich zu handeln. Andere Lehrer entsprechen diesen Kriterien weniger. Im systematischen Vergleich werden Unterschiede in der pädagogischen Praxis beider Gruppen erkennbar. Professionelle Lehrer verfügen über ein größeres Handlungsrepertoire. Die Mehrzahl der Fallstudien zeigt, daß dadurch gelungenes Handeln in unterschiedlichsten Situationen möglich wird.

Das bedeutet nicht, daß Lehrern mit bescheidenem Handlungsrepertoire immer alles mißlingen muß. Das Risiko ist aber insbesondere unter schwierigen Rahmenbedingungen besonders hoch. Gelungenes Handeln kann im Ausnahmefall auch möglich sein, wenn z.B. ein Lehrer mit geringen Fähigkeiten im Umgang mit Störungen auf eine ausgesprochen schwierige Klasse trifft. In der Regel wird er aber einen schweren Stand haben. Solange es ihm nicht gelingt, sich in Auseinandersetzung mit der Situation weiterzuentwickeln, wird gelungenes Handeln nur in wenigen Einzelfällen zu beobachten sein. Da wir uns nicht auf wenige und vereinzelte Fälle beziehen, können wir gelungenes Handeln von Lehrerinnen und Lehrern als geeigneten Indikator für pädagogische Professionalität betrachten.

Wir unterscheiden das Handlungsrepertoire in unterschiedliche Dimensionen, wie in den vorhergehenden Kapiteln deutlich wurde. Die einzelnen Dimensionen sind nicht eindeutig voneinander abzugrenzen. Oft können Handlungsmuster verschiedenen Dimensionen zugeordnet werden. Was der Theorie als Unschärfe angelastet werden könnte, erweist sich in der Praxis als Vorteil. Durch die Integration verschiedener Dimensionen können multifunktionale Handlungsmuster aufgebaut werden. Handlungsmuster, die mehrere Dimensionen beinhalten, können als besonders wirksam angesehen werden und eröffnen zahlreiche Handlungsalternativen und Adaptionsmöglichkeiten.

Tabellen 4.2: Multifunktionale Handlungsmuster

1. Situationstyp: Anfänge, Handlungsmuster Rituale (vgl. 4.2.5)

Dimension	Funktion
Gestaltung	symbolisieren (z.B. Ruhezeichen) variieren
Soziale Struktur...	...wird aufgebaut (Plätze einnehmen, Sammlung)
Interaktion...	...wird koordiniert (Begrüßung, Organisation)
Sprache/Kommunikation	Begrüßungsformeln, Fragen, Aufforderungen
Hintergrund	Planung und Auswertung, Variationen entwickeln

2. Situationstyp: Übergänge, Handlungsmuster Spielregeln. (vgl. 4.2.2)

Dimension	Funktion
Sprache/Kommunikation	Anweisungen geben, auf die Regeln verweisen
Interaktion...	...den Regeln entsprechend, koordiniert.
Hintergrundarbeit	Regeln entwickeln, Vorbereitung, Auswertung
Soziale Struktur...	...wird aufgebaut und stabilisiert
Gestaltung	Symbolische Repräsentation von Regeln, Umgang mit Regelverstößen

Die Beispiele zeigen, wie die unterschiedlichen Dimensionen des Handlungsrepertoires in der Praxis ineinandergreifen. Gelungenes Handeln in pädagogischen Situationen ist kein Zufall, sondern eine Folge pädagogischer Professionalität. Um komplexen Situationsanforderungen mit geeigneten Handlungsmustern begegnen zu können, ist eine kontinuierliche Fortentwicklung des professionellen Selbst erforderlich. Neben dem Handlungsrepertoire kommt dabei auch der Diagnosekompetenz bzw. dem Fallverstehen eine große Bedeutung zu. Das bezieht sich sowohl auf die Anwendung in konkreten Situationen als auch auf die reflexive Weiterentwicklung im Rahmen der Hintergrundarbeit. Konkrete Situationen meint Situationen mit unmittelbarem Handlungsdruck. Störungen sind hierfür ein gutes Beispiel. Sie machen erforderlich, blitzschnell zu entscheiden, wie am besten reagiert werden kann. Hierzu exemplarisch zwei Reaktionen und ihre Vorgeschichte.

- Herr Kroner nimmt einer Schülerin die unterrichtsfremden Papiere fort, mit denen sie sich beschäftigt. Er läßt sich auf keine weiteren Diskussionen ein.
- Frau Flüster singt einem Schüler laut in das Ohr, der die ganze Zeit mit seinem Nachbarn redet.

Beides sind Reaktionen auf Störungen. Im ersten Fall ist die Atmosphäre in der Klasse ruhig und konzentriert, als die Störung erkannt wird. Die folgende Reaktion ist kurz und energisch. Im zweiten Fall herrschte eine lockere Stimmung im Unterricht, die Reaktion ist dementsprechend eher spaßig. In beiden Fällen erscheinen die Interventionen dem Beobachter angemessen, weil die Situation vorher angemessen erkannt wurde. Bei beiden Lehrern haben wir in anderen Situationen auch andere Interventionen beobachtet. Wer immer gleichförmig auf Störungen reagiert, z.B. mit lauten Ermahnungen und Appellen, auch wenn der Einsatz moderater Mittel schon genügen würde, zeigt damit eine eindimensionale Situationsauffassung, die ihn auf wenige Handlungsmöglichkeiten festlegt. Ein Beispiel dafür sind auch notorische Drängler, die durch ausbleibende Schülerantworten immer wieder schnell in Rage kommen.

Diagnosekompetenz kann durch Hintergrundarbeit weiterentwickelt werden. Ein entsprechendes Handlungsmuster im Abschnitt über Störungen haben wir "Wandel durch Reflexion" genannt: Frau Flüster litt unter einem Disziplinproblem. In ihrem Unterricht kam es zu Machtkämpfen mit den Schülern, mitbedingt durch ihre Absicht zu zeigen "Ich bin hier der Boß". Unzufriedenheit mit dieser Situation hat sie schließlich dazu veranlaßt, Verhaltensalternativen auszuprobieren, sich eine nettere Art zuzulegen. Das beinhaltet auch, manchen Störungen heute toleranter zu begegnen. Zusammengenommen hat sie ihre Situationsauffassung erweitert und neue Formen der Reaktion entwickelt, also ihr Handlungsrepertoire vergrößert.

Berufliche Weiterentwicklung wird oft auf zunehmende Berufserfahrung zurückgeführt. Das ist nur dann schlüssig, wenn das Sammeln von Berufserfahrungen tatsächlich als ein aktiver Prozeß der reflexiven Auseinandersetzung mit der Praxis verstanden wird. Professionalität ist nicht einfach eine Frage der Zeit. Suboptimale Verhaltensmuster, bescheidenes Handlungsrepertoire und mangelnde Diagnosekompetenz finden sich auch bei Lehrern, die schon seit Jahrzehnten unterrichten. Die Entwicklung von Professionalität ist nicht möglich ohne eine handlungsleitende Reflexion ihrer Bedingungen.

Im Mittelpunkt unseres Modells professionellen pädagogischen Handelns steht das Selbst (vgl. 3.1). Dies beinhaltet verschiedene Teile, wie Werte und Ziele, Berufswissen, Fachwissen, Handlungsrepertoire, Techniken und Berufssprache. Es ist aber weit mehr als die Summe seiner Teile, nämlich eine Organisations- und Steuerungsinstanz, die dem Einzelnen Handlungsfähigkeit verleiht. Man könnte die Frage stellen, ob es eine ideale Komposition und ein ideales Zusammenspiel der einzelnen Komponenten gibt, durch die ein professionelles Selbst entsteht. Einfacher formuliert: Gibt es einen Königsweg zur pädagogischen Professionalität?

Eine Möglichkeit, auf diese Frage eine Antwort zu finden, könnte sich aus der Suche nach Gemeinsamkeiten im Denken und Handeln jener Lehrerinnen und Lehrer ergeben, bei denen wir zahlreiche Beispiele für gelungenes Handeln beobachten konnten. Sowohl bei der Betrachtung der Handlungsmuster aus Kapitel 4.2 als auch in der Analyse unserer Interviews zeigt sich keine so weitreichend übereinstimmende Linie, daß es möglich wäre, die unterschiedlichen erfolgreichen Lehrer unter einen Idealtypus des professionellen Pädagogen zu subsumieren. Statt dessen zeichnen sich tendenziell unterschiedliche Idealtypen erfolgreichen Handelns ab.

- Spielerisches Lernen, Spontaneität und Kreativität werden hoch bewertet. Der eigene Körper wird als Medium stark in den Unterricht einbezogen. Es wird vorgemacht, vorgesungen und gestikuliert. Überraschungen werden inszeniert. Die Schüler bleiben nicht immer auf ihren Stühlen, sie wechseln die Positionen im Raum, arbeiten in wechselnden Konstellationen. Es werden Rollenspiele, Unterrichtsgänge, aktivierende Übungen geboten. In der Vorbereitung wird intensiv nach neuen Ideen gesucht und die Umsetzung geplant. Neben Kreativität ist auch Risikobereitschaft erforderlich, denn es kann auch mal etwas schiefgehen.

- Der Unterricht baut auf überdauernden sozialen Strukturen auf, die auch Ausdruck in einer angewandten und akzeptierten Regelsammlung finden. Schüler werden so in einen projektartigen Arbeitsprozeß eingebunden, der zahlreiche Anlässe zum selbstorganisierten Lernen vorsieht. Eigene Projekte und Ideen haben Vorrang, werden auch in Auseinandersetzung mit institutionellen Vorgaben und Zwängen weiter verfolgt. Dies erfordert Mut und Durchhaltefähigkeit.

- Zur Gestaltung des Unterrichts kann auf eine Fülle von Materialien zurückgegriffen werden. Neue Entwicklungen in diesem Bereich werden aufmerksam verfolgt und Erfahrungen dokumentiert. Der materielle Rückhalt in Form eines umfangreichen Materialfundus gibt Sicherheit. Auch der Unterricht ist stark produktorientiert. Arbeitsergebnisse werden präsentiert und ausgestellt. Die Umsetzung wird in bezug auf die Inhalte und die Sozialformen sorgfältig geplant. Der Arbeitsstil ist diszipliniert und engagiert. Materialien inspirieren zu immer neuen Ideen für den Unterricht.

Zuordnungen konkreter Personen zu diesen drei Orientierungen sind nur tendenziell möglich, die Aufzählung erhebt auch keinen Anspruch auf Vollzähligkeit. Es zeigt sich aber, daß es unterschiedliche Wege gibt, pädagogische Professionalität zu verwirklichen. An dieser Stelle werden Einflüsse der Persönlichkeit deutlich - der eigene Stil, Charakter, Vorlieben, Stärken und Schwächen sowie individuelle Erfahrungen. Es gibt nicht *die* professionelle Lehrerpersönlichkeit. Das individuelle pädagogische Handlungsrepertoire ist, abgesehen von unverzichtbaren Grundqualifikationen, etwas sehr Persönliches. Pädagogische Professionalität kann in zahlreichen Colorierungen realisiert werden. Entscheidend ist, *daß* sie realisiert wird.

5 Zusammenfassung und Schlußfolgerungen

In diesem abschließenden Kapitel wird zunächst versucht, die wichtigsten Ergebnisse der empirischen Untersuchung noch einmal zu reduzieren und soweit zu komprimieren, daß Umrisse einer Theorie der pädagogischen Professionalität im Lehrberuf erkennbar werden, die sich auf wenigen Seiten darstellen und kommentieren lassen.

In weiteren drei Teilen werden auf knappem Raum praktische Konsequenzen dargestellt, die sich aus den empirischen Befunden ableiten lassen. Diese Konsequenzen betreffen drei Praxisfelder: die berufliche Erstausbildung von Lehrerinnen und Lehrern, die Fort- und Weiterbildung und die Arbeitsplatzgestaltung.

5.1 Theorie der pädagogischen Professionalität

Pädagogische Kompetenzen wurden im Lehrerberuf bisher zum großen Teil beiläufig, während der Berufsausübung erworben. Dieses beiläufige Lernen durch Erfahrung wird gewiß auch weiterhin stattfinden. Viele Indizien sprechen aber dafür, daß pädagogische Kompetenzen sich systematisch und gezielt fördern lassen.

Die Entwicklung einer geeigneten Begrifflichkeit und das Entwerfen von Modellen des professionellen Handelns und der professionellen Entwicklung sind wichtige Voraussetzungen für eine gezielte Verbesserung der beruflichen Kompetenz von Lehrerinnen und Lehrern.

Wir haben hier die Begriffe Handlungsrepertoire und Diagnosekompetenz vorgeschlagen, um mit zwei Oberbegriffen Schlüsselqualifikationen von Lehrerinnen und Lehrern in pädagogischen Handlungsfeldern zu bezeichnen. Das Handlungsrepertoire wurde weiter aufgefächert in die Dimensionen Soziale Struktur, Interaktion, Sprache/Kommunikation, Gestaltung, Hintergrundarbeit. Damit sind fünf Bereiche angegeben, in denen Lehrer durch Training und Erfahrung Handlungswissen erwerben, das es ihnen ermöglicht, beinahe jede Aufgabenstellung im Unterricht und im außerunterrichtlichen schulischen Arbeitsbereich zu meistern. Handlungen in jeder dieser fünf Dimensionen lassen sich in zwei Kategorien einteilen: Interaktion und Planung. In einigen Dimensionen spielt das Planungshandeln eine größere Rolle als in anderen. Prinzipiell ist aber in allen Dimensionen ein Übergang vom Modus des Interaktionshandelns zum Modus des Planungshandelns und der Reflexion möglich.

233

In der Praxis zeigt sich, daß Lösungen für Probleme oft gerade dadurch gefunden werden, daß vom Interaktions- auf den Planungsmodus übergegangen wird, oder umgekehrt, von der Reflexion und Planung zur professionell vorbereiteten Interaktion.

Zum Handlungsrepertoire gehört die Verfügung über Muster und Schemata, die sich zum Teil als Methoden und Techniken beschreiben lassen. Alle von uns untersuchten Lehrer machen Gebrauch von Methoden und Techniken. Allerdings variieren sie diese Techniken und passen sie an ihr persönliches Profil an.

In vielen Studien ist neben der Unterrichtsmethodik und Didaktik die Persönlichkeit des Lehrers als ein für den pädagogischen Erfolg wichtiger Faktor herausgestellt worden. Wir schlagen vor, anstelle des Begriffs der Persönlichkeit den Begriff des professionellen Selbst zu verwenden.

Das professionelle Selbst ist die auswählende, ordnende, entscheidende und wertorientiert handelnde Instanz, die den Zusammenhang zwischen beruflicher Erfahrung, Diagnosekompetenz, Handlungsrepertoire und pädagogischen Werten und Zielen herstellt.

Das professionelle Selbst steuert seine eigene Entwicklung, es befindet sich im Austausch mit Kollegen und Repräsentanten einer pädagogischen und erziehungswissenschaftlichen Kultur. Wir haben diesen Begriff gewählt, um die Differenz zwischen Persönlichkeit im ganzen und dem für berufliches Handeln relevanten Teil der Person deutlich zu machen. Berufliche Aus- und Fortbildung kann sich legitimerweise nur an diesen professionellen Teil des Selbst wenden, während andere Bereiche der Persönlichkeit einer privaten Sphäre zuzurechnen sind, die zu respektieren und hinzunehmen ist.

Das professionelle Selbst ist also mehr als eine Ansammlung von Repertoires und Kompetenzen, es ist aber weniger als der Persönlichkeitskern eines Pädagogen. Das professionelle Selbst kann im Erleben von Pädagogen zum Mittelpunkt der Person werden. In diesem Fall wird Lehrersein als Existenzform wahrgenommen. Die starke Betonung der Relevanz des professionellen Selbst wird von uns als eine extreme Form der Identifikation mit dem Beruf gesehen, die mit großer Leistungsfähigkeit verbunden sein kann, aber auch nicht ohne Risiken ist.

Im Normalfall, so vermuten wir, oszilliert die Bedeutung des professionellen Selbst im Laufe der Berufsbiographie und des Lebenszyklus. Ein schwaches professionelles Selbst zeigt sich in Unsicherheiten, fehlender Handlungskompetenz in pädagogisch heiklen Situationen und beruflicher Unzufriedenheit.

In einem eigenen Kapitel wurden Situationstypen und Handlungsmuster identifiziert, die es ermöglichen, Handlungsrepertoires und die Leistungen des professionellen Selbst im beruflichen Alltag zu beschreiben. Hierzu gehören Anfänge, Übergänge, die Rhythmisierung der Arbeitsbelastung, Gesprächsführung, Kontrolle/Feedback. In den Handlungsmustern, die in entsprechenden Anforderungssituationen aufgebaut werden, offenbart sich das Handlungsrepertoire und die Struktur des professionellen Selbst.

Die Beziehung zur Erziehungswissenschaft und zur Institution Universität ist bei den von uns begleiteten Lehrerinnen und Lehrern eher schwach ausgeprägt. Allerdings haben erziehungswissenschaftliches Wissen und Erfahrungen während des Studiums offenbar zu einer größeren Innovationsbereitschaft beigetragen. Ein Teil der untersuchten Lehrerinnen und Lehrer sucht den Kontakt zur Erziehungswissenschaft in der Fortbildung und in Schulentwicklungsprozessen. Das von uns versuchsweise eingesetzte Tandemmodell (dauerhafte Zusammenarbeit zwischen einer Lehrperson und einem Projektmitglied) wurde angenommen und als sehr produktiv bezeichnet. In einzelnen Fällen kam es zu deutlichen Verbesserungen des Handlungsrepertoires, insbesondere in den Dimensionen Soziale Strukturbildung und Gestaltung.

Wir vertreten die Auffassung, daß das Potential der Erziehungswissenschaft für die Professionalisierung der Lehrerschaft noch bei weitem nicht ausgeschöpft ist. Die Entwicklung der Erziehungswissenschaft hat sich im Zuge der Ausweitung der Hauptfachstudiengänge (Diplom) von der Lehrerbildung gelöst, so daß wirksame pädagogische Methoden, die in den vergangenen drei Jahrzehnten erst aufkamen, Lehrerinnen und Lehrern nur selten zur Verfügung stehen.

Von besonderer Bedeutung für eine praxisnahe Theorie der Professionalisierung in pädagogischen Berufen sind die Konzepte "Organisationsentwicklung" und "Personalentwicklung". Personalentwicklung (Buchen 1994) erweist sich als eine Methode der Steuerung beruflicher Qualifizierungs- und Plazierungsvorgänge, durch die der Zusammenhang zwischen der Entwicklung der Organisation Schule und der individuellen Professionalisierung hergestellt wird. Ohne Veränderungen der Arbeitsorganisation innerhalb des Schulsystems ist eine vollentwickelte Professionalität nicht zu verwirklichen. So zumindest lautet unsere Arbeitshypothese. Besondere Bedeutung kommt dabei solchen Arbeitsaufgaben zu, die vor, neben und nach der Arbeitsaufgabe Unterrichten erfüllt werden müssen. Hierzu zählen insbesondere die Zielfindung in der Organisation Schule, die Zusammenarbeit mit Kollegen, die Beteiligung an der Leitung der Schule und schließlich die Entwicklung der Einzelschule als Aufgabe des gesamten Kollegiums.

Ein Handlungsrepertoire für diese Aufgabenbereiche wird sich nur dann herausbilden, wenn Leitung und Führung der Organisation Schule dies anstreben und wenn die Arbeitsorganisation so gestaltet wird, daß auch die außerunterrichtliche Arbeit professionellen Kriterien gerecht wird. Als Kollegen und Kolleginnen, die voneinander lernen, brauchen Pädagogen beispielsweise auch eine erwachsenenbildnerische Kompetenz. Als Mitglieder einer Planungsgemeinschaft, die ein Zukunftsmodell für die eigene Schule entwirft, müssen sie über Methoden kreativer Gruppenarbeit verfügen. Es ist eine Aufgabe der Personalentwicklung, solche Kompetenzen in den Kollegien zu entdecken und zu fördern.

Überzeugend werden derartige Professionalisierungsstrategien nur sein, wenn es gelingt, mehr Effektivität und mehr Menschlichkeit am Arbeitsplatz miteinander zu verbinden. Mehr Effektivität ist erforderlich, damit die skizzierten zusätzlichen Aufgaben nicht zur Mehrbelastung führen. Mehr Menschlichkeit ist erforderlich, damit die Schule pädagogische Werte nicht nur proklamiert, sondern sichtbar macht und spürbar werden läßt. Professionalisierung erweist sich, so lautet eine weitere unserer Arbeitshypothesen, als die beste Burnoutprophylaxe in pädagogischen Berufen.

5.2 Konsequenzen für die Lehrerausbildung

Läßt sich die Lehrerbildung so neu denken, daß in ihr nicht nur Wissen vermittelt, sondern auch professionelles Können soweit ausgeformt wird, daß Pädagogen nach Abschluß des Studiums in der Lage sind, Lehr-Lern-Situationen kompetent zu gestalten? Mit anderen Worten: Kann die erste Phase der Lehrerausbildung so organisiert werden, daß künftige Lehrerinnen und Lehrer Handlungskompetenzen erwerben, die sie in die Lage versetzen, mit den Problemen des Berufsanfangs wirksam und professionell umzugehen?

Offenbar ist es nicht sinnvoll, von der Zielsetzung auszugehen, daß Berufsanfänger fertig ausgebildet seien. Realistischer wird die Ausbildung mit der Zielsetzung betrieben, daß Berufsanfänger nach der ersten und zweiten Phase der Lehrerbildung kompetente Berufseinsteiger sind, die über Basiskompetenzen verfügen, um sich in der Praxis professionelles Wissen und Können anzueignen.

Vorliegende Studien zur Berufsbiographie von Lehrerinnen und Lehrern in Deutschland (vgl. Kapitel 1) sprechen zunächst dafür, daß pädagogische Handlungskompetenzen vor allem durch die Praxis am Arbeitsplatz Schule erworben werden. Von überraschend geringer Bedeutung scheinen für den Erwerb von Handlungsfähigkeit die Erstausbildung, die zweite Phase und sogar die institutionalisierte Lehrerfortbildung zu sein.

Dieser negative Befund sagt aber nichts über das Potential einer erziehungswissenschaftlich fundierten Ausbildung aus. Denn die Befunde lassen sich allenfalls zur Evaluation der Lehrerbildung in ihren bisherigen Formen heranziehen. Sie verraten uns nichts über zukunftsweisende Formen einer professionell orientierten Ausbildung. Bei aller Bedeutung, die autodidaktischen Lernformen und berufsbiographischen Selbstfindungsprozessen zukommt, bleibt doch ein bedeutender Spielraum für die Ausgestaltung des Rahmens, in dem diese Lernprozesse stattfinden.

Im folgenden entwickeln wir ein Modell der Lehrerausbildung, das einen Bruch mit überkommenen Formen der Lehrerausbildung in Deutschland dar-

236

stellt. Nicht die kurzfristige Realisierbarkeit wird angestrebt, sondern ein positiver Gegenentwurf zu überholten Berufsbildern und Ausbildungformen. Dabei kann auch eine veränderte Berufsbezeichnung sinnvoll sein. Wir bezeichnen den Lehrer mit vollentwickelter Professionalität hier einmal als "Diplomdidaktiker", um die Differenz zum überkommenen Berufsbild zu betonen.

Der Diplomdidaktiker ist Experte für die Gestaltung und Organisation von Lernprozessen. Seine Aufgabe besteht darin, Kinder, Jugendliche und erwachsene Lernende bei kognitiven, sozialen und emotionalen Lernprozessen zu unterstützen. Diplomdidaktiker sind zugleich Experten für mindestens ein schulrelevantes Wissensgebiet, auf dem sie deutlich kompetenter sind als Laien. Die Beschränkung auf ein schulrelevantes Wissensgebiet ergibt sich aus der notwendigen Erhöhung des pädagogischen Anteils in der Ausbildung. Charakteristisch für den Beruf des Diplomdidaktikers ist die Verschränkung von Sozial- und Fachkompetenz. Diplomdidaktiker können als Schullehrer angestellt werden, sie können aber auch in außerschulischen pädagogischen Feldern tätig werden. Die bisherigen Beamtenlaufbahnen können im Lehrerberuf entfallen.

Wichtige Komponenten des hier vorgestellten Modells sind in anderen Ländern (England und Wales, USA, Schweiz) bereits erprobt worden. Auch in der Bundesrepublik Deutschland ist in vereinzelten Modellversuchen nachgewiesen worden, daß Ausbildungsformen, in denen Handlungskompetenzen für bestimmte Arbeitsaufgaben in dichter Folge von Übung und praktischer Anwendung vermittelt werden, besonders effektiv sind.

Gute Didaktiker verknüpfen mehrere Handlungsmodi miteinander: Sie fungieren als Modell, sie stellen Lernumgebungen bereit, und sie vermitteln Wissen. Der Hinweis auf diese drei Handlungsmodi ist noch sehr ungenau. Was bedeutet es, Experte für die Organisation und Gestaltung von Lernprozessen zu sein? Welche Kompetenzen brauchen Diplomdidaktiker, um in der Lehrpraxis bestehen zu können?

An erster Stelle steht eine umfassende didaktische Kompetenz, die Fähigkeit, Lernumgebungen zu schaffen, in denen Lernende sich Kenntnisse und Fähigkeiten aneignen können, die sie nicht oder nur mit geringer Wahrscheinlichkeit im Alltag ohne professionelle Unterstützung erwerben.

Diplomdidaktiker können durchaus auch Fachgebiete lehren, in denen sie selbst keine fachlichen Experten sind. Voraussetzung ist, daß unter lehren verstanden wird, geeignete Bedingungen dafür zu schaffen, daß Lernende sich Fähigkeiten aneignen, die möglicherweise beide - Lehrende und Lernende - noch nicht haben. Dieser Voraussetzung liegt der Befund zugrunde, daß ein großer Teil der Lernprozesse - auch im Rahmen institutionalisierten Lernens - eine autodidaktische Komponente enthält. Gerade der Erwerb beruflicher Kompetenzen im Lehrberuf ist ein Exempel dafür, daß signifikante Lernprozesse autodidaktisch gelenkt werden.

Gleichwohl zeigt sich Kompetenz immer in der Auseinandersetzung mit Gegenständen, hat also auch eine materiale Seite. Aus diesem Grund ist es unerläßlich, daß der Diplomdidaktiker auf einem schulrelevanten Wissensgebiet wissenschaftlich fundierte Kenntnisse erworben hat und sich in dieser Disziplin als Experte bewährt. Solche Wissensgebiete sind neben Zusammenfassungen der traditionellen Schulfächer auch neu zu erschließende Fachgebiete wie Gesundheitswissenschaften, Jura, Organisationswissenschaften usw.

Zur umfassenden didaktischen Kompetenz gehört die Verfügung über ein Handlungsrepertoire, durch das soziale Strukturen in Lerngruppen auf der Grundlage einer entsprechenden Diagnose zur Verwirklichung pädagogischer Werte verändert werden können (soziales Lernen). Ebenso unerläßlich sind besondere Fähigkeiten zur Kommunikation und Interaktion. Kommunikation bezieht sich hier mehr auf die Übertragung von Information mit unterschiedlichen Methoden und Techniken, Interaktion auf die lebendige Beziehung zwischen Menschen, die sich in den gemeinsamen Handlungszusammenhang "Lernen" begeben haben.

Für wirksames pädagogisches Handeln sind außer der sozialen Strukturierung und der Förderung von Kommunikation und Interaktion auch die Gestaltung der Lernumgebung und die Hintergrundarbeit von ausschlaggebender Bedeutung. Zur Hintergrundarbeit gehören das Planungshandeln, die Organisation und die Vorbereitung und Dokumentation von Lernprozessen.

Lernumgebungen werden von kompetenten Didaktikern in sinnlich ansprechender, klarer, komplexitätsreduzierter Form gestaltet. Materialien, Wissensbausteine, Informationsbestände, Mittel der Lernerfolgskontrolle, didaktische Experimentalberichte werden in datenbankähnlicher Form gesichert und aktivierbar gehalten. Dies ist eine praktische Voraussetzung für effizientes Planungshandeln, dem neben dem Interaktionshandeln in der pädagogischen Situation große Bedeutung zukommt.

Unsere Befunde sprechen dafür, daß erfahrene Pädagogen ein Handlungsrepertoire zur Verfügung haben, dem hochverdichtete Wissensbestände zugrundeliegen. Dieses Repertoire ermöglicht es, schnell und routiniert das Richtige zu tun. Methoden der Veränderung dieses Repertoires werden im nächsten Abschnitt kurz skizziert und gehören in das Kapitel Fort- und Weiterbildung.

Gewissermaßen quer zu den Handlungskompetenzen in den genannten Dimensionen liegen diagnostische Fähigkeiten, die es Didaktikern ermöglichen, die Situation von Gruppen und den Entwicklungs- und Lernstand einzelner Lernender wahrzunehmen. Diese Fähigkeit, Situationen strukturiert wahrzunehmen und mit Handlungsmustern zu verknüpfen, ist ein zentrales Merkmal entwickelter Professionalität. Hierzu gehört auch die wissenschaftlich fundierte Evaluation der eigenen Arbeit.

Didaktische Kompetenz kann, das ist empirisch erwiesen, durch Training und Simulationen, durch Lernen am Modell und durch Reflexion sowie optimiertes

Planungshandeln wesentlich besser gefördert werden als durch rein kognitive Wissensvermittlung in Refereteseminaren und Vorträgen oder Vorlesungen.

Auch die pädagogische Erstausbildung kann sehr viel wirksamer gestaltet werden, wenn die Lehrenden durch projektförmiges Arbeiten, Partner- und Team-Teaching sowie den Einsatz neuer Lehrmethoden modellhaft Elemente einer verbesserten pädagogischen Praxis verwirklichen.

Der Erziehungswissenschaft, die mit ihren praxisnahen Hauptfachstudiengängen (Diplompädagogen) gute Erfahrungen sammeln konnte, kommt dabei eine Schlüsselrolle zu.

Anzustreben ist, daß Diplomdidaktiker in ihren Lehr- und Übungsveranstaltungen, in didaktischen Werkstätten und während ausgiebiger Praxisphasen bereits einüben, was sie später mit ihren Lerngruppen in der Schule tun werden. Dazu müssen Lehrerbildner Fähigkeiten entwickeln, selbst pädagogisch wirksam zu handeln, so daß Studierende auch am Modell lernen können. Gerade in der Ausbildung von Pädagogen ist Hochschuldidaktik mehr als nur Beiwerk oder eine Strategie zur Steigerung der Effizienz. Zu einem guten Pädagogikseminar gehört eine modellhafte Didaktik, die realisiert, worüber gesprochen wird.

Die Erziehungswissenschaft hat sich von einer pragmatisch orientierten Reflexionswissenschaft zur empirischen Erziehungswissenschaft mit sozialtechnologischen Anteilen entwickelt. Inzwischen ist durch die Integration qualitativer und quantitativer Verfahren in der Forschung eine Wiederanbindung an geisteswissenschaftliche Traditionen (Philosophie der Erziehung, hermeneutische Verfahren, Mäeutik) erfolgt. Heute ist die Erziehungswissenschaft nicht nur datensammelnde und -analysierende Forschungspraxis, nicht nur philosophisch-reflexiver Diskurs, sondern auch eine Disziplin mit entwickelnden und konstruierenden Anteilen. Wir können von einer aufgeklärten und humanen Sozialtechnologie sprechen.

Eine so verstandene Erziehungswissenschaft ist keine Buchdisziplin, sie hat vielmehr ihre eigenen Labors, Werkstätten, Experimental- und Entwicklungsabteilungen. Sie hat ihre personbezogenen Praktika und ihre Übungsräume. Das heißt im einzelnen: Methoden des sozialen Lernens zur sozialen Strukturbildung, Gesprächsführung und Medienpädagogik zur Verbesserung von Kommunikation und Interaktion, Organisations- und Personalentwicklung zur Professionalisierung des Arbeitsplatzes, Beratung und Coaching zur gezielten Förderung des professionellen Selbst, neue Lernformen wie Suggestopädie und Subjektive Didaktik, neue Formen der professionellen Zusammenarbeit wie Supervision und Tandemarbeit, Gestalt- und Körperarbeit, Einsatz von Datenbanken und Informationssystemen, schließlich auch Entspannung, Meditation und Gesundheitsförderung.

Voll entfaltete Professionalität schließt auch die Kompetenz ein, zur Weiterentwicklung der eigenen Profession und ihrer Basiswissenschaft beizutragen. Pädagogisches Forschen setzt Methodenkenntnisse voraus, die am besten im

Rahmen des Universitätsstudiums und berufsbegleitender Kontaktstudien erworben werden können. Diplomdidaktiker sollten vor allem in der Lage sein, Evaluationen durchzuführen, Lernerfolgskontrollen mit wissenschaftlichen Methoden vorzunehmen und Verfahren der biographischen Forschung anzuwenden.

Wissenschaftliches Wissen ist oft kontraintuitiv und durch Alltagspraxis und die so gewonnenen Erfahrungen nicht zu ersetzen. Einübung in Alltagspraxis allein, ohne wissenschaftliche Kritik und Kontrolle, begünstigt die Fixierung an Traditionen und Überzeugungssysteme, die unter Bedingungen entstanden sind, die oft nicht mehr gegeben sind. So betrachtet, hat die immer wieder beschworene pädagogische Berufserfahrung zwei Seiten: Sie trägt zur Stabilisierung und Orientierung bei, sie macht sicher und souverän, zugleich schließt sie aber neue und wirksamere Handlungsmöglichkeiten oft aus.

Theoretisches Wissen und Kenntnis der erziehungswissenschaftlichen Fachsprache sind neben anderem auch Quellen eines professionellen Ansehens und professioneller Selbstachtung. Sie sind Voraussetzungen für den Dialog mit erziehungswissenschaftlichen Teil- und Nachbardisziplinen, insbesondere mit Sozialwissenschaften und Psychologie.

Diese Überlegungen führen zum Entwurf einer grundlegenden Neustrukturierung der Erstausbildung an der Universität. Es liegt auf der Hand, daß das Gewicht zwischen erziehungswissenschaftlichem Studium und pädagogischem Training auf der einen Seite, fachwissenschaftlichen Studien auf der anderen Seite sich stark zugunsten der pädagogisch-didaktischen Studien verschiebt. Wir halten eine Gleichverteilung zwischen diesen beiden Strängen der Ausbildung für sinnvoll.

Der Praxisbegriff ist dabei so weit gefaßt, daß nicht nur pädagogische Praxis innerhalb des Arbeitsfeldes Schule darunter verstanden wird, sondern auch die andragogische Praxis in Lehrveranstaltungen an der Universität und im Bereich der Fort- und Weiterbildung, sowie beispielsweise innerhalb von Maßnahmen der Organisations- und Personalentwicklung. Beraten, Moderieren, Aktivieren und Entspannen, Evaluieren und produktives Bearbeiten von Konflikten gehören zu den Handlungsmodi, die Diplomdidaktiker auch außerhalb der Schule lernen und anwenden können.

Modellhaft könnte ein entsprechendes Curriculum nach Abbildung 5.1 skizziert werden. Hieran zeigt sich, wie eine professionell gestaltete Lehrerausbildung bzw. Diplomdidaktikerausbildung aussehen könnte. Insgesamt werden 170 Semesterwochenstunden studiert. Darin enthalten ist ein Praxissemester. Das Prüfungssemester wurde nicht mitgezählt.

Das schulrelevante Wissenschaftsgebiet wird mit 68 Semesterwochenstunden studiert, auf die praktischen Studien entfallen 30 Semesterwochenstunden, die restlichen 72 Semesterwochenstunden entfallen auf die Erziehungswissenschaft einschließlich der Studien in pädagogischen Handlungsmodi.

Im Sinne eines modularen Systems werden durch Weiterbildung fachwissenschaftliche oder pädagogische Kompetenzen im Laufe der Berufsbiographie hinzugewonnen. Auf diese Weise kann die Zahl der schulrelevanten Wissensgebiete auf zwei oder drei erhöht werden.

Abbildung 5.1: Bausteine eines Curriculums für Diplomdidaktiker

Semester	Studienbausteine
1	Integrierte Eingangsphase:
	Erziehungswissenschaft mit Soziologie und Psychologie
	Einführung in Datenbanken und Informationssysteme (2 SWS)
	Arbeitstechniken und Organisation (4 SWS)
	Methoden wissenschaftlichen Arbeitens (2 SWS)
2	Erziehungswissenschaftliche Grundlagen (2 SWS)
	Erziehungswissenschaftliche Methoden (4 SWS)
	Grundlagen eines schulrelevanten Wissenschaftsgebietes (14 SWS)
3	Einführung in pädagogische Handlungsmodi:
	Unterrichtsformen (2 SWS)
	Stimm- und Sprechtraining (2 SWS)
	Methoden des sozialen Lernens (2 SWS)
	Vertiefung des schulrelevanten Wissenschaftsgebietes (14 SWS)
4	Praxissemester (20 SWS)
	Begleitveranstaltungen (10 SWS)
5	Pädagogische Handlungsmodi:
	Pädagogische Gesprächsführung (4 SWS)
	Beraten (2 SWS)
	Organisations- und Personalentwicklung I (2 SWS)
6	Schulrelevantes Wissenschaftsgebiet (20 SWS)

7	Schulrelevantes Wissenschaftsgebiet (12 SWS)
	Pädagogische Handlungsmodi:
	Organisations- und Personalentwicklung II (2 SWS)
	Datenbanken und Informationssysteme (2 SWS)
	Erziehungswissenschaftliche Methoden/Evaluation (4 SWS)
8	Schulrelevantes Wissenschaftsgebiet (8 SWS)
	Pädagogische Handlungsmodi:
	Handeln in Lehr-Lern-Kontexten (Gestaltarbeit, Suggestopädie, Körperarbeit, Entspannung und Konzentration) (6 SWS)
	Professionelle Entwicklung durch Supervision, Tandemarbeit, Evaluation (6 SWS)
9	Prüfungssemester

5.3 Konsequenzen für die Lehrerfortbildung

Feldexperimentelle Arbeiten und unsere eigenen Untersuchungen im Rahmen der teilnehmenden Beobachtung sprechen dafür, daß pädagogische und didaktische Wissensbestände nur dann in Handlungssituationen wirksam werden, wenn sie zuvor verdichtet wurden und wenn es gelingt, den Einfluß älterer kognitiver Strukturen auszuschalten. Diese älteren kognitiven Strukturen führen zu suboptimalen Handlungsweisen, die gewissermaßen verlernt werden müssen. Ähnlich wie die Lehrveranstaltungen der Erstausbildung müssen auch die Fortbildungsveranstaltungen so konzipiert sein, daß sie zum Modell für pädagogisches Handeln mit der eigenen Klientengruppe werden. Visuelle Rhetorik beispielsweise kann wirksam nur gelehrt werden, wenn sie in der Lehrsituation auch praktiziert wird, und zwar in Übungsgruppen nach Anleitung von allen Teilnehmern. Methoden des sozialen Lernens müssen in eigenen Gruppenerfahrungen eingeübt werden. Evaluieren wird am besten in Schul- und Unterrichtsprojekten gelernt, die Teil eines Schulentwicklungsprogramms sein können.

In der Praxis sind hierfür Anknüpfungspunkte in Form geeigneter Veranstaltungen bereits vorhanden. Es geht jetzt darum, diese Ansätze zu verstärken, auszubauen und mit einem Konzept pädagogischer Professionalität als Zielvorstellung zu verbinden.

Unsere Unterscheidung zwischen Berufswissen, Berufssprache, Handlungsrepertoire und Diagnosekompetenz bietet sich an, auch zur Strukturierung von Fortbildungsangeboten herangezogen zu werden. Unsere aus den Daten entwickelte Systematik von Schlüsselkategorien läßt sich gut zur Einteilung von Fortbildungs- und Trainingsangeboten verwenden. In Trainingsprogrammen für die professionelle Fortbildung wird beispielsweise mit Kategorien wie "Körpersprache", "Rhetorik", "Kommunikation und Ausdruck", "Spielerisches Darstellen" (Heitkämper 1995) gearbeitet. Diese Kategorien lassen sich mühelos unseren Kategorien "Gestaltung", "Interaktion" und "Kommunikation und Sprache" zuordnen.

Zu beachten ist dabei, daß jede pädagogische Handlung ihren Ort in jeder der von uns vorgeschlagenen fünf Dimensionen hat. Das heißt, sie kann der sozialen Strukturbildung dienen, eine Interaktionshandlung sein, Information übermitteln, gestaltend wirken und zugleich ein Element von Planung und Hintergrundarbeit sein. In der Praxis wird sich eine Handlung allerdings schwerpunktmäßig der einen oder anderen Dimension zuordnen lassen. Da jede Handlung per definitionem eine Planungskomponente enthält, ergibt sich das logische Problem, daß die Kategorie Hintergrundarbeit als mit allen anderen Kategorien vermischt erscheinen könnte. Wir glauben, daß dieses logische Problem für die Praxis von geringer Bedeutung ist. In der Praxis ist meist klar, ob der Akzent einer Handlung auf Planung, Vorbereitung, Überprüfung, Dokumentation einer anderen Handlung liegt oder ob es sich um eine Durchführungshandlung in einer komplexen sozialen Interaktionssituation handelt. Selbstverständlich kann Planung selbst zum Gegenstand von Planung werden, so daß in der Schlüsselkategorie Hintergrundarbeit auch die Subdimension Metaplanung enthalten ist. Metaplanung als Zeit- und Zielmananagement für Lehrer (vgl. z.B. Abel 1994) dürfte in Zukunft von großer Bedeutung sein, weil Pädagogen bei zunehmender Autonomie der Schule immer häufiger in die Situation kommen, die Verwendung ihrer Arbeitszeit und der Lern- und Lebenszeit ihrer Klienten planen zu müssen.

Ein professioneller Didaktiker muß nicht nur neues Handlungsrepertoire aufbauen, er muß auch unangemessenes und suboptimales Handlungsrepertoire abbauen können.

Gerade der Abbau unerwünschter Handlungsmuster ist aber mit starken Emotionen verbunden und kann in der Praxis irritieren und - im Extremfall - zur Handlungsunfähigkeit führen.

Ein werdender professioneller Pädagoge erscheint dann einem Beobachter als verwirrt, ängstlich, unsicher, unbeholfen, ratlos. Aus diesem Grund bedarf die Fortbildung eines Systems von flankierenden Maßnahmen, durch die der Lernende geschützt wird und in Muße neue kognitive Schemata aufbauen kann. Hierzu gehören Supervision und Copinggruppen, Einübung von Streßimmunisierungs- und Entspannungsmethoden, vor allem aber eine vertrauensvolle Atmosphäre in Fortbildungsveranstaltungen, in denen es um die Entwicklung des professionellen Selbst geht.

Erfahrungen mit Fortbildungsmaßnahmen, deren Ziel eine bessere Belastungsverarbeitung und Streßreduzierung im Lehrerberuf ist, liegen inzwischen vor. Die Ergebnisse sind mehr als ermutigend. Als besonders wirksam hat sich eine Kombination von personbezogener Intervention (Streßbewältigungstraining), Praxisbegleitung durch Beratung und Supervision sowie Organisationsentwicklung und Teamsupervision erwiesen (Kramis-Aebischer 1995). Entsprechende Empfehlungen von Kramis-Aebischer basieren auf der gründlichen Evaluation eines sorgfältig geplanten Fortbildungsprogramms. Einige dieser Empfehlungen seien hier wiedergegeben (vgl. Kramis-Aebischer 1995 sowie Kapitel 3 der vorliegenden Studie):

- von der konsumorientierten zur handlungsorientierten Fortbildung mit Reflexion
- von der punktuellen zur vernetzten und kontinuierlichen Lehrerfortbildung
- von der individualistischen zur teambezogenen Fortbildung
- von der fachlichen Fortbildung zur Förderung des professionellen Selbst
- von der ungeprüften zur evaluierten Fortbildung
- von der reinen Nachfrageorientierung zur sanften Lenkung

Mit sanfter Lenkung ist gemeint, daß Fortbildungsprogramme auf der Basis eines erwachsenenpädagogischen Konzepts und professionalisierungstheoretischer Überlegungen geplant und in Maßnahmen der Schulentwicklung und der Personalentwicklung eingefügt werden sollten. Für Lehrerinnen und Lehrer sollten Anreize geschaffen werden, sich an vernetzten, kontinuierlichen und sorgfältig evaluierten Maßnahmen zu beteiligen, die auf eine Dauer von ein bis drei Jahren angelegt sind.

Empirische Studien und Erfahrungsberichte zeigen, daß Lehrerinnen und Lehrer vor allem auf die Übernahme von Führungsrollen in der Organisation Schule schlecht vorbereitet sind. Fortbildungsbedarf besteht insbesondere in den Bereichen Moderation, Teamentwicklung, Beratung und Supervision (Fullan 1993, S. 128 ff.).

Im Idealfall können externe Fortbildung, schulinterne Lehrerfortbildung und Organisationsentwicklung der Einzelschule zu einer hochwirksamen Gesamtmaßnahme gebündelt werden, die sowohl die einzelne Lehrperson als auch Lehrertandems und Lehrerteams in ihrer professionellen Entwicklung entscheidend fördern.

Lehrerfortbildung findet dann ihren Platz in einem integrativen Konzept der Personalentwicklung, deren Ziel es ist, die richtige Person an den richtigen Platz zu stellen.

5.4 Auf dem Weg zu einem professionellen Arbeitsplatz

Der Arbeitsplatz des Lehrers ist immer noch ein geteilter Arbeitsplatz (Lange 1995, S. 216). Die Arbeit wird teilweise in der Schule, teilweise an anderen Orten, überwiegend zu Hause, erledigt. Diese Form der Arbeitsorganisation erschwert die Kooperation, birgt die Gefahr psychischer Belastungen, ist mit einer Reihe praktischer Probleme verbunden (Materialtransport, geringe Flexibilität bei technischen Problemen) und hat auch negative Auswirkungen auf den Arbeitsrhythmus.

Es besteht eine Tendenz, die Arbeitszeit in der Schule zu einem Block zu verdichten, in dem dann Phasen der Ruhe, des Rückzugs, der Besinnung, der Planung und Vorbereitung, der Muße und Entspannung fehlen. Diesem Arbeitszeitblock in der Schule steht dann der Arbeitszeitblock zu Hause gegenüber, in dem Unterricht vorbereitet und Leistungserfolg überprüft wird, in dem Materialien erstellt und beschafft werden, telefonisch Gespräche geführt und Unterrichtsbeispiele archiviert werden. Viele dieser Arbeiten ließen sich am Arbeitsplatz Schule genauso gut oder besser erledigen.

Eine angemessene Phasierung der Lehrerarbeit sollte einen Wechsel von Phasen mit hoher Interaktionsdichte und Phasen der Konzentration, Besinnung, Entspannung und Vorbereitung zum Normalfall machen. Beispielsweise kann nach je zwei bis drei Unterrichtsstunden ein Zeitblock für Schreibtischarbeiten, Organisation und inhaltliche und didaktische Vorbereitung eingeplant werden.

In den von uns untersuchten Fällen haben Lehrer, die die Merkmale vollentwickelter Professionalität aufweisen, sich durchweg eigene Räume geschaffen, in denen sie ihren zweiten Arbeitsplatz aufgebaut haben. Schulleitungsmitglieder haben die Möglichkeit, einen solchen Raum in der Schule einzurichten, die übrigen haben ein größeres Zimmer zu Hause dafür bereitgestellt. Dieser Raum ist Archiv, Mediothek, Datenbank und manchmal auch Werkstatt in einem.

Abgesehen von diesen Fällen einer großzügigen Lösung innerhalb oder außerhalb der Schule ist die materielle und technische Seite des Lehrerarbeitsplatzes als unterentwickelt zu kennzeichnen. Die meisten Lehrerinnen und Lehrer haben in der Schule nicht einmal einen Schreibtisch zur Verfügung. Der häusliche Arbeitsplatz ist oft nicht mehr als eine Ecke, in der sich Materialien stapeln. Das über eine Datenbank verwaltete pädagogische Archiv ist zweifellos die Ausnahme.

Für die Kooperation in Lehrerteams und für eine kontinuierliche Fortentwicklung der Einzelschule ist eine stärkere Präsenz der Lehrer in der Schule unbedingte Voraussetzung. Dies erfordert aber auch die Bereitstellung einer Minimalausstattung am Arbeitsplatz. Hierzu gehören zumindest ein Schreibtisch, ein größeres Regal und ein PC.

Diese materiellen Bedingungen sind Voraussetzungen für den Aufbau einer Kultur der professionellen Zusammenarbeit. Daß eine solche Kultur anzustreben ist, zeigen nicht nur die Ergebnisse unserer Beobachtungen und Interviews, vielmehr ist weltweit ein verstärktes Bemühen um die professionelle Zusammenarbeit von Pädagogen im Arbeitsfeld Einzelschule zu beobachten. Hargreaves (1993) unterscheidet vier Kulturen der Lehrerarbeit: die individualistische Kultur (*individualism*), die in Fraktionen gespaltene Kultur (*balkanization*), die Kultur der Zusammenarbeit (*collaborative culture*) und die Kultur der künstlich induzierten Kollegialität (*contrived collegiality*).

Die individualistische Kultur ist in den meisten Schulen anzutreffen und bisher der Normalfall. Auch die von uns begleiteten Lehrerinnen und Lehrer sind ausgesprochene Individualisten und arbeiten in ihren Schulen allenfalls mit einer kleinen Gruppe von Kollegen zusammen. Künstlich induzierte Kollegialität treffen wir im Zusammenhang mit Fortbildungveranstaltungen, kollegiumsinterner Fortbildung und Schulentwicklung an. In keinem der von uns untersuchten Fälle waren Lehrer in eine Kultur der professionellen Zusammenarbeit eingebunden. Hargreaves erwartet, daß eine solche *collaborative culture* in Zukunft von wachsender Bedeutung sein wird. Die Zukunft der Schule wird entscheidend davon abhängen, ob es gelingt, Schulen als Organisationen mit solchen Kulturen einer ganz selbstverständlichen tagtäglichen Zusammenarbeit zu unterlegen. Die künstlich induzierte Kollegialität ist möglicherweise ein Weg, der zu diesem Ziel einer gelebten und bejahten Zusammenarbeit führt.

Künstlich induzierte Kollegialität ist aber zunächst nicht viel mehr als eine Sozialtechnologie. Sie ist kein Ersatz für eine Kultur der Lehrerarbeit, in der Pädagogen vertrauensvoll und offen miteinander umgehen und es gewohnt sind, Probleme gemeinsam zu lösen und an einem Strang zu ziehen. Niemand erwartet, daß eine solche Kultur der professionellen Zusammenarbeit spontan, ohne Unterstützung von außen entsteht. Aber die Art dieser Unterstützung von außen dürfte von entscheidender Bedeutung sein. Schulentwicklung, Beratung, Selbstevaluation, gemeinsame Zielfindung auf der Ebene der einzelnen Schule sind Strategien, die aller Wahrscheinlichkeit nach einen positiven Einfluß auf die Herausbildung einer Kultur der professionellen Zusammenarbeit im Alltag haben.

Lehrerarbeit findet zu einem Drittel, teilweise sogar zur Hälfte, außerhalb des Klassenraums statt. Eine Neuregelung der Arbeitszeit von Lehrpersonen sollte dieser Tatsache Rechnung tragen und die Arbeitszeit von der Unterrichtsverpflichtung abkoppeln. Je mehr Lehrerinnen und Lehrer damit beschäftigt sind, Lernumgebungen gemeinsam zu planen und zu realisieren, in denen Lernende sich dann zeitweise selbständig bewegen können, desto weniger Sinn hat es, die Arbeitszeit an die mit Unterrichten im herkömmlichen Sinn verbrachte Zeit zu binden.

Der Arbeitsplatz Schule sollte so gestaltet sein, daß die Kooperation mit wissenschaftlichen Einrichtungen zur Selbstverständlichkeit wird. Berufswissenschaft und Berufssprache sind wichtige Komponenten einer vollentwickelten Professionalität. Sie werden durch die kontinuierliche Zusammenarbeit mit Einrichtungen der Lehrerbildung, der Schulforschung und Schulentwicklung gefördert. Auf der anderen Seite hat sich auch gezeigt, daß praxisnahe Lehrerbildung an Universitäten mit Aussicht auf Erfolg nur betrieben werden kann, wenn Universitäten mit Schulen ihrer Region auf vertraglicher Grundlage zusammenwirken. Vorbilder für eine solche Zusammenarbeit gibt es bereits, beispielsweise in Kanada, wo zwei Universitäten sich mit fünfhundert Schulen zu einem Lernkonsortium zusammengetan haben (Fullan 1993, S. 120 f.). Bestehende informelle Kontakte können durch Verträge, in denen gemeinsame Ziele vereinbart werden, fortentwickelt werden.

Eine weitere Chance, Professionalisierungstendenzen zu verstärken, besteht darin, gezielt professionelle Entwicklungsschulen (Professional Development Schools, PDS) einzurichten. In solchen Schulen arbeiten Universitätsangehörige, Lehrer, Schulleitungen und Studierende kontinuierlich zusammen. Sie kombinieren praxisnahe berufliche Erstausbildung mit schulinterner Fortbildung, Personalentwicklung und pädagogischer Forschung (Fullan 1993, S. 124 ff.). Die vorliegenden Erfahrungen deuten darauf hin, daß die größten Hindernisse beim Aufbau solch professioneller Entwicklungsschulen in den Universitäten angesichts der dort vorherrschenden Lehr-Lern-Formen zu erwarten sind. Auf die Notwendigkeit einer modellhaften Didaktik in den erziehungswissenschaftlichen Fachbereichen haben wir ja bereits im vorangegangenen Abschnitt aufmerksam gemacht.

Eine zeitgemäße Arbeitsplatzbeschreibung hat zu berücksichtigen, daß Lehrerinnen und Lehrer zur Entwicklung ihrer eigenen Profession dadurch beitragen, daß sie Führungs- und Ausbildungsaufgaben wahrnehmen. Sie sind möglicherweise Schulleitungsmitglied, Mentor, Coach, Steuergruppenmitglied auf Schulebene, Experte für pädagogische Datenbanken, Teammitglied. Diese Aufgabenfelder und Arbeitsrollen sollten genauer bestimmt und zum Inhalt von Arbeitsplatzbeschreibungen und tarifvertraglichen Regelungen werden.

Lehrerarbeit wird in Zukunft voraussichtlich folgende Merkmale aufweisen:

- Werte und Ziele werden bewußt in den Mittelpunkt gestellt.

- Professionelles pädagogisches Wissen wird von Lehrerinnen und Lehrern in Zusammenarbeit mit Ausbildungseinrichtungen und Universitäten erzeugt und fortwährend überprüft.

- Lehrerinnen und Lehrer erwerben in Aus- und Fortbildung pädagogische Schlüsselqualifikationen.

- Lehrerinnen und Lehrer bilden Paare oder Tandems und beobachten und fördern sich gegenseitig.

- Lehrerinnen und Lehrer arbeiten in kleinen Teams zusammen und entwickeln ihre Schule weiter.

247

- Hintergrundarbeit und Planungsarbeit werden intensiviert.
- Lehrerinnen und Lehrer verstehen sich selbst als Lernende und Forschende.
- Lehrerinnen und Lehrer sammeln Erfahrungen mit Prozessen des Wandels, des Konflikts, der unbeabsichtigten Konsequenzen und Nebeneffekte.
- Lehrerinnen und Lehrer finden den richtigen Weg zwischen Individualismus und dem Denken in Gruppen und Fraktionen.
- Lehrerinnen und Lehrer lernen in modellhaften Situationen und Projekten.
- Lehrerinnen und Lehrer schließen Kontrakte und bilden Partnerschaften mit Klienten, Eltern und Angehörigen anderer pädagogischer Professionen.
- Lehrerinnen und Lehrer haben Freude an der persönlichen Weiterentwicklung und gestalten aktiv ihre Berufsbiographie.

Vier Jahre Forschung auf dem Gebiet der Arbeit von Lehrerinnen und Lehrern liegen hinter uns. Bedingt durch den methodischen Ansatz des Projektes haben auch wir viele Hinweise bekommen, wie wir unsere eigene pädagogische und andragogische Praxis in Lehrveranstaltungen innerhalb und außerhalb der Hochschule verbessern können. Dafür haben wir allen beteiligten Lehrerinnen und Lehrern zu danken. Unsere persönlichen Erfahrungen im Rahmen des Projektes und darüber hinaus in von uns verantworteten und moderierten pädagogischen Veranstaltungen mit Schulleitungen, Lehrerinnen und Lehrern, Jugendlichen an Sekundarschulen und Studierenden sagen uns: Pädagogische Probleme lassen sich lösen. Die Fähigkeiten dazu sind lehr- und lernbar. Aber niemandem wird dabei etwas geschenkt. Pädagogen müssen sich mit einem abfinden: Sie teilen das Schicksal des Sisyphos.

6 Literatur

Abel, M.: Alles zu seiner Zeit. Zeit- und Zielmanagement als Methoden des Selbstmanagements. In: Handbuch Hochschullehre Band 2. Bonn 1994, H.3, S. 1-30
Ackermann, H., Rosenbusch, H.S.: Qualitative Forschung in der Schulpädagogik. In: König, E.,Zedler, P.: Bilanz qualitativer Forschung. Band I: Grundlagen qualitativer Forschung. Weinheim 1995, S. 135-167
Altermann-Köster, M., Holtappels, H.-G., Kanders, M., Pfeiffer, H., de Witt, C.: Bildung über Computer? Weinheim/München 1990
Altrichter, H., Posch, P.: Lehrer erforschen ihren Unterricht. Eine Einführung in die Methoden der Aktionsforschung. Bad Heilbrunn 1994
Arnold, W., Eysenck, H.J., Meili, R. (Hrsg): Lexikon der Psychologie. Freiburg, 1971
Aronson, E., Pines, A., Kafry, D.: Ausgebrannt. Vom Überdruß zur Selbstentfaltung. Stuttgart 1983
Auckenthaler, A.: Klinische Einzelfallforschung. In: Flick, U., Kardorff, E. v., Keupp, H., Rosenstiel, L. v., Wolff, S. (Hrsg.): Handbuch qualitativer Sozialforschung. München 1991, S. 260-263
Barkholz, U., Homfeldt, H.G.: Gesundheitsförderung im schulischen Alltag. Entwicklungen, Erfahrungen und Ergebnisse eines Kooperationsprojekts. Weinheim 1994
Barth, A.-R.: Burnout bei Lehrern. Eine empirische Untersuchung. Inaugural-Dissertation, Universität Erlangen/Nürnberg 1990
Barth, A.-R.: Burnout bei Lehrern. Göttingen 1992
Bauer, K.-O.: Von der mechanischen zur professionellen Organisation der Schule. In: Zeitschrift für Sozialisationsforschung und Erziehungssoziologie (ZSE), 12, 1992a, S. 325-390
Bauer, K.-O.: Kindern was beibringen müssen, auch wenn sie keine Lust auf Schule haben - Überblick über den Stand der Lehrerforschung. In: Rolff, H.-G., Bauer, K.-O., Klemm, K., Pfeiffer, H. (Hrsg.): Jahrbuch der Schulentwicklung Band 6. Weinheim/München 1992b, S. 217-241
Bauer, K.-O.: Qualitativer Zugang zum pädagogischen Handlungsrepertoire von Lehrerinnen und Lehrern. In: Eberwein, H., Mand, J. (Hrsg.): Forschen für die Schulpraxis. Was Lehrer über Erkenntnisse qualitativer Sozialforschung wissen sollten. Weinheim 1995
Bauer, K.-O., Burkard, Ch.: Der Lehrer - ein pädagogischer Profi? In: Rolff, H.-G., Bauer, K.-O., Klemm, K., Pfeiffer, H. (Hrsg.): Jahrbuch der Schulentwicklung Band 7. Weinheim/München 1992, S. 193-226
Bauer, K.-O., Formella, T., Kopka, A., Ostermann, A.: Lehrer und pädagogische Professionalität. Eine qualitative empirische Studie. Arbeitsbericht für die Deutsche Forschungsgemeinschaft (DFG). Institut für Schulentwicklungsforschung. Universität Dortmund 1993

Bauer, K.-O., Kopka, A.: Vom Unterrichtsbeamten zum pädagogischen Profi - Lehrerarbeit auf neuen Wegen. In: Rolff, H.-G., Bauer, K.-O., Klemm, K., Pfeiffer, H., Schulz-Zander, R. (Hrsg.): Jahrbuch der Schulentwicklung Band 8, Weinheim/München 1994, S. 267-307

Baumert, J., Roeder, P.M.: "Stille Revolution". Zur empirischen Lage der Erziehungswissenschaft. In: Krüger, H.H., Rauschenbach, Th. (Hrsg.): Erziehungswissenschaft. Die Disziplin am Beginn einer neuen Epoche. Weinheim/München 1994, S. 29-47

Becker, G.E., Gonschorek, G.: Kultusminister schicken 55000 Lehrer vorzeitig in Pension. In: Pädagogik 6, 1989, S. 16-23

Becker, H., Langosch, I.: Produktivität und Menschlichkeit. Organisationsentwicklung und ihre Anwendung in der Praxis. Stuttgart 1990

Bohnsack, R.: Einführung in Methodologie und Praxis qualitativer Forschung. Opladen 1991

Bortz, J.: Lehrbuch der empirischen Forschung. Berlin 1984

Briggs, J., Peat, F.D.: Die Entdeckung des Chaos. Eine Reise durch die Chaos-Theorie. München 1990

Bromme, R.: Der Lehrer als Experte. Zur Psychologie des professionellen Wissens. Bern u.a. 1992

Buchen, H.: Personalentwicklung in der Schule. In: Buchen, H., Horster, L., Rolff, H.-G. (Hrsg.): Schulleitung und Schulentwicklung. Berlin 1994, Teil C 2.1, S. 1-24

Burisch, M.: Das Burnout-Syndrom. Theorie der inneren Erschöpfung. Berlin u. a. 1989

Burisch, M.: Ausgebrannt, verschlissen, durchgerostet. In: Psychologie Heute 21. Jg., 1994, 9, S. 22-26

Burow, O.-A.: Persönliche und institutionelle Wahrnehmungsroutinen erkennen. Trainings- und Beratungskonzepte der Gestaltpädagogik. In: Pallasch, W., Mutzeck, W., Reimers, H. (Hrsg.): Beratung Training Supervision. Eine Bestandsaufnahme über Konzepte zum Erwerb von Handlungskompetenz in pädagogischen Arbeitsfeldern, Weinheim/München 1992, S. 133-142

Burrage, M., Torstendahl, R. (Hrsg.): Professions in Theory and History. Rethinking the Study of Professions. London u.a. 1990

Combe, A., Helsper, W.: Was geschieht im Klassenzimmer? Perspektiven einer hermeneutischen Schul- und Unterrichtsforschung. Zur Konzeptualisierung der Pädagogik als Handlungstheorie. Weinheim 1994

Csikszentmihalyi, M.: Flow. Das Geheimnis des Glücks. Stuttgart 1992

Csikszentmihalyi, M.: Dem Sinn des Lebens eine Zukunft geben. Eine Psychologie für das dritte Jahrtausend. Stuttgart 1995

Csikszentmihalyi, M., Schiefele, U.: Die Qualität des Erlebens und der Prozeß des Lernens. In: Zeitschrift für Pädagogik, 2, 1993, 39, S. 207-221

Dalin, P., Rolff, H.-G., Buchen, H.: Institutioneller Schulentwicklungsprozeß. Bönen 1995

Darling-Hammond, L.: Teacher Professionalism - Why and How. In: Lieberman, A. (Hrsg.): Schools as collaborative Cultures: Creating the Future now. New York u. a. 1990, S. 25-50

Deci, E.L., Ryan, R.M.: Die Selbstbestimmungstheorie der Motivation und ihre Bedeutung für die Pädagogik. In: Zeitschrift für Pädagogik, 39. Jg., 1993, 2, S. 223-238

Devaney, K., Sykes, G.: Making the Case for Professionalism. In: Lieberman, A.: Building a Professional Culture in Schools. New York/London 1988, S. 3-22
Dewe, B., Ferchhoff, W., Radtke, F.O. (Hrsg.): Erziehen als Profession. Opladen 1992
Dick, A.: Vom unterrichtlichen Wissen zur Praxisreflexion. Bad Heilbrunn 1994
Diederich, J.: Pädagogische Rezepte - theoretisch betrachtet. In: Oelkers, J., Tenorth, H.E. (Hrsg.): Pädagogisches Wissen. Zeitschrift für Pädagogik, 27. Beiheft, Weinheim/Basel 1991, S. 181-191
Dörger, U.: Projekt Lehrerkooperation. Weinheim 1992
Dörner, D.: Die Logik des Mißlingens - Strategisches Denken in komplexen Situationen. Reinbek 1989
Doyle, W.: Classroom organization and management. In: Wittrock, M. (Hrsg.): Handbook of research on teaching. New York 1986, S. 392-431
Drescher, B. (Hrsg.): Gesundheitsförderung durch Schulentwicklung. Europäische Gesellschaft für gesundheitsfördernde Schulen (EGGS). Bielefeld 1994
Eberwein, H., Mand, J. (Hrsg.): Forschen für die Schulpraxis. Was Lehrer über Erkenntnisse qualitativer Sozialforschung wissen sollten. Weinheim 1995
Edelman, G.M.: Göttliche Luft, vernichtendes Feuer. Wie der Geist im Gehirn entsteht. München 1992
Edelwich, J.: Ausgebrannt. Das BURN-OUT-Syndrom in den Sozialberufen. Salzburg 1984
Ehinger, W., Hennig, C.: Praxis der Lehrersupervision. Leitfaden für Lehrergruppen mit und ohne Supervisor. Weinheim und Basel 1994
Ellis, A.: Die rational-emotive Therapie. Das innere Selbstgespräch bei seelischen Problemen und seine Veränderung. 5., stark erweiterte Auflage, München 1993
Enzmann, D., Kleiber, D.: Helfer-Leiden. Streß und Burnout in psychosozialen Berufen. Heidelberg 1989
Farber, B. (Hrsg.): Stress and Burnout in the human service professions. New York u.a. 1983
Farber, B.: Crisis in Education. San Franciscio 1991
Farber, B.A.: "Burnout" bei Lehrern: Annahmen, Mythen, Probleme. In: Terhart, E. (Hrsg.): Unterrichten als Beruf. Neuere amerikanische und englische Arbeiten zur Berufskultur und Berufsbiographie von Lehrern und Lehrerinnen. Köln 1991, S. 217-230
Faßnacht, G.: Systematische Verhaltensbeobachtung. München 1995[2]
Fend, H.: Sozialer Wandel, Lehrerbilder und Ausbildungskonsequenzen. Arbeitspapier, Vorlage zum 9. Workshop des Arbeitskreises "Qualität von Schule". Bad Orb, Oktober 1993
Flaake, K.: Berufliche Orientierungen von Lehrerinnen und Lehrern. Eine empirische Untersuchung. Frankfurt/New York 1989
Flick, U., Kardorff, E. v., Keupp, H., Rosenstiel, L. v., Wolff, S. (Hrsg.): Handbuch qualitativer Sozialforschung. München 1991
Foerster, H. v.: Das Konstruieren einer Wirklichkeit. In: Watzlawick, P. (Hrsg.): Die erfundene Wirklichkeit. Wie wissen wir, was wir zu wissen glauben? Beiträge zum Konstruktivismus. München 1985, S. 39-60

Fries, O., Hubler, P., Landwehr, N.: Umgang mit Belastungssituationen. In: Pädagogik 1989, 6, S. 24-26
Fritz, J.: Methoden des sozialen Lernens. Weinheim/München 1993
Freudenberger, H.J., Richelson, G.: Mit dem Erfolg leben. München 1983
Fullan, M.: Change Forces. Probing the Depths of Educational Reform. London u. a. 1993
Geertz, C.: Dichte Beschreibung. Beiträge zum Verstehen kultureller Systeme. Frankfurt 1987
Geißler, K. A.: Anfangssituationen. Was man tun und besser lassen sollte. 5. Auflage, Weinheim und Basel 1993
Gesamtschule Ahlen (Hrsg.): Tischgruppentraining. Ahlen 1992
Girtler, R.: Methoden der qualitativen Sozialforschung. Anleitung zur Feldarbeit. Wien u.a. 1988
Glaser, B.: Theoretical Sensitivity. Mill Valley 1978
Greif, S.: Geschichte der Organisationspsychologie. In: Schuler, H. (Hrsg.): Lehrbuch Organisationspsychologie. Bern 1993, S. 15-48
Haenisch, H., Reckmann, H.: Problembereiche des Lehrerhandelns. Landesinstitut für Schule und Weiterbildung in Soest. Soest 1992
Hänsel, D.: Wer ist der Professionelle? In: Zeitschrift für Pädagogik, 38. Jg., 1992, 6, S. 873-893
Hargreaves, A.: Cultures of Teaching: A Focus for Change. In: Hargreaves, A., Fullan, M. C. (Hrsg.): Understanding Teacher Development. New York 1993, S. 216-240
Hargreaves, A., Fullan, M.G. (Hrsg.): Understanding Teacher Development. New York 1993
Heitkämper, P. (Hrsg.): Mehr Lust auf Schule. Ein Handbuch für innovativen und gehirngerechten Unterricht. Paderborn 1995
Helmke A.: Unterrichtsqualität und Schulleistungen. Ergebnisse eines empirischen Forschungsprojekts. In: Tillmann, K. J. (Hrsg.): Was ist eine gute Schule? Hamburg 1989, S. 77-94
Helmke, A., Renkl, A.: Unaufmerksamkeit in Grundschulklassen: Probleme der Klassen oder des Lehrers? In: Zeitschrift für Entwicklungspsychologie und pädagogische Psychologie, 1993, 25, S. 185-205
Heursen, G.: Stichwort "Fachdidaktik". In: Lenzen, D. (Hrsg.): Enzyklopädie Erziehungswissenschaft. Band 3. Ziele und Inhalte der Erziehung und des Unterrichts. Stuttgart 1986, S. 427-439
Hintz, D., Pöppel, K.-G., Rekus, J.: Neues schulpädagogisches Wörterbuch. Weinheim/München 1993
Hirsch, G.: Biographie und Identität des Lehrers. Eine typologische Studie über den Zusammenhang von Berufserfahrungen und beruflichem Selbstverständnis. Weinheim/München 1990
Hoffmeyer-Zlotnik J.H.P. (Hrsg.): Analyse verbaler Daten. Opladen 1992
Holling, H., Lippmann, D.: Personalentwicklung. In: Schuler, H. (Hrsg.): Lehrbuch Organisationspsychologie. Bern u.a. 1993, S. 285-316
Huberman, M.: Teachers as Artisans: The Social Context of Instruction in Schools. Arbeitspapier. Boston 1990
Huberman, M.: Teacher Development and Instructional Mastery. In: Hargreaves, A., Fullan, M.G. (Hrsg.): Understanding Teacher Development. New York 1992, S. 122-142

Hurrelmann, K., Nordlohne, E.: Gesundheitsförderung in der Schule. Konzeptionen, Erfahrungen und Evaluationsergebnisse. In: Pelikan, J.M., Demmer, H., Hurrelmann, K. (Hrsg.): Gesundheitsförderung durch Organisationsentwicklung. Konzepte, Strategien und Projekte für Betriebe, Krankenhäuser und Schulen. Weinheim 1993, S. 100-118
Kastner, M.: Stress-Bewältigung. Leistung und Beanspruchung optimieren. Wiesbaden 1994
Kastner, M., Gerstenberg, B. (Hrsg.): Denken und Handeln im System. München 1991
Kleber, E.W.: Diagnostik in pädagogischen Handlungsfeldern. Einführung in Bewertung, Beurteilung, Diagnose und Evaluation. Weinheim 1992
Köck, P.: Praxis der Beobachtung. Donauwörth 1990
König, E., Zedler, P. (Hrsg.): Bilanz qualitativer Forschung. Band I: Grundlagen qualitativer Forschung. Band II: Methoden. Weinheim 1995
Kösel, E.: Die Modellierung von Lernwelten. Ein Handbuch zur Subjektiven Didaktik. Elztal-Dallau 1993
Koring, B.: Eine Theorie pädagogischen Handelns. Theoretische und empirisch-hermeneutische Untersuchungen zur Professionalisierung der Pädagogik. Weinheim 1989
Koring, B.: Grundprobleme pädagogischer Berufstätigkeit. Eine Einführung für Studierende. Bad Heilbrunn 1992
Kramis-Aebischer, K.: Stress, Belastungen und Belastungsverarbeitung im Lehrberuf. Wien 1995
Krüger, H.H., Rauschenbach, Th. (Hrsg.): Erziehungswissenschaft. Die Disziplin am Beginn einer neuen Epoche. Weinheim/München 1994
Lamnek, S.: Qualitative Sozialforschung. Band 1. Methodologie. München 1988
Lamnek, S.: Qualitative Sozialforschung. Band 2. Methoden und Techniken. München 1989
Lange, H.: Schulautonomie und Personalentwicklung für Schulen. In: Daschner, P., Rolff, H.-G., Stryck, T. (Hrsg.): Schulautonomie - Chancen und Grenzen. Weinheim, München 1995, S. 207-226
Legewie, H.: Feldforschung und teilnehmende Beobachtung. In: Flick, U., Kardorff, E. v., Keupp, H., Rosenstiel, L. v., Wolff, S. (Hrsg.): Handbuch qualitativer Sozialforschung. München 1991, S. 189 - 193
Lieberman, A. (Hrsg.): Schools as collaborative Cultures: Creating the Future now. New York u. a. 1990
Looss, W.: Coaching für Manager. Problembewältigung unter 4 Augen. Landsberg/Lech 1991
Luhmann, N., Schorr, K.E.: Das Technologiedefizit der Erziehung und die Pädagogik. In: Zeitschrift für Pädagogik, 25, 1979, 3, S. 345-365
Lytle, S. L., Cochran-Smith, M.: Teacher Research as a Way of Knowing. In: Harvard Educational Review, 62, 4, 1992, S. 447-474
Marquard, A., Runde, P., Westphal, G.: Psychische Belastung in helfenden Berufen. Opladen 1993
Martin, E., Wawrinowski, U.: Beobachtungslehre. Theorie und Praxis reflektierter Beobachtung und Beurtcilung. 2. Auflage, Weinheim 1993
Maturana, H.R., Varela, F.J.: Der Baum der Erkenntnis. Bern 1987

Mayring, P.: Inhaltsanalyse. In: Jüttemann, G. (Hrsg.): Qualitative Forschung in der Psychologie. Heidelberg 1985
Mayring, P.: Einführung in die qualitative Sozialforschung. 2. Auflage, Weinheim 1993
Meyer, E. (Hrsg.): Burnout und Streß. Hohengehren 1991
McLaughlin, M.W., Talbert, J.E., Bascia, N.: The Contexts of Teaching in Secondary Schools: Teachers' Realities. New York/London 1990
Müller, E.H.: Ausgebrannt - Wege aus der Burnout-Krise. Bonn 1993
Neuberger, O.: Personalentwicklung. Stuttgart 1991
Neuberger, O.: Miteinander arbeiten - miteinander reden! Bayerisches Staatsministerium für Arbeit, Familie und Sozialordnung (Hrsg.). 14. Auflage, München 1992
Oberg, A., Underwood, S.: Facilitating Teacher Self Development: Reflections on Experience. In: Hargreaves, A., Fullan, M.G. (Hrsg.): Understanding Teacher Development. New York 1993, S. 162-177
OECD (Hrsg.): The Teacher Today. Paris 1990
Oelkers, J., Tenorth, H.E. (Hrsg.): Pädagogisches Wissen. Zeitschrift für Pädagogik. Beiheft 27, Weinheim/München 1991
Oevermann, U.: Professionalisierung der Pädagogik - Professionalisierbarkeit pädagogischen Handelns. Vortragstranskript. Freie Universität Berlin. Berlin 1981
Pallasch, W.: Supervision. Weinheim/München 1991
Pallasch, W.: Das Kieler Supervisionsmodell. Weinheim 1993
Pallasch, W., Mutzeck, W., Reimers, H.: Beratung, Training, Supervision. Weinheim/München 1992
Pelikan, J. M., Demmer, H., Hurrelmann, K. (Hrsg.): Gesundheitsförderung durch Organisationsentwicklung. Konzepte, Strategien und Projekte für Betriebe, Krankenhäuser und Schulen. Weinheim/München 1993
Poster, C., Poster, D.: Teacher Appraisal. Training and Implementation. 2. Auflage, London u.a. 1993
Prigogine, I., Stengers, I.: Dialog mit der Natur. München 1986
Prim, R., Tilmann, H.: Grundlagen einer kritisch-rationalen Sozialwissenschaft. Heidelberg 1973
Rein, W. u.a.: Theorie und Praxis des Volksschulunterrichts. 7. Auflage, Leipzig, 1903
Rice, B.: Legenden sterben langsam. Die Geschichte des Hawthorne -Effekts. In: Psychologie Heute, 11, 82, S. 50-55
Rösner, E., Böttcher,W., Brand,H. (Hrsg.): Lehreralltag - Alltagslehrer. Authentische Berichte aus der Schulwirklichkeit. Weinheim 1996 (Manuskript im Druck)
Roethlisberger, F., Dickson, W.: Management and the worker. Cambridge 1939
Rolff, H.-G.: Wie gut sind gute Schulen? - Kritische Analysen zu einem Modethema. In: Rolff, H.-G., Bauer, K.-O., Klemm, K., Pfeiffer, H. (Hrsg.): Jahrbuch der Schulentwicklung Band 6, Weinheim/München 1990
Rolff, H.-G.: Wandel durch Selbstorganisation, Weinheim/München 1993
Rolff, H.-G., Bauer, K.-O., Klemm, K., Pfeiffer, H. (Hrsg.): Jahrbuch der Schulentwicklung Band 6, Weinheim/ München 1990
Rolff, H.-G., Bauer, K.-O., Klemm, K., Pfeiffer, H., Schulz-Zander, R. (Hrsg.): Jahrbuch der Schulentwicklung Band 8, Weinheim/München 1994

Roth, H.: Zusammenarbeit im Lehrerberuf. Lizentiatsarbeit. Universität Zürich. Pädagogisches Institut. Zürich 1994

Rudow, B.: Die Arbeit des Lehrers. Zur Psychologie der Lehrertätigkeit, Lehrerbelastung und Lehrergesundheit. Bern u.a. 1994

Schiefele, H.: Brauchen wir eine Motivationspädagogik? In: Zeitschrift für Pädagogik, 1993, 2, S. 177-186

Schön, D.: Educating the Reflective Practioner. Toward a New Design for Teaching and Learning in the Professions. San Francisco u.a. 1990

Schönwälder, H.-G.: Belastungen im Lehrerberuf. In: Pädagogik, 1989, 6, S. 11-14.

Schneider, K. (Hrsg.): Das verdrängte Disziplinproblem. Hilfen zum Verstehen, Bewältigen, Vorbeugen. Langenau 1985

Schreyögg, A.: Supervision. Ein integratives Modell. Paderborn 1992

Schuler, H. (Hrsg.): Lehrbuch Organisationspsychologie. Bern 1993

Schulz von Thun, F.: Miteinander Reden 1. Störungen und Klärungen. Reinbek 1981

Schulz von Thun, F.: Miteinander Reden 2. Stile, Werte und Persönlichkeitsentwicklung. Reinbek 1989

Schwänke, U.: Der Beruf des Lehrers. Professionalisierung und Autonomie im historischen Prozeß. Weinheim/München 1988

Shulman, L.: Knowledge and teaching: Foundations of a new reform. In: Harvard Educational Review, 1987, 57, 1, S. 1-22

Siegrist, H.: Professionalization as a process: patterns, progression and discontinuity. In: Burrage, M., Torstendahl, R.: Professions in Theory and History. Rethinking the Study of Professions. London u.a. 1990, S. 177-202

Spradley, J. P.: The Ethnographic Interview. New York u.a. 1979

Spradley, J. P.: Participant Observation. New York u.a. 1980

Steffens, U., Bargel, T.: Erkundungen zur Qualität von Schule. Neuwied u.a. 1993

Stenhouse, L.: Pädagogische Fallstudien: Methodische Traditionen und Untersuchungsalltag. In: Fischer, D. (Hrsg.): Fallstudien in der Pädagogik. Konstanz, 1982, S. 24 - 61

Strauss, A. L.: Grundlagen qualitativer Sozialforschung. Datenanalyse und Theoriebildung in der empirischen soziologischen Forschung. München 1991

Tenorth, H. E.: Lehrerberuf und Lehrerbildung. In: Jeismann, K.E., Lundgreen, P. (Hrsg): Handbuch der deutschen Bildungsgeschichte. Band III 1800 - 1870. München 1987, S. 250-270

Terhart, E.: Lehr-Lern-Methoden. Eine Einführung in Probleme der methodischen Organisation von Lehren und Lernen. Weinheim/München 1989

Terhart, E. (Hrsg.): Unterrichten als Beruf. Neuere amerikanische und englische Arbeiten zur Berufskultur und Berufsbiographie von Lehrern und Lehrerinnen. Köln 1991

Terhart, E.: Zur Berufskultur der Lehrerschaft: Fremd- und Selbstdeutung. In: Erziehungswissenschaft und Beruf, 1994, 2, S. 132-144

Terhart, E., Czerwenka, K., Jordan, F., Schmidt, H. J.: Berufsbiographien von Lehrern und Lehrerinnen. Abschlußbericht an die DFG. Institut für Schul- und Hochschulforschung Universität Lüneburg. Lüneburg 1993

Terhart, E., Czerwenka, K., Ehrich, K., Jordan, F., Schmidt, H. J.: Berufsbiographien von Lehrern und Lehrerinnen. Frankfurt a.M. u.a. 1994
Thiessen, D.: Classroom-based Teacher Development. In: Hargreaves, A., Fullan, M. C.: Understanding Teacher Development. New York 1993, S. 85-109
Thorndike, E. L.: A constant error in psychological rating. In: Journal of Applied Psychology, 1920, 4, S. 25 - 29
Vaitl, D., Petermann, F. (Hrsg.): Handbuch der Entspannungsverfahren. Band 1: Grundlagen und Methoden. Weinheim 1993
Varela, F.: Die Biologie der Freiheit. Das Psychologie-Heute-Gespräch mit Francisco Varela. In Psychologie Heute 1982, 9, S. 83 - 93
Vester, F.: Denken, Lernen, Vergessen. 1. Auflage, Stuttgart 1975
Vester, F.: Phänomen Streß. München 1978
Vester, F.: Neuland des Denkens. München 1985
Wagner, J. (Hrsg.): Images of Information. Still Photography in the Social Sciences. Beverly Hills/London 1979
Wahl, D.: Handeln unter Druck. Der weite Weg vom Wissen zum Handeln bei Lehrern, Hochschullehrern und Erwachsenenbildern. Weinheim 1991
Wahl, D., Wölfing, W., Rapp, G., Heger, D.: Erwachsenenbildung konkret. Mehrphasiges Dozententraining. 3. Auflage, Weinheim 1993
Wang, J. M.: Untersuchungen über Leistungsmotivation und berufliches Burnout von Lehrern. Taipei 1990
Watzlawick, P. (Hrsg.): Die erfundene Wirklichkeit. Wie wissen wir, was wir zu wissen glauben? Beiträge zum Konstruktivismus. München 1985
Watzlawick, P.: Vom Unsinn des Sinns oder vom Sinn des Unsinns. München 1995
Weber, M.: Gesammelte Aufsätze zur Wissenschaftslehre. Tübingen 1922
Weddig, B.: Das Burnout-Syndrom. In: Pädagogik, 1989, 6, S. 8-10
Weinert, A.: Lehrbuch der Organisationssychologie. München/Weinheim 1987
Westermayer, G., Dammer, I.: Belastung. In: Flick, U., Kardorff, E. v., Keupp, H., Rosenstiel, L. v., Wolff, S. (Hrsg.): Handbuch qualitativer Sozialforschung. München 1991
Wiedermann, P.: Gegenstandsnahe Theoriebildung. In: Flick, U., Kardorff, E.v., Keupp, H., Rosenstiel, L. v., Wolff, S. (Hrsg.): Handbuch qualitativer Sozialforschung. München 1991, S. 440-446
Winkel, R.: Störende Schüler oder gestörte Lernprozesse? In: Pädagogik, 1989, 6, S. 31-37
Woods, P.: Inside Schools. Ethnography in Educational Research. London/New York 1986